KB123551

완역

서우

3

점필재연구소
대한제국기번역총서

완역 서우 3

西友

3

손성준
신지연
유석환
임상석

보고사
BOGOSA

발간사

강명관 / 부산대 한문학과 교수

2019년에 『조양보(朝陽報)』를, 2020년에 『태극학보(太極學報)』를 발간한 우리 '대한제국기 잡지 번역팀'은 이번에 『서우(西友)』를 완역하여 발간한다. 『조양보』와 『태극학보』 등 이른바 대한제국기 잡지의 중요성에 대해서는 이미 상식이 되어 있기에 여기서 다시 말할 필요는 없을 것이다.

『서우』는 서우학회(西友學會)의 기관지로서 1906년 12월 1일 창간되어 1908년 5월까지 통권 17호를 발간하였다. 『서우』는 겨우 1년 반 정도 발간되고 말았으니, 이 시기 대부분의 잡지가 그랬던 것처럼 단명했던 것이다. 『서우』의 내용 역시 애국계몽기 잡지와 크게 다르지 않다. 그럼에도 불구하고 『서우』는 『서우』만의 특성이 있다. 『서우』의 발간 주체인 서우학회는 1906년 10월 26일 평안도와 황해도 출신의 지식인들이 주축이 되어 결성한 학회다.

조선시대에 평안도와 황해도를 '양서(兩西)'라 불렀던 바, 양서는 함경도 지역과 함께 심한 차별의 대상이었다. 박은식(朴殷植)은 창간호의 사설에서 "수백 년간에 이른바 서도 출신이 우리 국민들과 비교하여 어떤 대우를 받았던가? 독서하는 선비들은 재상가의 인역(人役)에 불과했고, 일반 평민들도 모두 관리들의 희생이었다."라고 말하며 자신들이 받았던 지역적 차별을 강렬하게 의식했던 것이다.

『서우』는 이처럼 지역적 차별에 대한 강렬한 의식에서 출발했지만,

최종적인 목적은 지역을 넘어선 민족의 계몽을 지향하고 있었다. 박은식은 이렇게 말한다. "지금 우리들로 하여금 지난 일들을 생각하게 하면 당연히 화가 나고 속이 끓는구나. 아주 옛날에 우리 선조와 부형들 중 과거 급제로 관료가 된 자들은 나그네 처지로 서울에 머무를 때에 '도계(道契)'라는 조직이 있었으니, 이것이 지금 학회의 배태(胚胎)이다. 그러나 그때 도계의 주의(主義)는 일반 계원의 상애상조(相愛相助)를 목적으로 한 것이었지만, 지금 우리의 학회 발기는 그 취지 목적이 단지 회원의 친목구락(親睦俱樂)을 위함이 아니고, 일체 청년의 교육을 진작시키며 동포의 지식을 개발하여 대중을 단체 결합시켜 국가의 기초를 곧게 세우고자 함이다." 곧 서우는 평안도와 함경도인의 '친목구락'이란 지역적 이기주의를 벗어나 청년의 교육, 동포의 지식 개발, 민족의 단결 등 민족의 각성과 계몽을 지향하고 있었던 것이다. 이 점에 유의하지 않을 수 없다.

　『서우』의 내용은 전반적으로 이 시기 계몽적 잡지를 크게 벗어나지 않는다. 격변하는 세계정세에 대한 보고, 근대적 지식의 수용, 민족의 각성에 대한 계몽적 논설 등이 주류를 이룬다. 물론 이 시기가 을사늑약 이후 통감부 체제 하라는 것을 염두에 두지 않아서는 안 될 것이다. 어쨌든 이번 『서우』의 완역을 계기로 하여, 계몽기에 대한 연구가 보다 치밀해지고 풍성해지기를 기대한다.

　『서우』의 완역에도 여러 사람이 참여했다. 권정원, 신재식, 신지연, 최진호 등이 번역을 맡았고, 서미나, 이강석, 전지원은 편집과 원문 교열을 맡았다. 그 외 유석환, 손성준, 임상석, 장미나, 김도형, 이태희 등 여러분들이 책의 완성에 수고를 아끼지 않았다. 이 자리를 빌려 고맙다는 말을 전한다.

차례

서우 제12호

서우 제13호

서우 제14호

서북학회월보 제15호

서북학회월보 제16호

서북학회월보 제17호

일러두기

1. 번역은 현대어화를 원칙으로 하였다.

2. 단락 구분은 원문의 형태를 따르는 것을 원칙으로 하되, 문맥과 가독성을 위해 번역자의 재량으로 단락을 나눈 경우도 있다.

3. 중국의 인명과 지명은 그 시기가 근·현대인 경우는 중국어 발음에 따라 표기하고, 그 이전의 경우는 한국 한자음을 써서 표기하였다. 일본과 서양의 인명과 지명은 시기에 관계 없이 해당 언어의 발음대로 표기하였다.

4. 본서의 원본은 순한문, 국한문, 순국문 기사가 혼합되어 있다. 이를 구분하기 위해 순한문인 경우 '圉', 순국문인 경우 '圉'을 기사 제목 옆에 표시해두었다. 표시하지 않은 기사는 국한문 기사이다.

5. 원문의 괄호는 '- -'으로 표기하였다.

광무 10년 12월 1일 | 메이지 39년 12월 1일 | 제3종 우편물 인가

융희 원년 11월 1일 발행
(매월 1일 1회 발행)

서우

제12호

서우학회

○ 특별광고

본회 월보의 발행이 지금 제12호인데 그 대금 수합이 연체되지 않아야 계속 발행할 수 있습니다. 그런데 지금까지 십여 개월 동안 대금 수합이 극히 보잘것없어 경비가 대단히 궁핍합니다. 원근(遠近) 간에 구독하시는 분들께서는 이런 정황을 헤아리시어 즉각 계산해 보내주실 것을 천만 절실히 바랍니다.

○ 학원(學員) 모집 광고

본회에서 서우학교를 설립하고 학원(學員)을 모집하오니 입학을 지원하는 이는 다음 11월 12일-음력 10월 10일-까지 본회에 와서 상의하시오.

1. 교과 과목 : 외국어-일본어-, 교육학, 역사, 지지(地誌), 물리, 화학, 수학, 한문, 도서, 박물, 식물, 동물, 광물, 생리학, 성학(星學), 창가(唱歌), 체조

1. 시험 과목 : 한문, 산술-사칙(四則) 이내-

단, 연한(年限)은 16세 이상으로 함

융희 원년 11월 1일

본 학회 알림

서우학회월보 제12호

모험과 용진(勇進)은 청년의 천직[1]

김하염(金河琰)

　천하에 중립할 수 있는 일은 없다. 맹진할 수 없으면 곧 스스로 물러나다가 엎어지느니, 인생은 우환과 같이 오므로 어려움을 두려워하면 험지에 떨어지게 된다. 내가 보니 오늘날 천하 만국 가운데 우리 한국만큼 퇴보가 빠르고 위험이 심한 곳이 없는데, 이 시국을 목격하고도 한 사람도 모험과 용진의 담력이 없으니 아아! 비통하도다. 모험과 용진은 우리 청년이 부담한 천직이니, 어째서인가.

　근래의 사회 현상을 관찰해보면, 이른바 시세를 조금 깨달았다는 뜻 있는 인사들은 크게 한숨 쉬고 눈물 흘려 통곡하며 둘도 없는 사업을 홀로 이룬다 하여 항상 얼굴에 우국의 기색을 띠고 시대를 슬퍼하는 담론을 입에서 끊지 않는데, 실제 일을 맡아서는 그저 '무가내하〔無可奈何〕' 네 글자가 비결이고, '속수대폐(束手待斃)'[2] 한 구절을 가르침으로 삼는다. 이런 무리는 국민들의 마음을 싸늘하게 만들어 절망하게 하므로 장래의 진보를 막아버리니 믿을 바가 못 된다. 또 그 사욕(私慾)에 가려 천품을 이미 잃고 육신의 양분만을 위하여 공리(公理)를 돌아보지 않는 부류는 비록 하늘이 변하고 땅이 뒤집혀도 나에게 손해가 없으면

1　이 글은 량치차오(梁啓超)의 『신민설(新民說)』 제7절 「모험과 진취를 논하다〔論進取冒險〕」를 축약하여 국한문체로 바꾼 글이다. 본문 말미에 량치차오의 뜻을 술(述)하였다고 밝히고 있다.

2　무가내하(無可奈何)……속수대폐(束手待斃) : '무가내하'는 어쩔 수 없다는 뜻이고 '속수대폐'는 팔짱 끼고 죽기나 기다린다는 뜻이다.

다행이라 하여 나라가 깨지고 동족이 멸하여도 돌아보며 슬퍼하지 않는다. 저들은 마치 오대(五代)가 들끓는 시대를 맞아 아침에 양(梁)나라를 섬기고 저녁에 진(晉)나라를 섬기면서 다섯 조정의 원로라고 자부하던 자들[3]과 같아 청나라 장즈퉁(張之洞)이 "중국이 손톱 조각처럼 나뉘어도 조정의 대신을 조금도 잃을 수 없다."라 마음을 토로한 것과 동일하니, 이들을 어찌 믿을 수 있겠는가!

그 밖에 방외에 서서 냉철하거나 열렬한 언어로 시국을 비평하며 수구(守舊)하는 이들의 완고함과 불변함을 비웃고 또 청년들이 조급하게 일에 나서는 것을 꾸짖으며 일의 성패를 요량함이 아직 이르다 하며 혹은 자포자기하고 혹은 때를 기다리라고만 하는 이들이 있다. 이들은 국가의 사무는 내가 할 수 있는 것이 아니라 하고 일의 성취는 반드시 때를 기다려야 한다 하면서 시세를 전망하고 바람을 살피며 노를 매달고 있으니, 이런 무리를 또한 어찌 믿을 수 있겠는가!

또 밭 갈고 솥 걸어 살아가며 주리면 먹고 배부르면 노는 이들에게 집 안은 곧 작은 천지고 문밖은 다시 별세계라, 1전을 다툼에도 신명(身命)을 바치면서 국가의 흥망에 이르러서는 막연하게 관계하지 않는다. 이는 오히려 뇌가 없는 동물과 같은 것이라, 비유컨대 노니는 물고기가 불 지핀 솥 안에 있으면서 봄이 와서 강물이 따뜻해진 것이라 오인하고 둥지의 제비가 반쯤 타고 있는 건물에서 불길을 뜨는 해의 빛으로 착각하는 것과 같다. 아아! 이런 사람들은 꾸물거리며 취생몽사(醉生夢死)로 수십 계절을 지낼 따름이다. 우리 2천만 동포의 통계를 내어보면 이런 무리에 속할 자들이 반수 이상이니, 이들을 어찌 믿을 수 있겠는가!

이러하기에 나는 모험과 용진이 청년의 천직이라고 반드시 말하노

---

3 오대(五代)가······자부하던 자들 : 중국의 오대 시대는 왕조의 교체가 극심한 혼란기였다. 원칙 없이 시세에 순응하며 나라가 바뀌어도 요직을 차지하는 인사들을 가리킨다.

남북의 취지가 달라 나라가 거의 분열되었다. 이때 한 뱃사람의 아들이 있어 군대를 정리하고 민권을 무기로 삼아 세속적 감정을 단연 배척하고 의로운 전쟁을 일으켜 소수를 희생하여 다수를 살려내고 자신을 초개처럼 국민에게 바쳐서 평등과 박애의 이상을 실행하고 국가의 헌법으로 천하의 법을 정하였으니, 곧 대통령 링컨이 그 사람이다.

로마는 패망 후 후예들이 흩어진 지 오래되어 다른 민족에게 기식하여 가축처럼 천대받았다. 이때 약관의 날렵한 소년이 있어 비밀결사에 투신하여 정부를 전복하려 하다가 뜻을 이루지 못하고 이역으로 달아나 청년교육에 힘써 국혼(國魂)을 환기함으로써 자기 나라가 독립 통일의 공을 이루게 하여 세계 제1등 나라의 반열에 오르게 하였으니, 곧 이탈리아의 마치니가 그 사람이다.

위에 서술한 것은 그저 몇몇 현인에 불과할 뿐 이런 사례를 일일이 제시하기는 어렵지만, 후세에 역사를 읽는 이들이 어찌 노래와 춤으로 이들을 숭배하지 않을 수 있으랴. 그 정신은 학해(學海)의 강하(江河)에서 어디서나 이어지는 형상이며, 그 기백은 파부침선(破釜沈船)에 죽음을 돌아보지 않겠다는 기개이고, 그 찬란한 주의는 천상과 지하에 유아독존이라는 관점으로 그 향하는 앞길을 위해 몸과 마음을 다 바쳐 죽기 전에는 그치지 않겠다는 뜻이다. 이것이 성공하면 뇌의 정수를 다해 역사의 영광을 얻게 되고, 실패하면 선혈을 뿜어서 국민의 숨은 재앙을 위해 속죄한다. 아아! 저마다 모험과 용진을 천직으로 삼아 행동해야만 할 따름이다.

대개 용진과 모험의 성질은 어떤 것인가? 나는 호연지기라 이르겠다. 맹자는 호연지기를 해석하여 "그 기(氣)의 됨됨이가 의(義)와 도를 짝하는데, 그렇지 않으면 위축된다."[7]라 하셨다. 그러므로 이 성질이 사람에

---

7 그……위축된다 : 『맹자』「공손추(公孫丑) 상」에 나오는 구절이다.

게 있으면 살고 없으면 죽으며 나라가 이를 가지면 흥하고 없으면 망한다. 그 원인을 헤아려보자면 필경 네 가지이다.

첫째, 희망에서 발생한다고 할 수 있다. 모든 인생은 두 세계를 가지고 있는데, 공간에 있어서는 실제계[實迹界]와 이상계라 하고, 시간에 있어서는 현재계와 미래계라 한다. 실제와 현재는 행위에 속하고 이상과 미래는 희망에 속하므로 실제는 이상의 자손이고 미래는 현재의 부모이다. 그러므로 인류가 금수보다 낫고 문명인이 야만인보다 나은 것은 오직 희망이 있고 이상이 있으며 미래가 있기 때문이다. 희망이 커지면 모험과 용진의 마음도 점점 우뚝해진다. 월왕(越王) 구천(句踐)이 회계(會稽)에 숨어서 섶을 자리로 삼고 쓸개로 식량을 삼았으니 이 마음은 하루라도 오(吳)나라에 복수할 것을 잊지 않았기 때문이다. 모세가 완명(頑冥)하고 조급한 유태 인민을 이끌고 아라비아 사막에 40년을 방황하였으니, 그의 흉중에 가나안의 낙토가 와 있었던 것이로다. 더욱이 대장부가 세상에 서려면 제2의 세계가 없어서는 안 된다. 귀환할 수 있는 제1의 고향에서 시작하여 각자 희망으로 끝없는 먼 길로 달려 나아가다 보면 현재계와 실제계에서 뇌가 괴롭고 땀에 젖고 사지가 끊어지고 심지어 피가 쏟아지고 뼈가 흩어질 수도 있으나 애석하지 않으리니, 이 어찌 헛되리오. 장차 바꾸는 바가 있으리로다.

서양의 현인이 말하되 "하느님은 중생에게 말씀하길 '내가 바라는 바의 물상을 내가 너에게 모두 주겠으나 단 너는 대가를 마땅히 바치라.'하셨다."고 하니, 모험과 용진은 희망의 대가일 것이다. 저 금수와 야만인은 주리면 먹이를 구하고 배부르면 기뻐하며 그저 오늘을 알고 내일이 있음을 알지 못하니, 사람이 사람 되는 이유와 문명이 문명 되는 이유는 또한 문명을 알기 때문이라고 할 터이다. 오직 내일이 나를 무극(無極)과 이어주기에 사흘에 이르고, 닷새, 이레, 열흘, 한 달, 일 년에 이르며, 십 년, 백 년에 천만 년, 억, 조, 경, 해, 무량수, 불가사의의 세월이 모두 내일이 쌓인 것이다. 오늘을 보수(保守)하고자 하므로 용진의 생각이 사라지고 오늘에 안주하므로 모험의 기운을 잃어버리니, 이러하다면 사람 된 그 자격을 포기하고 여러 움직임을 스스로 끊는 셈이다. 용진과 모험을 그칠 수 없음이 이처럼 심중함을 우리는 알아야겠다.

둘째, 열성에서 발생한다고 할 수 있다. 무릇 인간의 능력에는 일정한 한계가 없고 일정한 정도도 없되 오직 그 열성의 한계와 정도에 비례하여 차이가 나니, 그 동기가 희미해도 그 결과는 빼어날 수 있다. 천하 고금의 영웅과 호걸, 효자와 열녀, 충신 및 의사(義士)와 지극히 열심인 종교가, 미술가와 탐험가 등 능히 천지를 놀라게 하고 귀신을 울릴 만한 사업을 산출하여 우주를 진동케 한 불후의 인물들은 그 이룬 바에 모두 연유가 있다. 서양의 선비[8]가 말하되 "부인은 약하나 어머니가 되면 강하다."라 하였다. 약한 부인이 어찌 강한 어머니가 되리오만, 평시에는 옷 무게를 이기지 못할 것처럼 연약하고 작은 새처럼 다정하다가도 오직 그 사랑하는 아이에 대한 지성의 일념으로 아이 때문에 천만 갈래 산과 계곡 가운데 홀로 나아가 호랑이와 늑대가 포효하여도 두려워하지 않으니, 크도다! 열성의 사랑이 사람을 바꾸는 것이로다.

주수창(朱壽昌)[9]이 관직을 버리고 떠돌아다니면서 눈과 바람을 헤치고 나아간 것은 어버이를 사랑하기 때문이었고, 예양(豫讓)[10]이 몸에 옷칠을 하여 문둥이처럼 되고서 머리를 노예처럼 땋은 것은 임금을 사랑하기 때문이었으며, 제갈량이 병중에도 출사(出師)하여 오장원(五丈原)

---

8 서양의 선비 : 원문은 '西儒'인데, 이 글의 저본인 『신민설』에는 빅토르 위고(Victor Hugo)로 되어 있다.
9 주수창(朱壽昌) : 북송 시대에 관직을 버리고 아버지에게 쫓겨난 어머니를 찾아 각지를 유랑하다가 어머니와 상봉했다고 한다.
10 예양(豫讓) : 춘추시대에 자신의 주군 지백(智伯)이 조(趙)나라 임금 조양자(趙襄子)에게 죽자 피부에 옻칠을 하고 숯을 먹어 자신을 알아볼 수 없게 만들고서 자객이 되어 조양자를 암살하려다 실패했다.

에서 한 움큼 눈물 흘리기를 사양하지 않은 것은 지기(知己)를 사랑하기 때문이었다. 크롬웰이 임금을 죽이는 큰 죄(不韙)를 무릅쓰고 또 두 번이나 국회를 해산하며 전제(專制)라는 혐오를 받는 것도 꺼리지 않은 것은 국민을 사랑하기 때문이었고, 19세기에 혁명 풍조가 전 유럽에 퍼져 무수한 두개골과 혈육을 버리면서도 앞사람이 쓰러지면 뒷사람이 이어 간 것은 또한 그 인민이 국가를 사랑하여 자신을 희생한 것이었다. 인정상 누가 삶을 사랑하고 죽음을 미워하지 않으리오만, 그 사랑하는 바를 삶보다 더 심중하게 여기므로 삶을 얻을 수 있어도 그렇게 하지 않는 것이다. 이 열성은 사랑하는 바에서만 나오는 것이 아니다. 지극한 슬픔, 지극한 분노, 그리고 지극한 위험에 당해서도 열성의 도화선이 촉발된다. 집에 불이 붙으면 약한 여자도 3만 근(千鈞)의 상자를 나를 수 있고, 적진에 임하면 수척한 말도 또한 포위를 돌파할 생각을 한다. 그러므로 다가들지 않으면 뛰어오르지 못하고 부딪히지 않으면 나아가지 못한다고 하는 것이기에, 사랑할 것을 사랑할 줄 모르고 성내야 할 때 성낼 줄을 모르며 위험해도 위험한 줄 모른다면 이는 이른바 인성이 아니다. 그러므로 나는 용진과 모험을 그칠 수 없음이 이처럼 심중하다고 반드시 말하려 한다.

셋째, 지혜에서 발생한다고 할 수 있다. 사람들이 외축(畏縮)되는 것은 반드시 사리에 대해 아는 바가 분명하지 못하기 때문이다. 아동과 부녀는 귀신을 몹시 두려워하여 밤이 오면 감히 나와 다니지 못하고, 야만 민족은 길흉을 몹시 두려워하여 점을 쳐보지 않고는 감히 움직이지 못하며, 일식이나 혜성이 보이면 무서워하며 숨어서 5일간 예배하지 않고서 나와 다니면 적합하지 않다고 한다. 이는 모두 지식이 가려진 까닭에 행동에 겁내는 바가 있는 것이다. 바위 많은 여울이 들쭉날쭉해서 강물이 거칠게 소용돌이치면 그 성질에 익숙하지 않기에 감히 건너지 못하고, 큰 눈이 들판을 뒤덮고 골짜기와 등성이에 모두 가득하면 지세를 알지 못하므로 감히 지나지 못한다. 보이는 것을 확실히 알 수 없으면 기운이 우선 시들고, 시들면 용진의 정신이 땅에 떨어진다. 콜럼버스가 감히 대서양 서쪽으로 항해한 것은 지도의 이치를 깊이 믿고 피안에 극락세계가 있음을 알았기 때문이고, 글래드스턴이 아일랜드의 자치안(自治案)을 견지한 것은 민족주의와 자유 평등의 주의를 깊이 믿음이니 이와 같지 않으면 영국과 아일랜드가 서로 안정될 수 없음을 알았기 때문이다. 맹호가 뒤에서 따라오면 시냇물을 뛰어넘고 숲을 뚫고 나가 평지에서 걷듯이 하고, 큰불이 용마루에서 타오르면 지붕 위를 날아다니고 벽을 타고 뛰어다니며 이리저리 굴러다니니, 범과 불이 사람을 죽임을 알기에 부득불 최악을 피하여 차악을 무릅쓰는 것이로다. 유아나 영아라면 범과 불이 맹렬함을 알지 못하고 이를 재밌고 편안하게 여긴다. 그러므로 모험과 용진의 정신은 견지(見地)의 깊이·높이에 비례 되어 차이가 있으니, 기운을 기르려는 이는 반드시 먼저 지혜를 쌓아야 된다는 것이 허언이 아니다. 이렇지 못하면 종교의 노예가 되며, 선철(先哲)의 노예가 되며, 습속의 노예가 되며, 지위가 높고 권세 있는 자의 노예가 되며, 혹은 스스로 그 마음의 노예가 되고, 그 마음은 또 사지백체(四肢百體)의 노예가 되어, 겹겹으로 속박되고 시름시름 죽어가 사람다움을 다시 살릴 수 없게 된다. 그러므로 나는 용진과 모험을 그칠 수 없음이 이처럼 심중하다고 반드시 말하려 한다.

넷째, 담력에서 발생한다고 할 수 있다. 나폴레옹은 '난(難)' 한 글자는 어리석은 이들이 쓰는 사전을 위해서만 소용된다고 말했고, 또 '불능(不能)'이란 두 글자는 프랑스인의 소용이 아니라 하였다. 아아! 지금 이 말을 읽으면 정신과 기운이 오히려 왕성해지는데 어찌 위인의 근기(根器)를 진정 우리라고 도모하지 못하리오. 스스로 지니고도 스스로 사용하지 못하는 것이다. 나폴레옹이 지극히 어려운 지경을 정말 많이 겪었으나 마치 아무 일 없는 것처럼 행동함은 다름이 아니라 그 기운이 우선 충분하여 이겨내었기 때문이다. 보통사람에게 질병이 생기면 비록 아주 작은 치통이나 현기증이라 해도 그날에는 정신과 지기(志氣)가 문득 위축되니, 대개 기력과 체력[體魄]은 항상 서로 의존하여 작용하는 것이므로 착실히 단련하면 매일 강해지고 안일하고 게으르면 나날이 구차해짐은 생리의 큰 도리이다. 문정공(文正公) 증국번(曾國蕃)이 말하길 "신체가 비록 약하더라도 아낌이 지나치면 도리어 적절치 않다. 정신은 사용할수록 더 나오고 양기(陽氣)도 끌어낼수록 더 왕성하니, 정신을 아끼기만 하겠다는 생각이라면 닥쳐오는 앞일에 물러나기만 하게 될 것이라 시름시름 기력이 없어 결코 일을 이룰 수 없게 된다." 하였다. 이렇게 체력은 반드시 스스로 키워야 하고 담력도 역시 양성하지 않을 수 없다. 나폴레옹과 증국번은 모험과 용진의 호걸이니 영구히 우리의 모범이 될 이들이로다.

아아! 우리 한국인은 모험과 용진의 성질이 예로부터 이미 하나도 없었는데 하물며 지금은 참담한 시국을 만나 대부분 식어버린 마음으로 절망하고 있다. 자고로 원인이 한둘만이 아닌데, 칭송하는 공맹(孔孟)의 도란 것도 또한 자주 그 대체(大體)는 버려두고 치우친 말을 주워 모아, 그 취하지 말아야 할 주의(主義)는 취하고, 그 취해야 할 주의는 버린다. 그 도(道)라 칭하는 것이 태평한 세상에서는 나서서 행하고 근심스런 세상에서는 물러나야 한다[11] 하고, 또한 위태로운 나라에 들어가지 말고 어지러운 나라에 머물지 않는다[12] 하며, 또 효자는 높은 곳에 오르지 않고 깊은 곳에 임하지 않는다[13] 하니, 이런 여러 주장이 어찌 공자 문하의 기록과 전승이 아니리오. 그러나 한쪽만 말하는 것이 아니고 각기

---

11 태평한……물러나야 한다 : 『주역』 「건괘(乾卦) 문언(文言)」에 나온다.
12 위태로운……않는다 : 『논어』 「태백(泰伯)」에 나온다.
13 높은 곳에……않는다 : 『소학』 「명륜(明倫)」에 나온다.

의당 의리가 있으니, 공자께서 어찌 이런 뜻으로 천하를 떠도셨겠는가!
말세의 속된 무리가 편의적으로 이용한 지가 수천 년이나 쌓여 억만의
무리가 침범하였기에 모험과 용진의 정신이 소멸하여 다했으니 어찌
통한스럽지 않으리오!

　추성(鄒聖)[14]이 "스스로 돌아보아 올바르다면 비록 천만 인과도 나는
반드시 맞서겠다."[15]고 말씀하지 않으셨던가. 이것이 바로 모험과 용진
의 정신이며 골자가 아니겠는가! 아아! 청년 동포여, 눈을 들어 산하(山
河)의 현상을 관찰하라. 우리의 빈약한 나라는 세계의 생존경쟁이 가장
극렬하여 호시탐탐하는 큰 무대에 고립되어 있다. 아! 이 나라 안에 저
벼슬자리와 봉록을 후하게 가진 자들과 선달(先達) 명사로서 지금 명성
이 있는 자들은 모두 과거의 인물로 구차하게 숨이나 쉬면서 여생을
보내도 괴이하지 않다. 우리 청년들 같으면 바로 이 나라의 장래 주인이
라, 나라와 함께 인연을 맺을 날들이 진정 길어서 앞길이 양양하니 꺾일
줄 모른다. 나라가 흥하면 우리가 그 영예를 스스로 누리고 나라가 망하
면 우리도 처참함을 친히 겪으며 도망하려 해도 피할 수 없으리니, 이
영예는 타인이 약탈할 수 없고 그 처참함도 타인이 대신할 수 없다. 말
과 생각이 여기에 이르면 어찌 뼛속이 시리고 마음이 섬뜩하지 않겠는
가. 그렇다면 모험과 용진으로 자유의 종을 크게 울리고 독립의 깃발을
높이 올리는 것이 우리 청년의 천직이 아니겠는가! 나는 이 문제를 특별
히 쓰면서 음빙실주인(飮氷室主人)의 뜻을 진술하여 『서우』에 게재한다.
아아! 전국의 청년이여.

14　추성(鄒聖) : 추나라 출신인 맹자를 이르는 말이다.
15　스스로……맞서겠다 : 『맹자』「공손추(公孫丑) 상」에 나온다.

자조론(自助論)[16]

　영국인 스마일스 씨의 4대 저서 중에『자조론(自助論)』이 가장 유명
하니, 실로 세계 불후의 대저(大著)인데 그 가치는 사람들이 공인하는
바이다. 이 책의 주된 목적은 청년을 고무하여 바른 사업에 권면하게
하여 노력과 고통을 피하지 않고 극기와 자제(自制)에 힘써서 타인의
보조와 비호를 기다리지 않고 오로지 자신의 노력을 믿게 하는 데에
있다. 일본 유신 초기에 나카무라 마사나오(中村正直)[17] 씨가 이 책을
번역하여 국민의 지기(志氣)를 진흥해 일본 청년으로 하여금 각자 자립
하고 자중(自重)하는 지기를 가지게 하였다. 그 역문(譯文)은 근엄하고
적확하여 당당한 대가의 필치를 보이고 있다. 그러나 한문에 치우쳐 청
년자제가 이해하기 어려우니 금옥(金玉) 같은 문자라도 왕왕 그 흥미를
잃게 만들고 또 원문의 뜻을 생략함이 심히 많아서 우리의 유감이 되었
다. 그래서 아제가미 겐조(畔上賢造)[18]가 시문(時文)으로 번역하여 독해
가 쉽도록 하고 그 생략한 바를 보충하여 유감이 없게 하였다. 지금 청
년의 지망(志望)을 고무하여 그 노력, 인내, 용기, 정려(精勵)에 힘쓰도
록 하고자 하여 아제가미 씨가 번역한 책을 번역하여 차례대로 본보에

16　자조론(自助論) : 원문 기사 제목은 '自治論'으로 되어 있고 원문 목차 제목에는 '自助
　　論'으로 되어 있다. 내용상 기사 제목의 오기로 보여 목차 제목을 따랐다.
17　나카무라 마사나오(中村正直) : 1832-1891. 에도막부의 신하이며 계몽사상가로 영국
　　에 유학하고 도쿄제국대학 교수를 역임했으며 후쿠자와 유키치, 니시 아마네 등과 함
　　께 '메이로쿠샤(明六社)'의 회원이었다. 메이지시대의 6대 교육가로 꼽히며 기독교 신
　　자였다.
18　아제가미 겐조(畔上賢造) : 1884-1938. 와세다대학을 졸업하고 우찌무라 간조(內村
　　鑑三)의 무교회파로 활동했다. 칼라일과 브라우닝 등의 영문학을 적극적으로 소개하
　　고 번역하였다.

연재하겠다. 먼저 나카무라 씨의 본서에 대한 총론 1편을 아래 다음과
같이 역술한다.

국가가 자주의 권리를 가지는 이유는 인민이 자주의 권리를 가
지기 때문이고, 인민이 자주의 권리를 가지는 이유는 그 자주의
지행(志行)이 있기 때문이다. 지금 2·30가구의 인민이 서로 모이
면 마을이라 하고, 여러 마을이 서로 연결하면 현(縣)이라 한다.
여러 현이 서로 모이면 군(郡)이라 하고, 여러 군이 서로 합치면
국가라 한다. 그러므로 어느 마을의 풍속이 순수하고 참되다 하면
그것은 그 마을의 인민들이 순수하고 참된 언행을 하여 그렇게 만
든 것이고, 어느 현에 산물이 많이 나온다 하면 그것은 그 현 인민
들이 농업과 공업에 근면해서 그렇게 만든 것이다. 그리고 어느
군의 예(藝)와 문(文)이 융성하다 하면 그것은 그 군의 인민들이
학예를 즐기고 연마해서 그렇게 만든 것이며, 어느 국가에 행복이
번창한다 하면 그것은 그 국가 인민의 지행이 단정하고 선량해 천
심(天心)과 부합하는 이들이 그렇게 만든 것이다. 인민과 국가가
원래 두 가지가 아닌 것이라 하겠다.

세계지도를 펼쳐서 보자면 자주의 국가가 몇 개며 반(半)자주의
국가는 몇 개이고 예속된 국가는 얼마나 되는가? 저 인도는 고대부
터 자주국이었으나 지금은 전부 영국의 통제를 받고, 베트남은 예
로부터 자주국이었으나 지금은 프랑스에게 절반 예속되었고, 남태
평양의 여러 국가 중에는 지금 서구 국가에 예속되지 않은 나라가
없다. 사람들은 서구 국가에 뛰어난 임금과 어진 신하가 있어서
위세가 멀리까지 뻗는다 하나, 서구 인민들이 근면하고 인내하여
자주의 지행을 지녀 폭군과 오리(汚吏)의 압제를 받지 않기에 나라
의 뛰어난 기상이 부쩍부쩍 올라가서 기약하지 않아도 절로 이루

어지는 줄은 잘 모른다. 이뿐만 아니라 서구의 군주가 그 지략을 크게 쓰면 나라가 크게 어지럽고 그 지략을 조금 쓰면 나라가 조금 어지럽다고 하는데, 사서의 기록으로 역력하게 이를 징험할 수 있다. 지금 서구의 군주는 자신만의 뜻으로 쉽게 법령 하나를 제출할 수 없고, 자신만의 명으로는 갑자기 사람 하나를 가둘 수도 없다. 세금[財賦]의 수량은 인민을 통하여 정하며, 군대와 국가의 대사를 인민의 공식 허가가 아니면 거행할 수 없다. 서구의 군가는 군주를 수레의 마부에 빗대며 인민을 수레의 승객에 견주니, 어느 곳을 향해 출발하며 어느 길을 택하여 나아갈지는 본디 승객의 뜻에 따라 정해지고 마부는 승객의 뜻을 따라 조정하는 기술을 발휘할 뿐이라 군주의 권리란 것은 사유(私有)가 아니라 전국 인민의 권리를 그 신체에 받든 것이라 한다. 그러므로 군주가 내리는 법령은 국민이 바라는 바를 실행하는 것이고 군주가 금지하는 것은 국민이 원하지 않는 바이기에 군민(君民)이 일체이고 상하가 감정이 같아 조정과 재야가 서로 즐겁고 공과 사에 차별이 없다. 국가가 성대한 이유가 이것이 아니겠는가!

내가 아이였을 때를 기억해보면, 청나라와 영국이 전쟁을 하여 영국이 번번이 크게 이겼다. 그 나라에 빅토리아라는 여왕이 있다는 말을 듣고서 놀라 "구석진 섬에서도 여자 호걸이 나오거늘 당당한 만청(滿淸)에 도리어 한 명 남아가 없는가."라고 하였다. 이후에 『해국도지(海國圖志)』[19]를 읽으니 영국의 풍속이 탐욕스럽고 사나우며 사치스럽고 술을 좋아하나 오직 기예가 신묘하다고 기록하고 있어 당시에는 그대로 믿었는데, 지난해에 영국 수도에 2년간 체류하여 국정과 풍속을 서서히 관찰해보니 그렇지 않음을 알게 되었

---

19 해국도지(海國圖志) : 원문에는 '淸國圖志'로 되어 있다. 바로잡아 번역하였다.

다. 지금의 여왕은 평범한 노부인으로 손주를 어르며 먹일 따름이
고,[20] 백성의회의 권한이 가장 중요하고 제후의회는 버금이다.[21] 그
대중에게 선출되어 인민의 관리가 된 이는 반드시 학행을 밝게 닦
은 사람으로, 경천애인(敬天愛人)하는 마음이 있고 극기(克己)와 둔
촉(頓燭)[22]의 공부가 있으며 세상사를 많이 겪어 고난 속에 성장한
자이다. 권모술수에 약삭빠른 사람은 참여할 수 없고, 주색과 돈을
밝히는 무리는 참여할 수 없으며, 공을 탐내 일을 만드는 이들도
참여할 수 없다. 그 풍속은 덕의(德義)를 숭상하고 인자를 사모하며
법률을 지키고 빈자와 병자를 구제하기를 좋아해 나라에 설치한
어질고 선한 법규를 이루 다 서술할 수 없다. 그 하나를 들어보면,
가난한 집의 자녀가 가서 배우는 학원이 통계상 3만여 개소인데
학도가 2백만 인이고, 주간에 직업이 있는 이들이 가서 배우는 야
학원은 2천여 개소인데 학도는 8만 인이다. 이것들은 인민이 공동
으로 의연(義捐)하여 설치한 것으로 정부가 한 것이 아니니, 제반의
일에서 정부가 담당하는 것은 10분의 1이고, 인민이 담당하는 것
이 10분의 9이다. 그리고 그 정부라 하는 것도 또한 인민의 편리를
위하여 설치한 회소(會所)일 따름이고 권세를 탐하여 위세와 형벌
을 농단하는 일과 같은 것은 없다. 넓은 온 나라와 많은 인민을
헤아리자면 간특한 불법의 무리가 어찌 없으리오마는 그 대체를
살펴보면 정교(政敎)와 풍속이 서방에서 아름답다 꼽힌다고 할 만
하거늘, 위원(魏源)[23]의 책에는 오직 탐욕과 사나움, 사치와 술 좋

---

20 손주를……따름이고 : 원문은 "含飴弄孫"으로 엿을 입에 물고 손주를 어른다는 말이다.
   한나라의 마황후(馬皇后)가 나이가 들어 정치에 참여하지 않겠다는 취지로 이 말을
   했다 한다.『후한서(後漢書)』「황후기(皇后紀)·명덕마황후(明德馬皇后)」에 나온다.
21 백성의……버금이다 : 백성의회는 하원, 제후의회는 상원을 이른다.
22 둔촉(頓燭) : 촛불 아래 조아려 학습에 열심인 상황을 이르는 것으로 보인다.

아함만을 기록하였다. 이는 대체로 동양에 거주하는 서구의 무뢰한 무리를 보고서 미루어 적은 것이니 어찌 오류가 아니랴!

내가 또 최근에 서구 고금 준걸들의 전기를 읽다가 그 모두 자주와 자립의 뜻을 지니고 간난신고를 겪으며 경천애인의 성의(誠意)에 근본을 두고 세상과 인민을 구제하고 이롭게 하는 대업을 수립함을 보고서, 저 땅에 문교(文敎)가 찬란하여 이름을 사해에 날리는 이들은 실로 그 국민의 근면과 인내의 힘에서 비롯됨이고 그 군주가 준 것이 아님을 더욱 분명히 알게 되었다. 들어보니 수레와 말을 잘 모는 이들은 채찍질을 더하지 않아도 스스로 잘 가게 하며 억지로 몰지 않아도 스스로 달리게 한다고 한다. 마부가 고삐를 함부로 당기고 채찍을 자주 가하면 그 말이 매를 피하려 버둥대다 멈추고 잘 나가지 못하니, 아아! 세계 속에서 어느 나라가 선하지 않고 어느 백성이 어질지 않으리오, 마부가 공명심으로 일을 만들기 때문에 그 성질이 발휘되지 않아 그 천부의 선량함을 보존하지 못하는 이들이 또한 많은 것이로다!

위 총론을 이미 역술하고 다시 나카무라 씨가 지은 여러 서문을 읽어보니 사람들로 하여금 절로 일어나 춤추게 할 만하다. 솥 안의 고기를 함께 맛보고자[24] 하여 학 다리 긴 것을 꺼리지 않고서[25] 이미 쉬는 붓을

---

23 위원(魏源) : 1794-1857. 청나라의 학자. 정치가로 앞 단락에 언급된『해국도지』의 저자이다.

24 솥 안의……맛보고자 :『여씨춘추(呂氏春秋)』의 '상정일련(嘗鼎一臠)'이라는 성어를 활용한 것으로 보인다. 솥 안의 고기 한 점을 맛보면 솥 안 전체의 고기 맛을 알 수 있다는 뜻으로, 부분으로 전체를 알 수 있음을 비유적으로 표현한 것이다.

25 학 다리……않고서 :『장자(莊子)』의 '학의 다리가 길다고 자르면 학이 슬퍼한다〔鶴脛雖長 斷之則悲〕'는 구문을 활용한 것이다. 천부의 성질을 인위로 조정하지 말라는 의미이다. 여기서는 원문이 번다해도 양해해달라는 취지로 볼 수 있다.

다시 들어서 다음을 역술하노라. 그 나라 및 인민의 자조를 논한 제1편의 서문은 다음과 같다.

내가 이 책을 번역하니 객이 지나다가 나에게 물었다. "그대는 무슨 이유로 병서(兵書)를 번역하지 않는가?"

내가 말하였다. "그대는 군대가 강하면 국가가 치안을 유지할 수 있다 하는 것인가. 또 서구 나라들이 군대 때문에 강해졌다고 하는 것인가. 이는 전혀 그렇지 않다. 서구 나라의 부강은 인민이 천도(天道)에 독실하기 때문이며, 인민이 자주의 권리를 지녔기 때문이며, 정치가 관대하고 법률이 공식화되었기 때문이다. 나폴레옹이 전쟁을 논하여 이르길 덕행의 힘이 신체의 힘보다 10배가 된다고 하였고, 스마일스 씨는 나라의 강약은 인민의 품행에 관계된다 하면서 다시 진실과 선량이 품행의 근본이라 하였다. 국가란 것은 인중(人衆)이 서로 모인 것을 칭한다. 그러므로 사람마다 품행이 바르면 풍속이 아름답고 풍속이 아름다우면 일국이 협화(協和)하여 일체를 이루게 되니 부강은 말할 필요도 없다. 만약 국민의 품행이 아름답지 못하여 풍속이 아름답지 않은데 공연히 군대 키우는 일에 급급하다면 이에 치우쳐서 싸움과 살인을 좋아하고 즐기는 풍속이 될 수밖에 없으니 치안을 장차 어찌 바라겠는가! 다시 천리(天理)로 말미암아 논하자면, 강하고자 하는 일념은 바름에 크게 어그러지니 어째서인가. 강자란 약자에 대한 지칭이다. 하늘이 이 백성을 낳으심에 사람마다 안락을 같이 받아 도덕을 같이 닦으며 지식을 같이 숭상하고 학예에 같이 힘쓰게 만들고자 하시었으니, 어찌 이들은 강하고 저들은 약하며 이들은 뛰어나고 저들은 못나게 하고자 하셨으리오. 그러므로 지구 만국이 의당 학문과 문예로 서로 교류하며 이용후생의 도리를 상호 보태주어서 피차가 평안하고 강건하게 복지를 함께 누려야 할 것인데, 이처럼 강약을 견주며 우열을 다툼은 어째서인가. 사람이 천명(天命)이 두려운 줄을 알고서 진실한 마음으로 선량한 일을 행하여 한 사람이 이와 같고 한 집이 이와 같고 한 나라가 이와 같으며 천하가 이와 같다면, 사랑스런 태양과 인자한 바람에 사해(四海)가 즐거이 모이고 자비로운 구름과 온화한 공기 속에 육합(六合)이 상서로울 것이니 이와 같다면 갑병(甲兵)과 총탄이 다시 무엇에 소용이 있으리오! 예로부터 군대는 흉기이고 전쟁은 재난이며 인자(仁者)는 무적(無敵)이고 전쟁을 잘하는 자는 극형을 받아야 한다고 하지 않았던가. 한 사람의 생명은 전 지구에서 보아도 무겁고 필부(匹夫)의 선행은 국가와 천하에 관계되는 것이거늘, 토지에 욕심을 부려 지극히 귀중한 인명에게 극도로 처참하고 악독한 화를 입히면 황천(皇天)의 뜻을 거슬러 조화(造化)의 은혜를 저버리는 것이므로 죄를 용서받을 수 없게 된다. 서구 나라들이 근세에 형벌을 크게 줄였으나 유독 전쟁은 줄이지 못하였으니, 어찌 위와 같은 교화가 미흡했던 게 아니겠는가, 우주 태운(泰運)의 기약이 아직 오지 않았는가. 아아! 천지사방에 예교(禮敎)가 성대하여 군대와 형벌이 폐지되는 날이 마땅히 오리니, 나와 그대가 보지 못함이 한스러울 뿐이다."

객이 "예, 예" 하면서 물러났으니, 이것을 적어 책머리로 삼는다.

용심(用心)의 근면 및 작업의 인내를 논한 제4편의 서문을 요약하면 다음과 같다.

진정한 학자는 천업(賤業)을 하기를 부끄러워하지 않으니 이를 부끄러워하는 자는 진정한 학자가 아니고, 진정한 문인은 세속의 직무를 싫어하지 않으니 이를 싫어하는 자는 진정한 문인이 아니다. 옛날 조기(趙岐)가 북해(北海)의 저자에서 떡을 팔고[26] 심인사(沈麟士)가 발을 만들면서 독서하여 손과 입이 쉬지 못했는데,[27] 천하의 후세들이 이를 천하다 하지 않을 뿐 아니라 도리어 귀중하게 여겼다. 정명도(程明道)는 진남(鎭南) 판관(判官)의 첨서(簽書)가 되어 관고(管庫)의 세무(細務)에 진심을 다하며 중옥(重獄)을 여러 번 잘 다스렸고, 소동파 자첨(子瞻)은 봉상부(鳳翔府)의 첨서(簽書)가 되었는데, 판관은 문인이라 하여 아전의 일을 떠맡지 않아 왔으나 자첨은 그 직무에 마음을 다해 늙은 아전들에게도 공손히 복종했으니, 두 분의 어짊이 여기서 충분히 드러난다. 지금의 독서인들은 간혹 천업으로 생계를 꾸리는 것을 부끄러워하고 세속의 직무를 달갑게 여기지 않다가 부득이하면 신발과 그림을 판매하고 혹은 다섯 말[斗]에 허리를 굽히며 책을 모조리 묶어 치우고 돌아보지 않으며[28] "나는 그럴 겨를이 없다."고 한다. 사람은 뜻이 없는 것이 근심일 따름이니, 만약 뜻이 있다면 겨를이 없음은 근심이 되지 않는다.

그 기회 및 학예 수련의 일을 논한 제5편의 서문을 요약하면 다음과 같다.

천하의 일이 천만 가지를 넘는다고 하나, 그 성패와 득실의 기회

---

26 조기……팔고 : 후한(後漢)의 조기(趙岐)는 고관의 가문에서 태어났으나 노년에 몰락하여 떡 장사를 하며 유랑하면서도 굴하지 않고『맹자』에 대한 주석서를 저술했다고 전한다.

27 심인사……못했는데 : 육조 시대에 남제(南齊)의 심인사(沈麟士)는 직접 발을 짜서 생계를 꾸리며 학문에 전념했다 한다.

28 다섯……않으며 : 다섯 말은 관리의 낮은 봉급을 의미한다. 도연명이 다섯 말 봉록 때문에 감찰하는 관리에게 굽힐 수 없다며 관직을 사임했다는 사적이 있다.

를 살펴보면 하나같이 모두 실질〔誠〕과 거짓〔僞〕 두 단어에서 결정될 따름이다. 정사(政事)에서 나타나면 공사(公私)가 구별되고, 인품으로 모아지면 선악이 구분되며, 학술에서 드러나면 정사(正邪)가 가려지고, 공예로 만들어지면 교졸(巧拙)이 나누어진다. 지금 은하수를 희롱하고 비바람과 싸우며 표피의 검푸른 색이 천년 내내 새롭게 거듭나 우뚝 솟은 나무라도 그 시작을 거슬러보면 한 알갱이 종자가 땅속에 뿌리를 내린 것일 따름이다. 들판을 덮고 전함을 뒤흔들며 백번 굽이쳐도 끊이지 않고 만고에도 쉬지 않는 드넓은 하천이라도 그 근본을 찾아보면 한 줄기 흐르는 샘이 솟아난 것이다. 그러니 종자가 나무의 실질이며 샘이 하천의 실질인 줄을 알겠다. 오직 이 실질이 있어야 크게 이룰 수 있으니, 사물이 이와 같은데 하물며 사람은 어떠하겠는가! 사람에게 진실로 한 조각 실질이 있어 가슴 속에 보존되면 비록 매우 미약해도 실로 만사의 근원이 되어서 문예를 수련할 수 있고 학식을 넓힐 수 있으며 인민을 다스리고 신명과 통할 수 있을 것이다.

그 직업에 힘쓰는 사람을 논한 제9편의 서문을 요약하면 다음과 같다.

학문의 일에서는 많은 차이를 모아서 고찰을 준비하여 기존 견해를 뛰어넘어 새로움을 얻는 것이 귀하다. 서적 수집에 비유하면 만약 만 권을 가지고서도 모두 한 권처럼 동일하다면 많다 해도 귀할 것이 없으며, 만찬을 먹는 것에 비유하면 팔진미의 다양함이 두루 갖춰진 뒤에 입에 아름다울 것인데 그게 아니라 펼쳐진 것이 한 종류일 뿐이라면 어찌 질리지 않겠는가. 붉은 색 안경을 쓰고서 사물을 보면 삼라만상이 붉지 않은 것이 없고 푸른 안경을 쓰면 천하가 하나로 푸르며 누른색 안경을 쓰면 우주가 모두 누를 터이

다. 자신의 한 가지 견해를 미리 고집하면서 타인의 주장을 들으면,
동일하다 말한다 해도 이 역시 참이 아닌 것이다.

교육부

왕공(王公) 교육

1. 영국 황실의 요리법 교육

영국 황실의 황녀는 모두 대단한 요리인인데, 황실 안에서 요리법 교
육을 시작한 것은 고(故) 빅토리아 여황(女皇)의 시대로부터이다. 빅토
리아 여황의 황녀는 곧 지금 황제 에드워드 7세 폐하의 자매인데, 황녀
가 요리를 시작하자 현 황제 에드워드 폐하도 그 황녀를 위하여 샌드링
엄(Sandringham) 궁전 안에 특별한 조리장을 설치하고, 빅토리아, 루이
스, 모드 세 명 내친왕(內親王)으로 하여금 항상 연습하게 하였다. 현재
황태자인 웨일즈 친왕[29] 전하가 또 황녀에게 샌드링엄 궁전에서 숙모를
계승하여 요리법을 연습하게 하므로, 빅토리아 내친왕은 루이스, 모드
두 내친왕이 혼인한 뒤에는 그만두고 샌드링엄 궁전에서 조카의 요리법
교사가 되었다.

2. 독일 황자(皇子)의 농작물

독일 빌헬름 2세 폐하의 엄정한 교육주의는 세상 사람들이 주지하는
바와 같아, 폐하가 황자의 학교 결석과 범칙(犯則) 등에 관해 애석해함
이 적지 않았다. 폐하가 황태자로 있던 시절에 본(Bonn) 대학교의 학생

---

29 웨일즈 친왕 : 영국 왕실의 세자는 웨일즈 왕자라는 호칭으로 불린다. 이 당시 세자는
    에드워드 7세를 이어서 조지 5세가 되었다.

이 되어 수학하였는데, 그 황자도 같이 본 대학교에 입학하여 독일 학생 특유의 간소한 생활법을 배우고, 맥주를 호음(豪飮)하고 칼로 결투하는 것 등도 다른 학생들과 같이하게 하였다.

현 황태자 전하가 본 대학에 재학하던 시절의 일인데, 하루는 전하가 학생 클럽의 규약을 어겼기에 클럽이 전하에게 벌을 부과하니 전하가 복종하지 않았다. 그러나 그 일을 황제 폐하가 알게 되어 폐하는 조속하게 전보로 벌칙에 복종함이 옳다고 전하에게 엄명하였으니, 폐하가 학교에서 황자의 특별 취급을 허용하지 않은 것이다. 전하도 이로부터 결코 다른 학생과 구별되는 특전을 구하지 않았다.

헨리 친왕의 교사인 프랑스인이 하루는 친왕에게 번역의 과제를 주니, 그것은 "여러 황녀는 자연의 위엄을 갖추었을 뿐 아니라 타인과 구별되는 자애로운 면모를 가지고 있다."라 쓴 프랑스어 문장이었다. 친왕이 펜을 놓고서 손을 모으고 잠시 침묵하자, 교사는 어떤 어구에 난해한 곳이 있는가 물었다. 그러자 친왕이 말하길 "능히 이해하여 하나도 난해한 어구가 없으나, 내가 지금 그대가 나에게 빈말을 가르치는 것이 아닌가 하는 생각이 든다. 어째서인가. 내가 살면서 보니 황자와 황녀는 결코 타인과 구별되는 자애로운 면모를 가지지 아니했고 또 자연의 위엄도 갖추지 못했다. 그렇지 않은가." 하니, 교사가 안색을 완전히 잃어버렸다.

여름방학 중에 독일 황제의 황자는 3·4개월을 어떻게 지내는가? 피서 여행도 안 하고 온천에도 가지 않고, 황제 폐하가 귀환해 휴식 중인 황자에게 노동을 부과해 밭에서 야채를 경작하게 한다. 프랑스 문호 볼테르가 프리드리히 대왕에게 그 밭을 갈라고 드린 금언을 궁중에서 항상 지킨 것이다. 폐하가 여름에 궁전을 떠나 정원을 구획하여 각 황자에게 나누어주고 스스로 그 땅을 경작하고 파종하여 수확하게 하는데, 꽃을 키우기도 하고 파를 키우기도 하고 감자를 키우기도 한다. 각종의 수확물은 모두 당시의 시세로 파는데 그 매입자는 모후(母后) 폐하이다.

3. 스페인 왕의 일과표

1. 오전 7시 기상
1. 오전 8시~11시 학습
1. 정오 점심-독일어 선생 등과 배식(陪食)-
1. 오후 2시~4시 산보
1. 오후 4시~7시 문학과 역사
1. 오후 7시 만찬
1. 오후 8시 반~9시 피아노
1. 오후 9시 취침

또 오후 2시부터 4시까지 군대식 운동을 하니 1주에 3회이다.

4. 러시아 궁정 및 이탈리아 궁정의 영어 교육

러시아와 이탈리아 두 나라의 궁정 안에서 여러 황자와 황녀에게 학습하게 하는 외국어는 영어이다.

고(故) 빅토리아 여황의 손녀, 현 에드워드 7세 폐하의 조카 되는 러시아 황후 폐하는 헤센(Hessen) 궁정 안에서 영어로 교육을 받게 하였다. 그리하여 차르스코예 셀로(Tsarskoye Selo) 궁전에서 여러 자식들도 영어를 교육하여 놀지 않게 하였다.

이탈리아 황실에서는 많은 영국 부인을 보모로 삼아 황자와 황녀에게 항상 영어를 말하게 한다. 영국 부인의 특질인 간소하고 질박한 생활법은 이탈리아 황실에서 깊이 칭찬하는 바인데, 마팔다·욜란다[30] 두 황녀

---

30 마팔다·욜란다 : 당시 이탈리아의 왕은 비토리오 에마누엘레 3세로 에티오피아의
   황제를 겸하기도 하였다. 두 사람은 그의 딸들이다.

가 야외에서 소요함이 평민과 다르지 않고 두 황녀가 손에 든 인형도 보통 가게〔勸工場〕에서 보는 것과 다르지 않다.

그러므로 두 황녀가 지닌 남자의 기상이 아버지 황제와 비슷하다. 마팔다 내친왕이 하루는 산보하다가 한 사관을 만났는데, 사관이 보지 못하고 경례를 빠트리고 통과하였다. 내친왕이 궁전에 돌아와 이 일을 왕인 아버지에게 말한 일이 있었다. 어린 욜란다 내친왕은 재작년에 근위대를 방문하려고 보모에게 물어서 보모가 동행하였다. 내친왕이 매우 기뻐하여 병사가 소지한 총을 가져와 검열하고 다시 병사에게 음식을 내려주었다.

5. 기타 각국 황실의 교육법

세르비아 국왕 페타르 1세의 사자(嗣子)는 대단한 학문가인데, 특히 지리학에 흥미를 가져 매일 장시간 교사와 함께 학습한다고 한다.

포르투갈의 황태자 전하는 고고학에 열심이라, 사진기를 휴대하고 각국의 고적을 탐사하는 것을 막대한 즐거움으로 삼는다 한다.

오스트리아 시오포루도 대공[31]의 두 공자는 쇠망치, 톱, 대패를 가지고 여러 기물을 제작하며 시간을 소비하는 중이라고 한다.

동(同) 오스트리아의 대공작이 낳은 마리야 이시막구라[32]라고 하는 공주는 수녀원에 들어가 수녀의 정복을 입고서 시중에 나와 무와 인삼 등의 야채를 팔아 직접 들고 돌아왔다고 한다.

아라비아족 여러 왕의 자녀는 이슬람교 사원 속에서 코란경을 연구함이 그 교육의 주된 부분이다. 또 이 민족의 어느 왕자는 성년에 달하기까지 야외에서 양을 기르는 목동으로 사역해야 한다고 한다.

---

31 시오포루도 대공 : 미상이다.
32 마리야 이시막구라 : 미상이다.

시암의 왕자와 캄보디아의 왕자 등은 반드시 1년간은 승려가 되어 민가의 처마에 서서 밥을 동냥하고 돌아온다고 한다.

6. 마키아벨리 씨와 도네 씨의 황자

교육

마키아벨리(Niccolò Machiavelli)는 1520년에 사망한 이탈리아의 정치 문학자이다. 그 유명한 저술『군주론[皇子]』에서 주장하길, 각국의 통치권 및 정부의 종류가 갖가지로서 그 흥망과 치란(治亂)이 다르게 되었으나, 역사적으로 이를 연구하여 어떤 나라의 통치에서든 진실로 유효한 수단을 보게 되면 그 수단이 인도(人道)와 도덕으로 보아 비난할 점이 있어도 이런 사정을 고려할 수는 없다고 하였다. 그 이론에 근거해 마키아벨리 씨는 임기응변의 재주가 풍부한 체사레 보르자(Cesare Borgia)를 이상적 인물이라 하였으니, 이른바 '황자'의 교육도 이로써 헤아릴 수 있다.

모리스 도네(Maurice-Charles Donnay) 씨는 지금 파리 문사(文士) 중에서 쟁쟁한 사람이다. 수년 전에『왕자[皇子]의 교육』이라 하는 책을 써서 바리에테(Variétés) 극장에서 흥행하게 하였는데 그 줄거리는 다음과 같다. 한 여가수가 야회의 석상에서 예상치 못하게 국왕의 눈에 들어 비(妃)로 뽑혀 왕자 알렉산더를 낳는다. 처음에 교육하던 론세보 씨의 엄격함을 싫어해 이를 파면하고 다시 사치 숭배로 유명한 세르클뤼라는 사람을 고용하여 왕자의 교육을 위임하니, 세르클뤼가 어린 왕자를 인도하여 오페라, 시바이(芝居)-연극장-, 요세(寄席)-기방(妓房)-, 찻집, 도박장 등에 들어가게 하여 당세 풍속을 따른 사회교육을 시행함에 여념이 없는 형상을 취하기를 좋아하였다.

이후의 왕공 교육은 어떨까. 마키아벨리 씨의 권모적(權謀的) 교육과 도네의 사회적 교육이 모두 오늘날을 맞아 각국 왕권자들이 그 자녀에 대하여 경국(經國)의 기술을 교수하기 이전에 우선 개인의 생계를 다스리는 준비를 하게 하니, 그러므로 왕공도 우리처럼 생계를 다스림을 하나의 큰일로 생각하기에 이르렀다. 그러므로 기민한 미국인들은 왕공을 위한 생계보험회사를 설립하였다 한다.

아동의 위생 (속)

5. 소아의 견책과 처벌

소아를 교육함에 견책과 처벌을 과도히 하면 그릇될 염려가 있으니 주의할 만한 일이다. 또 위생에서 신체에 미치는 벌도 두려워해야 한다. 소아의 머리란 것은 극히 맑아서 소위 '백심(白心)'이라 어떤 모양으로도 만들어질 수 있기에 최초로 머리를 개도(開導)하는 것이 긴요하다. 속담에 세 살 아이의 정신이 백 세까지 존재한다 하였으니 소아 시절에 물든 마음씨는 쉽게 바꾸지 못한다. 또 사람은 얼굴이 다른 것처럼 특질도 역시 사람마다 서로 다르다. 그러므로 악한 성질도 처음부터 고치게 해야 할지니, 어떤 성질에 어떤 방법을 적용하는 것이 좋은지를 알아보아 그렇게 하지 않으면 안 된다. 과도하게 견책당한 소아는 겁쟁이가 될 수 있고 신경질이 될 수도 있어서 성장한 뒤에 비상하게 성질이 변화하는 일도 있으나 습관적으로 화 내는 일은 없어야 하니, 벌을 줄 때 이러한 점을 주의해야 한다. 부모가 되어 아이를 교육함에 아버지는 엄하고 어머니는 자애로워 엄함과 자애로움이 함께 하여야 완전한 교육이 될 수 있다. 상찬할 일은 반드시 상찬하고 벌해야 일은 반드시 벌하여 그 구별을 바르게 해야만 옳다. 만일 그릇된 일이 있어도 사랑에 구애되어

벌하지 않고 두면 그 아이가 그 일을 좋은 일로 알아서 악습이 점차 더해진다. 그 벌하는 방법도 세간에서 많이 행하는 구타는 가장 좋지 않은 것으로 이런 야만의 일은 하지 않는 것이 옳으니, 극히 비위생적인 일이거니와 구타하다 의외의 변고가 나오지 않는다고도 할 수 없다. 또한 소아도 자신의 그릇됨을 뉘우쳐 고치지 않고 도리어 그 폭력에 반항하리라.

교육을 늘려가야 하는 소아에게 비상하게 마음의 격동을 일으키는 것은 적당하지 않고, 또 구타는 그저 두렵고 아프다는 일념만 주고 무슨 이유로 이런 꾸짖음을 당하는지 자성할 유예의 기회를 주지 않아 도리어 꾸짖는 자의 정신에도 어긋나고 소아의 마음을 바르게 하고 고치는 일도 거의 없다. 그러므로 이런 일은 하지 말고 애정을 가지고 도리를 잘 깨닫도록 타일러 당사자가 자연스레 잘못을 뉘우치게 함이 가장 효력이 많다. 모친인 자가 구타하고 질책하는 버릇이 있으면 보모와 하녀 등이 본받아 대단히 난폭한 일을 행할 수 있다. 그러므로 결코 자신이 먼저 행해서는 안 되고 또 벌을 남용함이 부당하다는 것을 가르치지 않으면 안 된다. 소학교에서 생도에게 벌을 가함에 신체에 손을 대지 않음이 진실로 좋은 일이다.

지금 또 하나 주의할 일을 서술하니, 아이가 사물을 두렵게 여기도록 하는 것이다. 천둥이 울리면 배꼽이 떨어진다 하여 울게 하고 어두운 곳에서 귀신이 나온다 하여 무섭게 하는 등의 일이 그러하니, 소아가 원래 이를 무서워하는 성질을 가진 것이 아니라 부모의 가르침이 그릇된 것이다. 평소에 아이가 그릇된 일을 하거나 혹 이유 없이 울거나 할 때 천둥이 칠 테니 그치라고 다그치면 정말 천둥이 칠 때에 공포가 한층 심해져 파동처럼 몸을 통과하리니, 그 무서워하는 일념이 신경을 아프게 해서 어떤 지경에 이를지 알 수 없게 된다. 평소의 습관은 가장 두려워해야 할 것이니, 세상에 없는 귀신도 신경에 두려운 대상으로 배어든

후에는 쉽게 떨쳐내지 못하여 공포의 느낌이 어디서나 일어나게 된다. 어느 곳에 한 아이가 있었는데 그 부모가 항상 천둥이 친다 하면서 그 그릇된 행실을 그치게 하였더니 정말 비가 맹렬히 내리고 천둥이 굉장하게 칠 때에 공포의 느낌이 극렬해서 마침내 스스로 도망가 숨기까지 했다 한다. 이런 일은 어둡고 어리석음이 심한 것이지만 또한 평소 교육의 그릇됨을 보여주기도 한다. 그러므로 아동이 어린 시절부터 귀신은 세간에 없는 것이고 천둥은 살아 있는 것이 아님을 자세히 알 수 있게 이끌어 가르치는 것이 가장 좋다. 만일 공포의 느낌이 소아의 머리에 남게 되면 발육에 비상한 영향을 미칠 뿐 아니라 신경증도 일으키게 된다. (미완)

우리 한국의 석탄

우리 한국의 석탄은 고생대 지층, 중생대 지층 및 제3기 지층 속에 끼어 있는 3종이 있으니, 고생대 지층과 중생대 지층에 있는 것은 무연탄에 속하고 제3기 지층 속에 있는 것은 조악한 갈탄이다. 평양 동쪽에서 삼등(三登)에 이르는 백여 리 사이에는 점판암, 사암, 석탄암 등이 서로 층을 이룬 가운데 무연탄이 끼어 있으나 비상한 변동을 받아서 단층, 절곡(折曲) 등이 매우 빈번하여 채굴이 곤란하다. 조금 양호한 것은 대동강 남안(南岸)인 문수봉(紋水峯)과 그 대안(對岸)인 고방산(古妨山) 및 삼등(三登)의 동안(東岸) 고개-평양의 동쪽 7리-에 있는 것들이다. 문수봉에 노출된 것은 남쪽으로 30~50도로 경사가 져 있고 탄층의 폭이 6척이라, 5·6정(町) 사이에 그 노두(露頭)를 추적하여 얻을 수 있다. 또 고방산에 있는 것은 탄층의 폭이 20척 내외인데 노두 약 3정을 추적하여 얻을 수 있으며, 북쪽으로 20~25도로 경사져 있다. 또 탄현(炭峴)에는 두세 갈래에 탄층이 있어 상층은 폭이 7척이고 중부층은 폭이 4척이고 하층은 폭이 2척이니 4·5정 사이에 이를 추적해서 얻을 수 있는데, 북쪽으로 30~80도 경사져 있어서 모두 매장된 탄을 얻기 어렵고 대부분은 분탄(粉炭)이다. 문수봉과 고방산은 산이 낮은 곳으로 이어지기에 조금만 채굴하면 곧 수면 높이〔水準〕이하로 내려가니, 지금은 휴광 중이나 대동강에 임하여 교통이 매우 편하므로 전혀 희망이 없지는 않다. 그래도 탄현은 교통이 불편하므로 사업 경영이 심하게 곤란하다.

기타 중생대 지층의 점판암으로 군산(群山) 동쪽에서 북쪽 40리 금강에 이어진 충청도 포원(浦元)[33] 등에 무연탄이 없지 않으나 대개 층이 얇아 중요하지 않다. 또 제3기 지층 속에 있는 것들로 동해안에 조악한 갈탄이 매장되어 있어 탄량(炭量)이 조금 많은 곳도 있으나, 질이 조악하여 상등 연료로는 적합하지 않다. 북부에서 이를 채취하여 난방과 제염(製鹽) 용도로 쓰지만 이밖에는 용도가 적다. 그 주요 산지는 함경도 영흥(永興)의 동부, 경상도 영해(寧海)의 남부, 장기(長鬐) 부근, 경주의 동남해안 하서리(下西里) 부근, 울산의 동부다. 한국의 석탄 상황이 이상과 같으니 한국의 석탄사업에 투자하는 일은 숙고를 필요로 하는 문제이다.

수록(隨錄)

○ 숨이 끊어진 자를 위한 소생(蘇生) 기계의 발명

폐에 산소를 주입하여 숨이 끊어진 자를 소생하게 하는 방법은 의학

---

33 포원(浦元) : 충청도의 지명으로 추정되나 미상이다. 군산에 인접한 현재 보령시에 탄광이 있었다.

자 사이에 이미 알고 있었던 것인데 이를 실행하기에 적당한 기구가 없다가 미국 사우스노포크(South Norfolk)의 포 교수가 간편한 기계를 발명하였다. 이를 실험하니 종래 어떤 방법을 사용해도 소생이 불가능하던 동물을 용이하게 소생시켰다고 한다.

○ 농무(濃霧)를 흩어지게 하는 법

인공으로 안개를 흩어지게 하는 것은 이론상으로는 이미 알려져 있었지만 오늘까지 누구도 유효한 방법을 발견하지 못하였는데, 프랑스의 기사 징보 씨가 이 일을 다년 연구한 결과로 뜨거운 공기를 방출하여 안개를 흩어지게 하는 법을 발견하였다. 그러나 이 방법은 비교적 효력이 부족하므로, 다시 전파를 농무 속에 보내어 이를 흩어지게 하는 방법을 고안해 내었다. 씨가 아직 그 방법을 발표하지 못하였으나 다소의 연구를 누적하면 주위 4백 야드의 안개를 흩어지게 만드는 것까지도 쉽게 성공할 수 있으리라 한다.

○ 수륙양용(水陸兩用)의 자동 선박

수륙양용의 운반 기계는 이전부터 여러 번 제조되었으니 진귀하다 할 것은 아니지만, 프랑스의 라우아이에 씨가 발명한 자동 선박은 4개의 차륜을 가지고 맘대로 육상을 달릴 수 있게 된 것이라 자못 편리하다고 한다.

○ 1만 5천 년 전의 고래

미국 사우스웨스트 박물관 이사 바마 박사가 상베도로의 근방 높이 150척의 구릉 위에서 태고의 거대한 고래 뼈를 발견하였는데, 뼈가 모두 화석화되어 완전한 상태로 보존되었으니 세계 어디에서도 아직 발견되지 못한 최대의 표본이다. 이 지역 인근의 해안은 백 년에 한 층 정도씩 퇴적되는데 높아지는 데는 한계가 있으므로 이 높이로 추정하면 이 뼈는 1만 5천 년 이상을 경과한 것이라 한다.

○ 90년이 걸린 저서

독일 라이프치히의 인쇄소에서 브라질 정부의 의뢰에 의해 인쇄에 착수한 도서는 식물학상의 최대 저서이다. 전부 40권으로 나누어지고 장은 130이고 면수는 2만 733인데, 브라질에서 나오는 꽃 4만 종을 해설한 것이다. 이 책은 1819년에 유명한 마르티우스(Carl Friedrich Philipp von Martius)가 편찬에 착수하기 시작하여 65인의 저자가 이 일을 순차로 계승하여 점점 완성한 것이라 한다.

○ 수성(水星)의 인류

인류가 수성에 생존하여 있다 하니, 만약 생존하여 있으면 그 형상이 과연 어떨까 함은 과학자들이 전부터 고려했던 바이다. 수성의 질량, 용량, 밀도, 기압 및 극심한 열 등을 산정하고 자연법칙을 적용하여 추측하면 수성의 인류는 자못 기이한 형상이 된다. 즉 수성의 기압은 결코 인류의 두개골이 원형으로 발달하지 못하게 할 것이므로, 수성인의 두뇌는 편평하고 그 크기는 둘레가 6척을 넘는데 사각형이라 두개골은 돌보다 견고하다. 또 수성의 열도는 모발의 생육을 일절 불허하므로 그 대신 피부가 하마보다 두껍고 신경이 없어서 일절 감각하지 못한다. 이 큰 머리뼈를 지탱하고 또 높은 기압을 견디기 위하여 어깨는 그 폭이 5피트가 되고 두 다리의 길이는 1피트 8인치 내외인데 궐(蹶)[34]의 길이는 도리어 2피트 4인치에 미친다. 손은 작은 경우도 4피트 이상이고

---

34 궐(蹶) : 문맥상 발에 속한 부위로 추정된다. 발가락, 발등 부위를 두루 이르는 척(跖)의 오자일 수 있다.

그 근육은 극히 강인할 터이다. 수성인의 몸통은 5피트 길이에 12피트 8인치의 둘레를 가지고 허리에 가까운 부위에서 그 크기가 커져서, 짧고 큰 다리에 이어진 부근은 13피트가 된다. 그 둔부는 지구에 서식하는 대왜각(大矮脚) 동물과 흡사하겠다.

수성인은 우리와 비슷한 눈으로는 물체를 볼 수 없다. 수성인에게는 망원경의 시력이 필요하고, 또 비상한 확대력을 가진 망막 때문에 물체를 보려면 물체의 영상이 두부(頭部)의 깊숙한 곳에 가야 하므로 흑색막으로 이를 차단하여 극심한 열과 빛에 싸인 물체를 적당하게 안중에 비치게 한다. 수성인의 귀가 만일 우리의 귀와 같은 모양이면 코끝에서 대포가 폭발하여도 그 음향을 듣기 불가능할 것이다. 수성 대기층의 밀도는 놀라울 정도라 대단히 큰 소리가 아니면 일체의 음향이 거의 전해지지 않고, 또 대기의 조류가 없기에 매우 가까운 음향이 아니면 들을 수 없다. 그러므로 지구상의 우리처럼 소리를 듣고자 하면 수성인의 귀는 2척 길이가 되어 코끼리의 귀보다 크고 우묵한 형상으로 넓고 또 흔들려야 하고, 고막을 보호하는 귀지도 1파운드 3에서 8은 되어야만 할 것이다.

수성에서는 대단히 큰 코가 아니면 냄새를 맡을 수 없으므로, 그 콧구멍이 유리컵을 삽입할 수 있을 정도로 크고 코의 전장(全長)은 2피트가 되어서 이마 위에 요철(凹凸) 모양으로 높이 솟지 않으면 안 될 것이다.

수성인의 치아는 1.5파운드의 중량을 지니니, 보통 동물 뼈의 성질이 아니라 금속의 경도를 가진 물질로 이루어졌을 것이라 생각한다. 또 수성인은 모발을 대신하는 물질이 콧구멍, 귀, 입, 눈 등을 보호하기 위하여 생장하니, 이 물질은 석면과 같은 것인데 하나의 크기가 대침(大針)만 하고 공기의 압력 때문에 매우 권축(卷縮)되어 있을 것이다. 수성인의 음식을 관찰해보면, 수성의 고열 때문에 보통 식물은 생존하지 못하고 오직 수성 유일의 식물은 사하라 대사막에 생장하는 선인장이라, 이를 음식 삼아 거대한 신체를 먹여 살린다. 이 종류의 식물을 먹는 수성인의 입이 어떤지 예상하기는 불가능하다. 그러나 이상의 상태를 종합하여 수성인의 체중을 고찰하면 그 체중은 결코 3톤-8관(貫) 이상- 이하로는 되지 않겠다.

○ 달의 산지(產地)

세계에 어떤 인종이든지 달을 사랑하지 않음은 없으니, 이치가 원래 그럴 만하다. 달은 본래 이 지구에서 나온 것이라 말하자면 지구의 자식이다. 지구를 부모로 삼는 지구상의 사람이 이를 사랑함은 진실로 자연스러운 정이다. 달이 지구에서 분리된 것은 학리(學理)로 명백한 사실인데, 단지 지구가 무른 상태로 굳어지지 않았을 때에 분리되었는지 그 표면이 응결했을 때에 분리되었는지 이는 대단히 난해한 의문이다. 미국 네쯔가린구 박사의 연구에 의하면 표면이 응결된 뒤에 분리된 것으로, 지구 회전의 결과로 원심력이 생겨 현재 뉴질랜드 부근이 대단히 팽창하여 그 반대편에 큰 균열이 일어나 이것이 오늘의 대서양이 되었고, 이 팽창은 더욱 격렬해져 결국 그 부근에서 지구 4분의 3부분 정도가 분리되어 달이 되었으니 그 흔적이 오늘날의 광활한 태평양이다. 이 태평양이 저 휘영청 밝은 달의 산지라 함은 너무나 기발한 설 같으나 또 특별한 시취(詩趣)를 깊게 한다.

○ 세계의 인류를 한 곳에 소집

세계의 인류를 한 곳에 소집하려면 얼마만큼의 지면이 필요한가? 영국의 도린구라 하는 한가한 사람이 여러 방면으로 계산하여 122평방마일의 지역 안에 세계의 인구 약 18억을 모두 소집할 수 있다고 생각하였는데, 실제로 시험하여 보면 펑후도(澎湖島)[35] 안에 전 세계 인류를 집합할 수 있다고 한다.

○ 차는 최상의 음료

이른바 위생가의 말로는 차가 신체에 독이 된다 하는데 실로 어떤 독이 있는가 물으면 확실한 증거가 없다. 영국의 요비쓰라 하는 학자의 연구에 의하면 전혀 반대로 차와 같은 좋은 음료가 없다 한다. 제일 최상의 음료는 물이라 하나 순수하지 않으면 도리어 최악의 음료가 될 염려가 있고, 차가 그다음인데 신경조직을 자극하고 정신에 평안을 주는 효력은 결코 술보다 못하지 않으면서 전연 무해하고 무독하니 세간에서 그 해를 말함은 차의 음용법을 알지 못하기 때문이다. 가장 청결한 물을 끓여서 여기 차를 넣고 5분 이내에 마시는 것이 가장 적당하다. 또 논자들은 실론 차가 가장 우등이라 하고, 또 술의 수요가 감소하고 차의 수요가 증가하면 위생상에 아주 좋은 효과가 있다고 결론 내린다.

한국의 이로운 자원

한국의 부원(富源)을 말하면 사람들은 오직 농업과 광산 같은 육상의 문제에만 주목하는데, 한국의 이로운 자원은 결코 육상에만 그치지 않고 수상(水上)에도 또한 무한한 부의 보고가 있다. 전라남도 같은 곳은 많은 반도가 돌출하여 있으니, 즉 무안, 영암, 해남 및 화원(花源)의 4대 반도가 요철(凹凸)을 이루어 해안선의 연장이 자못 길고, 또 진도, 완도, 지도(智島) 등을 비롯하여 해상에 무수한 도서(島嶼)가 바둑돌처럼 산포하여 이른바 다도해라 하니, 무궁한 수산물이 아름답게 이 속에서 양성되어 한반도 어업상 주요한 지위를 점한다. 그러나 한국 연안에 수산물이 풍부함이 어찌 남한만이겠는가. 북한 어족(魚族)의 풍부함도 또한

---

35 평후도(澎湖島) : 타이완의 서쪽에 있는 섬이다. 면적이 141㎢ 정도로 122평방마일보다 적다.

남한에 비해 전혀 뒤떨어지지 않아 어업 수확의 금액이 거의 5백만 원에 이르렀는데, 해마다 증가하는 상황인지라 만약 적절한 방법으로 지도하고 개발한다면 그 금액이 갑절이 되는 것이 결코 어렵지 않을 것이다. 이로써 연안에 거주하는 인민의 생계를 풍부하게 하고 동시에 징세 방법을 알맞게 하면 정부의 재원이 이를 따라 반드시 증가할 것이다. 한국 개발상에 이런 커다란 보고(寶庫)를 소홀하게 처리해서는 안 되니, 어항(魚港)을 설치하는 것이 지금의 급무이다. 도서와 연안에 수산물 집산의 요충이 되는 형세의 땅에 항만을 선정하고 또 해초가 많이 산출되는 곳을 선정해 한천(寒天) 제조소와 옥토(沃土) 제조소를 설치함도 닥쳐온 급무이니, 항만을 개설하면 동시에 한국 해운업의 발달을 기약할 수 있을 것이다.

부산의 수산물 집산은 지금도 다대하지만 다시 세관에서 근래 모범적인 냉장고를 설립하여 장래의 발전을 기획하고 있다.

부산에 수산업이 발달하면 이 지역에 업자들이 연이어 모여드는 것을 보게 될 것이고, 또 다도해의 어족을 운반하기 위해 도서 간의 교통을 이어주는 소형 선박의 해운이 필요하게 된다. 수산업이 융성하게 되면 이어서 소형 선박의 왕래가 빈번해지고 이런 형세를 따라 소규모의 조선소가 건설될 필요에 이를 것이니, 부산의 앞길에 진정 좋은 희망이 있다고 전할 수 있다.

북한 방면에는 원산(元山)과 같이 어항을 설치함이 필요하다. 원산은 북한 방면에서 그 지위가 실로 긴요한 점이 있으니, 그러므로 원산항만을 개량함은 또한 하루도 소홀하게 처리해서는 안 될 것이다.

또 일본해[36]에 임한 함경북도의 청진(淸津)과 같은 항구는 만주 벌판의 대도회 지린부(吉林府)에 이르는 교통도로에 당면해 있으니, 만주에

---

36 일본해 : 일본인들의 문서를 번역한 글이어서 동해가 일본해로 기재되어 있다.

대한 물자 집산의 주요한 항구다. 그 지린에 이르는 거리 사정을 조사하면 청진에서 회령 사이가 225리, 회령에서 쥐쯔제(局子街)[37] 사이가 171리, 쥐쯔제에서 어무쉬(額木索) 사이가 420리, 어무쉬에서 지린 사이가 390리로, 합계 1천 2백 리이다. 이 방면의 잡화 수요에서 특히 연초(煙草)의 수요가 많으니, 청진의 설비가 완비되면 만주 내지(內地)에 수송하는 물자 근거지로 삼아 북한의 수산물을 냉장하여 이 지방으로 수송하면 전망이 크게 좋을 것이다.

요컨대 수산물이 한국의 개발에 중요한 관계가 있음이 이와 같다. 그러므로 한국의 이로운 자원을 개발하고자 한다면 이러한 수상의 무궁한 보고를 소홀하게 물리칠 수 없고, 수상의 이로운 자원을 개발하고자 한다면 항만의 개량과 수상 운송의 발달을 위해 그 설비를 반드시 완성해야만 할 것이다.

  이는 일본인 메가타 다네타로(目賀田種太郎)[38]의 논설이다. 우리 한국의 국권이 상실되고 민지(民智)가 미개하여 이런 이권들이 외국인의 손에 모두 돌아갔으니 어찌 원통하지 않으리오! 이에 기록하여 독자에게 제공한다.

아동고사

의랑암(義娘岩)

우리 선조 임금 시절 임진년 가을에 일본의 선봉 세츠노카미(攝津守)

---

37 쥐쯔제(局子街) : 옌벤 조선족 자치구의 중심도시인 옌지(延吉)의 다른 이름이다.
38 메가타 다네타로(目賀田種太郎) : 1853-1926. 일본의 법관, 정치가, 귀족이다. 통감부의 대한제국 정치를 주도하였다.

고니시 유키나가(小西行長)가 진주성을 함락하였다. 성이 남으로 강을 끼고 주위가 약 15리에 걸치는데, 성내의 촉석루는 빼어난 2층 누각이라 내려다보면 백 리 거울 같은 물결을 조망하고 광야는 드넓어 눈앞에 무궁하며, 우러러 먼 봉우리를 아득하게 내다보면 산에 구름이 첩첩이라 한 터럭도 허용하지 않으니 바로 영남의 제일 경관이다. 누상에 유람객과 문인들의 발길이 계속되어 잔칫상이 어지럽고 노래하는 사람 춤추는 사람과 꽃 같은 기생들이 일세(一世)의 기쁨을 여기서 다하더니, 하루아침에 피가 솟구치고 살점이 날려 겹겹이 쌓인 시체들이 선혈에 뒹굴어 참상을 눈 뜨고 차마 못 볼 지경이었다.

강의 남쪽 해안에 돌출한 한 절벽은 바위가 깎아지른 듯하여 분류(奔流)가 바위를 침식하니 그 아래로는 못이 맑게 고여서 작은 물고기가 뛰놀고 파문(波紋)이 그림 같은데, 절벽 위에 우두커니 선 사람이 있었다. 짙은 흑발을 어깨에 드리우고 오색의 상의와 길고 넓은 화려한 치마를 입고서 피부색은 희어서 영롱한 백옥이라 해도 속겠으니 하늘이 내린 선녀인 듯했다. 이 사람이 누구인가. 성안의 유명한 일색(一色)으로 논개라 하는 기생인데 다수의 여러 기생 중에 성주의 총애가 가장 깊더니 성이 함락하여 성주가 죽고 또 평시에 서로 잘 지내던 여러 사람들도 어디로 도망하였는지 자취가 없으므로 논개가 바위 위에 달려와 못에 투신하고자 한 것이었다. 마침 일본의 한 무사가 말을 달려 날아와 원숭이 같은 긴 팔을 뻗쳐 껴안으니 논개가 껴안은 손을 풀고자 하여도 힘이 약해서 할 수 없고 입으로 말을 해도 외국인이라 이해할 수 없어 논개가 그저 소리 높여 울부짖으니, 원래 무사는 만 개의 창이 화살처럼 날아와도 움직이지 않기 쉽고 여색에 움직이지 않기는 어려운 것으로 논개의 이러한 모습을 보고 애련함을 멈출 수 없었다.

이때는 전국이 유린을 당하여 허다한 동포가 도륙되어 논개의 부친이 어지러운 수레들 가운데 엎어져 죽고 논개를 다년간 돌봐주던 성주도

죽음에 이른 터라, 논개가 한 번 복수를 마음에 깊이 새겨 처연한 눈물
을 거두고 기쁨을 꾸미면서 보내는 눈길에 무궁한 추파를 담고 잡은
손을 뿌리치지 않고서 무한한 깊은 정을 표시하니 무사가 크게 기뻐
어찌할 바를 몰랐다. 논개가 이때를 틈타 무사의 허리를 껴안고 수십
척 되는 절벽에서 못물에 떨어졌다. 뒤에 그 절개를 상찬하여 절벽 위에
사당을 세워 의기사(義妓祠)라 명명하고 바위를 의랑암(義娘岩)이라 하
였다.

인물고

김부식(金富軾)

　김부식은 고려인이다. 숙종(肅宗) 13년에 묘청(妙淸)이 서경을 근거
하여 반란을 일으키자 왕이 부식으로 원수를 삼아 중군(中軍)을 통솔하
고 이부상서(吏部尙書) 김부의(金富儀)[39]로 좌군(左軍)을 통솔하게 하고
지어사대사(知御史臺事) 이주연(李周衍)[40]으로 우군(右軍)을 통솔하게 하
였다. 출진하면서 부식이 말하길 "서경의 반란은 정지상(鄭知常), 김안
(金安)[41], 백수한(白壽翰) 등이 음모에 함께하니 이들을 제거하지 않으면
서경을 평정할 수 없다." 하고, 3인을 불러서 이들이 이르자 용사를 시켜
서 궁문 밖에 끌어내어 베어 죽이고 상주하였다. 부식이 융복(戎服)을
입고 임금을 뵙자 임금이 친히 부월(斧鉞)을 내려보내며 가로되 "왕성

39　김부의(金富儀) : 1079-1136. 김부식의 동생으로 문과에 급제하여 정치가로 활동하
　　였다.
40　이주연(李周衍) : 생몰년 미상으로 중국에 사신으로 가고 상소를 올린 일 등이 기록에
　　남아 있다.
41　김안(金安) : ?-1135. 고려의 정치가로 이자겸과 대립하였다고 한다.

밖의 일은 경이 전담하라. 그러나 서경 사람들도 모두 나의 적자(赤子)이니 그 수괴는 죽여야 하지만 조심하여 많이 살상하지 말라." 하였다.

우군(右軍)이 먼저 나아가 마천정(馬川亭)[42]에 이르렀는데 순찰하는 기병이 서경의 첩자를 사로잡았거늘 부식이 결박을 풀어주고 위로하여 보내주며 말하길 "돌아가 성중의 사람들에게 말하라. 대군이 이미 출발하였으니 스스로 새롭게 뉘우치고 순종하는 자들은 생명을 지킬 수 있겠지만 그렇지 않으면 천벌을 오래도록 피할 수 없으리라." 하였다. 이때 사졸이 자못 교만하여 아침저녁으로 개선한다고 말하더니 하늘에서 눈이 내려 병사와 말들이 추위에 떨고 굶주려서 다들 마음이 해이해졌다. 왕이 홍이서(洪彝敍), 이중부(李仲孚)[43]를 서경 사람들의 무리라 하여 조서를 가지고 가서 회유하게 하였는데, 이서 등이 느리게 움직여 4일째 생양역(生陽驛)[44]에 비로소 이르러 두려워하며 앞으로 나아가지 못하였다. 부식이 홍이서를 평주(平州)에 가두었고 이중부는 백령진(白翎鎭)에 유배시켰다.

3일 동안 열병(閱兵)하고 장수와 막료를 모아서 계책을 물으니 모두 말하길 "병사는 신속함이 귀하니 선수를 치면 상대를 제압할 수 있으므로 이틀 길을 하루에 내달아 몰아쳐 적을 습격하면 방비하지 못하리니 보잘것없는 저 역적들을 얼마 안 가서 잡아낼 수 있습니다." 하였다. 부식이 말하길 "그렇지 않다. 서경의 모반이 이미 오륙 년을 준비한 것이라 그 계획이 반드시 치밀할 것이고 전투와 수비의 도구를 갖춘 이후에 거사를 일으켰을 것이니 지금 준비되지 않은 틈을 습격하려 함은 이미 늦은 것이다. 또 우리 군사는 적을 가볍게 여기고 병장기가 정돈되지

42　마천정(馬川亭) : 개성에 있었단 것으로 추정된다.
43　홍이서(洪彝敍), 이중부(李仲孚) : 둘 다 생몰년 미상으로 고려의 관리였다. 묘청과 가까웠다.
44　생양역(生陽驛) : 평안남도 남부의 중화군에 위치한다.

않았기에 갑자기 복병을 만나면 첫째로 위험하다. 병사를 견고한 성 아래 주둔시켰는데 날씨는 춥고 땅은 얼고 성벽과 보루는 아직 없는데 적이 이를 틈타 오면 둘째로 위험하다. 또 들으니 적이 제서(制書)를 조작하여 양계(兩界)[45]에서 징병하였다 하는데 만일 안과 밖이 서로 호응하여 도로가 막힌다면 재앙이 이보다 더 큰 것이 없을 것이다. 군대를 이끌고 샛길로 따라가 적의 배후를 둘러싸고 여러 성의 군수물자를 취해서 대군을 잘 먹이고 귀순하도록 널리 알려야 한다. 이후에 적중에 격문을 날리면서 서서히 대군으로 임하는 것만 같지 못하니 이것이 만전(萬全)을 다한 계책이다." 하고, 드디어 병사를 이끌고 평산군을 경유해 관산역(管山驛)[46]으로 향하여 좌·우군과 모두 모여 순서대로 나아갔다.

부식이 사암역(射嵒驛)을 경유하여 성천(成州)에 당도하여 군대를 하루 쉬게 하고 여러 성에 격문을 보내어 명령을 받들어 도적을 토벌하자는 뜻을 깨우치고 군리(軍吏)를 보내어 서경의 인민을 설득하면서 또 성안의 허실을 엿보게 하였다. 여러 군을 연주(漣州)로 인도해 안북대도호부(安北大都護府)[47]에 이르니 여러 성이 두려워하여 관군을 맞이하였다. 부식이 막료를 다시 보내어 수삼차 설득하니, 적이 불가항력임을 깨닫고 항복하고자 하는 뜻은 있으나 스스로 중죄임을 알아 결정하지 못하고 유예하고 있던 차였다. 평주 판관(平州判官) 김순부(金淳夫)가 조서를 가지고 성에 들어가니 서경 사람들이 묘청 등의 머리를 베고 분사대부경(分司大府卿) 윤첨(尹瞻) 등으로 하여금 순부와 동행하여 조정에 죄를 청하게 하였다. 또 중군에 글을 보내어 말하길 "조서와 원수의 말씀을 받들어 괴수를 참하여 궐 아래 바쳤나이다." 하니, 이에 부식이 녹사

---

45 양계(兩界) : 고려 시대에 군사적으로 중요했던 함경도와 강원도의 일부 지역을 동계(東界)로, 평안도의 일부 지역을 서계(西界)로 구성하였다.
46 관산역(管山驛) : 황해도 신계군에 있다.
47 안북대도호부(安北大都護府) : 평안북도 안주군이다.

(錄事) 백녹진(白祿珍)을 보내어 아뢰게 하고 양부(兩府)에 글을 보내어 말하길 "윤첨 등을 후대하여 스스로 뉘우치는 길을 여는 것이 마땅합니다." 하였다. 그러자 재상 문공인(文公仁) 등이 말하길 "원수가 서경으로 바로 가지 않고 먼 길을 따라서 안북도호부로 갔기에 우리들이 아뢰고 한 사람을 보내어 조서를 가지고 항복을 권유하였으니, 이는 네가 섬긴 원수의 공이 아니거늘 네가 온 것은 무엇을 하는 것인가?" 하였다.

김순부가 교외에 이르러 윤첨 등을 면박(面縛)하여 개경에 들어가니 양부는 법사(法司)를 보내 칼을 채우고 족쇄를 달아 하옥하기를 청하고 대간(臺諫)은 극형에 처하기를 청하였다. 임금은 모두 불허하고 면박을 풀어서 의관을 수습하게 해주고 술과 음식을 내려 위로하고 객관(客館)에 머물게 하다가, 얼마 지나지 않아 하옥하고 묘청 등의 머리를 저자에 효수하였다. 적들이 이를 듣고 필시 면할 수 없겠다고 여기고서 다시 모반하였다. 임금이 전중시어사(殿中侍御史) 김부(金阜)와 내시(內侍) 동문상(董文裳)을 보내어 윤첨과 함께 가서 조서를 반포하게 하였다. 김부 등은 도적들을 회유하지 않고 겁을 주고 위협하니 서경 사람들이 원망하고 노하여 2월에 반란군을 일으켜 김부와 동문상 등을 죽이고 농성을 고수하였고, 부식이 녹사(錄事)를 보내어 회유하였으나 다시 그를 죽였다.

부식은 여러 장수들과 함께 황천(皇天), 후토(后土) 및 산천의 신령들에게 맹세하여 아뢰었다. 그는 서경이 북으로 산과 언덕을 등지고 3면은 물로 막혔으며 성은 또 높고 험하여 졸지에 점거하기는 쉽지 않으니 성을 둘러싸고 진영을 펼쳐 압박함이 마땅하다 하였다. 명을 내려 중군은 천덕부(川德部), 좌군은 흥복사(興福寺), 우군은 중흥사(重興寺) 서쪽에 주둔하게 하고 또 대동강이 왕래의 요충이 된다 하여 대장군 김양수(金良秀) 등으로 병사를 주둔하게 하면서 후군(後軍)이라 불렀다. 또 진숙(陳淑) 등으로 병사를 거느리고 중흥사에 주둔하게 하고서 전군(前軍)

이라 하였다. 또 성 밖의 백성이 장정은 성에 들어가 병졸이 되고 그 나머지는 산과 골짝에 숨어 있으므로 부식은 이들을 불러 마음을 얻지 못하면 형세상 반드시 적의 이목이 된다고 하여 힘써 위로하고 편안히 거주하게 하였다. (미완)

특별히 본회 대표로서 감히 의견을 진술하는 바이니 부디 받아들여주시기를 바라며 漢

회원 김달하(金達河)

　우리 양서(兩西)의 동포는 나라가 장차 망하게 된 것을 알지 못하는가. 이는 학문(學問)과 재예(材藝)가 없기 때문이다. 또 사람이 장차 죽게 된 것을 알지 못하는가. 이도 역시 학문과 재예가 없기 때문이다. 학문과 재예가 없으면 어째서 장차 망하게 된 지경과 장차 죽게 된 지경에 이르게 되는 것인가. 그 까닭을 또한 마땅히 알아야 할 것이다.

　무릇 우등한 자는 반드시 승리하며 열등한 자는 반드시 패배하기 마련이니, 이것이 어찌 유독 지금 세상에서만 그러하겠는가. 시험 삼아 한번 우리나라가 지내온 역사를 살펴보건대, 촌맹(村氓)이 읍호(邑豪)[48]와 교섭하면 촌맹은 패배하고 읍호는 승리하며, 향인(鄕人)이 경반(京班)[49]과 교섭하면 향인은 패배하고 경반은 승리하니, 그 패배함에 미쳐 내심 원망을 품고서 말하기를 "세력이 있는 편이 권세를 얻을 수밖에 없다." 하며 스스로 반성할 줄을 모른다. 만일 스스로 반성할 수 있으면

48　읍호(邑豪) : 고을이나 읍내에서 으뜸가는 부자나 또는 가장 유력한 사람을 가리킨다.
49　경반(京班) : 한양에 거주하는 양반을 가리킨다.

촌맹의 학문과 재예가 과연 읍호만 못하며 향인의 학문과 재예가 과연 경반만 못하겠는가. 그 이른바 학문과 재예라는 것은 오늘날 말하는 학문과 재예가 아니다. 익히는 것이라곤 장(章)을 나누고 구(句)를 떼며 서독(書牘)을 쓰는 따위의 일에 불과하고, 보는 것이라곤 구실아치들이 속임수를 써서 탈취하는 방법에 불과하니, 이와 같이 열등한 학문과 열등한 재예가 있을 뿐이라 열등한 것 가운데에 우등한 것이 이미 승리를 차지하는 것이다.

오늘날의 학문과 재예가 무엇인들 실용적인 것이 아니겠는가. 크고 작은 일을 통틀어 학문과 재예가 있지 않은 것이 없음을 말하자면 진실로 낱낱이 거론하기가 어려울 정도이다. 그 정교함과 편리함은 화차(火車)나 전선(電線)을 가지고 미루어 볼 적에 모두 이러한 부류에 해당한다. 학문과 재예가 이와 같이 우등하면 우등함과 열등함이 서로 드러나 이른바 문명과 야만이 여기에서 생겨나니, 문명하면 인류가 되고 야만스러우면 금수가 되는 것이다. 소나 말로서 사람에게 부려지는 것과 닭이나 돼지로서 사람에게 먹히는 것을 어찌 면할 수가 있겠는가.

사람들은 혹 이르기를 "학문과 재예가 있으면서도 사람들이 서로를 잡아먹는 지경에 이르는데 학문과 재예를 어찌 귀하게 여기겠는가."라고 하는데, 이는 그렇지 않다. 학문과 재예가 없으면서 사람으로서 자처하는 경우는 미혹된 것이다. 비록 사람으로서 자처하나 문명의 안목을 가지고 살펴보면, 어둑하게 깨닫는 바가 없이 오직 물 마시고 먹이 쪼며 제멋대로 행동하면서도 자신을 돌아보지 않고 승패 가르는 것만을 좋아하는 것은 바로 소나 말이나 닭이나 돼지 같은 존재일 뿐이다. 그렇다면 장차 망하게 될 것이고 장차 죽게 될 것이니, 이는 예전에 학문과 재예가 열등한 상황에다 견줄 수가 없으며 그저 승리와 패배가 있게 될 뿐이다. 장차 망하려고 하는데 흥기시킬 방법을 찾지 않고, 장차 죽으려고 하는데 소생시킬 방법을 찾지 않는다면 이것이 될 법이나 한 소리인가.

그 방법을 찾는 데에는 다른 길이 없으니, 학교를 설립하여 교육하는 데에 달려 있을 뿐이다. 우리 양서에서 근일에 뜻이 있는 자가 대번에 학교를 설립해 교육하여 흥기시킬 방도를 찾고 소생시킬 방도를 찾으니, 이것은 또한 축하할 만한 일이라고 하겠다. 그러나 학교를 만들어도 잠깐 일으켰다가 이윽고 거꾸러짐을 면치 못하고, 교육하지만 날로 새롭고 또 새로워지는 것을 볼 수 없으니, 이는 도대체 무슨 까닭이란 말인가. 많은 사람의 힘을 유지하는 방침이 없고 사범을 양성하는 재료가 없기 때문이다.

이 때문에 우리 양서 지역의 인사가 한성의 중앙에 이미 서우학회를 만들었고 또한 서우학교를 설립하였으니, 이는 다만 많은 사람의 힘을 유지하고 사범을 양성하고자 한 것일 뿐이다. 학회의 형편은 이미 월보를 간행하며 드러내었으니, 이는 우리 양서의 동포가 공히 아는 바일 것이다. 학교로 말하자면, 이제 한창 경영해 관리하는데 재력이 완전히 결핍되었기 때문에 본회에서 특별히 회원 중에 재력이 있는 자 약간 명을 선발하여 각자에게 신화(新貨) 30환을 부담하게 하려 한다. 1인당 30환이 상당히 큰 금액이 아닌 것은 아니다. 그러나 이것이 아니면 학교를 경영해 관리할 수가 없다. 또한 우리 양서 3개 도(道)의 몇백 명이나 되는 높으신 동포 형제가 학교 하나를 세울 수가 없다는 것이 말이 되겠는가, 되지 않겠는가. 삼가 십분 찬성해주시기를 바라는 바이다.

본 학교의 주된 목적은 오로지 사범을 양성하는 것으로, 그들이 졸업하기를 기다려서 우리 양서에 있는 각 학교의 수요에 맞추어 교원을 공급하는 것이다. 청컨대 오늘날의 시세(時勢)를 한번 보라, 학교가 과연 급선무인가 아닌가. 청컨대 양서의 형편을 한번 보라, 사범이 과연 필요한가 아닌가. 급선무인데도 태만하며 필요한 것인데도 급급해하지 않으면 사람 된 도리라고 이를 수 있겠는가. 삼가 우리 양서 동포는 사람 된 도리를 극진히 다하여 혹시라도 머뭇거리지 말고 각각 재력에 따라서 서로 도와주기를 바라니, 그러면 매우 다행이라고 하겠노라.

　본회가 특별히 선발한 제씨의 성함을 삼가 다음과 같이 기록하는 바이니, 이는 서로 간에 믿고 바라는 뜻에서 나온 것입니다. 그러니 분수에 맞지 않게 지나치다고 꾸짖지 마시고, 진실한 마음으로 서로 도와서 성립하는 바가 있도록 해주십시오. 크게 축원하는 간절한 저의 이 마음을 가눌 길이 없습니다.

신석하(申錫廈)	김달하(金達河)	김윤오(金允五)	안병돈(安炳敦)
유동열(柳東說)	최준성(崔浚晟)	장천려(張千麗)	한용증(韓龍曾)
강화석(姜華錫)	김규진(金圭鎭)	김순민(金舜敏)	차의환(車義煥)
이택규(李澤奎)	김석태(金錫泰)	김도준(金道濬)	이　갑(李　甲)
신태용(申台容)	오규은(吳奎殷)	장종식(張宗植)	정운복(鄭雲復)
유세탁(柳世鐸)	장익후(張益厚)	임우춘(林遇春)	한경렬(韓景烈)
유동작(柳東作)	이승훈(李承薰)	김영택(金泳澤)	오치은(吳致殷)
김구희(金龜禧)	장의택(張義澤)	계명기(桂命夔)	정관조(鄭觀朝)
오희원(吳熙源)	김희경(金羲庚)	방홍주(方興周)	안창일(安昌一)
장보형(張輔衡)	이택원(李宅源)	김상필(金尙弼)	박용수(朴龍洙)
변상롱(邊尙壟)	유창언(兪昌彦)	변용반(邊龍班)	이승훈(李昇薰)
양봉제(梁鳳濟)	이용석(李用錫)	최창립(崔昌立)	문학시(文學詩)
백학증(白學曾)	김인환(金仁煥)	이원학(李元鶴)	최응두(崔應斗)
박경석(朴經錫)	홍병은(洪炳殷)	강희두(康熙斗)	박학전(朴鶴銓)
김진후(金鎭厚)	한영교(韓英敎)	이은규(李聞珪)	황석룡(黃錫龍)
지사형(池思榮)	김관선(金寬善)	전태순(全泰舜)	이창모(李昌模)
한상면(韓相冕)	박문징(朴文徵)	신형균(申瀅均)	김희린(金希麟)
이기복(李基馪)	최　열(崔　烈)	한영관(韓永寬)	양영근(楊泳根)

신의섭(申義燮) 차명호(車明鎬) 전재풍(田在豊) 김경제(金敬濟)

함영택(咸泳澤) 박영갑(朴永甲) 송석목(宋錫穆) 송태헌(宋太憲)

강용년(康用年) 차제중(車濟重) 김병순(金柄珣) 박만화(朴萬化)

안승식(安昇植) 계원순(桂元淳) 김규홍(金逵鴻) 차재은(車載殷)

김명준(金明濬) 윤 형(尹 烱) 박인옥(朴麟玉) 최석하(崔錫廈)

박의형(朴宜衡) 임원석(林元錫) 박제택(朴齊澤) 이순찬(李淳璨)

장현규(張顯奎) 김학진(金鶴鎭) 지기영(池基榮) 곽충기(郭充基)

이병익(李秉翼)

문원

(경성 역사의 개요)[50] (속)

회원 김달하(金達河)

4. 경성의 교량(橋梁)

교량은 대개 돌다리인데, 그 저명한 것은 대광통교(廣通橋), 장광교(長廣橋), 수표교(水標橋), 하리교(河里橋), 대평교(大平橋)—마전교(馬廛橋)—등이다. 기타 자수궁교(慈壽宮橋), 금지교(禁池橋), 찬침교(瓚沈橋), 송기교(松杞橋), 북어교(北御橋), 십자각교(十字閣橋), 중학교(中學橋), 혜정교(惠政橋), 수각교(水閣橋), 전도감교(錢都監橋), 미단교(美壇橋), 동교(東橋), 군기시교(軍器寺橋), 소광통교(小廣通橋), 동현교(銅峴橋), 모교(毛橋), 참의교(參議橋), 파자교(把子橋), 무침교(無沈橋), 황교(黃橋), 청교(靑橋), 효경교(孝經橋) 등이 있다. 그 수가 120여 개를 넘으나, 그

---

50 (경성 역사의 개요) : 원문에는 별도의 제목 없이 '문원' 란에 수록되어 있다. 11호부터 연재를 시작한 기사 「경성 역사의 개요」의 일부이므로 같은 제목을 달았다.

저명한 것 외에는 하나도 교량이라 이름할 만한 가치가 없고 겨우 오염된 흐르는 물에서 악취가 나올 뿐이다.

5. 경성의 강역(疆域) 및 통로

경성의 강역은 동으로 양주(楊州) 경계까지 15리, 동남으로 광주(廣州) 경계까지 20리, 남으로 광주 경계까지 10리, 과천까지 10리, 서남은 시흥(始興) 경계까지 15리, 서로는 양천(陽川) 경계까지 15리, 서북은 고양(高陽) 경계까지 20리, 북은 양주 경계까지 20리인데 동북이 다시 양주 경계까지 15리가 된다.

각 지방에 이르는 통로는 이를 나누어 9도로가 되니, 곧 제1도로는 서북의 문으로 나아가 홍제원(弘濟院), 양철평(梁鐵坪)[51]을 경유하여 평안도 의주(義州)에 이르고, 제2도로는 동북의 문으로 수유촌(水踰村)을 거쳐 함경도 경흥(慶興) 서수라(西水羅)[52]에 이르고, 제3도로는 동문으로 나아가 중량(中梁) 나루를 거쳐서 강원도 평해(平海)에 이르고, 제4도로는 동남문으로 한강방(漢江坊)[53]을 거쳐서 경상도 동래와 부산에 이르고, 제5도로는 남문으로 나아가 노량진을 거쳐서 인천항에 이르고, 제6도로는 동남문으로 한강진을 거쳐서 경상도 진남(鎭南)에 이르고, 제7도로는 남문으로 나아가 노량진을 거쳐서 제주도에 이르고, 제8도로는 서남문으로 노량진을 거쳐서 충청도 보령(保寧)에 이르고, 제9도로는 서남문으로 양화진을 거쳐서 경기도 강화에 이른다. 그러나 광무 9년에 이르러 경부철도가 개통되었기에 동북의 각도 및 동남의 각지로 향하는 이들을 제외하고 정남(正南)의 여러 도로 향하는 이들은 그 원근을 불문

---

51 양철평(梁鐵坪) : 은평구 근처의 지명이다.

52 서수라(西水羅) : 우리나라 최북단의 어항이다.

53 한강방(漢江坊) : 현재 용산구 한남동, 보광동 등의 지역이다.

하고 모두 경부철도에 탑승하여 왕래한다. 서남은 경인철도로 인하여 왕래의 편리를 얻었고, 그 정면을 제외한 서북, 즉 개성, 평양, 정주(定州), 안주(安州), 의주로 향하는 이들은 경의철도로 인하여 막대한 편익을 누리게 되었다. 또 의주를 거쳐 압록강을 넘어 청국 안동현(安東縣), 봉황성(鳳凰城) 부근을 향할 때도 역시 종래에 비하여 수백 배의 편익을 얻은 것은 다시 말할 필요가 없다.

6. 경성 가구(街衢)의 구획

경성의 사면은 모두 석벽으로 둘러싸여 있고 통로는 출입문이 있을 뿐이다. 성의 내외는 석벽으로 구별하니, 지금 성내 가구(街衢)의 구획을 보면 전부를 5서(署)로 나누고, 다시 이를 47방(坊)으로 나누고, 다시 이를 342동(洞)으로 세분한다. 이를 차례대로 다음에 열거한다.

△ 5서

중서(中署), 동서(東署), 남서(南署), 서서(西署), 북서(北署)

△ 중서 : 8방

장통방(長通坊), 관인방(寬仁坊), 정선방(貞善坊), 견평방(堅平坊), 서린방(瑞麟坊), 수진방(壽進坊), 경행방(慶幸坊), 징청방(澄淸坊)

△ 동서 : 7방

연화방(蓮花坊), 숭교방(崇敎坊), 창선방(昌善坊), 인창방(仁昌坊), 건덕방(建德坊), 숭신방(崇信坊), 경모궁방(景慕宮坊)

△ 남서 : 11방

회현방(會賢坊), 낙선방(樂善坊), 광통방(廣通坊), 명철방(明哲坊), 명례방(明禮坊), 두모방(豆毛坊), 대방(大坊), 한강방(漢江坊), 훈도방(薰陶坊), 둔지방(屯之坊), 성명방(誠明坊)

△ 서서 : 9방

인달방(仁達坊), 반송방(盤松坊), 적선방(積善坊), 반석방(盤石坊), 여경

방(餘慶坊), 용산방(龍山坊), 황화방(皇華坊), 서강방(西江坊), 양생방(養生坊)

△ 북서 : 12방

순화방(順化坊), 가회방(嘉會坊), 준수방(俊秀坊), 양덕방(陽德坊), 의통방(義通坊), 광화방(廣化坊), 진장방(鎭長坊), 상평방(常平坊), 관광방(觀光坊), 연은방(延恩坊), 안국방(安國坊), 연희방(延禧坊)

7. 경성의 가로(街路)

경성의 가구(街區)는 그 동서와 남북의 거리가 거의 비슷하고 소로(小路)는 거미집과 비슷한데 도로 폭은 3척으로 넓어도 10척에 불과하다. 다만 경복궁 앞의 도로는 좌우에 각 관아가 병렬하여 그 도로 폭이 70척에 이르고, 동쪽 흥인문(興仁門)에서 서쪽 돈의문(敦義門)에 이르는 도로와 남쪽 숭례문(崇禮門)에서 종로에 이르는 도로는 그 폭이 5・60척인데 그 양편에 점포를 설치하고 상품을 진열하였다. 그다음은 남대문에서 북으로 꺾어져 태평동(太平洞)에서 경운궁(慶運宮)을 거쳐서 흥인문에서 돈의문에 통하는 대로와 만나는 도로, 경운궁의 남쪽 편에서 서소문으로 통하는 도로, 경운궁의 포덕문(布德門) 앞에서 동남으로 일본 거류지 영사관 앞의 남대문 통로와 만나는 도로, 경운궁 포덕문 앞을 지나 서북으로 통하여 경복궁 앞의 대로에 이르는 도로, 서문으로 동대문 통로의 전기회사에서 동으로 거리 약 1정(町) 남짓한 탑동에서 다시 동으로 거리 약 1정 남짓한 교동(校洞)의 도로 폭이 그다음으로 40척 내외가 되어, 차량이 나란히 지나고도 오히려 공간이 남는다. 기타 가로(街路)는 인력거 1량이 겨우 통과하는 곳도 있고 아예 지날 수 없는 곳도 있는데, 근래 청결법을 시행하고 있으나 아직도 많이 불결하여 냄새가 코를 찌르니 위생에 방해됨이 어찌 적으리오.

가로 중에 가장 번화한 곳은 동대문과 서대문의 중간에 위치한 이른

바 종로 거리인데, 전기철도가 동·서·남 세 방향으로 갈라져 전등이
밤에도 대낮 같고 여러 상인이 가두에서 개점한다. 낮에는 땔감과 솔잎
을 실은 우마가 한쪽에 병렬하여 때때로 통행이 곤란하고 그 세 갈래
거리의 좌우에 2층으로 세워진 상가는 유명한 육의전(六矣廛)인데 물화
의 집산이 자못 융성하다. (미완)

시보

시보

9월 18일

○ 알묘(謁廟) 절차 : 출궁 때에 종친과 문무백관이 공복(公服)을 갖추고
  먼저 종묘(宗廟)의 대문에 먼저 가서 동서로 나누어서 서열에 맞추어
  선다. 대가(大駕)가 이르면 국궁(鞠躬)하여 공손히 맞이하고, 전배(展
  拜)의 때가 이르면 종친과 문무백관이 이에 공복으로 먼저 종묘의
  동문 밖에서 행례하고 황제 폐하께서 종묘 안에서 봉심(奉審)할 때에
  백관이 이에 동문 밖에 서열을 맞추어 선다. 영녕전(永寧殿)에 행례를
  할 때에는 종친과 문무백관이 남문 밖에서 행례하고, 환궁할 때에는
  백관이 이에 공복으로 동구 밖에 동서로 나누어 서열을 맞추어 서고,
  대가가 이르는 때에 국궁하여 공손히 이를 맞이한다.

동 20일

○ 박람회에서의 의연금 청구 : 경성박람회에서 이달 15일에 개회식을
  거행하고 각 부서에서 직접 칙임관(勅任官)을 청하여 연회를 열었는
  데, 다시 들으니 이 모임에서 협찬회를 조직하고 의연금을 청구하였
  다 한다. 각부의 대신은 1백 환씩 원조하였고 칙임관은 다소를 불구
  하고 각자의 힘에 따라 출연하였다 한다.

동 21일

○ 휘황찬란한 황제의 조서: 대황제 폐하께서 13도의 대소 민인(民人) 들에게 간측(懇惻)한 칙유(勅諭)를 특별히 내리셨는데 그 전문이 다음과 같다.

짐이 부족하므로 큰 사업의 기초를 계승하지 못하고 재능과 힘이 거칠고 엷어 우리 태황제(太皇帝)[54]의 무거운 부탁을 저버릴까 두려워 밤낮으로 근심하고 경계하여 잠깐도 편안할 겨를이 없도다. 치국의 도(道)는 오직 시대에 따른 제도의 마땅함에 있으므로 짐은 즉위 이래로 대조(大朝)[55]의 처분을 받들어 구폐를 통렬히 개혁하고 신제(新制)를 널리 반포하였으니 단단한 일념으로 바로 나라를 유익하게 하고 백성을 편안하게 하려 했을 따름이다. 그러나 경장(更張)할 즈음에 일에서 처음 제기된 견해가 많아 우민(愚民)이 오해하여 뜬소문이 어지럽기가 진창에서 아이들이 병정놀이하는 것 같아서 곳곳에 소요가 일어나 화가 무고하게 이어지고 해가 인근에 미치게 되었다. 그 뿔뿔이 흩어져서 달아나는 괴로움과 울부짖으며 연달아 엎어지는 형상은 차마 다시 떠올리기 힘든 것이었다. 그 까닭은 가만히 생각해보면 짐이 다스린 시일이 짧아서 덕택이 백성에게 닿지 못하고 정과 뜻이 미덥지 못하여 억울함과 괴로움이 위로 다다르지 못하기 때문일 것이니 진실로 짐에게 허물이 있다. 너희 백성들을 어찌 벌할 수 있으리오. 이에 명하여 사신을 나누어 파견하여 각도를 선유(宣諭)하게 하노니, 오직 너희 만백성은 짐의 뜻을 잘 살펴서 그 미혹을 잘라내고 병사들을 해산하고 귀가하여 왕법(王法)에 저

---

54 태황제(太皇帝) : 이 칙유가 나오기 2개월 전에 헤이그 밀사 사건으로 퇴위한 고종을 가리킨다.

55 대조(大朝) : 섭정하는 태자나 세자의 아버지를 의미한다. 여기서는 곧 고종을 칭한다.

촉하지 말고 부모와 처자로 더불어 태평의 복을 같이 누릴지어다. 지금 벼와 기장이 들을 덮어서 수확이 목전에 있거늘 이리저리 떠돌아다니느라 일정한 거처를 정하지 못한다면, 그 형세가 창이나 화살을 맞지 않더라도 얼어 죽거나 굶어 죽을 걱정을 면치 못할 것이다. 생각이 여기에 미치니 어찌 측은한 마음이 들지 않겠는가. 이에 깊은 속마음을 드러내 만백성에게 널리 고하노니, 짐의 말이 다시없다 여기고 잘 생각하고 깨달으라.

동 24일

○ 일본 황태자의 한국 방문: 일본 황태자께서 10월 10일에 도쿄에서 출발하여 우리나라에 시찰 차 도래한다 하는데, 이때에 아리스가와미야(有栖川宮)[56] 친왕(親王)과 가쓰라(桂) 육군대장과 도고(東郷)[57] 해군대장, 후지(藤) 군의총감(軍醫總監), 이와쿠라(岩倉) 추밀원 고문관, 하나부사(花房) 궁내성 차관 등 여러 사람이 배종(陪從)한다고 한다.

동 26일

○ 유씨 석별 : 농상공부에서 다음 대신으로 정해진 유맹(劉猛)[58] 씨가 체직되었기에 해당 부서의 일반 관리가 명월관(明月館)에서 오는 30일에 석별연을 특설한다는데, 월급 중에서 의연한다고 한다.

동 29일

○ 각 학교의 기영(祗迎) : 음력 이달 24일에 황태자 전하께서 관립 한성고등학교를 유람하실 예정인데 다른 관·사립학교 교원·임원 및 학도가 대기하고 맞이한다고 한다.

---

56 아리스가와미야(有栖川宮) : 일본의 황족 가문이다.

57 도고(東郷) : 도고 헤이하치로(東郷平八郎, 1848-1934). 일본의 해군제독으로 청일전쟁과 러일전쟁에서 활약하였다.

58 유맹(劉猛) : 1853-1950. 대한제국의 대신이며 일제강점기의 중추원 간부였다. 러일전쟁에서 일본을 도와 공을 세우고 훈장을 받았다.

10월 1일

○ 동궁(東宮) 양교 순람 : 황태자 전하께서 본일 오전 11시 30분에 구
  성헌(九成軒)에서 출어(出御)하셔 고등학교와 무관학교를 순람하시
  고 오후 4시에 궁전에 돌아오시는 일정이 있다고 한다.

동 2일

○ 동궁 전하 학교 왕림 때의 상황 : 동궁 전하께서 전날 오전 11시에
  수레에 오르실 때에 복장에는 무관 장식을 착용하시고 시종무관장
  (侍從武官長) 조동윤(趙東潤) 씨와 마차를 같이 타시고 경찰이 말을
  타고 앞에서 인도하였으며 각부의 대신들이 배종하고 한·일 경관은
  대로에 나열하여 인민의 잡스러운 행동을 엄금하였다. 고등학교에
  왕림하시어 일반 학도의 각 과목 학습과 집총(執銃) 체조를 보신 후에
  일동과 촬영하고 일반 학도에게 공책과 연필 등 물품을 내려주시었
  다. 2시에는 무관학교로 수레를 옮겨서 학도들의 기계체조를 관람하
  시고 오찬을 드시고서 일반 학도에게 공책과 연필 등 물품을 역시
  하사하셨다. 행차하시는 도로에는 각 관·사립학교 학도들이 나열하
  여 경례를 드리며 맞이하였는데 동궁께서 손을 들어 답례하셨다.

동 3일

○ 황태자 입학 : 황태자 전하께서 어제 수학원(修學院)에 입학하셨다
  한다.

○ 황태자의 성덕(盛德) : 황태자께서 학교를 순람하시고 환궁하셔서 전
  후의 사정을 일일이 태황제와 황제 폐하께 아뢰시고 다시 아뢰시되,
  이후에는 의식과 절차는 폐지하고 단신으로 걸어서 빈번하게 각
  관·사립학교에 왕래하여 학도의 학업을 권면하면 자신의 지기(志
  氣)를 활발케 할 수 있겠다 하시니, 양 폐하께서 가상하게 여기시고
  윤허하셨다고 한다.

동 8일

○ 일본의 7인 출각(出脚) : 일본에서 건너온 유길준(兪吉濬), 조희연(趙義淵), 장박(張博) 3인은 특진관에 임명되고, 조희문(趙義文), 이두황(李斗璜), 이진호(李軫鎬), 권동진(權東鎭) 4인은 중추원 부찬의로 임명된다는 설이 있다.

동 9일

○ 양릉(兩陵) 행행(行幸) : 음력 9월 6일에 홍릉(洪陵)과 유릉(裕陵)에 행행하시고 친히 둘러보신다는 처분을 내리셨다고 한다.

○ 신필(宸筆) 하사 : 황상 폐하께서 친히 어필(御筆)로 "군신동심민국다복짐신내각어물부국(君臣同心民國多福朕信內閣御勿負國)"[59] 16글자를 내각(內閣)에 하사하셨다고 한다.

○ 창덕궁 이어(移御) : 대황제 폐하께서 창덕궁으로 이어하시므로 신속하게 개수하라는 조칙이 내리셨다고 한다.

동 11일

○ 어가(御駕) 출영(出迎) : 일본 황태자 전하가 입경(入京)하는 당일에 황태자 전하께서 대황제 폐하의 어가를 호위하시어 인천까지 출영하시기로 내정되었다 한다.

동 15일

○ 황후 칙유(勅諭) : 황후 폐하께서 전전날에 각 대관을 소견(召見)하시고 칙유하신 사항을 가만히 들은즉 "금일을 당하여 이와 같이 소견하는 의전(儀典)은 5백여 년에 처음 있는 일이나 지금 동양의 대세를 생각건대 과거의 규범만 묵수하는 것이 불가한 듯하며 또 얼마 후면 외국 귀빈을 접대할 터이므로 이와 같이 파격을 행하노라." 하셨으

---

59 군신동심민국다복짐신내각어물부국 : "임금과 신하가 동심이라 백성과 나라에 복이 많으니 짐은 내각이 나라를 저버리지 않으리라 믿노라."로 번역할 수 있다.

며, "공평무사히 하며 대황제 폐하를 극진하게 보필하여 국사를 날마다 전진하게 할 것을 희망하노라." 하셨다 한다.

제12회 통상회 회록

융희 원년 10월 5일 오후 2시에 본 회관에서 개회하였다. 본회 일반 임원의 임기가 이미 만료하므로 각기 사면을 청원하였다. 김달하(金達河) 씨가 특청하기를 "임시회장은 정운복(鄭雲復) 씨로 선정하여 사무를 보게 하자." 함에 이의가 없었다. 이갑(李甲) 씨가 제의하기를 "일반임원은 규칙에 의하여 투표로 선정하자." 함에 류동작(柳東作) 씨의 재청으로 가결되었다. 회장은 정운복 씨로, 부회장 겸 총무는 김달하 씨로 다수에 따라 선출되었다. 김희선(金羲善) 씨가 제의하기를 "평의원은 일체 연임하자." 하였는데, 김달하 씨가 특청하기를 "평의원 가운데 여러 번 불출석한 사람들만 다시 선출하자." 함에 이의가 없다. 노백린(盧伯麟), 여병현(呂炳鉉), 김순민(金舜敏), 김석환(金錫桓), 김윤영(金潤瀯) 제씨가 체임되는 대신에 한광호(韓光鎬), 김기옥(金基玉), 김석권(金錫權), 송의근(宋義根) 제씨가 다수에 따라 선출되었다. 류동작 씨가 제의하기를 "그 외의 임원은 규칙에 의하여 평의회에서 선정하자." 함에 한광호 씨의 재청으로 가결되었다. 회계원 박경선(朴景善)씨가 회비 수입액과 지출 명세서를 보고하였다. 최재학(崔在學) 씨가 제의하기를 "본회 학교 설립 방법은 단지 재정 한 조목뿐인데 평의회에서 선정한 교무위원 제씨에게 사후 방침에 대해 난상토의를 맡기자." 함에 한광호 씨의 재청으로 가결되었다. 김달하 씨가 제의하기를 "본회 월보는 전에 비하여 경비가 감소되었고 또 인지(人智) 발달을 돕는 한 기관이므로 계속 간행하자." 함에 김석권 씨의 재청으로 가결되었다. 순안(順安) 순성학교(順成學校) 사무원 김석기(金錫起) 씨 등의 공함(公函)을 공포하였다. 해당 공함에 대하여 최재학 씨가 제의하기를 "그 존도재(存道齋)·경의재(經義齋) 두 재를 김두영(金斗濚) 씨가 승인했다 하는 것도 격외(格外)이고 해당 공함에서 이미 설립되었다는 학교라 하는 것도 또한 미상이니 해당 지방 회원 중에 공정하신 이를 선정하여 조사하게 한 후에 다시 검토하자." 함에 김기동(金基東) 씨의 재청으로 가결되었다. 평북 권유위원(勸諭委員) 한용승(韓龍曾) 씨가 본회 목적을 발전시키기 위하여 경비를 스스로 부담하고 한 달 동안이나 도로를 누비면서 뜻있는 동포들을 진심으로 권면하여 3백여 명의 회원을 입회시켰으니 본회에서 특히 환영의 뜻을 공포하였다. 시간이 다함에 최재학 씨의 특청으로 폐회하였다.

기념회 상황

이달 15일은 본회 제1회 기념일이라 하여 일반회원이 회동하고 기념 사항과 현황을 회장이 명쾌하게 설명하였다.

국내우체요람(國內郵遞要覽) (속)

○ 금전 출급 절차

통상환전 수취인이 환전의 출급을 청구하려 할 때는 환전하려는 환

(換)에 이름을 쓰고 날인하여 이를 해당 우편국에 정시(呈示)하면, 해당 우편국에서는 수취인에게 다음의 사항을 상세히 묻고 확실함을 인정한 후에 환전을 출급한다.

    (1) 송금인의 거주·성명

    (2) 수취인의 거주·성명

    (3) 위의 명호(名號) 외에 출급에 필요하다고 인정되는 사항

○ 우편환전표의 유효기간

통상환전표의 유효기간은 그 발행일로부터 90일로 하되 소환전표(小換錢票)에 있어서는 60일로 한다. 이 기간을 경과하면 해당 표의 금액 출급을 청구할 수 없다.

○ 재차환전표 청구

우편환전 송부인이나 수취인이 환전표의 유효기간이 경과하여 재차 환전표를 청구하려 할 때는 우편국에 가서 재차환전표 청구서 용지를 교부받아 상당한 사항을 기입한 후에 유효기간을 경과한 환전표를 첨부해 제출해야 한다.

우편환전 송부인 및 수취인이 환전표의 분실, 훼손, 오염 등의 사항으로 인하여 재차환전표를 청구하려 할 때는 우편환전 영수표를 제시하여 전항(前項)의 절차를 행해야 한다.

제2항과 같은 경우에는 그 요금으로 하여 환전표 1구(口)의 통상환전에는 6전, 소환전에는 3전을 납부해야 한다.

재차환전표 청구자에게는 우편국에서 재차환전표를 발행한다는 내용을 통지할 터이니, 그 통지를 받으면 재차환전표를 청구할 때에 교부한 영수표를 그 통지한 우편국에 제출하여 교부를 받아야 한다.

○ 환전 환추(還推)

통상환전 송부인이 환(換)을 납부한 뒤에 혹 송금할 필요가 없게 됨으로 인하여 이를 환추하려 할 때는 환전표에 환전 영수표를 첨부하여 환을 납부한 우편국에 제출해야 한다.

송부인이 유효기간을 경과한 우편환전표로써 환급을 받으려 할 때는 전항 절차를 행하되, 이런 경우에는 그 요금으로 1구(口)당 통상환전에는 금 6전, 소환전에는 금 3전을 납부해야 한다.

송부인이 우편환전표의 분실, 훼손, 오염 등의 사항이 있는 경우에 환을 환급받으려 할 때에는 환을 납부한 우편국에 가서 우편환전 환급 청구서 용지를 교부받아 상당한 사항을 기입하여 제출한다. 이런 경우에는 그 요금으로 1구당 통상환전에 금 6전, 소환전에는 금 3전을 납부해야 한다.

○ 송금 처리 우편국

우편국과 우편소는 전국 각지에 설치되지 않은 곳이 없으며 우체소를 제외하고 우편환전을 처리하지 않는 곳이 없다. 그래서 어느 우편국에 위탁해도 전국 안에 금전이 이르지 않는 곳이 없으며, 우편국 소재지가 아닌 곳에 송금하고자 하면 영수자의 거주지에서 가장 가까운 우편국에서 이를 출급하면 되니 그 방법의 편리함이 이보다 나은 것이 없다.

우편환전에는 이상의 방법 외에 제반 편리한 방법이 또 있으니, 일례를 들어보면 지급을 요하는 송금 방법으로 전보환전이라는 편리한 방법이 있다. 이 방법에 따르면 수천 리 먼 지역이라도 몇 시간에 송금할 수 있다.

우편환전은 위에 기술한 바와 같이 지극히 편리한 송금 방법이다. 금액의 다소에 구애받지 않고 어디의 누구에게 송금하고자 하든 우편국에 가서 이 편리한 방법을 시도해보면 각 우편국에서 내방객을 대하여 상세하고 친절하게 설명하고 안내할 것이다.

제7장 우편저금

선철(先哲)이 말하되 "항산(恒産)이 없으면 항심(恒心)이 없다."[60] 하였다. 무릇 민중은 나라의 근본이라 항산이 없고 따라서 항심이 없으면 나라의 자립을 기약하기 어려우니, 나라의 부강을 도모하려면 우선 민중이 스스로 항산을 만들고 항심을 길러야 한다고 하지 않을 수 없다. 작으면 한 가문의 존망과 크면 한 나라의 성패가 모두 이에 달렸으니, 평소 의식(衣食)에 소용되는 나머지를 저금에 돌려서 항산을 만들 일을 힘써 구해야 할 것이다.

인생이 매번 의외의 변고가 많으므로 이에 대하여 선후책을 준비하지 않았다가 하루아침에 재액을 만나 떠돌아야 하는 곤란한 때를 당하여 돌연 자산을 구한들 또한 어찌 얻을 수 있으리오. 한 가문 한 족속의 몰락은 필경 평생 저축이 없음에서 비롯되니 어찌 깊이 생각하지 않을 수 있으리오.

지금 일본 및 기타 여러 문명국에서 우편저금이란 제도를 설치하여 우편과 함께 국가사업으로 하여 정부가 이를 관리하는데 민중이 이를 편리하다 이른다. 그뿐 아니라 확실함에 대해 털끝만큼도 위험의 우려가 없다고 신뢰하여 근검의 나머지 재산을 저금하여 안심입명(安心立命)의 기금을 수립해가는 분주한 현상을 볼 수 있다.

살펴보라. 일본에서의 올해 3월 말의 우편저금의 상황을 보면 다음과 같으니, 실로 성대한 사업이라 하겠다.

임치인(任置人) 총수 : 704만 1,700인

임치금(任置金) 총액 : 7,930만 2,837원

---

60 항산……없다 : 일정한 생업이 없으면 일정한 심지가 없다는 말로 『맹자』에 나온다.

지금 한국에서도 안목이 있는 인사는 우편저금이 편리한 까닭을 잘 이해하기에 우편저금에 앞장서고, 통신 관서에 봉직하는 한국 관원 등은 매달 봉급을 가지고 그 얼마간을 우편국에 임치하는 것 같은 추세를 보이며, 일반 인민도 이 제도로 인한 편익을 감지하고 이를 이용하는 자가 점차 많아진다. 강호의 민중으로 이 문명의 기구를 이용하는 자가 점점 많아진다면 국민 부강의 실효를 얻어낼 수 있을 것이다.

우편저금의 제도에 대해 다음에 그 개요를 제시하니, 민중은 이로써 우편저금이 어떤 것인지를 숙지하고 자기 집의 이용후생의 바탕으로 삼기를 희망한다.

1. 우편저금의 안전과 확실

우편저금은 정부의 경영사업이므로 그 안전함과 확실함이 이보다 나을 수 없음은 여러 말이 필요치 않다.

2. 우편저금의 편리

우편저금은 전국에서 우체소를 제외하고 어느 우편국·우편소든 이를 처리하지 않는 곳이 없으니, 어느 곳에서라도 10전 이상의 금전을 가지고 우편국과 우편소에 가면 간단한 방법으로 이를 임치할 수 있다. 1인의 저금 총액은 1천 원으로 제한한다.

3. 우편저금의 임치 방법

처음으로 저금을 임치하고자 하는 이는 우편국·우편소에 가서 이에 필요한 용지를 교부받아서 저금임치 청구서를 작성한 뒤에 임치금액을 첨부해 제출해야 한다. 이 청구에 대해서는 어떤 요금도 납부하지 않는다.

우편국·우편소는 이 청구에 응하여 즉시 임치인 명의의 장부를 제조

하여 이에 임치한 금액을 기입한 뒤에 임치인에게 교부한다. 임치인은
그 장부의 인감란에 임치 청구서에 사용한 인장을 찍어야 한다. 이 장부
는 저금을 임치한 증거물이므로 정중하게 보존해야 한다.

우편국·우편소에서는 임치한 증거로써 해당 장부 외에 서면으로 임
치 원부(原簿)에 등록한 사항을 임치인에게 통지하니, 그 통지서는 후
일에 증거물이 될 것이므로 분실하지 않도록 역시 정중하게 보존해야
한다.

이후부터는 임치 때마다 현금을 장부에 첨부하여 우편국·우편소에
제출하면 우편국·우편소에서는 임치한 금액을 해당 장부에 기입하여
교부할 것이니, 임치인은 해당 장부를 받은 후에 반드시 정중하게 보관
해야 한다.

4. 우편저금 환급 절차

우편저금 임치인이 저금의 일부분이나 그 전부의 환급을 청구하려
할 때에는 우편국에서 이에 필요한 용지를 교부받아 이로써 환급 청구
서를 작성해 제출해야 한다. 그 전부를 환추(還推)하려 하는 경우에는
청구서에 금액을 기재하지 말고 그 공란에 '전부(全部)' 두 글자만 부기
한 후에 장부와 함께 제출해야 한다. 전부 환급에 대해서는 우편국·우
편소에서 규정한바 절차를 이행하기 위하여 이로부터 며칠간 지체가
될 것이므로 장부에 대한 영수표를 수거한 후에 환급한다는 통지를 기
다려야 한다.

저금의 일부분을 환추하려는 경우에는 50전 이상의 저금을 남겨두어
야 하며, 10전 미만의 금액은 소용이 있다 해도 환추할 수 없다.

환급 청구자에 대하여는 통감부 통신관리국에서 환급 증표를 송부할
것이니, 그 송부를 받으면 이에 조인하고 장부와 함께 최초 환급 청구서
를 제출한 우편국·우편소에 제시한다. 그러면 해당 우편국·우편소에

서는 그 장부에 환급 금액을 기입하여 환급금과 함께 청구자에게 교부한다.

앞서 기술한 증표의 유효기간은 그 발행일로부터 60일로 한다.

5. 우편저금 즉시 환급

저금장부에 임치금을 기입한 우편국·우편소에 대해서는 1일에 3원 이내, 1개월 총액 100원까지를 한도로 하여 즉시 환급을 청구할 수 있다. 또 검열을 마친 증인(證印)을 받은 저금 현재액에 대해서도 역시 동일하게 즉시 환급을 청구할 수 있다.

저금 임치인은 어느 때라도 소지한 장부를 우편국·우편소에 제출하여 통감부 통신관리국의 검열을 청구할 수 있다.

6. 우편저금 특별 즉시 환급

우편저금 임치인이 처음으로 저금 임치를 청구할 때에 임치 청구서 정부(正副) 2매를 제출하거나 또는 이미 장부를 소지한 이가 장부를 제시하여 임치 청구서의 부본(副本)을 제출하고 특별 즉시 환급 처리의 인허를 받았을 때는 횟수와 금액 등의 제한 없이 즉시 환급을 청구할 수 있다.

7. 재차장부 청구

1) 장부를 분실했을 때
2) 장부의 훼손 또는 오염 등으로 인하여 불분명하게 되었을 때
3) 장부에 공란이 없게 되었을 때

위와 같은 경우에는 재차장부의 교부를 청구할 수 있으며 제1호 및 제2호의 재차장부 청구 수수료는 매 1책에 5전으로 한다.

또한 훼손이나 오염, 장부 분실 등으로 인하여 재차장부의 교부를 청

구하려 할 때는 우편국·우편소에 가서 이에 필요한 용지를 교부받아 이로써 재차장부 청구서를 작성한 후 요금에 상당하는 수표를 붙여서 내는데, 장부가 있으면 장부에 첨부하여 제출하고 영수표를 수취할 수 있다.

8. 재차환급 증표 청구

우편저금 환급 증표를 분실했을 때와 훼손했을 때, 오염이 되어 불분명하게 되었을 때와 유효기간 60일을 경과했을 때는 재차환급 증표의 교부를 청구할 수 있다. 이런 경우에는 장부에 기록된 번호와 환급 금액 및 청구의 사유 등을 기재한 청구서에 기명하고 조인하여 이에 요금 3전에 상당하는 우표를 붙이고 원 증표가 있는 경우에는 이를 첨부해서 제출하면, 우편 관서에서 원 증표와 대조하여 환급이 없음을 확인한 후에 재차증표를 발행하여 이를 청구자에게 송달한다.

9. 우편저금 이자

우편저금 이자는 1개년에 5분(分) 4모(毛)로 한다. 이 이자는 다소간 저렴한 감이 있으나 이는 확실하고 공고한 정부에서 경영하는 저금 사업이기 때문이다. 일반 민간의 은행을 보더라도 확실하고 신용이 있을수록 임치금 이자는 저렴해지는 것이 명백하다.

10. 우편저금의 여러 가지 편리한 방법

우편저금에는 앞서 기술한 각 항목 외에 우표증권 등으로 저금에 임치할 수 있는 방법도 있으며, 국채증권의 구입과 매각 및 보관을 우편국·우편소에 위탁할 수 있다. 또한 규약저금, 거치저금, 공동저금, 출장저금, 대체저금 등의 여러 편리하고 이로운 방법도 구비되어 있으니 우선 우편국·우편소에 방문하여 각기 사용하기를 바란다.

회계원 보고 제12호

17원 8전	회계원 임치 조(條)
62원 38전	월보 대금 수입 조, 우편비용 포함
30원	한성은행 저축금 중 인출 조

합계 109원 46전

○ 제12회 신입회원 입회금 수납 보고

박성호(朴性浩)　백낙순(白樂順)　김익환(金翊煥)　이태식(李邰植)

김용매(金用梅)　고제륜(高濟崙)　최시응(崔時應)　이석태(李碩泰)

엄의선(嚴義善)　한인권(韓仁權)　백인선(白寅善)　백기원(白基源)

장준덕(張峻德)　문병현(文炳賢)　신중렬(申仲烈)　최태엽(崔泰燁)

김수익(金壽益)　윤형진(尹亨鎭)　김태형(金泰亨)　전석희(田錫禧)

문덕관(文德觀)　이규제(李奎齊)　유중승(劉仲承)　이덕일(李德一)

계학빈(桂學彬)　전문흘(田文屹)　신봉천(申鳳千)　김창옥(金昌沃)

김이용(金利鏞)　김을형(金乙亨)　정국징(鄭國徵)　심두전(沈斗銓)

최석연(崔錫淵)　심치규(沈致珪)　이원규(李源奎)　강태용(姜泰鏞)

황학연(黃鶴淵)　최창윤(崔昌允)　정의호(鄭義灝)　백경상(白敬尙)

김재용(金載榕)　독고구(獨孤構)　김계빈(金繼彬)　노원도(盧元道)

정세범(鄭世範)　김지관(金志觀)　이용엽(李用燁)　이일림(李日林)

오일환(吳日煥)　유지엽(柳之燁)

각 1원씩

합계 50원

○ 제12회 월연금 수납 보고

신석하(申錫廈) 50전　　　　5월부터 9월까지 5개월 조
김기창(金基昌) 20전　　　　3개월 조
김기창(金基昌) 80전　　　　4월부터 11월까지 8개월 조
김정민(金正民) 90전　　　　6월부터 2년 2월까지 9개월 조
이용연(李容璉) 90전　　　　6월부터 2년 2월까지 9개월 조
김도증(金道曾) 90전　　　　6월부터 2년 2월까지 9개월 조
김양곤(金養坤) 50전　　　　6월부터 10월까지 5개월 조
계명기(桂命夔) 1원　　　　　8월부터 2년 5월까지 10개월 조
이석룡(李錫龍) 20전　　　　3개월 조
이석룡(李錫龍) 30전　　　　4월부터 6월까지 3개월 조
김지관(金志觀) 1원　　　　　10월부터 2년 7월까지 10개월 조
합계 7원 20전

○ 제12회 기부금 수납 보고

김달하(金達河) 40원　　　　9월 월급 조
합계 40원
이상 4건 총합 206원 66전 이내

○ 제12회 사용비 보고 : 9월 15일부터 10월 15일까지

2원 76전 5리　　　양지봉투(洋紙封套), 소필(小筆), 성냥 값 포함
7원 75전　　　　　5리 우표 1,550매 값
105원　　　　　　각 사무원 9인 월급 조
6원　　　　　　　하인 9인 월급 조
60전　　　　　　　회관 이사 시 『황성신문』 3회 광고비 조

1원	각 신문사 간친(懇親) 시 비용 조
15원 4전	평북 권유위원 한용회(韓龍會) 환영 시 비용 조
7원 20전	학회 설립 기념일 시 식비 조
95전	일본 국기(國旗) 1매 값
47원	12호 월보 인쇄 비용 중 선급

합계 193원 30전 5리 제외하고

잔액 13원 35전 5리 회계원 임치.

한성은행 저축금 도합 900원.

※ 정오(正誤) : 제8호 월보 입회금 보고의 김정기(金珽夔) 씨는 전정기 (全珽夔) 씨로 정오(正誤)함.

광무 10년 12월 1일 창간		
회원 주의		
회비 송부	회계원	한성 북서(北署) 원동(苑洞) 12통 12호 서우학회관 내 박경선(朴景善) 김윤오(金允五)
	수취인	서우학회
원고 송부	편집인	한성 북서 원동 12통 12호 서우학회관 내 김달하(金達河)
	조건	용지 : 편의에 따라 기한 : 매월 10일 내
주필	박은식(朴殷植)	
편집 겸 발행인	김달하(金達河)	
인쇄소	경성일보사(京城日報社)	
발행소	한성 북서 원동 12통 12호 서우학회	
발매소	황성 중서(中署) 포병(布屛) 밑 광학서포(廣學書舖) 김상만(金相萬) 평안남도 평양성 내 종로(鐘路) 대동서관(大同書觀) 평안북도 의주(義州) 남문 밖 한서대약방(韓西大藥房) 황해도 재령읍 제중원(濟衆院)	
정가	1책 : 금 10전(우편비용 1전) 6책 : 금 55전(우편비용 6전) 12책 : 금 1환(우편비용 12전)	
광고료	반 페이지 : 금 5환 한 페이지 : 금 10환	
회원 주의		

1. 본회의 월보를 구독하거나 본보에 광고를 게재하고자 하시는 분들은 서우학회 서무실로 신청하십시오.
1. 본보 대금과 광고료는 서우학회 회계실로 송부하십시오.
1. 선금이 다할 때에는 봉투 겉면 위에 날인으로 증명함.
1. 본보를 구독하고자 하시는 여러분은 주소와 통호(統戶)를 소상히 기재하여 서우학회 서무실로 보내주십시오.
1. 논설, 사조 등을 본보에 기재하고자 하시는 여러분은 서우학회 회관 내 월보 편집실로 보내주십시오.

광무 10년 12월 1일 | 메이지 39년 12월 1일 | 제3종 우편물 인가

융희 원년 12월 1일 발행
(매월 1일 1회 발행)

서우

제13호

서우학회

○ **특별광고**

본회 월보의 발행이 지금 제13호인데 그 대금 수합이 연체되지 않아야 계속 발행할 수 있습니다. 그런데 지금까지 1년 남짓한 기간 동안 대금 수합이 극히 보잘것없어 경비가 대단히 궁핍합니다. 원근(遠近) 간에 구독하시는 분들께서는 이런 정황을 헤아리시어 즉각 계산해 보내주실 것을 천만 절실히 바랍니다.

○ **광고**

11월 14일에 본 회관을 경성 중서(中署) 교동(校洞) 29통 2호로 이전함.
서우학교를 본 회관 안에 설치하고 동월(同月) 20일부터 개학함.
학교 임원은 다음과 같음.

　　　　교장　　　　강화석(姜華錫)
　　　　교감　　　　김기동(金基東)
　　　　부교감　　　이달원(李達元)

학생의 편리를 위하여 본 회관 내에 기숙사를 준비함.

　　　　　　　　　　　　　융희 원년 12월 1일 본 학회 알림

서우학회 월보 제13호

논설

자조론(自助論)

제1장 국민과 개인

하늘은 자조(自助)하는 자를 도우시니, 자조의 정신은 개인이 진실로 발달하는 근거이고 다수의 사람들이 이 정신을 실행함은 실로 국가가 강성해지는 참된 원천이다.

밖에서 도우면 그 결과로 그 사람의 힘이 약해지고 안에서 도우면−곧 자조하면− 그 사람의 기력이 증가하니, 사람마다 자조하지 않고 밖에서 돕게 하면 자율적인 분발심의 필요가 없어져 필경 무능함과 무력함을 면하지 못한다.

비록 가장 우량한 사회라도 사람에게 실제적 도움을 주는 것은 불가능하다. 생각해보면 사람을 속박하지 않고 자유로이 그 발달과 개선을 하게 함이 이 사회가 개인에 대하여 할 수 있는 최상이다. 예부터 지금까지 사람들은 자신의 행복과 안녕이 사회와 국가의 힘에 의하여 확보되는 줄로 오인하고 자신의 행위를 따라 확보되는 줄을 알지 못한다. 그러므로 인류의 진보를 돕는 한 가지인 법률의 가치가 항상 과중하게 된다. 3년이나 5년에 1인이나 2인을 선출하여 입법부의 일부를 담당하게 함이 충분히 정당하여도, 각 사람의 생애와 품성에 실제적 감화를 끼침은 극히 적다. 법률을 선량하게 운용하여 국민으로 하여금 육체와 정신상에 그 근로의 성과를 누리게 하는 것은 가능하지만, 법률이 아무리 준엄하여도 나태한 자를 근면한 이로, 사치하는 자를 절약하는 자로, 음주자를 금주자로 변화시킴은 불가능하다. 이러한 개선은 오직 개인의

행동, 절약, 극기 등에 따라서 성숙하게 되는 것이니, 곧 권력을 확대시
킴으로써가 아니라 습관을 좋게 만듦으로써만 이룰 수 있다.

　일국의 정부에는 항상 국민이 반영된다. 그 인민보다 진보한 정부는
그 인민과 같은 수준으로 낮아짐을 면하지 못하고, 그 인민보다 후퇴한
정부는 결국 인민과 같은 수준으로 올라가게 된다. 국민의 품성과 그
국가의 정치・법률은 정비례하니, 전자의 향상이나 타락이 바로 후자의
향상과 타락을 초래함은 물이 수평을 구함과 흡사하여, 고귀한 인민은
고귀하게 지배할 수 있고 무지하여 부패한 인민은 치욕적으로 지배하게
된다. 일국의 가치와 실력이 그 제도・법률에 근거함이 적고 그 인민의
품성에 근거함이 큰 것은 허다한 실험이 우리에게 증명하는 바이다. 왜
그런가 하면, 국가란 것은 각 개인 상태의 종합일 따름이고, 문명 그것
은 사회를 조직한 남자, 여자, 소아 등의 개인적 개선이 어느 정도인가
의 문제를 벗어나지 않기 때문이다.

　국민의 진보는 개인의 근면, 정력, 정직의 총합이고 국민의 퇴보는
개인의 태만, 사욕, 악덕의 총합이라. 개인이 바르면 일국이 나아가고
개인이 그르면 일국이 쇠한다. 우리가 항상 사회적 해악이라 하는 대부
분을 민중의 부정한 생활의 결과라고만 인지하고 법률의 힘에 따라 이
사회적 해악을 박멸하고 근절하고자 아무리 노력하여도, 개인의 생애
및 품성의 상태가 근본적으로 개선되지 않는 이상은 그 효과가 없다.
비록 일시적 효과를 거두는 듯하더라도 그 사회적 해악은 그 형태를
바꾸어 다시 새로운 세력으로 재생하여 성행할 것이다. 그러므로 최고
의 애국과 최고의 자선은 법률과 제도를 개편함에 있지 않고, 사람을
격려하고 사람을 도와서 각자가 자유와 독립의 행동에 따라 스스로 개
선하며 향상하게 함에 있다.

　국민에게 오늘이 있음은 모두 여러 세대 사람들의 사색과 노력을 받
았기 때문이다. 여러 계급과 여러 경우에서 *꿋꿋하게 인내하는 노동*

자, 토지의 경작자, 광산의 채굴자, 발명가, 발견자, 제작자, 기술자〔器機家〕, 공장(工匠), 시인, 철학자, 정치가 등이 모두 국가의 진보를 위하여 공헌하였다. 그리고 각 시대는 이전 시대의 노력 위에 성과를 쌓으며 다시 이를 높게 끌어올리니, 고귀한 노력자와 건설자가 부단히 연속하여 공예, 과학, 예술에 혼합되는 가운데 질서에 힘써서 현재의 종족은 풍요한 토지의 계승자가 된 것이다. 이 토지는 우리 조상의 숙련과 근면에 의하여 준비된 것으로, 우리는 이를 경작하여 이를 퇴락하지 않게 하여야 할 뿐 아니라, 다시 이를 개선하여 자손에게 양도해야 할 것이다.

자조의 정신은 각 개인의 분투적 행위로 체현되어 예로부터 지금까지 내려온 영웅적 기질의 특징이다. 다수 인민 위에 자리하여 사람들의 존경을 받는 발군의 신사는 물론이거니와, 우리 국민의 진보는 이런 발군의 신사보다 작은 존재인 이름 없는 다수의 사람들도 짊어지는 바이다. 큰 전쟁에 기록되어 남은 것은 오직 장수의 이름뿐이지만 승리의 대부분은 개인의 굳센 기상과 병졸의 용기에 의한 것이다. 인생도 실로 또한 군인의 전쟁과 같다. 예로부터 지금까지 무명의 노력가들이 많았다. 문명의 진보에 힘을 보탰다면 역사에 그 이름을 남겨야 마땅하지만, 그 이름이 결국 세상에 알려지지 못한 다수의 사람들이 있는 것이다. 비록 최저의 지위에 있는 사람이라도 참된 근면의 태도와 바르고 곧은 목적으로써 그 주위 사방에 모범을 제공하면 지금부터 이후까지 국가의 복지에 영향이 미치게 된다. 어째서인가. 그 사람의 생애와 품성이 부지불식간에 타인의 생애에 영향을 미쳐 좋은 모범을 후세에 길이 전하기 때문이다. (미완)

인격은 어떻게 양성해야 하는가

이는 일찍이 세계에서 가장 우량한 도서 백 권의 하나로 선정된 유명한 저작인데 영국의 한 신사가 그 자식을 훈계한 것이다. 지금 그 개요를 취하여 여러 동포에게 소개한다.

(1) 무사무욕(無私無慾)

무사무욕은 미덕 중의 미덕이다. 고대의 영웅과 현철(賢哲) 중에 용기가 일대에 빼어나고 고락(苦樂)을 개의치 않았던 이들도 이 무사무욕의 미덕으로 자신을 반성하면 부끄러워하지 않는 이가 적다.

무사무욕의 덕은 천품으로 얻는 것이 아니므로 큰 수양을 필요로 한다. 사람이 태어나면서부터 정직한 이도 있고 용감한 이도 있으며 관인(寬仁)한 이도 있으나 무사무욕한 사람은 없다.

여러분이 젖먹이이던 시대로부터 양친은 이 미덕을 여러분의 품성에 배양하기 위해 고심하여 돌볼 뿐 아니라 소아가 가진 특유의 성격을 교정하여 가상한 자기희생을 가르침에 힘을 쓴다.

나는 여러분이 영웅호걸이나 부자나 위인이라 칭해지기보다 무사무욕의 사람이 되기를 더욱 간절히 바란다. 여러분이 성인이 된 뒤에 동포의 이익을 생각하는 헌신과 극기의 사람이라 칭해지게 된다면, 나는 여러분이 넬슨이나 로스차일드나 비스마르크가 된 것보다 더 크게 기쁘지 않을 수 없을 것이다.

여러분이 일상의 행동에서 무사무욕을 실천할 기회는 적지 않다. 예컨대 여러분의 부모가 일정한 시각에 아침을 차리는데 여러분이 수저를 드는 것은 반 시간이나 1시간이 늦다면 가사에 적지 않은 불편이 생길

것이니, 아침잠의 달콤함이 무엇으로도 대체될 수 없더라도 가족에게
주는 불편을 꺼려서 한 번 부르면 곧바로 침상에서 일어나는 것이 바로
무사무욕이다. 머리가 지끈지끈 아픈데 어머니는 병상에 누워 있고 아
버지를 보니 내외의 사무에 분망하다면 이들을 번거롭게 하지 않으려고
두통약을 자기 스스로 찾는 것이 바로 무사무욕의 하나이다. 학교나 관
공서 혹은 회사로부터 돌아오는 길에 신간도서를 구해달라는 부탁을
누이에게 받았다면 우연히 하늘에서 비가 오고 길이 질어도 이를 불구
하고 약속을 뚝 부러지게 지키는 것이 바로 무사무욕의 하나이다. 외출
하려 할 때 우연히 신발은 더럽고 고용인 등은 가사에 바쁘다면 그냥
참고 더러운 신발을 신는 것도 바로 무사무욕의 하나이다. 학교나 관공
서 혹은 회사에 출근할 때에 일거수일투족의 노고를 아끼지 않고 동료
를 위하여 그 사무를 돕는 것도 바로 무사무욕의 하나이다.

　이상은 그저 한두 가지의 비근한 실례에 불과하니, 일상생활 가운데
이와 같은 예는 거의 무제한이다. 지금 이 비근한 사례를 열거함은 곧
무사무욕이 혁혁한 자기희생으로 만세불후의 공훈을 이루게 하는 것
일 뿐 아니라 또 인생 교제의 사소한 일에도 영롱한 광채를 더해주는
것이기에, 생애 전반에서 습관이 되어야 하는 까닭을 분명히 하기 위
해서이다.

　사리(私利)에 급급한 사람은 어떤 일이든지 자기중심을 벗어나지 못
하여 입을 열면 자신의 성공과 자신의 실패, 자기 일족의 일, 자신의
병 등만 말하고 다른 것은 말하지 않는다. 만약 화제를 바꿔 타인의 일
을 말하면 이들의 눈에는 홀연 구름이 끼고 그 태도는 완연한 방심의
상태가 되어 하품을 하고 기지개를 켜며 아무리 재미있게 말을 해도
천편일률로 무의미하게 응답하면서 시곗줄이나 만지작거리며 아무런
구실이나 찾아 담화를 방해한다.

　무사(無私)의 사람은 타인의 기쁨과 근심을 같이 기뻐하고 같이 근심

하며 타인의 사사로운 일에 대해서도 내 일과 같이 대화한다. 타인의
곤란을 보면 조력을 아끼지 않으니 "남의 처지에 너 자신을 두어라." 함
은 만세에도 바뀌지 않을 금언이다. 가련한 이야기에 동정의 말로 관심
을 기울이는 것은 대화하는 상대가 보기에 친절의 가면을 쓴 표면적인
행위와는 판이하니, 그렇기에 감사를 받는 경우가 의외로 많다.

무사무욕은 음덕(陰德)이라 무사의 사람은 극기와 자기희생을 행함에
있어서 심중에 한 점의 명예심도 간직하지 않는다. 과자나 완구를 사기
위한 돈을 쪼개어 누이를 위해 한 권의 서적을 사든지 또는 물불을 무릅
쓰고 타인의 생명을 구하든지 하는 일로 혜택을 사거나 이름을 드러내
기를 기대해서는 안 되니, 자기의 공을 과시하는 것은 어리석은 일이다.
진정한 무사는 진정한 용기 및 기타 일체의 미덕처럼 과시할 것이 아니
고 자연스레 드러나게 되어야 하리니, 만일 현세에서 알아주지 않으면
후세의 지기(知己)를 기다릴 뿐이다. 이는 말하기 쉬우나 행하기는 어려
운 길이다. (미완)

위생부

아동의 위생 (속)

6. 양친의 주의

주인이 아침에 식사를 급히 마치고 외출하였다가 오후에 돌아와 가족
과 더불어 유쾌한 담화를 하며 저녁을 같이 먹는 것은 진정한 즐거움이
다. 소아도 하루를 보지 못하였기에 애정이 절로 나와 바로 안겨 장난치
고 식탁에 가까이 오니, 음식물 중에 소아가 먹고자 하는 것을 주고 심
하면 술도 마시게 한다. 이러한 까닭에 소아가 술을 좋아하게 되어 성장

한 뒤에 드디어 대주가가 되는 사례가 적지 않으니, 부친 된 자가 주의해야 할 일이다. 또 모친도 불규칙한 일이 생기는 것을 경계하지 않으면 안 된다.

7. 휴일의 위생

일요일은 일터와 학교가 통상 함께 휴업하는 날이니, 소아가 즐거워하고 유쾌해하는 바이다. 그러나 이날이 아동에게 가장 위험한 날이 될 수 있다. 일요일이 되면 아동이 으레 맛있는 음식을 과식하고 잠을 자니 하루를 포식하고 숙면하면 위장이 상하기 쉬우므로 위생에 심히 좋지 않다. 그러므로 일주일 중 즐거운 일요일에는 아침 일찍 일어나 소아 등을 인솔하고 적당한 운동 범위 안에서 놀러 다니고 혹 야외에서 산보를 할 것이니, 이는 신체에 약이 될 뿐 아니라 심중에도 가장 유쾌하다. 이후에 집에 돌아와 책을 볼 것이니, 비록 한 주에 한 번인 노는 날이라 해도 일없이 보내는 것은 무익하다. 신체를 위하여 운동하는 것은 최고로 유쾌하며 준비한 음식도 특별히 맛있고 또한 소아 등의 쾌활한 성질도 이로써 만들어진다. 소아가 쾌활하지 않으면 안 되는데 만일 신경질이 되어 염세하는 마음이 일어나면 이보다 큰 변고는 없다. 부모도 또한 일요일은 시골로 놀러 나가서 견문을 넓히면 다대한 이익이 있다. 그러나 운동을 지나치게 하면 다음날 피곤하여 근무할 수 없고 등교도 하기 어려우므로 운동이 과도하지 않도록 주의해야 한다.

부모는 아동의 모범이 되기에 부모가 행하는 일은 무슨 일이라도 잘못된 일이 아니라고 아동은 확신한다. 부모의 동정(動靜) 하나하나가 모두 소아의 모범이 되므로 부모가 되어서는 입으로 선행을 말하고 몸으로 선행을 행하여 소아의 모범이 되어야 한다. 말과 행동이 일치함은 진실로 어려우니, 대단히 주의하여 말이 행동을 살피고 행동이 말을 살펴 효력을 보이게 해야 한다. 만일 소아에게 금지하고 자신은 범한다면

아동의 생각에 성인이 된 후에는 행위가 선량하지 않아도 무방하다 하
리니, 부모가 악행을 교정하는 것이 소아를 권면하는 길이 된다. (완)

한국의 임업(林業)

일본 임학(林學)박사 미치이에 마사유키(道家允之) 씨의 연설

한국 임업의 황폐함은 사람들을 놀라게 할 정도인데 경부철도의 선로
부근이 더욱 심하다. 삼림이 황폐하면 간접적 영향으로 홍수와 한발(旱
魃)의 피해가 있고 또 위생상 적지 않은 피해가 있으며 직접적으로는
목재와 땔감이 결핍하여 가격이 높아진다. 서울과 인천 간의 목재 가격
을 보자면 일본보다 실로 3배나 높으니, 연료가 고가여서 일반 산업의
진작을 비상하게 가로막는다. 한국에 유망한 광산이 많으나 연료가 부
족하여 경영상에 비상한 곤란이 있으니, 삼림의 황폐함이 산업에 영향
을 미침이 이와 같다.

이를 구제할 방책으로는 현재 민둥산에 식림(植林)하는 것 외에 다른
방도가 없음이 확연한 사실이다. 어떤 논자가 말하길, 한국의 토지는
화강암과 편마암이 많아서 공기가 건조해 식림에 도저히 가망이 없다고
하였다. 그러나 내 소견으로는, 한국의 지질과 비슷한 곳은 일본에도
많으므로, 한국의 식림이 일본에 비해 다소 곤란함을 면할 수는 없을
것이로되 가령 기차의 선로를 보더라도 같은 토질이지만 한쪽은 민둥산
이 되고 한쪽은 수목이 무성한 곳이 적지 않으니, 이를 살펴보더라도
식림을 하면 충분히 발육의 가망이 있다는 증명이 된다. 지금 농상공부
에서 각처에 식림한 결과로 그 성적이 자못 양호하게 나타나고 있다.
식림 상에 다소 곤란한 것은 일년생을 식림할 때에 공기가 건조하여

발육을 해치는 것이라 하니, 이 역시 지질에서 비롯된다. 평양, 수원, 대구의 3개소에서 식림한 경험으로 보자면 대구는 그 성적이 양호하지 못하나 수원과 평양은 자못 양호하다. 그렇다면 지질 또는 건조한 공기 때문에 한국의 식림에 가망이 없다는 주장은 말이 되지 않는다.

한국의 기후가 일본에 비하면 추우나 이 기후에 알맞은 수종(樹種)을 선택하면 마땅하게 이루어질 수 있다. 압록강 같은 극한(極寒)의 지대에도 일대 삼림이 있으니 이것이 그 예시이다. 또 식림에 비상한 경비가 들어서 수지가 서로 들어맞지 못한다 하는 주장이 합리적인 듯하지만, 민둥산에 비가 내려 모두 붕괴한 곳은 사방공사(砂防工事)를 시행하기 위해 다액의 경비가 필요하다. 지금 경성 백운동(白雲洞)에 사방공사와 식림을 하는데 그 경비가 1정보(町步)에 150원 내외이다. 이는 경제림이 아니고 안전상의 필요를 위함이며 경성으로 유입되는 수원(水源)을 함양하기 위함이다. 그러므로 수지 상에 큰 이익이 없음은 당연하거니와, 보통 식림 경비는 1정보에 40원 내외다. 일본의 식림 경비는 25·6원에서 30원까지 되는데, 한국은 우선 묘목도 일본에서 구입해야 하고 그 구입한 것을 들여오는 운임도 높으니 식림 경비가 일본보다 비싼 것이 당연하다.

식림의 수입으로 말하자면 구누기, 팡노키[1]-모두 나무 이름-의 식림 경비가 1정보에 48원가량이며, 이들 수목은 식림한 지 12·3년에 이르면 제1기의 벌목을 하는데 그 수입이 약 3백 원이 된다. 이를 원재료비와 대조하면 1할 2푼 이상의 수익이 있다. 또한 성냥의 재료 되는 모로-나무 이름-나무는 1정보에 30원의 식림 경비를 필요로 하는데 20년이면 546원의 수익이 생기니 1할 6푼에 상당한다. 또 니세아카시아-나무 이름-와

---

1 구누기, 팡노키 : 구누기(櫟)는 상수리나무의 일종이고 팡노키(パンの木)는 뽕나무의 일종이다.

같은 것도 성장하기 쉬우니 한국에 적합한 나무이다. 1정보에 38원의 식림 경비로 10년 뒤에는 190원의 수익을 얻을 수 있으니, 이를 원재료비와 대조하면 1할 7푼에 상당한다. 기타 추운 나라에 적합한 낙엽송과 같은 것도 경성 이북에 적당하니, 땔감의 재료뿐 아니라 목재로 쓸 수 있는 수종도 대단히 긴 시간이 필요하겠으나 충분히 희망이 있다.

그러나 현재 임업이라 할 것이 거의 없어 수목이 없는 민둥산이 실로 1천만 정보 이상이니, 그중에는 암석이 드러나 식림할 수 없는 토지도 있지만 태반은 식림이 충분히 가능한 곳이다.

일본은 현재 국유림 넓이가 7백 정보인데 해마다 수익이 7백만 원이란 큰 액수에 달하니, 한국에도 식림이 마땅하게 이루어지면 매년 1천만 원의 세입을 얻기가 어렵지 않을 것이다.

식림하는 방법은, 전국의 민둥산에 대하여 기후와 지질에 합당하게 식림을 하고 또 현재의 산림을 보호하여 남벌을 막고 합리적 이용의 방법을 취하지 않는다면 성과를 이루기 어렵다.

현재 한국의 식림 지역이 극도로 황폐하여 북한산과 같은 곳은 암석이 드러나서 식림을 하려 하면 대규모로 큰 경비가 필요하다. 민둥산 중에도 풀도 나고 습기도 있어서 식림에 자못 합당한 곳도 적지 않으니, 풀이 난 땅은 식림이 매우 용이하고 풀이 없는 땅도 암석이 없는 곳은 사방공사를 시행하면 식림이 충분히 유망하다. 순서로 말하자면 경비가 많이 들지 않는, 풀이 난 땅으로부터 착수할 것이요, 또 풀이 없는 땅이라 해도 수원(水源) 함양과 기타 안전과 위생 상에 필요한 지역은 하루빨리 식림을 할 필요가 있다.

한국 정부도 식림에 하루라도 소홀히 할 수 없음을 깨닫고 대구, 평양, 수원 등지에 모범 삼림을 설치하고 또 묘목원도 두었거니와, 식림 장려 방법으로 부분임법(部分林法), 임야법(林野法) 등을 발포하였다. 또 방법을 준비해 개인의 식림을 장려할 필요가 있기는 하나, 식림은 10년,

20년 후를 기다려야 비로소 이익을 억을 수 있는 것이기에 민간에만 맡겨서는 안 된다. 산업상, 위생상, 안전상으로도 필요가 있으니 일국의 식림은 정부 사업으로 경영함이 적합하다.

한국에도 묘지 등지는 관습으로 벌채할 수 없는 산림이 지금도 적지 않아, 평안도, 강원도, 함경남도 등지에는 큰 삼림이 있고, 기타 경상북도의 문경(聞慶) 부근 새재 지역에도 큰 삼림이 있다. 그리고 제주도의 한라산과 경상남도와 전라북도의 경계에 긴 지리산에는 4·5만 정보 되는 큰 삼림이 있고, 이외에도 작은 면적의 삼림은 많으니, 이들은 대체로 모두 국유림인데 그중에 관유와 민유가 분명하지 못한 것들도 있다. 그러나 이들 삼림은 지금 교통이 불편하므로 이용 방법을 강구하지 못하고 그저 그 지방 인민들이 도끼로 벌채하여 나막신, 다듬이, 기타 일용품과 식기를 만든다. 이들 지방에서는 목재가 수요에 비해 넉넉하여 큰 나무를 잘라내면 그 중앙의 좋은 부분만 사용하고 나머지는 모두 버린다. 그러나 새재의 삼림도 청일전쟁 당시에 비하면 크게 남벌되었다. 당시에 우리 군대가 이 지역 산림 가운데로 도로를 내면서 대낮에도 어둡다고 한탄했는데 지금은 길의 양편이 벌목되어 열렸다.

지금 암석이 노출된 북한산도 수십 년 전까지는 노송이 울창했고 북한산뿐 아니라 한국의 모든 산이 거의 이러하였다. 그런데 조금도 보호를 하지 않고 남벌함으로 인하여 오늘의 모양으로 벌거벗게 되었다. 한인이 남벌 말고도 화전을 만들기 위하여 산에 불을 놓아서 태우는데 불을 한번 놓으면 쉽게 꺼지지 않으니, 오늘날 식림을 장려하는 동시에 현존하는 삼림을 남벌하지 않도록 주의함이 필요하다.

한국의 농공업 부문 및 기타에 개량할 사업이 많거니와, 임업도 이 기회에 크게 개량에 착수하지 않으면 안 된다. 그러나 지금은 삼림법, 부분삼림법 등의 삼림 행정상의 법령을 아직 발포하지 않았으니 이 문제를 충분히 연구해야만 한다.

양돈(養豚) 실험담

부국강병의 대책이 비록 한 가지가 아니지만 축산업은 중대한 것에 속하고 그중 가장 급무는 바로 양돈 사업이다. 지금 육식이 급격히 증진하는데 한편으로 공급이 풍족하지 않아 고기 가격이 폭등하여 중류 이하의 대다수를 차지하는 국민의 식단에 공급할 수 없는 것이 유감이다. 양돈의 개량과 보급을 계획하여 육류의 생산을 활발하게 하여 국민의 체격을 크고 건장하게 만들어야 한다. 또 돼지는 고기 생산뿐 아니라 그 퇴적된 분뇨가 농산물을 증산하게 하고 기타 털, 가죽, 뼈 및 지방 등이 공업에 응용된다. 양돈이 국가의 경제와 국민의 보건에 이익이 막대함은 말할 것 없이 명백하다. 일본인 이노세 코키치(猪瀬孝吉) 씨가 10여 년을 이 사업에 종사한지라, 지금 그 사육과 관리의 실험담을 다음에 진술하여 실업에 뜻이 있는 여러분에게 소개하려 한다.

(1) 양돈은 필요한 자본이 크지 않으니, 돼지는 우마(牛馬)에 비하면 가격이 저렴하고 돼지우리의 경우 우마의 외양간처럼 클 필요가 없으며 조잡해도 되므로 구조를 짜는 데 큰 자본이 필요 없다.

(2) 돼지는 사육과 관리가 쉬우니, 돼지는 대단히 강건하여 질병에 걸리는 일이 적고 거친 먹이도 잘 먹고 성질이 온순하여 목축의 경험이 비록 없다 해도 쉽게 사육할 수 있다.

(3) 돼지는 사료를 많이 필요로 하지 않으니, 돼지는 잡식동물이라 비싼 사료를 쓰지 않고 부엌의 잔반, 식물 이파리, 뿌리의 지스러기, 과실과 채소의 폐물, 여러 제조장의 찌꺼기 류, 장유(醬油) 찌꺼기, 밥찌끼, 비지, 술지게미, 그 외 쌀겨, 보릿겨, 무, 호박 등으로 사료를 삼을 수 있어 사육비가 극히 적게 든다.

(4) 돼지는 번식이 왕성하고 살도 신속하게 붙는다. 돼지는 번식력이 왕성해 출생 후 10개월에 이르면 교미하고 잉태 일수가 150일 내

외면 분만하는데, 1회에 적어도 4마리에서 많으면 15마리를 낳으
니 평균 8마리 내외를 생산하며 해마다 2회 분만하기 쉽다. 그리고
먹는 분량에 비해 매우 빨리 성장하고 비만해진다.

(5) 돼지에게는 버릴 것이 없으니, 돈육은 맛이 좋고 영양이 풍부해
영양의 가치가 우마에 비해 나으면 나았지 떨어지지 않는다. 지방
은 공업, 의약, 식품 조리에 사용하고 기름으로 제조하면 여러 해가
지나도록 부패할 염려가 없다. 내장은 순대 요리가 맛이 있고 기타
간, 폐, 혀까지 식재료로 쓸 수 있다. 가죽은 신발 및 세타(雪駄)²의
내피, 가방 등의 여러 세공에 쓰이고, 털은 우수한 솔 및 의자와
이불의 보충재로 삼으며, 뼈는 상아 대용으로 쓰고 방광은 얼음주
머니로 만들고 그 피는 염료로 만드니, 그 용도가 극히 넓다.

(6) 돼지는 풍토와 기후를 가리지 않고 어떤 토지에서든지 사육할 수
있으니, 돼지는 추운 나라든 열대 지방이든 온대 지방이든 건조
한 기후든 습기가 많은 장소든 높은 지대든 낮은 지대든 어디라
도 사육에 방해가 없다. 그러므로 서양에서는 알프스 산맥 산중
에서도 사육하며 또 큰 강의 연안, 늪지 지역 등 우마 등을 사육
하기 적합하지 않은 곳에서도 돼지는 사육할 수 있으니 극히 편
리한 가축이다.

(7) 돼지는 비료 제조의 기계가 된다. 볏짚, 밀짚, 낙엽, 풀 등을 돈사에
투입하여 퇴적 비료를 만들어 이를 밭에 뿌리면 작물의 수확이 증
가하고 토지의 성질이 개선되며 또한 척박한 땅이 비옥한 곳으로
변화한다. 그러므로 사료 대신으로 비료를 마련하게 되는 셈이다.
아무리 화학비료 및 해산(海産) 비료 등의 3요소를 배합하여도 퇴
비를 3·4년간 쓰지 않으면 그 수확이 초년보다 반이나 저하됨은

2 세타(雪駄) : 눈이 많이 쌓인 곳에서 신는 일본의 신으로 대나무와 가죽으로 만든다.

각처 농사 시험장에서 명백하게 증험되었다. 퇴비는 지력을 유지하고 토양의 성질을 개선함에 큰 효력이 있는 물질을 함유한 것이다. [3]우선은 종돈(種豚)을 선택해야 하니 대개 가축의 종류를 선택함에는 사육 관리의 난이도와 사육 목적 및 풍토, 기후의 적합함을 고려할 것이다. 양돈의 목적인 고기 생산에 빠르고 온화하게 길들일 수 있고 관리하기 용이한 종류를 차례대로 기록하겠노라. (미완)

세계 평화의 이상(理想)

영국 스탠리 제우온스[4] 박사는 최근 간행된 『시대평론』이라는 잡지에 「국제의회의 발전」이란 제목으로 논하였는데, 그 내용은 세계 만국이 일대 연방을 조직하고 각국에서 그 대의원을 선출하여 헤이그에 '국제의회'를 개설하자는 것이다. 이를 국제입법부라 하고 그 안에 호선(互選)하여 총리를 담당할 1인을 정하여 이를 국제행정장관이라 한다. 그리고 총리가 다시 의원 중에서 사법, 공안, 상무, 재무의 4봉행(奉行)을 지명하여 자신을 포함하여 5명으로 내각을 조직하여 입법회의에 대하여 책임을 지고 3개 법정-1개는 공소재판소(控訴裁判所)-을 설치한다. 판관은 의회의 협찬을 거쳐 총리가 이를 임명한다. 그러나 필요한 경우에는 의회 3분의 2의 다수로써 이를 면직할 수 있다. 공안은 곧 경찰관 사무인데 또한 군무(軍務)를 겸하고, 상비군은 국제육군 간부에 속하여 각국에서 4만-소국은 1만-을 나누어 파견하고, 해군도 각국 군함의 일부로써 국제해군 간부를 조성한다. 재정은 1년에 약 4백만 파운드인데 그 부담은 각국 경상비에서 1천분의 2로 하여 입법부, 행정부, 재판소

---

3   앞 문장과의 사이에 인쇄 과정에서 누락된 부분이 있는 것으로 보인다.
4   스탠리 제우온스 : 미상이다.

의 경비로 삼는다. 입법부는 10개 대국에서 각 2명, 인구 1백만 이상
을 가진 다른 각국에서 각 1명의 대의원을 선출해 조직하는데, 식민지
는 인구 5백만 이상을 가진 곳에서 각 1명을 선출해 합계 65명으로 성
립된다. 그 제도는 영국의 하원을 본받아 각국 국경의 정리 또는 영토
의 변경 등을 처리하고 의회의 용어는 프랑스어 또는 에스페란토를 사
용한다.

　이것이 그 대략으로, 박사의 의견을 또한 살필 수 있다. 이는 애초에
지난한 사업이다. 그러나 지금 각국이 서로 협약에 협약을 거듭해 현
상 유지와 기회 균등을 국제의 통의(通義)라 하니, 지금에서 한 걸음을
더 나아가 세계대연방을 조성함이 꼭 불가능한 사업이라고만은 할 수
없다.

　평화를 목적으로 한다면서 도리어 전쟁을 상의하는 회의가 있고 전쟁
을 목적으로 하다가 도리어 평화를 유치하는 경우도 있으니 무기의 진
보가 이것이다. 몇 해 전부터 영국, 미국, 프랑스, 독일 등이 경쟁하여
연구에 열중하는 군용 경기구와 같은 것이 가장 적합한 사례이다. 프랑
스든 영국이든 자유자재로 조종하는 기구를 이미 발명하여 그 시운전에
서 비상하게 좋은 성적을 보였다. 지금부터 더욱 개선하여 연구를 축적
하면 대성공을 결국 거둘 날이 머지않을 것이다. 독일 문학자 중에 미래
의 전쟁을 예상하여 장렬한 소설을 지어 공중 대함대의 충돌을 묘사한
이가 있다. 과연 그 상상과 같이 공중에 군함이 종횡으로 날아서 폭탄을
투하하기에 이른다면 가공할 만한 참혹한 피해를 주는 극도의 전쟁은
자연스레 절멸할 것이다. 이로써 극단의 파괴가 극단의 평화와 서로 일
치하여 이른바 극단과 극단이 서로 접한다는 진리를 증명하기에 이를
것이다.

한자통일회 개설에 관한 의견

일본에 한자통일회가 있으니 이 회의 회장 가네코 겐타로(金子堅太郎)[5] 씨가 그 의견을 저술하였는데 이를 아래 번역하여 게재하니 동포 여러분이 참고하셨으면 한다.

일·한·청 3국의 수천 년간의 문명은 한학(漢學)의 힘 하나에서 비롯되었다. 이 한학의 기초 위에 일·한·청 3국의 정체(政體), 사상, 사회의 조직, 도덕, 경제, 실업, 종교 등이 성립하였다. 그러므로 이 3개국에서 한학을 제거하고 장래 문명의 발달을 도모함과 같은 것은 도저히 불가능한 일이다. 또 우리 일본에서는 1천 5백 년 전 대륙으로부터 한학이 전래한 이래 금일까지의 문명 기초에서 그것에 힘입은 바가 크고, 국민의 사상과 국가의 융성도 역시 한학의 힘에 근거함은 고래의 역사서에 비추어봐도 역력한 사실이다.

만약 우리나라 역사를 연구하여 일본의 국체(國體)를 알고 야마토(大和) 민족의 정신을 알고자 하면 또한 반드시 한학의 힘에 의지해야 한다. 구미(歐美)의 문명이 한번 우리나라에 수입되자 참신한 서양 과학으로부터 시작하여 기계와 기타 여러 문물이 모두 로마자를 따라 전달되었다. 이에 우리나라는 서쪽에서 한학에 힘입어 조선, 지나, 인도 등의 문명을 수입하고, 다시 동쪽에서 로마자로 구미의 참신한 문물을 수입한 결과, 지금 동서양 반구의 문명이 혼화하여 발전하는 현상을 맞이하였다. 그러므로 한편에서는 한문과 한자를 폐지하고 국어를 전부 로마자로 개조함이 옳다는 의론이 나오고 또 한편에서는 일본의 문화는 전래의 화(和)·한(漢) 혼합의 국어로 나아가야 한다는 주장이 있어서, 이

---

5   가네코 겐타로(金子堅太郎) : 1853-1942. 일본의 정치가. 하버드대학에 유학하고 사법대신, 농상부대신을 역임하면서 일본제국 헌법의 기초에 참여했다.

양 파는 지금 아직도 그 주장하는 바를 서로 창도하여 갑은 을을 공격하고 을은 갑을 논박하여 학술계에 실로 미결의 일대 문제가 되기에 이르렀다.

그러나 세계의 대세를 통찰하여 그 문제를 연구하고자 하는 경우 우리는 한학의 힘만으로는 동양 발전의 대사업을 완성할 수 있을 것이라고 생각하지 않는다. 또한 일본어를 로마자로 개조하여 이로써 동양 발전의 대책임이 성공할 것이라고도 생각하지 않는다. 그렇다면 어떻게 해야 일본국의 지위로부터 장래 동양 발전의 대사업을 계획할 수 있겠는가? 일본이 동쪽으로부터 로마자에 의해 수입된 서양의 참신한 과학과 기계, 기타의 문물을 서쪽을 향해 아시아 대륙에 부식(扶植)하고 이로써 우리 세력을 확장하며 우리 무역을 발달시키고자 한다면, 한문과 한자를 바탕 삼아 이 목적을 달성하는 것 외에는 양호한 대책이 없으리라고 단언하노라.

구미의 정치가와 실업가는 예부터 아시아의 외교와 무역을 획책함에 있어 대부분이 한학을 중요시하지 않았고 아시아의 경영은 로마자를 국어로 사용하면 충분하다고 믿었다. 그러나 안목이 밝은 독일 정부는 구미 여러 나라보다 앞서서 지나의 정세를 통찰하여 베를린에 동양어학교를 설치하고 동양에 관한 어학을 일찍부터 연구하였다. 그래서 열강이 착안하지 못한 사이에 동양 발전의 지점을 빠르게 파악한 결과로, 최근 4·5년 사이에 동양에서 영국의 무역을 우선 잠식하고, 나아가 최근에는 미국과 함께 일본의 상업도 침략하고 있다. 지금 영국, 미국 등 여러 나라 영사의 보고를 보아도, 독일 상인이 아시아에서 무역을 계획하면서 지나어로 능숙하게 대화하며 한문학을 해독하기에 지나인과의 교제가 구미의 다른 국민보다 훨씬 나아 자못 밀접한 관계를 유지한다. 지나인의 사상을 완미(玩味)하며 풍속 등을 이해하여 그 무역의 실황을 알아내는 데 편익이 매우 큰 것은 동양어학교를 설립한 결과에 귀속됨이 명백하다. 이는 구미인들도 오늘날 일반적으로 신뢰하여 의심하지 않는 바이다.

또 미국에서도 러일전쟁 뒤에 장래의 세계 무역시장은 아시아 대륙에 있을 것인데 그중 청나라와 한국 양국이 중추를 점할 것이라 예상하여, 대학 또는 상업학교 중에 지나어학 강좌를 개설하여 앞으로 지나에 대한 외교와 무역 발전에 쓸 인재를 양성하려 기획하고 있다. 그리고 동국(同國) 정부에서는 베이징에 있는 공사관에 10명의 지나어학 연구생과 도쿄에 있는 대사관에 6명의 일본어학 연구생을 두기로 결의하고 이미 그 인원을 파견하여 양 국어의 연수에 전심하게 하여 장래 외교관, 영사관 될 인물을 양성할 준비를 하고 있다. 동시에 또한 민간에서도 대학과 기타 학교에서 일본과 청나라 양국의 어학 강좌를 개설하여 적극적으로 동양 무역의 발달을 도울 수 있는 인물을 양성하기 위해 힘쓰고 있다. 그 이유는 다름이 아니라 지나와 일본에서 외교 무역의 발전을 기약하고자 하면서 먼저 양국의 국어를 연구하고 그 국어를 연습하여 읽고 말하고 쓸 수 있는 세 가지 기량을 준비하지 않으면 아시아에서의 외교 무역이 발달할 수 없음을 지각하였기 때문이다.

1천 5백 년 전 한학이 우리나라에 도래하고부터 한문과 한자가 흡사 우리 국어의 일부가 된 오늘에 이르기까지 한문과 한자는 도저히 우리 국어 중에서 삭제할 수 없는 깊은 근거를 가지게 되었다. 또 일본의 역사, 정체(政體), 학문, 종교, 무역 등 기타 여러 사업이 모두 한문과 한자에 의지하지 않고서는 도저히 이를 계속하거나 장래에 발전시키기 어려움도 사실이다. 하루아침에 이를 폐지하고 로마자로 바꾼다면 그 방침이 서양 여러 나라가 지금 계획하는 바와 전연 반대가 된다. 지금 서양의 여러 나라는 아시아와의 무역을 진흥하고 아시아의 개발을 수행하기 위해 반드시 한문과 한자를 배우고 익혀서 그 한문과 한자의 힘에 의지해 제반 경영 대책을 시행하려고 급급히 이 목적 아래 노력하고 있다.

우리나라 사람들은 무엇이 괴로워 이렇게 중요한 이기(利器)를 폐기하려 하는가? 오늘날 새로 한문과 한자를 사용하는 상황 속에서 다행히 우리나라에서는 이미 이것이 우리 국어가 되어 있으니, 이를 점점 개량하면 아시아 개발이라는 목적을 어찌 충분히 달성하지 못하리오.

우리나라가 구미 여러 나라와 대치하여 동양 발전상에 어떤 지위를 점거하고 있는가. 서양의 학술에 기반한 기계 공업 또는 사회의 무역에서는 일보를 영국인과 미국인에게 양보하였으나, 지나 대륙 개발상에서는 특별한 종류의 유리함을 가지고 있다. 일본은 지나와 동문(同文)의 나라로 그 발음이 달라서 담화는 할 수 없으나 문자는 동일하다. 따라서 필담을 할 수 있고 서적도 읽을 수 있으므로 저 나라의 제도, 문물, 인정을 탐구함에 있어서는 비교적 용이하게 이를 얻을 수 있다. 또 이와 반대로 우리나라의 정세를 청나라와 한국 양국 사람들에게 알리는 경우에도 우리 국어를 조금만 고치면 곧 한문이므로 용이하게 적용할 수 있다. 그러므로 한문과 한자는 저 양국과 결합할 좋은 고리가 될 뿐 아니라, 양국 사람들과 사상을 교환하며 또 무역을 발달케 하는 데에도 둘도 없는 이익이 된다. 이 이익은 구미 여러 나라의 인민이 가지지 못한 것이니, 이를 가지지 못했기 때문에 아시아 대륙의 무역에서는 일본 국민에게 뒤처질 수밖에 없는 불리한 입지에 놓여 있다. 이런 불리한 입지에 서 있음을 발견하였으므로 저들이 이로 인해 생기는 손해를 보충하기 위해 위와 같은 어학의 강좌를 개설하고 연습에 부득불 힘쓸 필요를 느끼고서 근래 이를 위해 주의를 기울여 노력하는 중인 것이다. (미완)

경성 역사의 개요 (속)

8. 옛 왕궁

1) 창경궁(昌慶宮)

창경궁은 종로에서 동대문에 이르는 대로의 중간에서 북으로 꺾어져 혜화문(惠化門)으로 통하는 비탈길에 있으니, 그 정문인 홍화문(弘化門)이 동쪽을 향해 수백 년 전 명장의 진(陣)이라 부르는 마동산(馬東山)[6]과 서로 면하고 있다.

이 왕궁은 우리 태조대왕 때 수강궁(籌康宮)이라 부르던 궁의 터인데, 성종대왕 14년에 정희왕후(貞憙王后), 인수왕대비(仁粹王大妃) 및 안순왕후(安順王后)[7] 세 분을 위하여 건축하였다 한다.

홍화문으로 들어가면 안에 도랑이 있으니 이에 다리를 놓아서 옥천교(玉川橋)라 하고, 이 다리를 지나면 명정문(明政門)이니 그 안에 명정전(明政殿)이 있고, 길일이나 경일(慶日)을 맞으면 성종께서 신하들을 거느리고 세 왕후께 경하를 드리고 이어서 이 명정전에 임하시어 조회를 받으셨다. 그 남쪽에 문정전(文政殿)이 있고 서쪽에는 인양전(仁陽殿)이 있고 북에는 수녕전(壽寧殿)이 있으니, 여기서 더 북쪽에 있는 것은 경춘전(景春殿)이고, 다시 더 북쪽에는 통명전(通明殿)이 있으며, 경춘전의 동쪽으로는 환경전(歡慶殿)이 위치한다. 그 북쪽에 있는 것은 양화당(養和堂)이라 하고, 또 통명전의 서편은 여휘당(麗輝堂)이고 동쪽은 환취정(環翠亭)이다.

이 창경궁은 임진년 전쟁에 화재로 불타버렸는데 광해군 8년에 중수

---

6 마동산(馬東山) : 현재 서울대학교병원이 위치한 언덕이다.
7 정희(貞憙)……왕후 : 정희왕후는 세조의 비, 인수왕대비는 의경세자의 빈으로 성종의 어머니, 안순왕후는 예종의 비이다.

(重修)되었다 한다.

명정전은 이 궁전에서 임금께서 조회 받던 처소이므로 그 구조가 가장 빼어나다. 그 전면에 넓은 단이 있으니 단상은 상하에 마름돌을 배치하였는데, 궁을 옮긴 뒤에 수리를 하지 않아 배치된 돌들이 곳곳에 퇴락하여 당시의 면모만 남아 있을 뿐이다.

2) 창덕궁(昌德宮)

창덕궁은 북부 광화방(廣化坊)에 있으니, 우리 태조대왕 시대에 건축한 것이다. 임진왜란에 불타버렸는데 광해군 원년에 중축(重築)하였다. 그 터는 응봉(鷹峯)의 남쪽 산기슭인데 자못 광활하여 전당(殿堂), 문랑(門廊), 방사(房舍), 쌍정(雙亭)[8]이 조성되어 있다. 깨끗하고 아름다운 언덕에 울창한 숲과 푸른 소나무가 그윽하고 고즈넉하며 백로가 나는 천연의 경치에다가 넓고 큰 원지(園池)를 조성하여 숲과 샘이 사방으로 흘러서 어별(魚鼈)이 무리를 이루니 진실로 경성 안 제일의 명승이다.

이 궁의 정문은 남쪽을 면하고 있는 돈화문(敦化門)이다. 오른쪽으로 꺾어져 금천교(禁川橋)를 건너면 진선문(進善門)이 있으니 이 문으로 들어서면 곧 인정전(仁政殿)의 바깥뜰인데, 그 왼편-북방-의 대문은 곧 인정문(仁政門)이고 이 문 안은 곧 인정전의 앞뜰이다. 돌을 쌓아 상하로 3단을 건축하였고 하단의 넓은 뜰에 정9품에서 정1품까지 석비(石碑)를 세워서 조신(朝臣)의 순서를 정해놓았다.

인정전 내부 바닥은 전돌로 깔았고 옥좌는 남쪽을 면하고 있다. 그 안에는 2층 높이의 누(樓)가 있고 안뜰의 동쪽에 광범문(光範門)이 있고 이 문으로 나가면 왼편에 선정문(宣政門)이 있으니 그 안은 선정전(宣政

---

8 문랑(門廊)……쌍정(雙亭) : 문랑은 문 옆에 행랑이 쭉 이어진 형태의 구조물을 이르는 것이고, 쌍정은 짝을 맞추어 지은 정자를 말한다.

殿)인데 여기도 옥좌가 또 설치되어 있다. 선정문 앞에서 동쪽으로 가면 북쪽에 내반원(內班院)이 있고 다시 나아가 대현문(待賢門)으로 들어가면 왼편에 잉현문(迎賢門)이 있고 그 안에 성정각(誠正閣)이 있으며 왼편에는 영춘정(迎春亭)이 있으니 황태자 전하께서 계시던 처소이다. 그 뒤에 있는 것을 경희당(慶熙堂)이라 부르니 황태자비가 계시던 처소이다.

집희각(緝熙閣)의 사면은 모두 작은 건물로 둘러싸여 있고 대현문의 동쪽으로 다시 나가면 작은 정자 하나가 있고 이 작은 정자 아래로 지나가 남쪽으로 나가면 작은 문이 있으니 그 좌우는 모두 돌담이고 문은 서쪽을 향한다. 이 작은 문으로 들어가면 왼편에 육각형의 누각이 있으니 이것이 바로 유명한 승화루(承華樓)이다. 화강석으로 3층을 쌓은 석재 기단 위에 육각 난간이 있는 작은 정자는 보는 이로 하여금 그 구조의 묘함에 탄성이 절로 나게 한다.

나아가 중양문(重陽門)으로 나가면 또한 유명한 낙선재(樂善齋)이다. 여기는 동서가 넓고 남북은 그 15분의 1에 불과하며, 그 방들은 37실인데 넓은 방도 있고 좁은 방도 있다. 그러나 그 가장 좁은 것도 보통 가옥의 1간 반보다 작지 않으니, 내부는 마루가 여섯이고 나머지는 모두 온돌이다. 그 뒤뜰로 예닐곱 단의 돌계단을 올라가면 약 2백 평 되는 평지가 있으니, 이곳에 남북으로부터 동서로 굽이진 가옥이 있고 그 남쪽을 면한 넓은 뜰 중앙에 육각의 작은 누각이 있다. 네 개의 석재기둥은 그 높이가 약 6척으로 그 위에 작은 누각을 건축한 것인데 20여 인을 수용할 수 있다.

낙선재를 나와 북으로 꺾어져 나가면 한 정자가 있으니 함인정(涵仁亭)이라 한다. 그 동편의 작은 문은 홍인문(弘仁門)이니 그 안에 숭문당(崇文堂)이 있고, 그 동남쪽에 위치한 통경문(通慶門)을 나오면 문정전(文政殿)이 있으니 담 하나를 격하여 그 북쪽은 곧 창경궁의 명정전이다. 발걸음을 옮겨서 함인정으로 돌아와 홍인문에 들어가서 정자 뒤에 이르면 남쪽에 면한 대전(大殿)이 있으니 환경전(歡慶殿)이고, 또 그 뒤에 연경당(延慶堂)이 있으며, 이 당의 동북쪽에 한 당이 또한 있으니 이는 연희당(延禧堂)이다. 그 서편에 남쪽을 면한 큰 가옥은 곧 통명전(通明殿)이니, 이 서편에 있는 두 작은 문을 통과해 북으로 향하여 취화문(翠華門)으로 나오면 이 문은 동향(東向)인데 전면에 오랜 소나무와 높은 삼나무를 격하여 마동산을 멀리 바라볼 수 있다.

취화문을 나와서 북으로 꺾어져 넓은 정원에 들어가면 그 서편에 높은 한 당과 문이 있으니, 이 문으로 들어가면 약 50여 평의 연못이 있다. 연못의 좌측, 곧 남쪽에는 한 작은 정자가 있어 북쪽을 면하여 연못에 자리하고 있는데 편액(扁額)이 떨어져서 정자 이름을 알 수 없다. 후면에는 소나무 숲이 무성하여 정자 위를 가리고 전면으로 연못을 격하여 조금 높은 작은 문이 있으니 어수문(魚水門)이라 한다. 이 문이 남쪽을 면하여 연못에 임하여 있는데, 이 문으로 들어가면 2층의 높은 누각이 있으니 이는 곧 주합루(宙合樓)이다. 누각의 서편으로 5·6간을 격하여 서향각(書香閣)이 있으니 단층이다. 이를 따라 구릉이 기복(起伏)하고 삼나무와 소나무가 울창하며 연못과 정원이 사방으로 퍼져 있으니, 황제 폐하의 놀이배가 있어서 연못 위에 띄운다. 서쪽으로 향하여 비탈길에 오르면 요금문(曜金門)으로 나오는데 이는 곧 창덕궁의 서문이다. 북을 향해 비탈진 계곡을 지나면 암석에 맑은 물이 방울지고 정자와 누각이 교목과 잔솔 사이로 은은히 보이니 참으로 선경(仙境)이다. 동서에 절벽이 가로막고 아래로는 한 정자가 있으며 그 서편에는 맑은 샘이 땅속에서 용솟음쳐서 그 수량은 비록 많지 않으나 콸콸 길게 흘러서 사계절 끊이지 않으니 이것이 곧 유명한 옥류천(玉流泉)이다. 비록 삼복 더위라도 이곳 선경에 한번 들어가면 흐르던 땀이 거두어지고 서늘한 바람이 상쾌하다. 만약 취화문 서편의 등광루(澄光樓)에 올라서 옥류천을 멀리 바라보면 오랜 소나무와 높은 삼나무 위에 백로와 백학이 훨훨

펄럭이며 모여들어 둥지를 엮어 함께 머무는 것을 볼 수 있다. 금원(禁苑)의 금지된 내부에는 도끼가 들어오지 못하고 총성도 들리지 않기에 학과 백로 등 새들이 마음껏 비상하며 사슴, 양, 노루, 토끼가 어울려 무리 지어 노니니 실로 성안에 견줄 데 없는 명승지이다. 등광루의 동서 양쪽 벽에 선왕의 어필(御筆)이 있으니 동쪽 기둥에 걸린 것은 '동망금오(東望金烏)'라 하고 서쪽 기둥에 걸린 것은 '서첨옥토(西瞻玉兎)'[9]라 하였는데 금을 입힌 글자로 조각하였다. 이 누각의 동쪽에 대전(大殿)이 있으니 대조전(大造殿)이라 한다. 이 전 안에 '대조전'이라 한 편액도 역시 선왕의 어필이므로 금박을 입혀서 오염과 훼손을 방지하였다. 이 궁궐의 내각(內閣)[10]은 돈화문 내 금천교 북쪽에 있으니 가옥이 장대하지는 못하고, 내각의 판각은 아직 남아 있다.

천운이 순환하여 가버리고 오지 않는 것은 없다 하니, 이런 명승지가 어찌 장구히 폐쇄될 리가 있으리오. 융희 원년에 수리를 더하고 11월 13일-음력 10월 8일-에 대황제 폐하께서 이어(移御)하시니 상서로운 구름과 해가 은은하게 화락하고 초목화초 역시 영화를 알아 국가의 무강한 복을 축하하는 듯하였다.

연설의 주객전도 : 10월 19일

10월 17일 오후 2시에 일본 간다(神田) 킨키칸(錦輝館)에서 청국인들이 정담(政談) 연설회를 열었는데 연사 량치차오(梁啓超) 씨와 참석자

---

9   동망금오……서첨옥토 : 동망금오(東望金烏)는 '동쪽을 바라보니 태양'이라는 뜻이고 서첨옥토(西瞻玉兎)는 '서쪽을 우러르니 달'이란 뜻이다.

10 내각(內閣) : 1776년 정조 시대에 세워져 왕실 도서관, 학술 기관 역할을 했던 규장각 을 이른다.

사이에 충돌이 발생하여 매우 큰 소동이 일어났다. 어떤 청국인의 말에 따르면 다음과 같다.

량씨 등의 입헌파가 이 연설회에서 혁명파의 방해를 예상하고 량씨가 요코하마로부터 30여 명을 호위로 거느리고 상경하였는데, 먼저 내빈 미노우라(箕浦), 이누카이(大養)[11] 두 사람의 연설이 있었다. 다음으로 량씨가 단상에 올라 청국 말로 입헌론을 설파하니, 입장한 장지(張繼)와 쑹자오런(宋敎仁)[12] 등 11명의 혁명파가 치열한 혹평을 가하여 장내가 점점 소란하였다. 이어서 한 청국인이 돌연 연단에 뛰어올라 량씨를 다그침에 그 기세가 격렬한지라 량씨가 연단을 떠나서 자취를 감추고 호위하던 청국인들도 모두 도망하니 드디어 장내 가득히 모두 서서 극히 시끄러웠다. 이때 혁명파의 장씨가 공허한 연단에 달려 올라가 소란을 제압하고 다시 량씨 등의 입헌론을 반박하였다. 또 량씨가 베이징에서 위급할 때 혁명파에게 구원받았으면서도 지금은 예봉을 바꾸어 이를 공격하는데 겉으로는 입헌을 주창하나 속으로는 정부와 통하니 기괴하다고 통렬하게 주장을 펴나가 1천 5백여 명의 청국인이 박수하며 이를 환영하였다. 이리하여 입헌파의 연설회인지 혁명파의 연설회인지 판단할 수 없는 기이한 상황이 되었다. 다수의 청국인들은 드디어 장씨와 쑹씨 두 사람과 함께 회장 밖으로 나가고 남은 자는 겨우 2백여 인이었다. 혁명파는 더욱 이 기회를 타서 일대 연설회를 열고 자국인들에게 크게 혁명주의를 고취할 예정이라 한다.

---

11 미노우라(箕浦), 이누카이(大養) : 신문사 사장과 국회의원 등을 역임한 미노우라 카츠도(箕浦勝人, 1854-1925)와 정치가로 수상까지 지낸 이누카이 츠요시(大養毅, 1855-1932)를 이른다.

12 장지(張繼)와 쑹자오런(宋敎仁) : 장지(張繼, 1882-1947)는 언론인이며 정치인으로 중국 혁명에 참여하였고 중국 국민당의 원로였다. 쑹자오런(宋敎仁, 1882-1913)은 신해혁명의 주도자 중 하나였다.

세계 제일의 거선(巨船)과 고옥(古屋)

지난 9월 13일 항해를 마치고 뉴욕 부두에 도착한 영국 큐나드(Cu-nard)[13] 해운회사의 대서양 항로 신조(新造) 선박 루시타니아(Lusitania)호는 실로 세계 제일의 거선인데 총 톤수가 4만 5천 톤이고 길이가 790피트, 폭이 88피트이며 깊이는 60피트이다. 선실은 일등실 500개, 이등실 553개, 삼등실 1,300개가 있고 엘리베이터로 승객을 오르내리며 속력은 25노트인데 대서양 2,779해리를 5일과 7시간 23분으로 건너간다 한다. 세계 제일의 고옥이란 것은 지금 뉴욕시 브로드웨이에서 건축하는 싱어(Singer) 재봉기 상회의 건물[14]이다. 그 총 높이가 620피트인데 41층이 있고 해상에서 이를 바라보면 17·8층에서 23·4층의 빌딩들이 솟은 사이에 더욱 우뚝하게 두각을 드러내서 하늘을 찌르는 경관이 나타난다. 이 큰 건축물은 철제 골조에 외벽은 석조로 교량 건축과 동일한 조직으로 철재가 9천 톤 이상이나 들어가 있다.

영국에서 감동되는 것

첫째는 그 생활 정도가 진전된 것이니 이는 사치가 증가한 것이 아니라 그 산업이 발달함에서 비롯된 것이다.

둘째는 국민이 종신토록 한 사업에 안정되어 다른 어떤 명리(名利)에도 흔들리지 않는 기풍이다.

셋째는 비상하게 질서와 예절을 귀중히 여기는 것이다.

넷째는 직공과 종업원도 한 몫의 견식을 가지는 것이다.

---

13 큐나드(Cunard) : 1840년에 사무엘 큐나드(Samuel Cunard)가 설립한 해운회사이다.
14 싱어(Singer) 재봉기 상회의 건물 : 싱어 빌딩(Singer Building)은 싱어 상회(Singer Corporation)의 본사 건물로 1908년 준공되어 1968년에 도시 재개발로 철거되었다.

다섯째는 능동적으로 일하고 능동적으로 쉬는 것이다.

여섯째는 의무감이 굳건함이니, 예를 들어 프랑스 마부라면 말을 몰다가 사람과 대화할 때 마음이 흔들려 때때로 실수가 있으나 영국인 마부는 한번 마차의 자리에 앉으면 곁눈질도 안 하고 오직 말을 모는 일에 마음을 다함과 같은 것이다.

일곱째는 영국인이 공중도덕을 중히 여겨서 불리함과 불쾌함에도 영향받지 않으려고 서로 노력하는 것이니, 덴마크 황제가 런던에 방문하였던 때에도 수십만 시민이 정숙하여 경관(警官)이 무사함을 기꺼워하였다[15] 한다.

이것들이 영국에서 감동되는 것이라 한다.

민법 강의의 개요 (제9호 속)

제1편 대의(大意) -총칙-

제1장 자연인

권리를 지니고 의무를 부담하는 자는 오직 인간으로 제한한다. 말과 개는 권리를 지니거나 의무를 부담할 수 없다. 이렇게 권리를 획득하는 자를 이름하여 법률상 권리의 주체라 한다. 권리의 주체는 사람으로 제한하나, 법률상 사람이라 하는 것은 생물학적 인간을 지시함에 그치지 않고 사람의 단체도 '인(人)'이라 하는 경우가 있다. 예컨대 주주(株主)가 단결한 주식회사를 '인'이라 하는 것과 같다. 또 재산의 집합도 '인'이라 하는 경우가 있으니, 예컨대 기부금을 모아서 학교를 설립하였으면 이 학교-즉 재산의 집합-를 '인'이라 할 수 있는 것과 같다. 또 사람이라도 '인'

---

15 기꺼워하였다 : 해당 원문의 한자는 '喜'인데 '喜'의 오자로 추정하여 번역하였다.

이라 부를 수 없는 경우가 있다. 지금은 이런 일이 없으나 옛날 유럽에는 노예라 불리던 이들이 있었으니, 이 노예는 그 당시 법률에서 사람으로 인정하지 않고 물품으로 간주하여 매매도 하고 증여도 하여 완전히 상품과 같았다. 요컨대 법률상 사람이라 하는 것은 권리를 가질 수 있는 자를 말함이니, 법률이 권리를 소유할 수 없게 하면 사람이라도 '인'이라 하지 못하고 법률이 권리를 지니게 하면 어떤 것이라도 '인'이라 할 수 있다. 다만 민법에서 '인'이라 하는 것이 오직 사람과 사람의 단체, 재산의 집합에 한정된다. '인' 중에서도 생물적 인간은 자연인 또는 그저 인이라 부르고, 이외의 인은 법인(法人)이라 이름하여, 자연인의 사항은 제1장에서 정하고 법인의 사항은 제2장에서 정한다.

　자연인-즉 사람-은 2종이 있으니, 본국인과 외국인이 그것이다. 본국인은 당연히 사권(私權)을 소유하되 외국인은 법령 또는 조약에 금지함이 있으면 사권을 소유할 수 없다.

　사권을 소유한 자라도 사권을 실제로 행하기 불가능한 경우가 있다. 예컨대 가옥의 소유권을 가진 사람은 그 가옥을 팔거나 저당 잡히거나 타인에게 대여함을 통상 자유로 행할 수 있으나, 만약 그 사람이 미성년이거나 광인(狂人)이면 자의로 처분하는 것이 불가능하다. 이와 같은 사례는 비록 권리를 향유하나 권리를 행사하기 불가능한 경우인데, 이를 법률상 용어로 무능력자라 한다. 민법상 무능력자에는 넷이 있으니, 미성년자, 금치산자(禁治産者), 한정치산자〔準禁治産者〕, 처(妻)가 그러하다. 법률이 이들에게 권리의 행사를 금지하는 것은, 나이가 덜 찬 이들과 광인 등에게 권리 행사를 허용하면 도리어 그것으로 인하여 손실을 입는 데에 이를 수 있어 심히 안심할 수 없기 때문이다.

　미성년자라 하는 것은 성년-각국이 그 인민의 지식 발달 정도를 따라 성년을 정하는데 독일, 스페인, 덴마크, 노르웨이, 포르투갈 등은 만 25세로, 프로이센, 오스트리아-헝가리 등은 만 24세로, 네덜란드는 만 23세로, 프랑스, 영국, 필리핀, 미국, 러시아 등은 만 23세[16]로,

일본, 스위스 등은 만 20세로 한다-에 미만한 이를 이른다. 미성년자가 권리를 행사하려면 법정대리인-부모 혹은 후견인-의 동의를 얻는 것이 원칙이다. 금치산자라 하는 것은 정신이상〔瘋癲〕, 백치 등 정신 상실자에 대하여 재판소에서 치산하는 것을 금지한 이들을 이른다. 금치산자는 후견을 받아야 하는 이들이다. 한정치산자란 것은 정신의 작용이 불완전한 신경쇠약자-정신의 작용이 불완전한 자-나 농인(聾人), 아인(啞人), 맹인(盲人) 및 낭비가 심해 금전을 남용하는 이들에 대하여 재판소에서 재산을 관리하는 일정 부분을 금지한 것으로, 중대한 행위를 할 때는 반드시 보좌인의 동의를 얻어야 한다. 처도 또한 중대한 행위를 할 때는 반드시 남편의 허가를 받아야 한다.

미성년자가 법정대리인의 동의를 거치지 않고 스스로 한 행위와 금치산자가 후견인에 의지하지 않고 스스로 한 행위, 한정치산자가 보좌인의 동의를 얻어야 하는 일에 동의를 얻지 않고 스스로 한 행위, 처가 남편의 허가가 없으면 할 수 없는 일을 남편의 허가 없이 스스로 한 행위는 그 무능력자, 또는 후견인, 보좌인, 남편 등이 취소할 수 있다. 그 행위를 취소하면 그 행위는 애초 하지 않은 것과 같아 무효로 돌아간다. 예를 들면 미성년자가 후견인의 동의를 얻지 않고 가옥을 매매하였으면 그 후견인과 미성년자가 매매한 행위를 취소하여 매매하지 않은 것과 동일하게 만들 수 있는 것과 같다.

이상에서 사람이 어떤 정도로 사권을 지니며-사권의 향유-, 사권을 지닌 자가 어떤 때에 그 권리를 얻을 수 있는가 하는 능력 문제를 약술하였다. 이제는 사람의 주소와 사람이 주소 또는 거소(居所)에서 출분(出奔)한 경우의 일을 약술하겠다.

주소라 하는 것은 생활의 중심점을 말한다. 그 사람에게 어느 곳의

---

16 만 23세 : 앞에 '만 23세'인 경우가 나오므로, 맥락상 '22세'나 '21세'의 오자로 보인다.

땅이 가장 이해관계가 큰지 고려했을 때 그 이해관계가 가장 큰 장소를 그 사람의 주소라 할 것이다. 그러므로 본적이 있는 곳이라도 반드시 주소라 하지는 못한다.

주소 또는 거소에서 출분한 자가 그 재산을 관리할 자를 두지 않은 때에는 이를 방치할 수 없으므로 재판소의 청구를 기다려 그 재산에 대하여 필요한 처분을 내릴 수 있다. 만약 출분한 자의 생사가 7년간 분명하지 못할 때에는 재판소에서 관계자의 청구를 기다려 실종했다는 선고를 할 수 있다. 실종 선고를 이미 한 때에는 그 출분한 자를 사망한 자로 간주하고 상속인이 그 후를 상속하여 재산 및 친족의 관계를 명료하게 할 수 있다.

제2장 법인(法人)

법인이라 하는 것은 사람이 아닌 것을 법률이 가정하여 '인'이라 하는 것이다. 그러므로 법률의 규정에 따르지 않고 자연으로 존재하는 법인은 없다. 법인에는 공법인과 사법인의 구별이 있다. 공법인이란 것은 부(府), 현, 군, 시, 정(町), 촌(村) 등을 이름이니, 전적으로 공법이 정한 바이고 민법이 관여할 바가 아니다. 민법으로 정한 법인은 두 가지가 있으니, 사람의 집합체를 사단법인이라 하고 재산의 단체를 재단법인이라 이른다. 회사와 같은 것은 사단법인이고, 제례(祭禮), 종교의 전도, 자선, 교육 등을 위하여 의연(義捐)한 재산의 집합은 재단법인이다. 재단법인은 그 이익을 도모하는 것이 아니나 사단법인 중에는 이익을 도모하는 것도 있고 도모하지 않는 것도 있다. 그 이익을 도모하는 사단법인은 영리적 법인이라 부르고 이익을 도모하지 않는 사단법인과 재단법인을 이름하여 공익적 법인이라 한다. 공익적 법인의 설립은 반드시 각기 주무 관청의 허가를 받아야 하나, 영리적 법인의 설립은 관청의 허가를 받지 않아도 된다.

사단법인을 설립하는 이는 정관(定款)이란 것을 만들어 이에 그 설립하는 목적, 사무소, 자산 등의 중대한 사안을 반드시 기록해야 한다. 재단법인을 설립하는 이는 기부하면서 또한 중대한 사안을 반드시 정해야 한다. 대개 사단법인이든 재단법인이든 그 설립하는 일을 모두 반드시 등기해야 한다.

법인은 사람처럼 생명이 있는 것이 아니다. 그러므로 법인이 자기의 일을 행하기 위해서는 사람을 그 기관으로 하여 그 손을 반드시 빌려야 하니, 법인의 기관은 이사, 감사 및 사원 총회이다. 이사는 법인의 사무를 행하는 자이고 감사는 이사를 감독하는 자이고 총회는 매년 1회 이사가 의무로 소집해야 하는 것 또는 임시로 이사나 감사가 소집하는 것이다. 총회는 사단법인에 있고 재단법인에는 없다. 정관으로 이사 등에게 위임한 것 외에 모두 총회에서 법인의 사무를 의결하고 이외 법인의 사무는 모두 주무 관청의 감독을 받아야 한다.

법인이 그 목적을 달성한 때나 도저히 달성하기 불가능할 때, 최초에 정한 연한이 도래한 때에는 이를 존속할 필요가 없으므로 해산할 수 있다. 예컨대 산의 나무를 벌채하기 위하여 법인을 설립했다면 나무의 벌채가 이미 끝났을 때는 그 법인이 해산함과 같은 것이다. 이외 관청에서 그 설립한 허가를 취소하거나 만약 파산한 때와 같은 경우 또한 반드시 해산해야 한다. 대개 법인이 해산한 때는 반드시 청산인(淸算人)을 두어 그 재산을 처치해야 한다.

인 : 권리의 주체	자연인 : 사람 중에 법률상 인(人)인 자 (제1장)	사권의 향유	사권을 소유하는 정도	
		능력	사권을 행사하거나 하지 못하는 것	
		무능력자 : 권리를 행 사하지 못하 는 자	미성년자	부모나 후견인의 동의가 필요함
			금치산자	후견인이 대행함
			한정치산자	중대한 일은 보좌인의 동의가 필요함

		처(妻)	중대한 일은 남편의 허가가 필요함
	주소		
	실종		위 규정에 따르지 않으면 취소할 수 있음
법인 : 사람 이외에 법률이 인(人)이 라 하는 자 -제2장	법인의 구별	공법인 : 공법으로 규정	부, 현, 군, 시, 정(町), 촌 등
		사법인	사단법인: 사람의 단체	영리적 법인, 공익 적 법인
			재단법인: 재산의 집합	공익적 법인
	법인의 설립	내부	관청의 허가	공익 법인에는 필 요, 영리 법인에는 불필요
			중대 사항을 정함	사단 법인은 정관 에, 재단법인은 기 부 행위 시에 정함
		외부	등기하는 것이 필요함
	법인의 감리 (監理)	사무를 행하 는 기관	사원의 총회-사단법인을 말함-, 이사
		사무를 감독 하는 기관	관청	감사
	법인의 해산		

(미완)

평화회의의 성적

런던 전보에 따르면, 헤이그에서 열린 제2회 만국평화회의는 최종의 의정서를 가결하고 열국의 위원이 지난 18일로 여기에 기명 조인하였 다 한다.

이 평화회의는 열국의 군비(軍備)를 축소하여 전쟁의 기회를 감소하 게 하며 군비의 부담에 괴로워하는 인민의 노고를 경감할 목적으로 지 금부터 8년 전 러시아 황제 니콜라이 폐하의 주창으로 처음 네덜란드의 수도에 소집되었다. 지금의 제2회 회의도 또한 동일한 목적으로 시작되었다는 것은 누구라도 아는 바이다. 지난 6일 개회한 이후 이미 3개월 이상이 지나갔다. 그간 의논된 사항은 중립국의 권리와 의무, 교전국이 전쟁을 행함에 있어서의 제한, 적십자조약의 해전 적용, 방어가 없는 연안 도시에 대한 해상 포격 금지, 부설 수뢰에 관한 법칙, 선전포고 등이다. 당초의 목적인 군비 축소 및 전쟁 방지의 의제는 소홀하게 되어서, 평화회의가 평화유지의 방법을 의논하기 위함이 아니고 전쟁을 어떻게 수행하느냐 하는 문제를 의논하기 위해 열렸다는 의심이 일어나는 기이한 광경을 맞이하게 되었다.

다만 영국에서 제출한 상시 만국 중재 법정을 설치하자는 결의가 강제 중재 재판의 원리를 승인하는 의결로 가결된 사실은 전쟁 방지의 목적을 향해 일보 전진한 것으로 볼 수 있다. 그러나 대체로 보자면 제2회 평화회의는 제1회 평화회의보다 그 주된 목적에 부적당함이 더욱 심한 듯하다. 어째서인가. 군비 축소의 의제는 어떤 효과도 보지 못했기 때문이다. 제1회 회의에서는 얼마간의 진심과 열성으로 토론하였는데 제2회 회의에서는 이 의제에 대해 진심의 태도도 나타남이 없고 한 마디의 토론도 없고 바로 박수와 갈채로 통과하였다. 전부가 형식으로 그쳤음은 물론이요, 현재 열국 간 군비 확장의 경쟁은 최근에 이르러 전보다 한층 성행함을 볼 수 있다.

이 때문에 만국평화회의 제1회와 제2회는 실패로 마무리된 것으로 보인다. 생각건대 처음에 이 회의에 다대한 기대를 걸던 성급한 평화론자는 눈살을 찌푸리며 실망하고, 처음부터 이것이 한마당 희극이며 위선의 표창이라 조소하며 비아냥거리던 비평가는 박수를 치며 그 예언이 적중하였음을 자랑한다. 그러나 우리는 역사가 생긴 이래 수천 년간 끊이지 않은 전쟁이 겨우 1·2회 평화회의로 전부 폐지될 거라고 기대할 수 없다. 두 차례 평화회의의 성적에 대하여 실망할 일은 조금도 없고,

도리어 이 평화회의를 개최하여 세계 각국이 찬동하고 위원을 파견하여 이에 참여하게 한 일만이라도 만국 평화를 향한 일대 진보라 할 수 있다. 어째서인가. 이 일은 어쨌든 평화 사상을 세계 인민 사이에 퍼뜨렸기 때문이다.

지금 세계 형세는 군비의 축소 및 폐지를 전혀 허락하지 않아 열국은 경쟁적으로 군대의 힘을 늘리고 군함의 수를 더하려 노력한다. 그러나 다대한 군비 부담의 고통과 전쟁의 참상을 혐오하는 감정은 세계 교통의 편리한 발달, 통상(通商)의 이해관계 증진 및 무기의 진보 등 제반 사정과 서로 영향을 끼쳐서, 식견 가진 이들 사이에 평화를 사랑하며 전쟁을 혐오하는 마음이 해가 갈수록 더욱 강해지고 고조됨은 분명한 사실이다. 이 마음이 필시 조만간에 사실로 표면화될 것이니, 그렇다면 헤이그의 만국평화회의가 당장에는 하등의 실효를 거두지 못하였다 해도 누차 개회한 다음에는 당초의 목적을 달성하기에 이를 것이다. 우리는 제2회 회의가 비교적 성공적이지 않았음에도 불구하고 만국 평화의 앞길에 대하여 조금도 비관하지 않는 바이다.

간병론(看病論)으로 동포 형제를 생각하다

일본 유학생 김병억(金炳億)

나는 지난가을 달에 휴업을 틈타서 여관 근처에 소재한 야스쿠니(靖國) 신사 ─ 야스쿠니 신사는 일본 도쿄 고지마치구(麴町區)에 있는 일본 역대 장상(將相)의 유상(遺像)을 모신 사당의 이름이다 ─ 에서 산보하고 소요하였다. 눈동자를 움직여 사면을 돌아보니 귤나무, 매화나무, 용나무, 등자나무 사이에 뒤섞여 자란 종려나무와 석류나무에 덩굴 같은 구름이 바로 위에서 덮어버려 부도탑(浮屠塔)이 푸른빛으로 어두워졌고, 연꽃에 이는 파도와 창포 물거품 사이에서 들락날락하던 자라와 남생이는 분수석(噴水石)을 날 듯

지나가서는 맑은 물 흐르는 담벼락에서 덩실거리며 춤추고 있었다. 나는 그 기이한 경관을 음미하며 파초, 녹나무, 오동나무, 비파나무 숲을 헤치면서 구기자, 국화, 나팔꽃, 목련의 향기에 뒤덮여 대나무 아래 소나무 샛길로 신사 전각에 다다랐다.

새벽 서리 같은 철벽에 구리 이마 쇠주먹으로 눈을 부릅뜨고 노려보며 앞장서 남과 다투며 산을 끼고 돌아 바다를 넘는 기상이 있는 이들은 저 풍운의 백전승패 사이에 끓는 물과 타는 불을 가리지 않고 나라를 위해 몸을 바친 문무(文武)의 장군과 대신이다. 말머리에 창이 삼엄하고 비린 연기는 아직 걷히지 않은 가운데 용 비늘 보배로운 갑옷에 핏자국이 마르지 않은 것은 저 궁벽한 산 호랑이굴 낙엽 지는 가을에 번개를 따르고 바람을 쫓아 화살을 쏘아 맹수를 사로잡는 대사냥꾼의 날카로운 무기이다. 그 늠름한 위엄과 엄숙한 풍모가 옥문(玉門)의 눈을 모두 녹이고 공명(功名)의 누각에 배치되었으니, 여기가 동해에 낚시를 드리우고 앉아서 방휼(蚌鷸)[17]을 거두어들이는 일대 사업의 장소가 아니겠는가! 여기서 지팡이를 던져버리고 우뚝 서서 손뼉 치고 가슴 두드리며 "고인(古人)이여, 고인이여, 대장부로서 마땅히 이래야 한다는 말도 또한 우연은 아니리라."라 말하고 바로 숙소로 돌아오니 날은 이미 저물어 있었다.

유리판 팔각상에 맛있는 식사를 대하여 세 숟갈을 뜨자 일미(一味)가 입에는 쓰고 이에는 시어서 흡사 쓸개와 같기에 음식을 물리고 책상에 기대 처량하게 서쪽을 바라보았다. 그러자 나타났다 사라졌다 하는 비상한 생각이 영대(靈臺) 위에서 교전하고 열렬하게 타오르는 허황한 심열(心熱)은 나의 기량(氣量) 사이에 망령되이 생겨나서 끝내 떨쳐버릴

---

17 방휼(蚌鷸) : 도요새가 조개의 속살을 먹으려고 부리를 조개껍데기 안에 넣자 조개가 입을 꼭 다물어 서로 먹고 먹히지 않으려고 싸우는 사이 어부가 둘 다 잡아갔다는 고사를 이른다. 『전국책(戰國策)』「연책(燕策)」에 해당 내용이 나온다.

수 없는 것이었다. 이에 한탄하고 노래하면서 스스로 돌아보며 읊었다.

"샘을 파서 마시고 밭을 갈아 먹으면서 황제의 힘을 알지 못하니 내가 요순시대의 백성인가? 남가일몽 개미굴에 봄꿈을 깨지 못하니 오유(烏有)[18]의 백성인가? 기(杞)나라 하늘 아래 태어나 종신토록 기우(杞憂)를 하여도 죽은 뒤에 우부(愚夫)의 이름을 면하지 못하리. 관중(管仲)의 수단으로 간교한 수단을 부려서 광제(匡濟)의 계책을 시도한다 해도 대포 한 번에 왕패(王霸)의 도는 땅에 떨어졌고, 소진(蘇秦)의 합종책으로 산동(山東) 나라들에 유세하여 형제의 이름으로 동맹의 제단에서 맹서했다 해도 이제 그만이라. 육국(六國)의 자취가 사라진 지 이미 천 년이 넘었다.[19] 업을 마치고 머리를 깎고서 자비의 복식과 인욕(忍辱)의 갑옷[20]으로 불경과 묘법으로 백운암(白雲庵)[21]에서 선문(禪門) 오종(五宗)을 따라서 분분한 속계의 티끌을 공덕수(功德水)에 씻어버린다 해도, 저 색즉시공이라 정수리를 사르고 손가락을 태우는 부류는 애초에 우리 도(道)가 아니다. 오히려 자릉(子陵)을 따라서 산 높고 물 좋고 구름 깊은 곳에 낚싯대 하나로 평생을 스스로 즐겨서 난세의 흥망을 꿈 밖으로 돌릴 수 있으나, 지금은 한나라 광무제가 중흥하던 시대와 다르다[22]. 그러니 어찌할 도리가 있겠는가?"

여기서 번뇌의 병과 울적한 감정이 흉중에 들어차서 혼을 사로잡는

---

18 오유(烏有) : "어찌 있을까"란 뜻으로 여기서는 "오유향(烏有鄕, 어디에도 없는 곳)"의 의미이다.

19 관중(管仲)……넘었다 : 관중은 제나라 환공을 도와 패자(霸者)를 만들었고 소진은 전국시대 6국의 연맹을 이끌었다. 전통적 방식의 지략과 외교가 현재 세계정세에서 쓸모없다는 의미이다.

20 자비의……갑옷 : 스님의 가사를 이르는 말이다.

21 백운암(白雲庵) : 고유명사라기보다는 절과 암자 등을 두루 지칭하는 것으로 보인다.

22 자릉(子陵)을……다르다 : 자릉은 엄광(嚴光)의 자로 광무제의 젊은 시절 친구였다. 광무제가 즉위하고 대부(大夫)로 삼으려 하였으나 은거하여 낚시질로 세월을 보냈다 한다.

마귀와 넋을 홀리는 종놈이 정신을 유혹하고 가로막아 이 한 몸을 멍하
니 스스로 잃어버리게 하였다. 뜻밖에 앙천대소하다가 갑자기 방성통곡
하며 다시 일어나서 하늘땅에 기대어 길게 휘파람을 불다가 문득 땅
바닥에 뒹굴거리며 미치광이가 되어 밤낮으로 괴롭게 울부짖은 것이
1주간이었다. 사람의 생사는 태산처럼 무겁기도 하고 기러기 털보다
가벼울 수도 있으니[23], 나와 같은 경우는 아홉 마리 소 가운데의 터럭
하나이거나 백 가지 형상 중의 잎사귀 하나처럼 희귀한 일이었다.

비록 만사일생(萬死一生)의 위기는 아니라도 세상에서 경중을 따질
수 없고 사람 사이에서 손익을 따질 수 없으니, 구구한 정욕이 죽음을
싫어하고 삶을 필요로 한 것은 차라리 훗날 일을 하다 죽을지언정 오늘
병으로 죽지 않겠다는 이유에서였다. 그래서 몸을 굴려 기어가듯 의사
에게 가서 치료를 구하니 의사가 오르락내리락 혼란한 맥을 진찰하며
안과 밖의 피부와 근골을 조사하고 오래도록 침묵하다가 나를 보면서
말했다.

"내가 일찍이 의학계에서 공부하여 청낭보결(靑囊寶訣)[24]과 선단(仙
丹), 영약(靈藥)으로 장생하는 방술을 남김없이 연구하였고 서양 여러
나라에 20년 유학하여 대가와 명의에게 오묘한 이치와 해부와 접골의
비밀스런 용법을 철저하게 수련하여 지금까지 종사한 세월이 50여 년
이며 경험한 병자가 천 명, 만 명인데, 동서양에서 지금껏 없었던 별종
의 증세를 지금 그대에게서 처음 보았소." (미완)

---

23 태산처럼……있으니 : 사마천의 「보임소경서(報任少卿書)」에 나온 말로 사람의 생사
　가 무겁고 가벼운 것은 그의 처신에 달렸다는 의미이다.
24 청낭보결(靑囊寶訣) : 삼국시대 화타(華陀)가 썼다는 현재 없는 의학서이다. 청낭비
　결(靑囊祕訣)이라고도 한다.

예(濊), 맥(貊)

　지금 강릉의 동쪽에 예(濊)의 왕이 쌓은 고성(古城)의 남은 터가 있고 강릉 서쪽의 대관령은 장백산맥이 구불구불 이어져 동해 해변에 닿은 것인데 그 가장 높은 봉우리가 주(州)의 진산(鎭山)이다. 한나라 무제(武帝) 원년(元年)에 예의 왕 남려(南閭)가 남녀 28만을 거느리고 요동에 이르러 항복하니, 한나라가 그 땅을 창해군(滄海郡)이라 하였다. 예는 일명 철국(鐵國)이고 또 예국(薉國)이라고도 한다. 신라 때에 북명(北冥) 사람이 밭을 갈다가 인장(印章) 한 개를 얻었는데 예의 왕의 도장이라 신라왕에게 바쳤다 한다. 후세 사람이 다음 시[25]를 썼다.

대관령 밖은 거대한 동해	大關嶺外大東洋
예국(薉國)의 산천 그늘 부상(扶桑)이 되는데,	薉國山川蔭搏桑
촌로는 흥폐의 역사를 알지 못하고	野老不知興廢事
밭고랑에서 옛 동장(銅章)을 찾아낸다	田間拾得古銅章

　맥국(貊國)의 도읍은 춘천부(春川府)의 북쪽, 소양강의 북쪽에 있다.

공무도하곡(公無渡河曲)

　곽리자고(霍里子高)는 대동강 나루터의 사공인데, 자고가 새벽에 일어나 나루터로 나가자 한 광부(狂夫)가 있어 머리털을 풀어헤치고 술병

25　다음 시 : 유득공(柳得恭)의 「이십일도(二十一都) 회고시(懷古詩)」 중 "예(濊) 강릉부(江陵府)"이다.

을 들고서 물결을 헤치고 건너고 있었다. 그 처가 부르짖어 말리려 하나 미치지 못하고 광부는 드디어 익사하였으니, 그 처가 비통하여 공후(箜篌)를 타며 노래하길

임이여 그 물을 건너지 마오	公無渡河
임은 끝내 물을 건너가네	公終渡河
임이 빠져 돌아가시니	公墮而死
가신 임을 어이할까	將奈公何

라 하였다. 그 소리가 심히 처량하였고 노래를 마치자 그 처도 역시 물에 몸을 던져 죽었다. 자고가 집에 돌아와 그 아내 여옥(麗玉)에게 이 일을 말해주니 여옥이 단장(斷腸)의 생각을 이기지 못하고 역시 공후를 가지고 그 비참한 소리를 따라 했다 한다. 「평양회고시(平壤懷古詩)」[26]에 이르길

낙랑성 바깥에 강물은 유유자적한데	樂浪城外水悠悠
누가 적저후(狄苴侯)로 한나라를 섬길 줄 알았으리	誰識荻苴漢代侯
나루터 사공 아낙의 당년에 미치지 못하니	不及當年津吏婦
공후의 한 곡조가 천추(千秋)에 아름답도다	箜篌一曲艷千秋

라 하였으니 저 노래를 가리켜 말한 것이다. 적저후(荻苴侯)는 조선의 대신 한음(韓陰)이 도망하여 한나라에 항복하자 한나라가 봉하여 적저후로 삼은 것을 가리킨다.

---

26 「평양회고시(平壤懷古詩)」 : 「이십일도 회고시」 43수 가운데 "위만조선 평양부(平壤府)"이다.

김부식(金富軾) (속)

이보다 앞서 왕이 내시(內侍) 정습명(鄭襲明)을 서경(西京)의 서남쪽 해도(海島)에 보내어 궁수(弓手)와 수부(水夫) 4천 6백여 인을 집합하고 전함 140척으로 순화현(順和縣)의 남강(南江)에 들어가 적의 배를 방어하게 하였다. 이때에 상장군(上將軍) 이녹천(李祿千) 등을 다시 보내어 서해로부터 수군 50척을 거느리고 철도(鐵島)에 이르러 지름길로 서경에 넘어가려 하였는데 마침 날이 저물고 썰물이 되어 물이 얕아져서 배가 좌초하였다. 서경 사람들은 기름 먹인 짚을 실은 작은 배 10여 척과 길옆의 무성한 수풀에 매복한 쇠뇌 병사 수백으로 방화하여 일제히 습격하기로 계획하고 적당한 조수(潮水)가 되자 방화하였다. 불붙은 배가 함께 닥쳐와 전함에 잇달아 불이 붙어 병장기는 모두 타버리고 사졸이 거의 익사하고 이녹천은 어찌할 바를 모르고 쌓인 시체를 밟고서 언덕에 올라가 간신히 몸만 구했다. 이때부터 서경 사람들이 관군을 경시하게 되어 병졸을 선발하여 훈련시켜 막아 지킬 계획을 세웠다.

부식은 후군(後軍)이 수가 적고 약하다고 생각하여 야간에 보병과 기병 1천을 은밀하게 보내어 돕게 하고 마탄(馬灘)과 자포(紫浦)[27]를 건너서 진영을 불태우고 돌진하였다. 승려 관선(冠宣)이 모병에 응하여 종군하다가 갑옷을 입고 큰 도끼를 들고서 앞서 나아가 적을 쳐 10여 인을 죽이니, 관군이 이를 틈타 적을 대파하고 3백여 수급을 베었고 병선과 무기를 획득함이 매우 많아 적의 기세가 한 번에 꺾였다. 이때에 여러

---

27 마탄(馬灘)과 자포(紫浦) : 모두 지명으로 『동사강목(東史綱目)』에 마탄은 평양부에서 동쪽으로 4리 떨어진 곳이고 자포는 미상이라 되어 있다.

군사가 야외에 주둔한 지 수개월이라 부식이 성을 쌓고자 하니 사람들이 의논하며 말하길 "서경 사람들의 군사가 적으니 지금 우리는 국가의 군대를 일으켜 날을 잡아 평정해야 마땅한데, 여러 달 동안 결판을 내지 못해 지체하고서는 오히려 성을 쌓고 지킨다면 힘이 약하다는 것을 보여주는 게 아닙니까?" 하였다. 부식이 말하길 "성안에 병사와 식량이 여유롭고 인심이 굳건하니 공격하여 이긴다 해도 좋은 계책이 되지 못한다."라 하고 성을 쌓아서 며칠 안에 완성하였다.

이때에 조정의 신하들이 의견을 올렸다. "예로부터 용병(用兵)은 마땅히 형세를 살펴야 하니 어찌 한때의 손해만 헤아리겠습니까. 우리나라가 비록 금나라와 화친 중이나 그들의 의중을 짐작하기 어려우니, 청컨대 중신(重臣)을 보내시어 아무리 많은 사상자가 나더라도 기한을 정해 적을 격파하게 하되 감히 피하고 따르지 않는 자들은 군법으로 다스리게 하소서." 왕이 이를 부식에게 보여주니 부식이 아뢰기를 "북쪽 지방의 경계를 염려하는 것은 실로 의논해야 할 바이지만, 사상자가 아무리 많이 나와도 기일을 정하여 적을 격파하란 것은 현재의 이해(利害)를 헤아리지 못함이 심합니다. 신이 보니 평양은 천험(天險)의 요새라, 공격하여 탈환함이 쉽지 않습니다. 하물며 성안에 무장한 병사가 많고 수비가 엄하여 매번 병사들이 선봉으로 올라도 겨우 성 아래일 따름이라 성벽을 넘은 이가 없고 운제(雲梯)와 충차(衝車)도 모두 소용이 없습니다. 아이와 부녀까지 벽돌과 기와를 던지는 완강한 적군이 되었으니 설령 오군(五軍) 전체가 성에 가서 공격한다 해도 며칠 안 가 날랜 장수와 정예 군사들이 화살과 돌에 모두 죽을 것입니다. 적이 우리 힘이 꺾임을 알고서 북을 울리며 출진하면 예봉을 당할 수 없으리니 어느 겨를에 외국의 우환을 방비하겠습니까. 지금 연합한 수만 병사로도 해가 가도록 해결을 못함은 노신(老臣)이 마땅히 책임져야 할 허물입니다. 그러나 변방의 경비와 도적의 변란을 반드시 생각해야 하므로 완전한 계책으로 이를 이겨내어 군대의 피해를 줄이고 국가의 위엄을 꺾이지 않게 해야할 따름입니다. 지금 종묘사직의 영험과 밝으신 임금의 위엄으로 은혜를 저버린 요망한 적들을 곧 전멸시킬 것입니다. 원컨대 적의 토벌을 노신에게 맡겨 주소서. 반드시 격파하여 보답하겠나이다." 하였다. 왕이 그렇다고 여겨 다른 의견을 물리치고 그에게 위임하였다.

10월에 적(賊)은 양식이 다하여 노약자와 부녀자를 성 밖으로 내보내니 병졸들도 자주 나와서 항복하였다. 부식은 성을 함락할 상황이 왔음을 알고서 여러 장수들에게 명하여 흙산을 세우고 11월에 여러 군사들이 적의 성에 나아가자 적은 힘을 다해 막아냈다. 교인(僑人) 조언(趙彦)[28]의 계책으로 포기(砲機)를 만들어 흙산 위에 설치하니 그 형태가 높고 커서 돌 수백 근을 날릴 수 있었다. 그래서 성루를 파쇄하고 불덩어리를 연달아 던지니 적이 감히 가까이 오지 못하였다. 흙산은 높이가 8장(丈)이고 길이는 70여 장, 넓이가 18장인데 적의 성과 몇 장밖에 떨어져 있지 않았다.

다음 해 2월 정예병을 세 길로 나누고 밤 사경(四更)에 이르자 부식은 경무장 기병으로 전군(前軍)에서 치고 들어가 여러 장수를 이끌고 대대적으로 출병하였다. 가운데 군대는 양명문(楊命門)으로 들어가 적의 목책을 부수고, 왼편 군대는 성을 넘어서 함원문(含元門)을 공격하고, 오른편 군대는 흥례문(興禮門)을 공격하였다. 부식은 직속 부대를 이끌고 광덕문(廣德門)을 공격하여 북을 치고 불을 지름에 함성이 진동하니 적병이 크게 무너졌다. 관군이 승기를 타고서 함부로 잔혹하게 구니 부식이 명령을 내리길 "적을 사로잡는 이는 상을 주고 항복한 자를 죽이거나 노략질하는 자는 사형에 처한다."고 하였다. 이에 병사들이 모두 칼을

---

28 조언(趙彦) : 앞에 교인(僑人)이라 한 것으로 보아 외국 사람이었으나 고려로 이주하여 온 것으로 추정된다.

거두고 나아가니 성안의 적이 뿔뿔이 흩어졌다. 서경 사람들이 적의 수
괴를 잡아서 바치고 항복하니, 부식이 받아들이고 명령을 내려 군민을
위무하여 모두 다시 모이게 하였다. 신유(辛酉)²⁹일에 부식이 군대의 위
엄을 갖추고 경창문(景昌門)으로 들어가 관풍전(觀風殿)³⁰의 서서(西序)
에 앉아서 오군의 병마와 장교들의 하례를 받고, 병마판관(兵馬判官) 노
수(魯洙)를 보내어 표(表)를 올려 전승 보고를 드리고 4월에 개선하며
돌아왔다.

　부식은 얼굴이 크고 체격이 건장하며 안색은 검고 튀어나온 눈을 가
졌으며 문장으로 이름을 세상에 떨쳤다. 신라·고구려·백제의『삼국
사』는 부식이 편찬한 것이다. 나이 77세에 작고하였으니 시호는 문열
(文烈)이라 한다. (완)

문원

정계사략(定界事略) 漢

　본조(本朝) 숙종대왕 임진(壬辰)년에 청나라 오라총관(烏喇摠管) 목극
등(穆克登)³¹이 백두산의 정계(定界)를 하러 왔었으니 그 사정을 간략히
진술한다.³²

29　신유(辛酉) : 본문의 일은『고려사절요』를 발췌한 것으로 1136년 2월에 일어난 일이
　　다. 신유는 2월 중의 갑자를 따진 하루인데 정확한 일자는 미상이다.
30　관풍전(觀風殿) : 평양성 궁궐의 전각으로 을밀대 남쪽에 있었다. 앞의 경창문, 광덕
　　문, 흥례문, 함원문 등도 모두 평양성에 있다.
31　목극등(穆克登) : 1664-1735. 청나라의 관리로 만주족 팔기(八旗) 출신으로 백두산
　　정계비의 담당자였다. 오라총관은 타생오랍총관아문(打牲烏拉總管衙門)의 줄임말로
　　청나라의 발원지인 지린성, 헤이룽장성 등의 지역을 관리하는 기관이며 목극등은 이곳
　　의 우두머리였다.

　오시천(珸時川)은 경성(鏡城)으로부터 장백산의 서쪽으로 나와 여기서 강의 물과 합류하는데 그밖에는 모두 거친 돌무더기이다. 북쪽으로 백덕(栢德) 70리, 검문(釰門)[33] 20리, 곤장우(昆長隅) 15리를 지나면 큰 산을 당면한다. 이에 서쪽으로 강물을 건너 나무를 베면서 벼랑을 따라 5·6리를 나아가면 길이 끊어져서 다시 산을 따라가는데, 그 지역의 이름은 화피덕(樺皮德)로 지세는 더욱 높고 험하였다. 80리를 가니 한 작은 못이 있고 다시 동쪽으로 30여 리를 가면 한덕(韓德)이란 지맥(支脈)에 닿는다. 수십 리를 더 가자 수목은 점차 드물어지고 산은 헐벗었는데 여기서부터는 산이 모두 순수한 뼈의 색깔로 창백하였다. 동쪽을 바라보니 한 봉우리가 하늘을 찌르는데 곧 소백산(小白山)이다. 구불구불 지맥의 서쪽으로 10여 리를 나아가자 산 정상에서 2·3리 떨어진 곳에 다다랐는데, 약간 동쪽으로 한 봉우리가 있으니 곧 소백산의 지류이다. 그 산등성을 올라서 바라보니 백두산이 웅장하게 천 리나 푸르며 꼭대기는 높은 제기〔高机〕에 흰 항아리를 엎어놓은 듯하였다. 산줄기를 따라 몇 리를 내려오니 산은 모두 민둥산이고 5·6리를 가자 산은 홀연히 가운데가 꺼져서 구덩이가 되니 가로지름은 띠와 같고 깊어서 바닥이 없는데 너비는 겨우 2척이라 건너뛰기도 하고 혹은 손을 잡고 건너기도 하였다. 4·5리에 또 구덩이가 있어 나무를 잘라 다리를 만들어 건넜다. 서쪽으로 수백 걸음 나가서 산의 정상에 이르자 못이 있는데 둘레는 2·30리가량이고 깊이는 측정할 수 없으며 사방은 깎아지른 절벽으로 둘러싸여 붉은 찰흙을 바른 듯하였다. 그 북으로는 여러 척(尺) 되는 물이 솟아나서 흑룡강의 근원이 된다. 동쪽에는 사자 모양의 바위가 있

32　정계……진술한다 : 해당 내용은 「백두산기(白頭山記)」(홍세태(洪世泰), 『유하집(柳下集) 9권)의 발췌이다. 저자가 정계에 참여했던 역관 김경문(金慶門)에게 들은 당시의 상황을 옮긴 것이라 한다.

33　검문(釰門) : 「백두산기」에는 검천(劍川)으로 되어 있다. 검천(劍川)의 오자로 보인다.

는데 꼬리와 갈기에 누른 얼굴이 움직이고자 하는 것 같아서 중국인들
은 망천후(望天吼)라 부른다. 고개등성이로부터 3·4리 내려오자 샘이
터져 나오는데 수백 걸음이 안 되어 큰 계곡의 물로 쏟아졌다. 다시 동
쪽으로 짧은 고개를 넘으면 샘이 하나 있어서 두 갈래로 나누어지는데
그 물길은 매우 가늘었다. 목극등은 물길이 갈라지는 사이에 앉아서 분
수령이라 이름하고 마침내 돌을 준비해 비문을 새겼으니 다음과 같다.

"오라총관 목극등이 황제의 성지(聖旨)를 받들어 변방을 조사하고 이
곳에 이르러 살펴보니 서쪽은 압록강이고 동쪽은 토문(土門)이므로, 분
수령에 돌에 세워 이를 기록한다. 강희(康熙) 51년 5월 15일."

시사일보(時事日報)

시사일보 : 10월 16일부터 11월 15일까지

10월 16일

○ 인천에 행행(幸行) : 황상 폐하와 황태자 전하께서 본일 오전 11시에
어가를 움직이시어 남대문정거장에서 기차를 타시고서 인천에 행행
하시어 일본 황태자 전하를 회견하시고 황제 폐하께서는 오후 3시
30분에 귀환하시고 황태자 전하께서는 남대문정거장에서 일본 황태
자의 숙소로 동반해서 가셨다가 4시 30분에 돌아오셨다.

○ 의도(義徒) 수괴 포살(砲殺) : 춘천 수비대에서 의도의 수괴 지경도(池
敬道) 등 11명을 포살하였다 한다. ─이상 내보(內報)─

○ 군함 신조(新造) 건의 : 미국 해군대장 주우에룩 씨[34]가 잠수정 4척과
수뢰(水雷) 구축함 6척과 장갑 순양함 및 석탄 운송선 각 3척을 신조

---

34 주우에룩 씨 : 미상이다.

하는 것을 건의하였다.

○ 양국 홍수 : 프랑스 남부와 스페인에 비상한 홍수가 있어서 익사자가 많고 철도도 소통하지 못한다 한다.

○ 스웨덴의 군비 확장 : 스웨덴 육해군 참모본부는 자국 국방을 정비하기 위하여 보병대와 전신부대와 탐조등부대와 기구부대 총합 24대 (隊)를 증편하고 전투함 2척, 순양함 2척, 구축함 8척, 수뢰정 2척과 잠수정 8척을 신조하기로 가결하고 상주(上奏)하였다 한다.

○ 평화회의의 종료 : 회기가 4개월 이상 되는 이전 역사에 없었던 장기간의 국제회의라고 칭하는 제2회 만국평화회의는 이제 회의를 종료하게 되는데, 다시 한 차례 본회의를 열고 기초위원이 결의사항을 편찬하여 각국 위원이 이에 조인한 후에 해산한다고 한다.

18일

○ 일본 황저(皇儲) 접견 : 일본 황태자 전하께서 전날 정오에 돈덕전(惇德殿)에서 우리 황제 폐하와 황후 폐하를 접견하여 같이 식사하시고 오후 3시에 우리 황태자와 동반하여 통감부로 돌아오셔서 만찬회를 열었다 한다. ―내보―

○ 화약제조소 폭발 : 미국 인디애나주 폰타넷(Fontanet) 화약제조소에서 폭발이 일어나 그 부근 반 마일 내에 있는 가옥은 모두 파괴되고 사망자가 25명이며 사망에 가까운 자가 40명, 부상자는 6백 명이며 집을 잃은 자들이 1천 2백 명에 이르렀다고 한다.

○ 무선전신 : 대서양에 무선전신이 개통되었는데 전신의 수송이 극도의 쾌속이고 음향도 지극하게 명료하다. 마르코니 씨가 17일 아침에 영국 웨일즈와 아메리카 사이에 무선전신 취급이 개시된 것을 발표하였는데, 런던의 석간신문은 무선전신을 사용하여 미국에서 온 단편 전신을 게재하였다고 한다. ―이상 외보(外報)―

19일

○ 황제 친림(親臨) : 본일 오전 12시에 대황제 폐하와 황태자 전하께서 통감부에 친림하시어 일본 황태자 전하를 회견하셨다고 한다.

○ 양근군(楊根郡) 보고 : 양근군 북상면(北上面), 서종면(西終面) 등지에 의도(義徒) 5·6백 명, 강하리(江下里) 등지에 의도 2·3백 명이 모여서 민심이 흉흉하다고 해당 군수가 보고하였다고 한다.

○ 대촌(大村) 전소(全燒) : 목천(木川)의 현석리(玄石里)는 5·60호 되는 대촌인데 일본군과 의도가 교전하는 중에 한 마을이 전소되었다고 한다. ―이상 내보―

○ 스코틀랜드의 호우 : 영국 남부[35] 스코틀랜드에 호우가 있어서 작물과 사육하는 양에게 비상한 손해를 입히고 철도가 불통하여 글래스고 근교의 선로는 물의 깊이가 7척에 다다른다고 한다.

○ 만국 선박업 대회 : 만국의 선박업자의 대회를 런던에서 열었는데, 해당업자들이 장래 일치하여 동맹에 대한 자위수단을 강구하기 위하여 국제위원을 조직하기로 결정하였다고 한다. ―이상 외보―

20일

○ 일본 동궁(東宮) 귀환 : 일본 동궁 전하께서 귀환하기 위하여 10시 20분에 출발하였다고 한다.

○ 황태자 전송 : 일본 황태자 전하께서 귀환하시는데 우리 황상 폐하께서는 오전 9시 20분에 남대문정거장에 친히 행차하시어 전별하시고 황태자 전하께서 인천까지 행계(行啓)하시었다가 오후 2시에 귀환하셨다고 한다.

○ 이천(利川) 전보(戰報) : 이천 등지에서 의도 2백 여 명이 집합하였다

---

35 영국 남부 : 스코틀랜드는 영국의 중심인 그레이트브리튼 섬의 북부에 해당한다. 글래스고가 스코틀랜드의 남부에 해당하므로 스코틀랜드의 남부를 잘못 쓴 것으로 보인다.

가 지난 5일에 일본군에게 습격받아서 15명은 사망하고 11명은 부상당하고 그 나머지는 궤멸하였다고 한다. -이상 내보-

22일

○ 외국 우편 거절 : 청국 정부는 우전부(郵傳部)의 의견에 근거하여 청국 우편국을 경유하지 않고서는 군수 우편 외의 일체 외국 우편물을 청국 철도에서 운송함을 정지하였다고 한다. -외보-

23일

○ 일본군 동쪽으로 : 일본군이 전날 탄환 5바리와 군량 30바리를 대동(帶同)하고 동대문으로 나가서 출발하였다고 한다. -내보-

○ 북사할린의 부원(富源) : 사할린 북부 나빌(Nabil´) 만(灣) 부근에 일대 풍부한 기운을 뿜는 유전이 발견되었는데, 이 만에는 상당히 큰 기선이 자유롭게 출입한다고 한다.

○ 황후 은사(恩賜) : 일본 요코스카(橫須賀) 해군 공장에서 21일 오후 3시에 장갑 순양함 구라마(鞍馬) 호의 진수식을 행하는데 일본 황후께서 왕림하시어 이 군함의 건조 관계자에게 일금 1,535환을 하사하셨다고 한다.

25일

○ 각군 병화(兵火) : 회양군(淮陽郡)에서 일진회(一進會) 회원 7명이 의도에게 피살되고 홍천군에서는 일본군과 의도의 교전으로 인하여 118개 가옥이 연소되고 원주와 50리 떨어진 평창 가도(街道) 가리파면(加里坡面)에서 의도 3백 명이 일본군과 9시간을 싸우다가 춘천 방면으로 후퇴하였는데 의도는 사망이 30명이고, 일본군은 즉사 2명, 부상이 2명이라고 한다.

○ 동궁 은사 : 동궁 전하께서 각 관·사립학교의 대운동회에 대하여 일금 5백 환을 하사하시어 상품을 제공하게 하셨다고 한다. -이상 내보-

○ 철도 차관(借款) : 청국 외무부에서 쑤저우(蘇州), 항저우(杭州), 닝보

(寧波) 사이에 철도를 부설하는 비용으로 150만 파운드의 외채를 차입하기로 결정했다고 한다.

○ 축전기(蓄電器)의 완성 : 영국의 에잉 씨[36]가 축전기의 완성을 발표하였다. 이 신기계는 전기의 중량을 더하지 않고 전기를 축적할 수 있는 것으로, 씨는 발전기의 요금을 저렴하게 하면 전기의 조직과 그 견인력에 대개혁을 일으킬 것이라 예상하였다 한다.

○ 스페인 왕 조난 : 스페인 국왕이 수상 마우라(Antonio Maura) 씨와 자동차를 타고 베리다[37] 지방에서 수해를 당한 지역을 순시하다가 가설한 교량이 추락하여 왕이 물이 넘치는 강에 낙하하였는데 물속으로 잠행(潛行)하여 다행히 무사하다고 한다.

○ 잉글랜드 해협의 대풍(大風) : 잉글랜드 해협에 대풍이 시속 60마일의 속력으로 불어서 선박이 각처로 피난하는 중이라고 한다.

○ 공중비행 경쟁 : 22일 세인트루이스에서 중대한 만국 풍선 경쟁을 거행하였는데, 이 행사는 현재 주요한 강국의 육군성에서 종종 실험하고 있으므로 특별한 흥미를 야기한다. 특히 미국은 이 행사에 참가해 공중비행의 성적에서 타국에 조금도 뒤지지 않음을 보였다고 한다. ―이상 외보―

26일

○ 궁내부(宮內府)의 개혁 : 현재 궁내부 및 그 소속 관청에서 봉직하는 자가 4천 5백 인 이상인데, 그 봉급은 1인 평균 5원에 불과하다. 가까운 시일에 이 관제(官制)를 개정하는데 이 기회를 타서 일대 개혁을 단행하여 적폐를 일소한다고 한다. ―내보―

○ 태프트 씨의 장래 : 미국 육군경(陸軍卿) 태프트(William Taft) 씨가

---

36 에잉 씨 : 전지(電池)를 발명한 다니엘(John Frederick Daniel)로 추정된다.
37 스페인……베리다 : 당시 스페인의 국왕은 알폰소 13세(1886-1931년 재위)인데, 베리다는 에스트레마두라 지방의 도시 메리다(Mérida)일 것으로 추정된다.

19일 밤 마닐라 환영회 석상에서 "나는 2년 이내에 여기에 다시 오겠으나, 그때는 일개 시민이 되어 오겠노라."고 연설하였다. 다음 선거에서 대통령 후보가 될 의사가 없음을 보인 것인데, 그에 대하여 열심히 추천하는 이들은 이를 불신하고 다시 말하길 "가령 그렇게 말했다 해도 추천을 받으면 그가 대통령 후보에 반드시 나설 것이니 그 외에는 적임자가 없다."고 소리를 높인다고 한다.

○ 네 황제 회견 : 독일 황제와 황후 두 폐하가 영국 황실을 방문한 사이에 스페인과 노르웨이 양국 황제도 런던에서 회견한다고 한다.

○ 헌정(憲政)의 준비 : 청국에서 경사(京師)에는 헌정 편찬관을 개설하나 지방과 연락하지 않으면 그 효과를 거둘 수 없으므로 중앙의 각 부서에 통계실을 설치하고 지방은 조사국 1개소를 설치하라는 상유(上諭)가 있었다고 한다.

○ 평화회의 비평 : 미국 국무경(國務卿) 루트(Elhu Root) 씨가 헤이그 평화회의의 성적을 평하여 말하길 "내가 성공할 수 있다 예상한 것은 제1회 평화회의에 비하여 어느 정도 진보가 보였기 때문이다. 가장 주의할 점은 문명한 각국이 서로 의혹과 악감정을 제거하고 세계의 공론에 귀를 기울여야 한다는 데 있다." 하였다 한다. ―이상 외보―

27일

○ 관·사립학교 연합 운동회 : 전날 관·사립학교 추계 연합 운동회를 훈련원에서 개최하였는데 각 학교 임원과 교사가 학생을 인솔하고 운동장에 좌우로 구역을 나누어 배열하였다. 황태자 전하께서 마차를 타시고서 운동장에 왕림하셨는데 배종무관장(陪從武官長) 조동윤(趙東潤) 씨가 참승(驂乘)하고 총리대신 이하 각 대신은 앞에서 인도하거나 배종하였다. 이토 히로부미 통감은 무라타(村田) 소장과 쿠니와케(國分) 서기관과 마차를 같이 타고 입장하였다. 대황제 폐하께서 다음과 같은 칙어(勅語)를 내리셨다.

짐이 생각건대 운동회는 소년 자제의 체육 장려를 위함이니 정신을 유쾌하게 하고 협동과 일치의 덕성을 함양하는 좋은 방법이다. 오늘 훈련원에서 관립・공립・사립 각 학교들의 연합 운동회를 실시한다고 들었는데, 임원과 학생 등은 공명정대한 행동으로 반드시 그 목적을 달성하기 위해 노력하라. 이에 여러 근신을 보내어 그 실황을 시찰하게 하노라. 짐이 근신들의 복명(復命)을 기다려 양호한 성적을 듣고자 하노니, 임원과 학도 등은 열성을 다하여 국민체육의 선도자가 될 모범을 전국에 보이고 극진히 그 공효를 완수할지어다.

그다음에 운동회 의식을 거행하고 오후 3시에 황태자 전하께서는 환궁하시고 이토 통감도 동시에 귀환하였다. -내보-

○ 이탈리아의 지진 : 이탈리아 칼라브리아에 지진이 있어서 각지의 도시가 파괴되고 사망자가 5백 이상에 달하고 주민 수천이 빗속에서 노숙하여 참상을 차마 눈뜨고 볼 수 없다고 한다.

○ 수저행선(水底行船) : 최근 프랑스에서 수저(水底)로 항해하는 배를 제조하여 수저의 운행을 시험하니 풍파가 일어남에도 물밑으로 무사히 2천 리를 갔다고 한다. -외보-

30일

○ 군수 피살 : 문의 군수(文義郡守) 황필영(黃弼永) 씨는 의병에게 포살(砲殺)되었다고 한다.

○ 일본 황태자의 은사금 : 일본 황태자께서 우리나라 각 학교에 8천 환을 하사하셨다고 한다. -이상 내보-

○ 미증유의 속력 : 영국의 거선(巨船) 루시타니아(Lusitania) 호는 4일 22시간에 걸쳐 뉴욕에서 출발해 영국에 도착하니 이는 세계에서 미증유한 쾌속이라 한다.

○ 재계(財界) 회춘 : 뉴욕에서 구리의 가격이 폭락한 원인으로 다수의

은행이 연달아 실패하였는데 지금은 재계가 한가지로 낙관론으로 경
도되니 유럽과 남미로부터 금의 유입이 있기 때문이라고 한다.

○ 나고야 개항 : 일본에서 다음달 10일부터 나고야(名古屋)를 개항하기
로 칙령이 공포되었다고 한다.

○ 해군 확장 예산 : 25일 미국 내각 회의는 차년도 해군 예산 함대 회항
비용 문제를 협의하였다. 해군경(海軍卿) 멧캐프(Victor H. Metcalf) 씨
가 브레머튼(Bremerton) 해군 진수부(鎭守府) 확장에 제공할 비용 5백
만 달러를 요구하였는데 1등 전투함 건조비와 구식 군함의 개조비도
그 속에 들어 있다 한다.

○ 내각을 폐쇄하자는 주장이 일어나다 : 베이징의 각 신문사가 연합하
여 날마다 상유(上諭) 등을 등사하기 위하여 사람을 내각에 파견하기
를 청원하였으나 불허되었다고 한다. -이상 외보-

11월 2일

○ 동궁(東宮) 친전(親電) : 지난달 30일 저녁에 황태자 전하께서 일본
황태자 전하에게 친히 전보하심이 다음과 같다.

　　　여러 날 즐겁게 지내고서 이제 서로 이별하여 사모의 마음을 이
　　　기기 어려우니 마치 친척 사이의 정보다 더합니다. 항해 이후
　　　바람과 파도 사이에 어지러운 괴로움이 심하지는 않으셨는지요.
　　　이번 행차가 아니었다면 얻지 못했을 여정 중의 진기한 견문이
　　　학문의 재료가 되어 하나하나 계발되기를 저는 간절하게 바라면
　　　서 삼가 전하의 건강과 다복을 축원합니다. -내보-

○ 러시아 산사태 : 러시아 타슈켄트의 가라다가(Karatagh) 시의 산이
붕괴하여 전 도시가 토양의 아래 매몰되었는데 간신히 죽음을 피한
이는 가라다가 지사(知事)와 그 어머니이다. 지하에 매장된 시민의
수가 대략 1만 5천이라고 한다. -외보-

3일

○ 일본 황태자 답전(答電) : 우리 황태자 전하의 전보에 대하여 일본 황태자께서 답전하심이 다음과 같다.

> 이별 뒤에 건강합니다. 귀로는 진해만을 거쳐 대마도에 다다라 군함 토네(利根) 호의 진수식, 다시 나가사키 수산공진회사(水産共進會社)를 보고 가고시마를 유람하고서 지금은 미야자키에 머물고 있습니다. 다음은 고치현을 순시하고 도쿄로 귀환합니다. 여행 중 견문의 상세함은 도쿄에서 뵙는 날로 미루겠습니다. 간절히 전보를 보내오니, 전하의 건강과 만복을 기원합니다.

○ 증명부 증간(增刊) : 법부(法部) 토지 가옥 증명을 실행하기 위하여 해당 증명부를 더 간행한다고 한다.

○ 수학원(修學院)에 친히 임하시다 : 전날 오전 11시에 황상 폐하께서 창덕궁 의효전(懿孝殿)에 전배(展拜)하시고 오후 1시 30분에 수학원에 친히 임하셨다고 한다. -이상 내보-

7일

○ 동궁 알묘(謁廟) : 동궁 전하께서 전날 오후 1시에 거동하시어 태묘(太廟)와 문묘(文廟)에 전알(展謁)하시고 명륜당(明倫堂)에 왕림하시어 『소학(小學)』을 강독하시고 5시에 귀환하셨다고 한다. -내보-

○ 금괴 수송 : 런던의 금리(金利)가 6분 치솟아, 런던에서 미합중국을 향해 3백만 달러의 금괴를 송부할 계약이 성립되었는데, 현재 경제 공황으로 금일까지 미국에 송부할 총액이 3,225만 달러에 달하였다 한다.

○ 벨기에 · 네덜란드의 조약 : 브뤼셀시에서 벨기에와 네덜란드의 행정 · 사법 및 관세에 관한 협약을 의정하기 위하여 양국의 위원회를 개최하였다고 한다.

○ 일본 · 러시아 협약 축하회 : 4일 밤 도쿄 일본 · 러시아 협약 축하회

의 석상에서 러시아 공사가 일본·러시아 양국은 한 차례 전쟁을 벌였으나 문명과 행복으로 극동의 평화를 확보함을 축하한다고 연설하여 크게 갈채를 받았다고 한다. -이상 외보-

○ 일본군과 청인(淸人)의 충돌 : 지난 28일 평안북도 창성군(昌城君) 일본군 수비병 6명이 닭을 팔기 위하여 청국 융뎬(永甸) 하구(河口)에 이르렀는데, 매매 가격의 일로 청인과 충돌하여 청인 이삼백 명이 포위하고 일본군이 휴대한 총기를 탈취하고자 하니 일본 병사가 발검(拔劍)하고 발포하여 그 현장을 벗어났다. 이 쟁투의 결과로 청국 사람이 즉사 2명이고 중상자 4명인데, 해당 지역 청국 주민이 안둥현(安東縣) 도대(道臺)에게 전보하여 보호를 요청하고 사상자의 친족은 콴뎬(寬甸)의 지현(知縣)에 신청하여 사망자를 현장에 방치하여 검시를 기다린다고 한다. -내보-

○ 세계 금융 핍박 : 잉글랜드은행 보합(步合) 6주(朱)가 오르고 런던 주식시장은 비상한 영향을 입어서 오늘날의 형세가 계속되면 다시 8주까지 치솟을 수 있다 한다. 미국 금융의 핍박이 극도에 다다라 뉴욕시에서도 그 사용인에 대한 봉급 지불에 지장이 생겨 어음을 교부하기에 이르렀다고 한다. -외보-

9일

○ 창덕궁 수리비 예산 요청 : 지난달 8일에 황제 폐하께서 창덕궁으로 환궁하신다는 교지(敎旨)를 내리셨는데 이 궁전의 수리비 예산이 결정되어서 해당 비용 9,860원을 지불할 일을 궁내부대신 이윤용(李允用)씨가 탁지부에 요청하였다고 한다. -내보-

○ 독일 황후의 영국 방문 : 독일 황후는 영국의 황제·황후가 간청한 결과로 황제와 동행하여 영국에 가기로 결정하였다 한다. -외보-

○ 간도(間島) 청인의 횡포 : 경성(鏡城)에서 일본 다카하시(高橋) 경시(警視)가 알린 바를 들으니, 한국인 김응창(金應昌)이 청인 왕자오린

(王照林)에 대한 소작료에 나태하다 하여 10월 1일 이래 구금・제압되어 거의 죽게 되었다고 하므로 일본 경찰관이 조사하기 위하여 급행하였다. 이 청인이 병영터에 자리를 잡고 견고한 토벽을 두르고 문을 닫고서 토벽에는 총안(銃眼)을 많이 뚫고서 총신을 보이면서 병비(兵備)를 엄정하게 하였다고 한다. -내보-

○ 영국 무역 월액(月額) : 영국 10월 무역은 전년도에 비하여 수출이 302만 5,054파운드, 수입이 508만 5,189파운드의 증가를 보였다. 수입품 가운데 곡물과 밀가루가 3백만 파운드, 제조품이 375만 파운드가 증가하였는데 그중 백만 파운드는 목면 직물이라고 한다. -외보-

10일

○ 근위대 파송(派送) : 관서(關西) 각군의 의병 소요를 토벌하기 위하여 내각이 회의한 결과로 근위대 장교 이하 사졸이 경의선으로 다음날 출발한다고 한다.

12일

○ 태황제 별궁으로 이어(移御): 태황제 폐하께서 이어하시기 위해 대안동(大安洞) 별궁(別宮)[38]을 장차 수리한다고 한다.

○ 동궁 이어 : 황제 폐하의 이어 일자는 다음날로 정해졌는데 황태자 전하께서도 또한 이어하신다고 한다. -이상 내보-

○ 독일 황제 영국 방문 : 독일 황제・황후 양 폐하는 영국으로 출발하셨는데 영국 해협 함대의 군함 45척이 포츠머스에서 독일 두 폐하를 봉영(奉迎)한다고 한다.

○ 미증유의 금리 등귀(騰貴) : 독일의 금리가 7분 반으로 치솟으니 이는 1876년 제국은행이 창립한 이래 최고의 이율이라고 한다.

---

38 대안동(大安洞) 별궁(別宮) : 안동별궁(安洞別宮)으로 안국동 사거리에 있다가 철거되었다.

○ 신문 정책 : 베이징 각 군기대신(軍機大臣)과 민정부(民政府) 상서(尙書) 등은 신문이 정부를 공격하여 비밀을 폭로하기에 이를 엄금할 것을 건의하였다. 이에 대해 숙친왕(肅親王)과 장즈퉁(張之洞)이 이르길, 중국의 입헌을 예비하는 오늘날 문명의 이기(利器)를 속박할 수 없으니 압박을 가하면 외국인의 명의로 발행하여서 언론권이 외국인에게 장악됨에 이를 것이라 하였고, 신문 조례의 요체는 발행인의 지위를 인정함이 제일이라며 반대하였다. 그리하여 헌정 조사관이 초안을 기초하기로 결정하였다 한다.

13일

○ 독일 황제의 영국 도착 광경 : 독일 황제와 황후 폐하는 11일 오후에 포츠머스 군항에 도착하였는데, 영국 대함대가 이 항구에 집합하여 쏘는 환영 축포의 포성이 천지를 진동하였고 당일 두 폐하를 이 항구에 봉영(奉迎)한 귀현(貴顯) 신사가 부지기수였다. 독일 황제와 황후 두 폐하가 포츠머스 시민이 바치는 환영의 인사를 받은 후에 급행열차로 런던으로 향하니 당일 도처에서 국기를 게양하여 환영의 뜻을 표시했다. 영국 황제 폐하는 황후 폐하와 동반하여 독일 황제와 황후 두 폐하를 정거장에서 마중하여 극도로 은근한 예도(禮度)의 교환이 있었다. 독일 황제가 영국 관민이 진정으로 보인 환영을 받고 비상하게 감동하셨다고 한다. -이상 외보-

14일

○ 창덕궁으로 이어(移御) : 황제 폐하께서 전날 오후 30분에 경운궁(慶運宮)에서 출어하시어 창덕궁으로 이어하셨다. 황상과 황후 두 폐하께서 같은 마차에 탑승하시고 영선군(永宣君) 이준용(李埈鎔) 씨와 해풍부원군(海豐府院君) 윤택영(尹澤榮) 씨가 각기 부인을 동반하여 수레를 타고서 수가(隨駕)하였다. 황태자 전하께서도 마차에 탑승하셨고 각 문무 고등관이 배종(陪從)하였다.

○ 일본군 다시 동쪽으로 : 2일 전에 일본 보병 51연대 소위 콘야마(權山) 씨가 병사 ○○명과 군량미 112바리를 인솔하고 동문으로 나와 원주 등지로 향하여 갔다고 한다.

15일

○ 동궁 청년회관 왕림 : 황태자 전하께서 전날 청년회관 상량식에 왕림하셨다가 '일천구백칠년(一千九百七年)'이라는 여섯 글자를 예필(睿筆)로 특별히 쓰셔서 이 건물의 문미(門楣)에 현액(懸額)하게 하시었다 한다.

○ 태황제 종묘 전알(展謁) : 태황제 폐하께서 본일 오전 10시에 출궁하시어 종묘에 전알하시고 창덕궁에 들리셨다가 환궁하셨다고 한다.

○ 의도 수괴 포살 : 지난 12일에 광주(廣州) 수비대에서 임옥여(任玉汝) 등 3명을 체포하여 신문하고 포살하였다고 한다.

회계원 보고

회계원 보고 제13호

13원 35전 5리   회계원 임치 조(條)
32원 14전   월보 대금 수입 조, 우편비용 포함
100원   한성은행 저축금 중 인출 조
합계 145원 49전 5리

○ 제13회 신입회원 입회금 수납 보고

윤태선(尹泰善) 곽윤기(郭允基) 유춘형(柳春馨) 김기하(金基夏)
이시규(李時奎) 임병무(林炳茂) 김용제(金傭濟) 안　석(安　渽)

윤인훈(尹麟勳) 김기훈(金基薰) 계용덕(桂龍德) 박치헌(朴治憲)
김의건(金義建) 김기직(金基稷) 김용규(金容奎)
각 1원씩
합계 15원

○ 제13회 월연금 수납 보고

곽윤기(郭允基) 1원	10년 10월부터 11년 2월까지 5개월 조
김덕환(金德煥) 20전	2개월 조
김덕환(金德煥) 80전	4월부터 11월까지 8개월 조
김필순(金弼淳) 2원 10전	4월부터 2년 12월까지 1년 9개월 조
안중근(安重根) 1원	5년부터 2년 2월까지 10개월 조
윤기선(尹琦善) 40전	2월부터 3월까지 2개월 조
윤기선(尹琦善) 80전	4월부터 11월까지 8개월 조
김두형(金斗衡) 80전	10년 12월부터 11년 3월까지 4개월 조
김두형(金斗衡) 1원 40전	4월부터 2년 5월까지 2개월 조
양봉제(梁鳳濟) 1원 50전	6월부터 2년 8월까지 1년 3개월 조
김관구(金錧九) 40전	2월부터 3월까지 2개월 조
김의건(金義建) 1원	11월부터 2년 8월까지 10개월 조
김기직(金基稷) 1원	11월부터 2년 8월까지 10개월 조
박치헌(朴治憲) 1원	11월부터 2년 8월까지 10개월 조
김관구(金錧九) 60전	4월부터 9월까지 6개월 조

합계 14원

○ 제13회 기부금 수납 보고

김달하(金達河) 40원　　　10월 월급 조
합계 40원

이상 4건 총합 214원 49전 5리 이내

○ **제13회 사용비 보고** : 10월 15일부터 11월 15일까지

1원 65전   양지봉투(洋紙封套), 소필(小筆), 성냥 값 포함
1원 50전   3전 우표 50매 값
2원   입회증서 1,000매 인쇄비 조
50전   학교입학청원서 100매 인쇄비 조
100원   각 사무원 10월 월급 조
6원   하인 10월 월급 조
1원   서기 박상목(朴相穆) 계일(計日) 급료 조
3원 90전   대운동회 시 상경한 개성(開城) 학생을 위한 장막 설
              치 비용
21원 50전   대운동회 시 상경한 개성 학생을 위한 상품 값
20원   12호 월보 인쇄비 완납 조
8원 50전   5리 우표 1,700매 값
3원 30전   석유 1통 값
22원   학교 책상 20개의 제조 값, 공임 포함
6원 85전   공책과 연필 값 조
합계 198원 70전 제외하고
잔액 15원 79전 5리 회계원 임치.
한성은행 저축금 도합 800원.

광무 10년 12월 1일 창간		
회원 주의		
회비 송부	회계원	한성 중서(中署) 교동(校洞) 29통 2호 서우학회관 내 박경선(朴景善) 김윤오(金允五)
	수취인	서우학회
원고 송부	편집인	한성 중서 교동 29통 2호 서우학회관 내 김달하(金達河)
	조건	용지 : 편의에 따라 기한 : 매월 10일 내
주필	박은식(朴殷植)	
편집 겸 발행인	김달하(金達河)	
인쇄소	경성일보사(京城日報社)	
발행소	한성 중서 교동 29통 2호 서우학회	
발매소	황성 중서(中署) 포병(布屛) 밑 광학서포(廣學書舖) 김상만(金相萬) 평안남도 평양성 내 종로(鐘路) 대동서관(大同書觀) 평안북도 의주(義州) 남문 밖 한서대약방(韓西大藥房) 황해도 재령읍 제중원(濟衆院)	
정가	1책 : 금 10전(우편비용 1전) 6책 : 금 55전(우편비용 6전) 12책 : 금 1환(우편비용 12전)	
광고료	반 페이지 : 금 5환 한 페이지 : 금 10환	
회원 주의		
1. 본회의 월보를 구독하거나 본보에 광고를 게재하고자 하시는 분들은 서우학회 서무실로 신청하십시오. 1. 본보 대금과 광고료는 서우학회 회계실로 송부하십시오. 1. 선금이 다할 때에는 봉투 겉면 위에 날인으로 증명함. 1. 본보를 구독하고자 하시는 여러분은 주소와 통호(統戶)를 소상히 기재하여 서우학회 서무실로 보내주십시오. 1. 논설, 사조 등을 본보에 기재하고자 하시는 여러분은 서우학회 회관 내 월보 편집실로 보내주십시오.		

○ 영업 개요

-만 가지 서적의 구비는 본관의 특색-

△ 종교와 역사 서적	○ 내외 도서 출판	△ 법률과 정치 서적
△ 수학과 이과 서적	○ 교과서류 발매	△ 수신과 위생 서적
△ 실업과 경제 서적	○ 신문 잡지 취급	△ 어학과 문법 서적
△ 지리와 지도 서적	○ 학교용품 판매	△ 생리와 화학 서적
△ 소설과 문예 서적		△ 의학과 양잠 서적

-배달 우편료의 불필요는 독자의 경제-

(본점) 황성 중서(中署) 포병(布屛) 밑   중앙서관(中央書舘)

(지점) 평북 선천읍(宣川邑) 천변   신민서회(新民書會)

광무 10년 12월 1일 | 메이지 39년 12월 1일 | 제3종 우편물 인가

융희 2년 1월 1일 발행
(매월 1일 1회 발행)

서우

제14호

서우학회

○ **특별광고**

본회 월보의 발행이 지금 제14호인데 그 대금 수합이 연체되지 않아야 계속 발행할 수 있습니다. 그런데 지금까지 1년 남짓한 기간 동안 대금 수합이 극히 보잘것없어 경비가 대단히 궁핍합니다. 원근(遠近) 간에 구독하시는 분들께서는 이런 정황을 헤아리시어 즉각 계산해 보내주실 것을 천만 절실히 바랍니다.

서우학회월보 제14호

자조론(自助論)

제1장 (속)

타인의 생애와 행동에 가장 감화를 깊게 주어 최선의 실제적 교육이 되는 것은 개인의 분투주의(奮鬪主義)로서, 날마다의 경험이 보여주는 바가 이것이다. 소학교와 중학교와 전문학교는 이에 비하면 단지 수양의 극히 적은 일부를 주는 것에 불과하니, 우리들의 가정, 거리, 군대, 직장에서와 직조기를 사용할 때와 호미를 사용할 때와 회계소, 제조장 및 복잡한 군중 속에서 날마다 우리가 얻을 수 있는 인생교육의 힘은 학교교육이 미칠 수 있는 바가 아니다. 이에 사회 속의 개인은 실행, 행위, 자기수양, 극기 등으로 교양(敎養)되는 것이다. 실행, 행위, 자기수양, 극기의 교양이 사람을 훈련하여 인생의 직분과 사무의 완전을 수행함에 적응하게 하는 것이니, 이 교육은 책을 읽어 얻을 수 있는 것이 아니며 단순한 학문적 수양으로 획득할 수 있는 것도 아니다. 대저 면학(勉學)은 학문의 응용을 가르칠 수 없으니, 이는 관찰로 인하여 얻는 것이다. 면학이 없어도 면학 이상의 지혜가 생길 수 있으니, 어째서인가. 무릇 경험은 우리에게 있는 진리를 증명하거나 주장하지 않을 뿐이기 때문이다. 사람을 완성케 하는 것은 학문보다 생활이고, 면학보다 실행이며, 전기(傳記)보다 품성이다.

비록 그렇지만 위인의 전기와 선인(善人)의 전기는 사람을 도와 이끌고 격려하는 것이니, 고결한 생활과 고결한 사상 그리고 자기를 위하고 사회를 위하는 분투적 실행을 가르쳐준다. 이러한 전기는 자조불굴(自

助不屈)의 지망(志望)과 결단적 실행과 굳건한 성실함으로 고귀하고 용
감한 인격을 만드는 것이 각자의 자력에 달렸다는 것을 알려주고, 또
자기를 존중하고 자기를 신뢰하는 것은 사회에서 가장 천한 사람이라도
귀한 능력과 견실한 명성을 획득하게 하는 효력을 지닌다는 것을 설명
해준다.

과학, 문학, 기술 방면의 위인과 위대한 사상의 사도(使徒)와 위대한
마음을 지닌 고결한 선비 등은 특별하게 정해진 계급에서 출현하는 것
이 아니다. 그들은 학교에서 나오는 것도 아니고 직장에서 나오는 것도
아니며 농가에서 나오는 것도 아니고 빈자의 작은 집이나 부자의 저택
에서만 나오는 것도 아니다. 병졸에서 나오기도 하고 가장 가난한 자가
가장 고귀한 지위를 점한 경우도 있다. 저들의 앞길에 놓인 곤란이 일견
타파하기 어려워 보이지만 결코 장애가 되지 못하며, 다만 장애가 되지
않을 뿐 아니라 그러한 곤란이 실로 저들의 노동과 인내의 힘을 고무하
여 위축되지 않는 능력을 자극함으로써 저들의 성공을 돕는 때가 많으
니, 우리는 의지로써 무슨 일이든지 이룰 수 있는 것이다.

홉슨[1]은 재봉점의 한 직공이었다. 하루는 한 함대가 항해한다는 소식
을 듣고 재봉장에서 튀어나와 해안으로 가 함대의 위풍당당한 광경을
보고 해군 군인이 될 희망이 돌연히 마음속에 타오르는 듯하였다. 이에
작은 배를 저어 함대에 도달하여 의용병(義勇兵)이 되었고, 몇 년 뒤에
는 수사제독(水師提督)이 되어 혁혁한 공명(功名)을 품고서 고향에 돌아
왔다.

법무장(法務長) 커크 화이트(Kirke White)는 도축자의 아들이었고, 증
기기관을 발명한 뉴커먼(Thomas Newcomen)은 대장장이였고, 스티븐슨

1　홉슨 : Thomas Hobson, 1643-1717. 영국 남단의 와이트섬 출신인데 『자조론(Self
　　Help)』이 소개한 이 일화는 역사적으로 실증이 되지 않는다고 한다.

대담함과 지략으로 몇 개월 되지 않아 소령이 되어 대대(大隊)의 지휘를 맡았다. 현 프랑스 육군대신 원수(元帥) 랑동(Jacques Louis Randon)은 군대에 처음 북치기로 입대하였다. 베르사이유 미술 전람소에 있는 그의 초상에는 큰북 머리에 그가 손을 올려두고 있으니, 이는 그가 좋아하여 요청한 것이다. 위와 같은 예가 아주 많으니, 이는 프랑스가 군인을 고무하여 군무(軍務)를 열심히 하게 하였기 때문이다.

견인(堅忍)하게 전심을 다하고 정력을 쏟아 가장 비천한 지위로부터 일어나 사회에 유용하고 유력한 사람이 된 사례가 영국과 타국에 실로 많으니, 이로 말미암아 보건대 어린 시절에 곤고(困苦)한 환경을 만나는 것은 성공에 필요하며 없어서는 안 될 조건이라고 말할 수 있을 것이다.

올덤(Oldham)을 대표한 국회의원 고(故) 조지프 브라더튼(Joseph Brotherton)은 일찍이 10시간을 토론할 때에 감개를 이기지 못하여 자기가 면직 의류 제조장의 직공이었을 때 받은 노고와 곤비(困憊)를 말하며 노동자의 처우를 개선하기 위해 힘쓰겠다고 당시에 결심했음을 진술하였다. 그 말이 끝나지 않았는데 한 사람이 박수 갈채하며 기립하여 말하길 "나는 브라더튼 군이 이처럼 비천한 지위로부터 나온 사람인 줄을 지금까지 알지 못했습니다. 그러나 신분이 비천한 데서부터 나와 세습 신사와 동등한 자리에 앉을 수 있게 되었으니, 그가 원래 하원(下院)의 사람인 것보다 더욱 자랑스럽습니다."라고 하였다.

린지(William Schaw Lindsay) 씨는 선덜랜드(Sunderland)를 대표한 국회의원이요 유명한 선박 소유자이다. 그는 14세에 고아가 되어 세상에 나아가고자 하여, 먼저 리버풀로 가기 위해 글래스고로 떠났다. 이때 뱃삯을 지불할 수 없어 뱃삯 대신 노동을 하기로 선장과 약속하고 석탄 창고에서 석탄을 정리하였다. 그가 리버풀에서 7주간을 보내고도 일자리를 얻지 못하여 작은 집에서 거주하며 가련한 생활을 영위하다가, 간신히 서인도로 항해하는 배의 보이-노복(奴僕)-가 되어 들어갈 수 있었다.

그러나 그 행동거지가 정확하고 선량하여 19세가 되기 전 한 배의 지휘를 담당하기에 이르렀고, 23세에 바다로부터 은퇴하여 해안에 거처를 정하였다. 이후 그의 진보는 신속하였다. 그는 일찍이 말하길 "나는 정확한 근면과 부단한 노동과 내가 원하는 바를 다른 이에게 베푸는 대원칙을 잊지 않음으로써 빛을 보았다."고 하였다.

윌리엄 잭슨(William Jackson) 씨는 12세에 아버지를 여의고 학교에서 나와 배 한 쪽에서 아침 6시부터 밤 9시까지 노역에 종사하였다. 그러다 주인이 병으로 앓아누워 그가 계산소에 들어갔는데, 이곳은 여가가 많아 그가 독서할 기회를 얻을 수 있었다. 이에 『대영백과전서』을 볼 수 있어 낮에는 조금 읽고 밤에는 많이 읽는 방식으로 1부에서 2부까지 통독하기에 이르렀다. 후에 그가 상업에 종사하여 근면으로써 성공하니, 지금은 그가 가진 선박이 어느 해역에나 이르러 세계 각국 많은 곳에서 무역하고 있다.

고(故) 리차드 콥든(Richard Cobden) 역시 빈곤하고 천한 곳에서 일어난 사람이다. 유년 시절 런던에서 한 창고의 작은 일꾼이 되었는데, 그는 근면하고 행동이 올바르며 지식을 얻고자 하는 염원이 치열하였다. 구식 생각을 지녔던 주인이 과도한 독서를 금하였으나 그는 책에서 얻은 지식의 부를 마음에 쌓으며 의연히 공부에 계속 힘썼다. 그의 지위가 점점 높아짐에 따라 고객도 날로 증가하여 마침내 그는 맨체스터에서 직물의 염색 사업을 개시하였다. 그는 공공의 문제에 관심이 있었던 사람인데, 특히 민중교육에 특별한 관심이 있었다. 그는 점차 곡물조례 문제에 주의하여 이 조례를 폐지하기 위하여 재산과 생명을 던져가며 노력하였다. 그는 군중 앞에서 연설하다가 완전히 실패한 바 있었는데, 그러나 그는 본래의 굳센 의지, 철저한 몰두, 야무진 투자, 불굴의 연습으로써 드디어 유능한 연설가가 되었다. 프랑스 공사(公使) 드루앵 드 뤼(Drouyn de Lhuys)는 일찍이 말하길 "콥든은 견인(堅忍)과 근면이 성공

하는 길이 되는 것을 보여주는 살아 있는 증거다. 사회의 가장 천한 위
치로부터 일어나 자기의 힘과 자기의 근면으로 드디어 사람들이 최고로
인정하는 위치에 도달한 사람의 가장 좋은 사례이니, 그는 영국인 고유
의 견실한 성향을 가장 완전하게 지닌 자이다."라 하였다. (미완)

교육부

인격은 어떻게 양성해야 하는가 (속)

(2) 신실과 정직

인류 사회의 기초는 서로 간의 신용이다. 만약 갓과 신발의 위치를
뒤바꾸어 놓듯 허위를 원칙으로 하고 신실을 예외로 하면 사회는 도저
히 성립하지 못할 것이다. 우리는 지금 신문지를 열람하고 서신을 개봉
하고 처자와 담소하고 친구와 왕래하는 등의 방편에 의하여 정치적, 상
업적, 그리고 지방의 새로운 사실을 알게 된다. 만약 이러한 기관이 허
위로 덮여 있다면 우리는 단연코 신문지의 구독과 서신의 왕복과 가족
과의 담화와 친구와의 교제를 중지할 수밖에 없을 것이다. 어찌 다만
우리뿐이겠는가. 일반 사회도 역시 반드시 그러할 것이다. 이와 같으면
사상과 지식의 교환이 완전히 두절되어 벙어리를 본받아 24시간 의심
의 눈을 치켜뜨고 있을 수밖에 없게 될 터이다.

허위라 하는 부덕(不德)이 어찌 사회에만 무익할 뿐이겠는가. 허언을
지껄이는 사람은 자신에게도 큰 불이익이 있다. 관계없는 사람의 눈에
까지 비열해 보여 인망(人望)이 실추되는 죄악은 허언을 지껄임만 한
것이 아마도 천하에 없을 것이다. 허언을 지껄이고도 아무런 부끄러움
이 없느니보다는 산속 사찰의 시줏돈을 도둑질하거나 할머니를 구타한

것을 공공연하게 자백함이 오히려 낫다. 얼굴이 붉어지며 말을 어물거리는 것이 허언의 증거이니, 이 같은 자는 허언이 무익함으로 귀결되거니와 염치를 완전히 잃고 아무런 수치가 없는 지경에 이르면 이미 절망인 것이다. 그러나 가령 타인을 속인다 해도 자기를 속일 수는 없기에 양심으로 자신을 미워하게 되어 당당한 신사의 교제 장소에 나올 자신감이 없어진다.

타인에게 가하는 최대의 모욕은 허언을 지껄이는 것이다. 그러므로 명예를 중시하는 사람은 한순간도 이 모욕을 견딜 수 없다. 가령 우리가 온화하고 착실한 군자라 싸움을 좋아하지 않는다 해도, 여러분을 거짓말쟁이라 말하는 자에게 여러분은 철권(鐵拳)을 가하겠다는 태도의 편에 서는 데 주저하지 말아야 할 것이다.

허언에도 각종 형식이 있어 교묘하고 졸렬한 정도가 비록 일정하지 않으나, 도덕상의 죄로 보면 하나요, 행위상의 은폐와 허위는 하나이다.

예컨대 어떤 청년이 행하지 않은 것을 행하였다 하여 세상의 상찬을 얻으면 그는 허위의 죄인이다. 또한 수입을 고려하지 않고 극히 호사하게 사는 사람과 지위에 맞지 않게 의복의 유행을 추구하는 사람과 외모를 꾸며 허영을 일삼는 사람은 그 귀결이 사람을 속이는 데에 목적이 있으니 허위의 죄인이다.

은폐는 곧 허위이니, 옛사람은 "성(誠)을 은닉하는 것이 허위의 시초다."라고 말하였다.

사실의 일부를 은폐하면 사실이 완전히 허위가 되니, 그러므로 이러한 은폐도 허언을 지껄임과 다르지 않다.

옛사람이 말한바 입에는 꿀을 머금고 배에는 칼을 품었다 함과 같이 성실의 옷 아래에 악의를 감춘 경우가 있으니, 유쾌하지 못한 사실을 방약무인(傍若無人)하게 멋대로 떠들어대는 것은 절실한 행위가 아니고 또 예의도 아니며 또 정직도 아니다.

교활하게 발뺌하는 말과 같은 것도 역시 일종의 은폐이며 하나의 허위라 경계하지 않으면 안 된다.

사람의 교제는 마땅히 진지하고 성실한 것이 주가 되어야 하니, 공무와 사사로운 일에 얼마나 큰 차이가 있겠는가. 수년 전 나의 친척 한 명이 외국의 상인에게 물품을 함께 구매했는데, 외국 상인이 곁에 있는 실재 수량을 속여 높은 수출세를 피하려 했으나 나의 친척이 단호히 거절하였다. 그 후 수년이 지나 이 외국 상인이 갑자기 서간을 보내어 "귀하를 신용하여 어음 증서 한 장을 봉입(封入)합니다. 소생은 귀하의 장사 방법을 배울 수 있도록 제 아들을 귀하의 나라에 보내는데, 소생이 신뢰할 사람은 귀하 외에 전혀 없으니 제 아들을 점원으로 삼아 귀하와 털끝만치도 다름이 없는 인물로 양성해주실 것을 희망합니다."라고 말하였다.

고용주의 이해(利害)는 피고용자의 손에서 살거나 죽는 바이다. 고용주가 국가든 회사든 시(市)·정(町)·촌(村)의 노역장이든 또는 개인이든 피고용자의 직분은 동일하니, 즉 할 수 있는 일을 함에 있고, 하는 일을 엉성하지 않게 함에 있으며, 타인이 하는 일을 방해하지 않음에 있고, 명암(明暗)에 따라 천안(天眼)을 흐리게 하지 않고 표리가 다르지 않아 시간을 엄정하게 지키며 성실을 위주로 근면히 노력함에 있다.

세상 사람들이 칭송하는 19세기도 선하지 않고 아름답지 않은 것이 자못 많아 자랑만 할 수 없으나, 19세기에 발휘된 가장 좋은 특색 하나는 허위에 대한 반동이었다. 50년 전에 허위가 큰 세력을 만들어 남자는 꾸미는 셔츠를 입고 부인은 가짜 가체(加髢)를 사용하였다. 오늘날에도 그 풍습이 다소 존속하니 실로 몹시 답답하다. 사람이 그 외관을 속일 뿐 아니라 주택 등에도 그 표면만 벽돌이나 돌로 조성한 경우가 많으니 이런 허위는 전혀 그 자취가 끊어지지 않았다. 이를 행하거나 혹 이런 옷을 착용하는 자는 그 범죄를 돕는 자이다.

공명정대와 성실 정직은 우리의 자존감을 유지하는 최선의 길이며 동포의 이익을 증진하는 최선의 길이다. 이러한 성향을 갖춘 사람은 세상 사람의 존경과 신용을 넘치도록 얻어 어떠한 역경에 처하여도 천지간 어디를 보나 떳떳하여 천하를 마음껏 활보할 수 있다.

(3) 용기와 대장부

전쟁은 반드시 군인의 점유물이 아니다. 여러 선인의 생애의 역사에든지 우리에게든지 기타 어떠한 사람에게든지 수많은 원정(遠征) 및 경종의 소리가 있으며 수라(修羅)의 전쟁이 있으니, 이는 모두 우리의 정신 및 용기의 시험이다.

사람은 호전적인 동물이다. 용기 있고 경솔하지 않으며 위험에 처할 때 두려워하지 않으며 곤란을 만나도 요동하지 않는 사람이 대장부이다. 인생의 전투는 비유컨대 겹겹이 쌓인 산악을 넘는 것과 같으니, 하나의 산꼭대기를 정점으로 생각하지만 이를 넘으면 다시 한층 더 높은 정상이 전면에 나타난다.

구속받지 않는 독립의 정신을 환기하여 세간의 평판이 부족해도 직업을 가지고 굳게 참고 오래 버티며 하늘이 정하신 때를 기다리는 도덕적 용기는, 조상의 영전(靈前)과 신명(神明) 앞에 비참한 승리를 고하는 군인의 물질적 용기보다 아득히 숭상할 만한 것이며, 물불을 두려워하지 않고 맹렬히 이를 무릅쓰고 종일 노동하는 소방수의 용기 위에 자리할 만한 것이다. 비록 물질적 용기라도 이를 저 도학(道學) 선생이 매도하기 좋은 재료로 삼는 야수적 속성에 비교하면 훨씬 우월하니, 위험을 두려워하지 않는 물질적 용기는 일종의 야수성이지만 위험에 임하여 공포심을 제어하는 용기는 큰 용기인 것이다.

용기 있는 사람은 단지 놀라고 다급한 경우에 응할 만한 용기가 있을 뿐 아니라 또한 의연하여 곤란과 고통을 능가하는 용기도 있어 세상에서 고립되는 것도 두려워하지 않으니, 공격적 용기는 어떤 이에게도 방어적 용기보다 쉽다고 하는 바이다.

세계에서 가장 가련한 이는 물질적 용기가 결여된 사람이다. 어째서인가. 약자를 돕는 혈기 있는 남자의 직분을 수행하기 어려우며, 또 각종 활발한 유희와 오락 앞에서 손가락을 물고 부러워할 따름이기 때문이다. 모험은 대부분의 오락이 가진 요소이다. 기마하기, 높이뛰기, 멀리뛰기, 수영하기, 등산하기, 자전거 타기 등이 모두 다소의 위험 분자를 포함하고 있다. 이와 같은 오락을 할 수 없어 가슴 졸이는 남자는 차라리 부녀자를 흉내 내어 종일토록 실을 뽑고 바늘을 드는 것이 훨씬 나을 것이다. 그러나 용기가 부족해도 경쟁심과 염치의 마음이 있으면 용기의 결핍을 채울 수가 있으니, 경쟁심과 적개심에 타오르면 비록 겁 많은 남자라 해도 두려운 위험을 무릅쓸 때가 있다.

근세 사회의 생활은 물질적 용기를 드러낼 기회가 부족하기 때문에, 이 덕은 오늘날 심히 중대한 것으로 보이지 않는다. 그러나 어떤 때에 용기와 침착을 요구할 이변이 생길지는 알 수 없다. 예컨대 술 취한 사람이 통행하는 부인을 붙잡아 무례를 가하는 경우도 있고 또 여러분이 허언을 지껄인다고 매도하는 무뢰한도 있으리니, 이 같은 경우라면 관용이나 배려의 필요 없이 철권의 제재를 가함에 무슨 꺼림이 있겠는가.

그러나 어떠한 용기가 있더라도 허망하게 그 용기를 자랑하여 공연히 싸움을 걸지는 말아야 할 것이다. 혈기의 작은 용기를 부리는 것과 자중하는 것은 같다고 말할 수 없으니, 가장 용기 있고 가장 강한 사람은 대개 가장 화평한 사람이다. (미완)

미국 대통령 루스벨트 씨

장풍생(長風生)

미국은 무엇이든지 세계에 둘도 없고 천하에 유일하다고 자랑하는 나라이기에 그 대통령의 저택 등도 더할 나위 없이 웅장하고도 화려하리라 생각하는 자가 많다. 그러나 실제로는 이러한 예상과는 반대로 세계에서 가장 큰 문명국가로 자임하는 미국의 수령(首領)이 그리스 양식의 지극히 소박한 전사(殿舍)에 주거하고 있으니, 내가 한번 보고서 몹시도 놀랐었다. 그러나 찬찬히 생각해보면 이것이 바로 명성이 높은 대통령의 대통령이 된 기반이니, 옛적 로마의 문호 세네카 씨가 말하기를 "세상의 큰 집과 높은 누각 안에는 명리(名利)의 노예가 주거하고 위대한 인물은 왕왕 협소하고 누추한 집에 머문다."라고 하였는바, 대통령의 위대한 인물됨에 감복하였다.

루스벨트 씨의 권세는 혁혁하여 아침 해가 하늘에 떠오르는 것과 같아서 유럽 입헌국의 제왕보다도 훨씬 뛰어나므로 전국 8천만 사람들의 간절한 기대와 바람을 양쪽의 두 눈썹에 짊어지고 천하의 온갖 중요한 정무를 총람(總攬)한다. 그리고 세계열강에 일이 있는 날에는 미국의 이름을 걸고서 반드시 중재의 임무를 담당하니, 러일전쟁의 막바지 시기에 평화의 중개자가 된 것 같은 일 또한 그 일례라고 하겠는바 세계에서 중요시되는 정도도 유럽의 제왕이 미치지 못한다고 하겠다. 독일의 카이저나 러시아의 차르도 두각을 다투지 못하니, 그 권세의 대단함이 사람을 깜짝 놀라게 할 만하다. 그러나 이 권세는 계통으로 말미암아 전승하였기 때문도 아니며 문벌로 말미암아 획득하였기 때문도 아니고 포의(布衣)의 신분으로 일어나 일약 이 자유국 국민의 대통령이 되었음을 생각하면 다시 한층 더 깜짝 놀랄 만하니, 이를 보면 '왕후장상(王侯將相)의 씨가 어찌 따로 있겠나'라는 말이 마음속에서 상기된다.

나는 일개 가난한 사람으로 이처럼 위대한 인물을 직접 대면할 기회를 얻었으니, 한 친구의 소개를 통하여 표연히 여관을 나서 대통령의 저택에 도착하자 곧장 배알할 수 있는 영광을 내려주셨다. 파수를 보는 경비병 같은 자는 한 사람도 없고 사인(私人)의 저택과 똑같은 모양이었다. 잠시 응접소에서 기다리는데 문득 대통령이 스스로 문을 밀치고 나와서 친히 악수하는 예(禮)를 베풀고 지극히 평민적으로 "편안하게 오셨습니까?"라고 하였다. 이에 나는 미국의 위인과 한 치 남짓한 거리에 서로 자리를 마주하고 앉아서 감탄하는 눈빛을 보내어 위인의 풍모를 응시하게 되었다. 몹시도 번거롭고 바쁜 실업국의 수령으로 더할 나위 없이 활발한 상(相)이 미우(眉宇)의 사이에 가득 흘러넘치는데 풍채가 장대하고 입에서 나온 음성이 낭랑하며 일종의 기이한 광채가 그 전신으로부터 쏟아져 나오니, 면전에서 뵙는 나의 마음이 도덕적 전기(電氣)에 감전되는 것과 같았다. 씨의 신장은 보통이었으나 골격은 훤칠하여 위엄 있는 장부의 모습을 충분히 갖추었고 그 얼굴은 둥글넓적하고 콧수염은 성글면서도 아름답고 태도가 약동하는 것과 말이 입에서 저절로 쏟아져 나오는 것이 쉰에 두셋이 더 된 지금에도 서른 안팎의 장년(壯年)인 사람 같았다.

내가 먼저 씨에게 미국의 이상(理想)을 앙모(仰慕)하는 뜻을 진술하고, 합중국으로부터 사적 생애에서의 정근(精勤)의 복음(福音)과 공적 생애에서의 자유의 복음을 익혀 이를 우리나라의 동포 형제에게 전한 것을 말하자, 씨가 대단히 기뻐하는 한편 나를 격려하여 말하기를 "미국 국민이 완전무결한 국민은 아니다. 그러나 자유를 중요시하는 점은 아마도 세계에서 비길 데가 없을 것이라 생각한다."고 하였다.

씨는 참으로 정근(精勤)한 사람이다. 정근의 복음을 스스로 실행하며 이를 전파한다고 말해도 과언이 아니다. 몹시도 번거롭고 바쁜 생활을 보내는 가운데에도 가슴속에는 여유가 있으니, 그리하여 "책을 읽는 것이 나의 병이다."라고 말하기도 하였다. 씨는 다만 독서가일 뿐만 아니라 또한 붓을 잡고서 책을 짓는 것으로도 세상의 저술가에게 뒤지지 않을 정근한 사람이다. 현재 그의 저서 10여 종이 세상에 나왔고 그 나머지 연설 등의 필기물도 적지 않아서, 이러한 언론 및 저서를 가지고 아메리카의 새로운 이상을 발휘하고 있다. 대체로 씨가 이상으로 삼는 바는 '아메리카의 혼(魂)'이라고 하는 것이다. 이것을 향상 발전케 하여 미국 국민이 탁 트인 저 하늘과 바다 같은 아량을 지닐 수 있기를 기약하며, 미국 국민의 심혼(心魂)이 높고 넓으면서도 크도록 하여 가슴속 도량이 광활한 국민과 의롭고 어진 국민이 훌륭하고도 장대한 일로써 세계에 명성을 드러내는 국민이 되도록 굳은 마음으로 혼신의 힘을 다하고 있다. 그러므로 지금은 대통령의 자리에 있어서 정무가 다단하기에 붓과 벼루를 가까이할 여가가 없지만, 임기가 다 차서 붓을 잡는 사람이 되면 반드시 세상을 놀라게 할 대단히 장쾌한 저술을 쓸 것이다.

지금은 사방으로부터 공무가 한꺼번에 번잡하게 모여들어서 연설 이외에 붓을 잡지 못한다. 그러나 그 연설 속에도 장려(獎勵)가 있고 교훈도 있고 새로운 사상도 있으며, 혹 도의(道義)를 이야기하며 혹 정근을 이야기하며, 때로 분투하는 생활을 말하며 때로 여유롭고 한가한 가정을 말한다. 구법(句法)과 문장 등을 고려하지 않으나 그의 언론이 세상을 유익하게 하는 점으로 보자면 세상의 철학자나 도학자 무리가 그에게 미치지 못할 바일 것이다. 그는 적어도 평균 달마다 4·5회는 반드시 연설하는데 그중에 유익한 진리를 담고 있는 것이 적지 않고, 그 가운데서도 특히 청년자제들이 취하여 실행해야 할 교훈이 있다는 것은 사람들이 모두 다 아는 바이다.

씨의 선조는 네덜란드로부터 이주해 온 사람인데, 뉴욕으로 건너와 상업계 및 은행가에서 성공하고 정부에 대하여 충성한 것으로 유명하다. 들어보니 씨의 조부와 부친은 대대로 프랑스인 아가씨를 아내로 맞아들였고, 그의 부인 역시 프랑스 출신이라고 한다.

씨의 선조는 유럽 대륙으로부터 미국으로 건너온 사람이지만 미국에 거주한 것이 여러 해여서 이른 시기부터 이미 순수한 미국인이 되었는데, 특히 씨의 세대에 이르러서는 다만 미국인이 되었을 뿐만 아니라 미국식의 미국인이라고 이를 만하게 되었다. 그 공사 간의 생활이 전부다 미국식이고 그의 자유로운 점에 있어서와 그의 몹시도 번거롭고 바쁜 점에 있어서는 미국 국민의 성격을 완전히 발휘하였다고 말하더라도 지나친 말이 아닐 것이다. (미완)

세계 이문(異聞)

○ 길에 떨어진 것을 줍지 않는다

몬테네그로는 유럽의 가장 작은 나라이지만 풍속의 아름다움은 세상이 훌륭하게 여겨 칭찬하는 바이다. 어느 나라의 공사(公使)가 그 부인과 함께 서로 손을 잡고 산보하다가 그 금가락지를 잃어버렸는데, 해당 가락지는 품질이 높고 값이 비싸서 쉽사리 얻지 못할 것이었다. 공사가 궁중에 급히 도착하여 왕에게 수색해 달라고 요청하였는데 왕이 빙그레 웃으면서 "해당 가락지가 아무 곳 길가의 동굴에서 백 보 떨어진 아무 곳에 있으니 가서 찾아보라."라고 말하여 공사가 그 말을 따라서 과연 가락지를 찾게 되었다. 공사가 깜짝 놀라 의아해하여 왕에게 "왕께서는 어떻게 이것을 아셨습니까?"라고 묻자, 왕이 웃으면서 "짐(朕)의 신하 중에 이 가락지를 본 자가 일고여덟 명이다. 이 때문에 알게 되었다."라고 말하였다. 공사가 또 "보물을 보고서 가지지 않은 것은 어째서입니까?"라고 묻자, 왕이 시자(侍者)를 돌아보며 "너희들은 어째서 다른 사람이 잃어버린 것을 주워서 가지지 않았느냐?"라고 물었다. 그러자 그가 대답하기를 "만금(萬金)짜리 가락지가 아무리 귀하게 여길 만하다고 하지만 양심의 귀함에 비하면 일전(一錢)의 값어치도 안 되니, 만금을 잃어버린 것은 그래도 말할 만한 것이지만 양심을 잃어버린 것에 이르러서는 진실로 말할 만하지 못한 것이라고 하겠습니다."라고 하였다. 공사가 크게 감탄하며 "군주와 신하가 이와 같으니 나라가 장차 흥성하게 됨을 상상해볼 만하겠다."라고 말하였다 한다. -탐욕스럽고 비루한 자가 마땅히 이것을 가지고 감계로 삼아야 할 것이다-.

○ 하늘은 스스로 돕는 자를 돕는다

독일의 재상 비스마르크가 하루는 벗과 함께 사냥하러 나갔는데 무논의 곁길로 지나가다가 그 벗이 발을 헛디뎌서 진흙 수렁에 빠졌다. 그 사람이 낭패를 당하여 진흙 밖으로 빠져나오려고 하였으나 발을 구르면 구를수록 점점 더 빠져들어가 목 부분까지 진흙 속에 파묻히게 되어서 비스마르크 재상을 향하여 비명을 지르며 구제해 달라고 요청해 마지않았다. 그런데 비스마르크 재상이 쌀쌀맞게 대답하여 말하기를 "벗이여, 나는 불행하게도 그대를 구하지 못하겠다. 그대를 구하려고 하면 나 역시 진흙 수렁에 빠져들어서 나와 그대가 함께 망하게 될 것이니, 이래서야 되겠는가. 내가 그대의 괴로움을 차마 눈으로 보기보다는 차라리 사격하여 잠시라도 그대의 고통을 덜어주는 것이 나을 것이다."라 하고 그 총을 가져다가 그 벗의 머리 위를 겨누고 언성을 높여 "이는 하늘이 사람을 사랑하는 뜻으로 그대의 생명을 끊는 것이니 정숙하라."라고 말하였다. 그 사람이 전율하며 어찌할 바를 알지 못하여 필사의 힘을 다하여 깊은 진흙 속에서 도약하여 땅 위로 겨우 빠져나왔다. 이에 공(公)이 빙그레 웃으면서 그 벗더러 이르기를 "벗이여, 내가 잘못을 저지른 것이 아니다. 하늘은 스스로 돕는 자를 돕는 법이니, 그대가 그대를 스스로 돕지 않으면 내가 아무리 진흙 수렁에 빠진 그대를 구하고자 하여도 그대에게 보탬은 없고 그저 따라 죽는 사람이 되었을 뿐일 것이다."라 하였다. –다른 사람에게 의지하기만 하는 자는 마땅히 이것으로 경계를 삼아야 할 것이다–.

○ 청년의 독견(獨見)

미국의 어떤 교회에서 설교하기를 끝마치고 목사가 명하여 말하였다. "천국에 가고자 하는 자는 일어서라." 이에 회당에 모인 모든 사람이 전부 다 일어섰는데, 오직 한 청년만이 가만히 앉아서 움직이지 않으니 회당에 모인 모든 사람의 시선이 이 한 청년의 몸에 집중되었다. 목사가 또 명하여 말하였다. "지옥에 가고자 하는 자는 일어서라." 그러자 단 한 명도 일어서는 사람이 없었고, 이 청년도 역시 가만히 앉아서 움직이지 않았다. 이에 목사가 걸음을 옮겨서 그 청년의 곁에 이르러서 청년에게 "어째서 일어서지 않았는가?"라고 묻자, 청년이 의젓하고 당당하게 대답하기를 "나는 이 세상에서 생활함을 얻은 것으로 곧 만족하니, 천당에 가며 지옥에 가는 일은 모두 바라지 않기 때문에 일어서지 않았다." 라고 하였다 한다. –미신에 빠진 자는 마땅히 스스로 각성해야 할 것이다–.

○ 신문값을 내지 않다

뉴욕에 이름이 널리 알려진 한 신사가 있었는데 그 타고난 성품이 인색하여 신문값과 같은 것도 수년 동안 지급하지 않았다. 이에 어떤 신문사에서 한 가지 계책을 세워서 그 지면에다 아무 신사가 죽어서 세상을 떠난 일을 기재하고 아울러 "아무 신사는 다른 여러 일에 관한 부분으로 보자면 사람의 모범이 될 만한 인물이다. 다만 신문값을 지급하지 않는 기이한 버릇이 있었으니, 참으로 애석하다."라고 부기하였다. 그러자 아무 신사가 이 기사를 읽고 분한 마음이 불타올라 그 즉시 급히 달려가서 해당 신문사에 곧장 이르러서 사원을 만나보기를 요청하고 그 불법을 대단히 따져 꾸짖으니, 사원이 쌀쌀맞게 대답하였다. "본 신문값을 몇 차례 독촉하였어도 어떠한 회답도 없기에 추측하기를 '공(公)같이 체면을 중시하는 신사가 죽지 않았으면 이러한 일이 틀림없이 없을 것이다.'라고 하여 이를 기재한 것이니, 이것이 만사에 민활함을 귀하게 여기는 신문사의 입장에서 실로 마지못해 한 일이고, 또한 이 기사는 귀하가 서거한 경우를 예상하고 기재하였기 때문에 사실과 어긋난 점이 없고 보면 취소할 이유를 알지 못하겠소."라고 하였다. 아무 신사가 매우 부끄러워 무어라 말해야 할지를 알지 못하고 황급히 신문값을 지불하고는 사죄하고 떠났다고 한다. ─신문값을 내지 않는 자는 마땅히 이를 세 번 반복해서 외워야 할 것이다─.

○ 시간 배상 청구

스페인 사람은 시간에 대한 관념이 결핍되어 항상 내일이 있다고 하며 세월을 헛되이 보내는 습관이 있다. 그래서 스페인에 체류한 영국인이 스페인의 어떤 사람이 약속을 어김으로 인하여 허다한 경비와 사흘간의 시간을 헛되이 소비하였다고 하여 손해배상을 청구하여 재판소에 기소하기에 이르렀다. 그래서 해당 재판관이 원고와 피고 두 사람을 판결한 뒤에 원고인 영국인에게 힐문하기를 "그대가 시간의 필요성을 간절하게 의논하여 '이미 잃어버린 사흘간의 시간은 목숨이 다할 때까지 다시는 만회할 수가 없다.'라고 하니, 만약 사흘간 더 살도록 해준다면 이미 잃어버린 사흘을 보충하는 데에 또한 근심이 없지 않겠는가."라 하였다. 그러자 영국인이 이런 무리한 말에 대하여 다시 이의를 제기할 수가 없어서 입을 다물고 물러났다. ─우리 한인 중에 시간을 제대로 지킬 수 있는 자가 과연 몇 사람이나 되는가. 마땅히 이를 감계로 삼아 깊이 반성해야 할 것이다─.

태평양상의 아메리카의 세력

아메리카는 오늘날까지 팽창 발전을 자신의 생명으로 삼고 있다. 북미합중국의 국민은 새로운 이주민이 연이어 잇달아 상륙함과 미개척 토지의 개간이 유일한 희망인데, 이런 절박함으로 끊임없이 서방으로 진출하기를 일찍이 하루라도 멈추거나 쉬지 않았다. 이처럼 진출할 적에는 실로 싸움이 없을 수가 없는바 때로 자연을 대하여 싸우며 때로 사람들을 대하여 싸우니, 늘 전투하는 와중에 그 국민의 기상을 단련하여 대담한 모험적 정신과 자유로운 기업적 야망을 품고서 아메리카 민족의 앞길과 장래에 다대한 희망을 부쳐 드디어 저런 제국주의의 맹아를 틔우는 데에 이르게 되었다. 수년 전까지는 양키의 야심이 완전히 북미 대륙을 획득하는 데에 있어서 북방 너른 들판과 산야에 위대한 사업을 하는 것으로 만족하였으니, 철도 사업과 같은 것이 그중에 특히 큰 것이었다. 무릇 농(隴)을 얻은 이상은 문득 촉(蜀)까지 취하고자 하는 마음이 일어나기 마련이니,[2] 미국인은 대양으로부터 대양에 이르는 광대하고 끝없는 영토와 짝하여 태평양상의 부원(富源)을 구할 마음이 더욱더 절실해지기에 이르렀다. 그래서 자본의 취합과 생산적 사업의 발흥에서 말미암은 상공업의 발전이 예로부터 미증유의 진운(進運)을 불러오자, 이에 트러스트(trust)의 사람들은 해외에 판로를 개척할 필요를 느끼게 되어서 미국의 제국주의는 일약 곧장 대양을 넘었다. 그래서 스페인의 함대를 일격에 전멸시키고 나서 이에 홀연 식민의 세력을 획득하여, 지나의 연안을 면한 누른 바다의 물결 위에 인구 8백만 남짓의 군도(群島)를 점령하게 되었으니 필리핀이 바로 이것이다.

---

2 무릇……마련이니 : 이는 후한(後漢)의 광무제(光武帝)가 농서(隴西)를 평정한 뒤에 지금의 사천(四川) 지방인 촉(蜀)의 공손술(公孫述)까지 격파하기를 바란 '득롱망촉(得隴望蜀)'을 풀어쓴 것이다.

하루아침에 갑자기 동양에 사변이 생긴다면, 세계 일류의 실업국이지나, 일본, 조선, 보르네오 및 프랑스령 인도차이나 등과 연결되는 태평양의 지중해라 할 만한 처소에 대단한 근거지를 차지한 것은 만사에 편리한 점이 많다고 이를 만하다. 미국이 스페인을 쫓아내고 이를 대신하여 취한 것은 결코 우연이 아니니, 태평양상의 각축 문제에서 이 점령지가 실로 미국에 필수불가결한 바이기 때문이다.

필리핀은 땅속의 화력(火力)에서 분출된 군도(群島)라고 하는 설(說)이 있으니, 그 진위는 알 수 없으나 지금도 때때로 땅이 크게 울리어 요동하는 것을 보면 그 시원이 분화(噴火)임을 증명하는 듯하다. 필리핀의 주민은 그 종족이 상당히 복잡하여 토인과 같은 경우도 각각 그 종족을 달리하며 그 종교를 달리한다. 뒤이어 태평양의 제일가는 탐험가라고 일컬을 만한 스페인인이 이 섬에 근거하여 유럽의 문명과 기독교를 가지고 와서 스페인식의 풍속을 각인시켰다. 이 때문에 미국인이 여기에 들어올 적에 한편으로는 우상교(偶像敎)를 믿는 자가 있으며 이슬람교를 믿는 자가 있어서 각자 독립하여 속박되지 않은 채로 고대의 풍속을 의연히 굳게 지키고, 다른 한편에서는 전자보다 더 많은 인민이 이미 유럽화되고 기독교화되어 이 역시 한 나라를 따로 이루어 자치제를 선포할 것을 도모하고 있었다. 이러한 즈음에 미국인이 어떻게 이를 통일하는가 하는 것은 누구의 눈으로 언뜻 보더라도 매우 곤란하리라는 것을 알아차릴 수 있을 것이다.

그런데 북미합중국은 부의 힘으로써 세계열강 사이에서 우뚝하게 두각을 드러낸즉, 근년에 이르러 그 부강함과 웅대함을 과시하여 옛 유럽이 나라를 다스리던 방법이 진부하며 시세(時世)에 뒤처진 것이라고 냉소하고 정치와 실업을 동일시하여 혼동하는 극단을 드러내 보이고 있다. 그러나 속담에 "지옥의 제도도 금(金)의 다음이다."라 하였으니, 첫 번째도 금이고 두 번째도 금으로 금이란 현세의 만능인 것이니 황금만

능주의의 강행은 다툴 수가 없는 사실이라 하겠다. 미국인이 이러한 황금만능주의를 이행하기 위하여 자연과 싸우고 기후와 싸우며 열대지방과 싸우고 완강한 민족과 싸우던 용기는, 젊은 신진의 기업적 국민이 아니면 도저히 보여줄 수 없는 장엄한 광경이라고 말하지 않을 수 없기도 하다. 아메리카인은 쿠바와 필리핀에서 스페인의 압제를 공개하고 그 잔인한 폭력을 혐오하는 동시에 그 무능과 무력함도 마음속으로 냉소했을 것이다. 그러나 일단 이를 대신 취하고서 바로 자기도 역시 압제자의 태도로 나온 것은 심히 공감하지 못할 일이라 하겠다. 국민의 독립과 자유를 열심히 공언하다가 자기가 담당하게 되자 혀뿌리가 채 마르기도 전에 심하게 억압하고, 오늘날의 현황을 가지고 보아도 동양에 문호 개방을 요구하면서 자국에서는 때때로 쇄국주의를 실행하고 있는 것이다.

내가 미국이 필리핀을 어떻게 점령한 것인가에 대해서 말할 수는 없으니, 과거의 일은 선악을 따지지 말고 망각의 묘지에 매장함이 옳기 때문이다. 다만 점령한 이후에 통치하기 곤란한 것은 필리핀의 국정(國情)과 민속에서 비롯된 점이 있다고 하나, 실업에서 고대 그리스처럼 세계에서 우월한 권한을 장악한 미국이 정치 문제에서는 아직 경험이 적고 식민 문제에서도 그 진부하다고 한 옛 유럽에 도저히 미치지 못하는 소치라고 하지 않을 수 없다.

요컨대 필리핀은 하루아침에 동양에 사변이 생기는 날에는 미국의 필수불가결한 근거지가 되겠지만, 오늘날까지 행해온 치적으로는 하등 볼 만한 것이 없고 도리어 이 때문에 세계를 미국화하려는 큰 야망이 이행되지 못함을 실증한다고 말하는 것이 옳을 것이다.

이 한 가지 일을 가지고 보아도 미국이라고 하는 나라는 실업으로써 세계의 맹주 역할을 하는 데에 뜻을 두고, 막연하게 정략(政略)과 군략(軍略)의 방면으로 선회하지 않는 것이 옳다고 할 것이다. 실업국은 실업국으로써 향해 가야 천하에 대적하는 자가 없다. 우연히 정치상 및 군사 상으로 성공을 보는 경우가 있다고 해서 이것을 가지고서 곧장 실업상의 세력을 정략상에 응용하려고 하면 도리어 실패를 초래하게 된다.

미국이 태평양에서 가지는 세력은 실업상으로 보면 천하에 대적할 자가 없다고 할 수 있으니, 지나에서든 일본에서든 조선에서든 미국이 지닌 부의 힘은 실로 크다. 앞으로 파나마 운하가 개통되는 시초에 이르러서는 그 편리함이 더욱 많을 것인즉 태평양에 있어서 경제상의 발전은 앞으로 더 나타날 것이다.

요즈음 유럽인 중에는 앞으로 세계에 전쟁이 발생하면 당사국은 틀림없이 일본과 미국이라고 말하는 자가 있다. 지금 일본과 영국은 동맹을 맺은 상태이고 일본과 프랑스는 협약을 맺은 상태이며 일본과 러시아의 협약도 역시 이루어졌으니, 아득히 먼 장래의 일은 알지 못하겠으나 잠깐은 이러한 국가들 사이에 당분간 전쟁은 없을 것이다. 다만 태평양상에서 이해에 충돌이 있는 나라는 일본과 아메리카이니, 유럽인의 말이 무리한 것은 아니라 하겠다. 다만 아메리카를 위하여 헤아려보건대, 막연히 실업에서 얻은 고대 그리스와 같은 성공을 확장하고자 하여 옛날 방식으로 성립한 일본 민족과 무기를 겨누지는 않는 것이 바로 또한 아메리카가 태평양에서의 세력을 길이 보존할 방도라고 하겠다.

이는『도미잡지(渡米雜誌)』[3] 제11년 제11호에 실려 있는 것으로, 여기에 번역해 기재하니 뜻있는 이들은 참고하시기 바라는 바이다.

---

3 『도미잡지(渡米雜誌)』: 일본의 도미협회(渡米協會)에서 발행한 잡지로 해당 기사는 1907년의 11호에 게재된 것으로 보인다.

한자통일회 개설에 관한 의견 (속)

　지금으로부터 7・8년 전에 미쓰이물산(三井物産)의 사장 마스다 다카시(益田孝)[4] 군이 지나의 이곳저곳을 두루 다니며 구경하고 돌아온 뒤에 나에게 말하였다. "지금까지 미쓰이물산회사는 지나와 조선의 요지에 지점을 개설하고 청나라와 한국에 대한 우리의 무역 사업을 확장하기 위해 영어에 숙달하며 상업상의 학설에 통달하고 또한 구미(歐美) 상공업의 실황을 시찰한 자에게 이를 담당하도록 하였다. 그런데 지나의 내지에 들어가서 지나인과 더불어 교섭하는 경우에 일본인이 양복을 착용하고 숙련되지 못한 영어로 무역에 종사하며 구미인과 대치하면 그 형세가 불리한 지위에 서지 않을 수 없다. 그러므로 지금부터 일본인이 지나의 무역시장에 서서 활동하고자 한다면, 모름지기 지나어로 말하며 지나의 의복을 착용하고 직접 지나인과 더불어 교제하여 밀접한 사교상의 우의를 맺은 뒤에 무역업의 발전을 꾀하는 것이 제일가는 첩경이다." 내가 당시에 이 말을 듣고서 실제 적확한 명론(名論)이라 감복하였다. 근래 구미인의 지나에 대한 무역상의 기획과 시도 및 준비 상태를 살펴보건대, 7・8년 전에 마스다 군이 말하였던 방침과 흡사한 방침으로 경영되고 있다. 돌아보건대 오직 이 계책은 결코 일시적인 수단에 그치지 않고 장래 청나라와 한국 지방에 우리나라의 무역을 확장하며 또 정치상의 세력을 부식(扶植)하려고 하는 이상 없어서는 안 될 요체가 되는바, 지나어로 말하며 지나의 문자를 써서 동문(同文)의 편의성을 이용하는 것이 일본인에게 필요한 점이라고 하겠다.

　"무역이 국기(國旗)와 더불어 짝한다."라고 하였는데, 이는 50년 전까

4　마스다 다카시(益田孝) : 1848-1938. 실업가로 남작 작위를 받았으며 미쓰이를 종합
　상사로 강화했다.

지 구미 외교가의 잠언(箴言)이었다. 이는 고압적인 수단을 외교 정략의 비결이라고 인식하였던 시대에는 바꿀 수가 없는 격언이었을지도 모르겠으나 이 20세기에는 이미 진부한 것으로 치부된다. 오늘날 고압적인 수단을 외교 정략의 비결로 삼는 것은 각국 상호 간의 국교가 친밀함을 더하여 감에 따라 점차 그 효력이 줄어들게 되었고, 사교상의 원만한 관계로 말미암아 무역이 확장되고 발달되기에 국제간의 원만한 교의(交誼)가 무역을 발달하게 하는 일대 요소라고 하기에 이르렀다. 그렇다면 동문(同文)의 나라에서는 그 국적이 다른 것에 구애받지 않으며 국가의 영토가 다른 것에 구애받지 않고 문자가 미치는 구역을 바로 무역의 범위로 인식하여도 틀리다고 할 수 없다. 이를 요사이 세계 무역상의 정세를 가지고 확인해보건대, 국제간에서 동일 문자의 사용은 이 사업의 확장에 있어서 가장 유력한 무기이다. 일·한·청 3개국의 동문(同文)은 이 3개국의 외교 및 무역의 발전에 비길 데 없는 좋은 인연이므로, 이상 3개국의 인민은 이것을 기초로 삼아 친교를 맺어서 국정(國情)을 상호 숙지하며 사상을 상호 교환하고 이를 통해 무역의 발달을 꾀함이 무엇보다도 매우 긴요하다. 우리나라에서 만일 한문과 한자를 폐기하고 로마자를 사용하여 아시아 대륙에서 벗어나 무역을 경영한다 해도, 일본인이 로마자로 서간을 인식하고 로마자로 신문과 기타 사상을 교환하는 기관을 사용함에 있어서는 도저히 구미인에게 뒤떨어지지 않을 수가 없다. 반면 한문과 한자로 상업 문서를 인식하여 상업상의 교섭을 하며 또 상업에 관한 소통 기관 등을 경영한다면 일본인이 확실히 구미인보다 수위를 차지할 수 있음은 명약관화하다. 그러므로 우리나라에서 한문과 한자를 사용하지 않고 로마자를 사용하여 각종 사업을 계획하는 것과 같은 것은 동양 발전상에서 가장 졸렬한 계책이라고 이르지 않을 수가 없다. 바로 지금 천하의 대세상에서 통찰하여 우리나라의 지위를 연구하면 위에서 기술한 바와 같다. 일본은 원래 로마자를 통해 구미의 문명을 수입하고 충분히 이를 씹어 소화하여 그 얻은 결과를 한문과 한자를 통해 조선과 지나에 수출할 큰 책임을 짊어진 나라이다. 비록 세계에 건설된 나라가 많으며 또 서양 문명의 정화(精華)를 모은 구미의 선진국이 있다 해도, 동서 두 반구(半球)의 문화를 한 나라에 모아서 이를 혼화(混化) 융합하고 그 결과를 다시 아시아 대륙을 향해 발휘하고 확충할 좋은 지위를 차지한 나라는 일본을 제외하고 없다는 것이 분명한 사실이다.

이상 서술한 사실을 가지고 단정하면, 동서 두 반구의 문명을 한 나라에 모아 한 덩어리로 만들어서 20세기 신문명의 원소를 빚어 만들고 그 원소를 통하여 아시아 개발의 계획을 수립하는 것은 실로 우리나라의 천직(天職)이자 장래의 일대 사업이다. 이 사업을 완성하는 데에는 일본 민족 이외에 이만큼 유망한 지위를 차지한 인종이 없다. 그러므로 우리나라의 한학(漢學)은 더욱더 발달시키면서 구미의 외국어도 충분히 연구해야 할 것이다. 한학과 서양의 학술을 융화 혼합하여 아시아 발전의 대계획을 시험하면 구미 여러 나라는 형세에 맞춰 모두 우리나라의 방침을 본받아 아시아에 대한 사업을 진행할 것이 틀림없을 터이다. 그러므로 나는 우리나라의 큰 방향에 참여하는 뜻있는 여러분이 특히 위의 방침을 확고히 지켜서 아시아 개발이라는 대사업을 경영함에 굳은 마음으로 혼신을 다하기를 희망하는 것이다.

이상과 같이 일본 국민이 짊어진 천직을 실제로 시행하자면 집행할 만한 방법이 매우 많지만, 그중 제일 필요한 것은 일·한·청 3개국에 공통적으로 통용되는 한문과 한자를 통일한 『옥편(玉篇)』과 같은 자서(字書)를 만드는 것이다. 오늘날 이러한 종류의 자서가 존재하지 않는 것은 우리들의 지론을 이행하는 데에 있어서 일대 장애다. 일·한·청 3개국이 문자는 동일하나 발음을 달리한다. 그러므로 필담을 하면 뜻이 소통되지만 구어로는 서로 이해할 수가 없어서 매우 불편하다. 현재 청국의 유학생으로서 도쿄에 거주하는 자는 1만 남짓이고, 조선의 유학생도 4·5백 명에 달한다. 또 일본인으로서 지나와 조선에 체류하는 자는 그 수가 몇만의 단위로 헤아려진다. 이 사람들이 일상에서 입으로 말하는 바와 눈으로 보는 바와 서면으로 인지하여 주고받는 바가 동일한 문자로 되어 있음에도 불구하고, 그 서로 불통하는 발음을 어떻게 연구할지 어떻게 독학할지에 대한 기초학습서와 자전 류가 있는가 하면, 이를 통일하여 편찬한 것이 오늘날 전혀 없다. 이에 우리가 위에 서술한 불리함과 불편함을 보완하기 위하여 최근에 뜻을 함께하는 선비들과 서로 도모하여 한자통일회를 설립하였으니, 일단 글자 수 약 6천 자를 한정해서 일·한·청에 공통적으로 통용되는 실용적인 문자를 자전으로 편찬할 계획이다. 3개국의 발음은 가타가나로 덧붙여 적고 또 로마자로 기록하여서 일·한·청의 인민은 물론이고 비록 구미인이라도 한번 이 자전을 펼쳐보면 필요한 한자의 발음을 쉽사리 이해하도록 편성하였다. 이 원고가 이미 완성되어서 목하 인쇄에 착수하였으니, 수개월 뒤면 출판하게 될 것이다.

　앞에 진술한 것처럼 한문은 아시아의 발전에서 일대 요소이다. 이 지론에 기초하여 이를 실시하는 방법 중 제일 먼저 착수해야 할 것으로서 자전의 출판을 말하였다. 청나라와 한국에 체류하는 일본인에게 이 자전은 지나 및 조선어의 발음을 연구한 것으로서 그들이 담화를 교환할 수 있는 특별한 종류의 참고서가 될 것이다. 또 일본에 체류하는 청나라와 한국의 학생 및 관리, 상업가는 이 자전으로 인해 일본의 발음과 자의를 해득할 것이고, 또 동양 각지에 체류하는 구미인이 이 책을 펴 열독하면 그 로마자로 기록된 발음으로 인해 글자의 발음을 터득하기가 편리할 것이다. 요컨대 본서의 출판은 우리나라의 천직인 대사업의 실행에 착수할 한 가지 단서에 불과하다. 그러나 이밖에 앞서 서술한 주의를 이행하기 위해 목하 각종의 방안을 강구하는 시절인즉, 만일 세상의

되는 수치를 주겠다고 마음먹었다. 그래서 언사를 겸손하고 부드럽게 하여 다시 의사에게 말하였다. "나는 본국에 있으면서 약성(藥性)이나 본초(本草)에 관하여 반줄의 글도 읽어보지 못한 자입니다. 감히 청하오니, 그 병증이 어떠한지와 스스로 치료하는 방법에 대해 상세하게 들려주시기를 바랍니다."

그러자 의사는 말하였다. "알았소. 그대의 병세는 지금 발생하였지만, 그 근본 내력은 오래되었다고 하겠소. 대체로 '천황씨(天皇氏) 지황씨(地皇氏)'에 '홍(興)이다 부(賦)다'[10] 하는 것은 그대의 견문을 비루하게 하고, 『서경』 주고(周誥)의 「강고(康誥)」, 「반경(盤庚)」, 「낙고(洛誥)」는 그대의 문장을 읽기 어렵고 이해하기 힘들게 만드오.[11] '원형이정(元亨利貞)은 변함없는 천도이다.'[12]는 그대의 사상을 억눌러 떨치지 못하게 하고, 시부표책(詩賦表策)의 신묘한 솜씨[13]는 그대의 정신을 도려내버리오. 신약(新約)과 구약(舊約)에 눈멀 때 '공자 왈 맹자 왈' 하는 것은 이단을 물리치던 묵은 풍습이고, 그대의 허리가 굽어지고 그대의 무릎이 헐어 부은 것은 산림(山林)과 사문(斯文)의 도덕가로 학행이 있는 자의 본색이오. 팽창한 가슴과 뱃속에 축적된 덩어리진 흔적은 삼한갑족(三韓甲族)으로 지체와 문벌이 높은 집안에 대대로 전해진 완악한 습벽이고, 머리를 긁적임에 손톱에 때가 가득하고 벼슬길에 나섬에 사람들이 코를

---

10 천황씨……부(賦)이다 : 천황씨와 지황씨는 『십팔사략』의 첫 구절이고 홍(興)과 부(賦)는 『시경』의 체제를 나누는 육의(六義)의 범주이다.

11 『서경』 주고(周誥)의……만드오 : 한유(韓愈)의 「진학해(進學解)」에 나온 "『서경』「주서(周書)」의 '고(誥)' 체인 글들과 『상서(商書)』의 「반경(盤庚)」 등의 문장은 읽기 어렵고 이해하기 힘들다[周誥殷盤 佶屈聱牙]."라는 구절을 원용한 것이다.

12 원형이정……천도이다 : 『소학집주(小學集註)』「소학제사(小學題辭)」의 첫 구절이다.

13 시부표책……솜씨 : 시부표책은 한문 전통에서 중시되던 글쓰기 장르이다. "신묘한 솜씨"의 원문은 '풍근월부(風斤月斧)'인데 풍근은 장인이 자귀를 바람처럼 휘둘러 코끝에 묻은 흙만 제거했다는 이야기이고, 월부는 달을 도끼로 다듬어서 만들었다는 전설이다. 모두 『장자(莊子)』에 나오는 고사이다.

막는 것은 아무 공(公)의 후손 아무 공(公)의 파(派)라 내세워 신구(新舊)로 나뉜 향촌의 썩은 냄새 때문이오. 보아도 알지 못하고 들어도 깨우치지 못하는 뻣뻣한 목과 억센 혀는 가장 증오할 바이니, 자기보다 나은 자를 미워하고 내가 그르다는 자를 배척하는 자만하는 자의 고질적 병폐이고, 호흡할 적에 숨이 고르지 못하고 앉고 일어날 적에 발이 항상 떨리는 것은 권세와 재력을 가진 세력가 가문 아래 받은 압제의 여독(餘毒)이며, 눈썹과 속눈썹이 항상 떨리고 눈동자가 안정적이지 못한 것은 경향(京鄕)의 관아 문간을 드나드는 분주한 무리의 악습이오. 이런 여러 잡다한 징조가 팔꿈치와 겨드랑이에 숨어 있다가 점점 골수에 침입하는데, 그 초기에는 춥지도 않고 덥지도 않으며 가렵지도 않고 아프지도 않으니 마음을 맑게 하는 약제 하나와 정문(頂門)에 놓는 침 한 대를 일찍 갖추어 쓰지 않고서 태연자약하게 담소하면서 등한히 간과하였다가, 돌연 상전벽해로 세상이 한번 뒤집어지면 그대의 병마가 틈을 엿보고 기회를 타서 사풍(邪風)을 끌어당기고 객기(客氣)를 초래하는 것이오. 그러면 피부의 사이에서 작용해 신화(臣火)[14]와 상화(相火)[15]가 일정하지 않아서 남사북정(南司北政)[16]의 등속이 그 경락을 상실하고 내과(內科)와 외부(外部)의 맥(脈)이 그 심장을 충격하여 간(肝)과 담(膽)이 서로 분리됨에 초나라와 월나라처럼 서로 원수가 되오. 그러므로 그대의 이 병증은 역절(癧節)[17], 담체(痰滯)[18], 곽란(霍亂)의 질병과는 달리 습관에서 비롯되었으며 여기에 의존하는 병까지 더해져 절망병으로 다시 바뀌

---

14 신화(臣火) : 신장의 화(火)로, 정화(精火)라고도 한다.

15 상화(相火) : 간(肝), 담(膽), 신(腎), 삼초(三焦)의 화(火)를 통틀어 이르는 말이다.

16 남사북정(南司北政) : 『황제내경(黃帝內經)』에 인체의 혈맥 등이 움직이는 형세를 설명하는 문구로 "南政之歲 北政之歲"란 표현이 나오는데 이와 관계된 것으로 추정되나 정확한 의미는 미상이다.

17 역절(癧節) : 림프절에 멍울이 생겨 온몸의 관절이 아픈 병증이다.

18 담체(痰滯) : 담음(痰飮)이 정체된 것을 말한다.

게 된 것이니, 이는 현재 신세계에서 몸조리를 하지 못하여 발생한 통증
이며 그 종류와 성질은 한 사람에게 상해가 될 뿐만이 아니라 결국에
가서는 전염되기 쉬워서 세상의 큰 우환거리가 될 것이니 그대는 부디
맹렬하게 성찰하여 조양해 치료하도록 하시오. 무릇 이 병증을 스스로
치료하는 방법은 꼭 의술 속에서만 구할 필요는 없고, 응당 여관으로
돌아가서 차가운 수석(水石) 위에 진피(陳皮)의 쌓인 먼지를 깨끗이 씻
어내고 사상자(蛇床子)에 쓸모없는 파고지(破故紙)를 문무(文武)의 불길
로 가열한 뒤에 방풍(防風)하고 거처하여서 그 마음을 편안하게 하시오.
『본초(本草)』에서 말하기를 '사람에게 항심(恒心)이 없으면 병이 낫지
않는다.'라고 하였으니, 마음이 편안하면 기운이 펴지고 기운이 펴지면
몸이 건강해지고 몸이 건강해지면 오관(五官)과 육부(六腑)는 각각 영위
(榮衛)[19]의 문을 지키고 풍증과 사특한 기운이 저절로 '성(誠)'이라는 관
문의 밖으로 물러나서 천군(天君)[20]이 태연함에 백관(百官)이 명령을 받
들어 독활(獨活)[21]의 효과를 얻을 수 있으리다."
　내가 이에 진정으로 크게 감복하여 도리어 스스로 자책하게 되었다.
'의사의 이 한마디 말이 바로 나의 병에 적중하는구나. 조금 전에 내가
의사를 의심한 것이 어찌 추연(鄒衍)이 하늘을 이야기할 적에 속된 선비
가 혀를 내두른 것과 같은 따위가 아니겠는가. 무릇 나이가 적은 사람이
나이가 많은 사람에게 미치지 못하고, 작은 덕이 큰 덕에 미치지 못하
며, 작은 지혜가 큰 지혜에 미치지 못한다고 하는 것은 바로 나를 두고

19　영위(榮衛) : 한의학 용어로 '영(榮)'은 혈(血)이 순환하는 것을 말하고, '위(衛)'는 기
　　(氣)가 순환하는 것을 말한다.
20　천군(天君) : 사람의 마음을 가리킨다. 『순자(荀子)』「천론(天論)」에서 "마음이 중앙
　　의 빈자리에 있으면서 다섯 가지 감각 기관을 다스리는 까닭에 천군이라고 한다[心居
　　中虛 以治五官 夫是之謂天君]."라 하였다.
21　독활(獨活) : 두릅으로 약재로 쓰기도 한다. 여기서는 홀로 활기를 찾는다는 축자적
　　의미와 약재의 의미 두 가지를 중의적으로 활용한 것으로 추정된다.

이른 것이라고 하겠다. 어질도다, 의사여. 훌륭하도다, 의사여. 고명하도다, 의사여! 그 말이 약석(藥石)이 되어 또한 충분히 나라의 병을 치료할 만하다.' 그러고는 사죄의 말을 아뢰고 물러나 여관으로 돌아와서 의사의 말을 실행한 지 사흘째에 거의 병이 나아 건강이 회복되었으니, 이렇게 나는 병치레를 먼저 한 사람이다.

최근에 듣기로 국내에도 이러한 병증이 간혹 유행한다고 하니, 참으로 그러한 것인가 아니면 말을 전한 자의 오류인가. 만약 이와 같다면 동포가 앓는 병의 그 통증이 나의 마음에도 있었다. 구름 낀 산이 만리나 아득한데 애틋하게 그리운 마음을 가눌 수가 없기에 이에 '안심탕(安心湯)'이라는 한 처방을 가지고 멀리서 서로 가련히 여기는 바이니, 오직 우리 동포는 한차례 사용해보시고, 날씨가 점점 추워지는 이때에 아무쪼록 꼭 진중하시어 순조롭게 잘 조섭해 건강하시옵소서. 오직 우리 동포여! 즐거워도 동포이며, 근심스러워도 동포이며, 멀리 있어도 동포이며, 가까이 있어도 동포이며, 귀하게 되어도 동포이며, 천하게 되어도 동포이며, 부유하게 되어도 동포이며, 가난하게 되어도 동포이며, 현명해도 동포이며, 어리석어도 동포이니, 동포, 동포, 오직 우리 동포여! 가더라도 함께 하고, 오더라도 함께 할지어다. 아아, 우리 동포여! 옛적에 송나라 유자가 말하기를 "병이 든 뒤에 약을 구할 수 있는 것보다는 차라리 병이 들기 전에 스스로 막는 것이 낫다."라고 하였으니, 이 말이 매우 이치에 가깝다고 하겠다. 나는 오로지 이것만을 몹시도 간절히 바라는 바입니다. 오직 우리 동포여, 아무쪼록 반드시 진중할지어다. (완)

명주곡(溟州曲)

『고려사(高麗史)』「악지(樂誌)」에 명주곡이 실려 있는데 세상에는 다음과 같은 이야기가 전한다. 어떤 서생이 유학(遊學)하다가 명주(溟州)에 이르러 자색이 아름답고 제법 글을 아는 한 양갓집 여자를 보게 되었다. 그 서생이 시(詩)를 가지고 유혹하자 그 여자가 말하기를 "부녀자는 남을 함부로 따르지 않는 법이오. 그대가 급제하기를 기다려 부모의 명을 받거든 일이 이루어질 수가 있을 것이오."라고 하였다. 이에 서생은 즉시 경사(京師)로 돌아가서 과거 공부를 하였다. 여자의 집안에서 장차 사위를 맞아들이고자 하였는데, 여자는 평소 연못에 임하여 물고기를 기르던 터라 물고기가 여자의 인기척을 들으면 반드시 와서 주는 먹이를 먹곤 하더니, 이때에 이르러 여자가 물고기에게 먹이를 주고서 이르기를 "내가 너를 기른 지가 오래되었으니 의당 나의 뜻을 알 것이다."라 하고 백서(帛書)를 던지자 어떤 큰 물고기 한 마리가 솟구쳐 올라 백서를 머금고 유유히 사라졌다. 이때에 서생이 경사에 있으면서 부모를 위해 찬을 마련하고자 하여 생선을 사서 집으로 돌아와 배를 갈라 백서를 얻어 보게 되었다. 서생이 기이함에 깜짝 놀라 즉시 백서를 가지고 곧장 여자의 집을 찾아가 보니, 사위가 이미 집 문에 이르러 있었다. 서생이 백서를 여자의 집에 보여주고 마침내 이 곡을 노래하자 여자의 부모가 기이하게 여기며 말하기를 "이는 정성이 감응한 바요 사람의 힘으로 이룬 것이 아니다."라 하고, 그 사위를 돌려보낸 다음 서생을 맞아들여 사위로 삼았다.

경원(慶源)의 번호(蕃胡)

선조 26년에 번호(蕃胡)²² 니탕개(泥湯介)가 쳐들어와 경원을 함락하
자 함경도 병마절도사 이제신(李濟臣)이 연달아 장계를 올려서 급박한
상황을 아뢰었다. 오운(吳沄), 박선(朴宣)을 조방장(助防將)으로 삼아 군
사 8천 명을 거느리고 먼저 구원하러 가게 하니 국내의 사기가 크게
진작되었다. 온성 부사(穩城府使) 신립(申砬)이 정병(精兵)을 거느리고
구원하러 가서 성에 들어가자 적이 세 겹으로 포위하였는데, 신립이 죽
음을 각오하고 싸우자 적이 마침내 물러났다. 적이 또 건원보(乾原堡)²³
를 포위하였는데, 부령 부사(富寧府使) 김의현(金義賢)이 온 힘을 다해
싸워서 물리쳤다. 적이 또 안원보(安原堡)를 포위하고 군사의 세력이 매
우 성대하여 나아가 종성(鍾城)을 포위하니, 수비하는 장수들은 모두
굳은 의지가 없었고 신립은 그때 마침 하산(河山)을 원조하고 있었다.
적이 또 훈융진(訓戎鎭)을 포위하고 충차(衝車)와 판교(板橋)를 만들어
사면에서 성을 공격하였는데, 첨사(僉使) 신상절(申尙節)이 밤낮으로 항
거하여 싸우다가 화살이 다하고 힘이 다하여 성이 장차 함락되려 할
때 신립이 유원진 첨사(柔遠鎭僉使) 이박(李璞)과 더불어 황척파(黃拓坡)
의 샛길을 따라 곧장 달려 돌아와 포위를 뚫었다. 적이 후퇴하자 이를
추격하여 70여 수급을 베고 곧바로 그들의 부락까지 쳐들어가 소탕하
고 돌아왔다.

경원부(慶源府)는 본래 여진족이 광주(匡州)라 했는데, 후대의 사람이
땅을 파다가 동인(銅印)을 얻었더니 그 인문(印文)에 "광주방어지인(匡州
防禦之印)"이라고 되어 있었다. 고려 예종(睿宗) 2년에 여진족을 공격해

---

22 번호(蕃胡) : 여진족을 이른다.
23 건원보(乾原堡) : 함경도 육진(六鎭)에 둔 29진보(鎭堡)의 하나이다. 다음에 나오는
    안원보, 훈융진과 유원진도 이 29진보이다.

쫓아내고 성채를 설치하였는데, 본조(本朝) 태조(太祖) 7년에 성을 축조
하는 한편 목조(穆祖)께서 기업(基業)을 창시한 땅이라고 하여 승격시켜
부(府)로 삼았는바 그 땅에 덕릉(德陵)과 안릉(安陵)[24]의 두 능이 있다.

인물고

이순신(李舜臣)

이순신의 자(字)는 여해(汝諧)이며 본관은 덕수(德水)이다. 아이일 때
부터 호쾌하고 시원시원하며 어디에도 얽매이지 아니하여 아이들과 유
희할 적에 항상 전진(戰陣)의 상황을 만들고 놀았다. 장성하고 나서는
무과(武科)에 종사하여 말타기와 활쏘기가 다른 사람에 비해 월등히 뛰
어났고, 비록 무인들과 교유하였으나 고상하고 꾸밈이 없으며 고요하고
말수가 적어 입에 경솔한 말을 담지 않으니 무리들이 모두 그를 어려워
하였다. 선조(宣祖) 병자년에 무과에 급제하였는데 사사로운 청탁 없이
권지훈련원봉사(權知訓鍊院奉事)가 되었다. 병조판서 김귀영(金貴榮)이
그 서녀(庶女)를 첩으로 주려고 하자 순신이 사양하며 말하기를 "처음으
로 벼슬길에 나왔는데 어찌 권문(權門)에다 몸을 의탁하는 것이 마땅하
겠는가."라고 하였다. 율곡 이선생이 이때 이조판서로 있었는데 그 이름
을 듣고 말하기를 "이 사람은 나의 동종(同宗)이다."라 하고 사람을 통하
여 만나보기를 구하였다. 그러자 순신이 이를 달갑게 여기지 않고 말하
기를 "동종의 자격이라면 만나볼 수도 있지만 전지(銓地)[25]에 계시는 이

---

24 덕릉(德陵)과 안릉(安陵) : 덕릉은 조선조 태조의 고조부인 목조(穆祖)의 능이고, 안
릉은 고조모 효공왕후의 능이다.
25 전지(銓地) : 인사권을 가진 지위를 뜻한다.

상 만나볼 수가 없다."라 하였다.

　북쪽 변방의 권관(權管)에 등용되었다가 임기를 채우고 충청 병사(兵使)의 군관(軍官)이 되었는데, 자신의 뜻을 굽혀가며 다른 사람을 따른 적이 없었다. 발포 만호(鉢浦萬戶)가 되었을 적에 수사(水使) 성박(成鎛)이 관사(館舍)의 오동나무를 베어 금(琴)을 만들고자 하였는데, 순신이 거절해 허락하지 않으니 수사가 크게 노하였으나 감히 오동나무를 취하지 못하였다. 나중에 건원보권관(乾原堡權管)으로 전직하였다. 이때에 우을지내(亐乙只乃)라는 오랑캐 적이 있어 오랫동안 변방의 근심거리였는데, 순신이 기이한 계책을 써서 오랑캐를 유인해 생포하여 병사(兵使)에게 바치자, 병사가 자신에게 알리지 않고 이루어진 공이라고 싫어하여 도리어 병권(兵權)을 천단해 장악하였다는 죄목으로 벌줄 것을 청하였다.

　부친상을 당하여 삼년상이 다 끝나자 조산 만호(造山萬戶)가 되었다. 당시 방백(方伯)이 건의하여서 녹둔도(鹿屯島)에 둔전(屯田)을 마련하여 순신으로 하여금 아울러 관리하도록 하였다. 순신이 땅이 외지고 병력이 부족하다고 하여 누차 병력을 증원해줄 것을 청하였으나 병사(兵使) 이일(李鎰)[26]이 허락하지 않았는데, 가을걷이 철이 되자 오랑캐가 과연 군사를 일으켜 성채를 공격하였다. 순신이 앞장서서 나아가 적을 막아서 싸웠는데 그 추장을 화살로 쏘아 맞혀 죽이고 패퇴하는 적을 추격하여 60여 인을 포로로 잡았다. 그런데 병사가 "싸움의 불씨를 키웠다." 하여 순신을 죽여 스스로 변명하고자 하여 형구를 진열하고 장차 베려 하였다. 이에 군관 등이 둘러서서 보며 눈물을 흘리면서 작별을 고하고 술을 권하자 순신이 정색하며 말하기를 "죽고 사는 것은 명이니 술을 마셔 취한들 무엇하랴." 하고 곧장 뜰에 나아가 항변하며 자신의 죄를

26　이일(李鎰) : 1538-1601. 조선의 무신으로 임진왜란 때 함경도 병사를 지냈다.

인정하기를 거부하자 병사의 뜻이 꺾여 감옥에 가두고 조정에 아뢰었다. 이에 선조께서 죄가 없음을 살펴보시고 종군하여 자신의 정성을 다 바쳐 공을 세우도록 명하셨는데, 이윽고 배반한 오랑캐를 추격해 수급을 바친 일로 사면을 받아 다시 복귀하였다. 전라 순찰사(全羅巡察使) 이광(李洸)이 그를 뽑아서 군관으로 삼고 말하기를 "그대의 훌륭한 재주로 어째서 이렇게 억울한 지경에 이르렀단 말인가."라 하고 상주하여 본도(本道)의 조방장(助防將)으로 삼았다.

　기축(己丑)년에 정읍 현감(井邑縣監)에 배수되었다. 이때 도사(都事) 조대중(曺大中)이 정여립(鄭汝立)의 역옥(逆獄)에 연루되어 추가로 신문을 받게 되었다. 금오랑(金吾郞)이 문서를 찾다가 순신이 조대중의 물음에 답한 서신이 있음을 발견하고 은밀히 말하여 그것을 없애버리려고 하자, 순신이 말하기를 "나의 서신에 다른 말은 없고, 또한 이미 수색한 것 가운데에서 나왔으니 올리지 않을 수가 없다."라 하였다. 조대중의 영구(靈柩)가 읍을 지나갈 적에 순신이 전(奠)을 갖추고 곡하며 전송하여 말하기를 "저이가 이미 자복하지 않고서 죽었으니 그 죄를 알 수가 없다."라고 하였다. 정승 정언신(鄭彦信)이 또한 옥에 갇혀 있었는데 순신이 마침 서울에 갔다가 그가 옛적에 자신의 장수였다고 하여 옥문에 이르러서 안부를 여쭈니, 이 일을 들은 자들이 의롭게 여겼다.

　신묘(辛卯)년에 전라좌도 수군절도사가 되었다. 이때에 왜적과의 흔단(釁端)이 이미 생겼으나 조야가 모두 무사태평하였다. 순신이 홀로 깊이 근심하여 날마다 방비를 단단히 차리면서 쇠사슬을 주조하여 바닷가 항구를 가로질러 설치하고, 거북선을 창작하여 위에는 판자를 덮고 송곳과 칼을 박아놓아 적들이 올라타지 못하도록 하고 그 안쪽에다 병사를 숨겨 팔방으로 총포를 쏘아 적의 배를 불살라 침몰시켜서 항상 승리를 취하였다. (미완)

시사일보 : 11월 16일부터 12월 15일까지

12월 16일

○ 태황제(太皇帝)의 알묘(謁廟) : 태황제 폐하께서 어제 어가로 거동하시어 태묘(太廟)에 전알(展謁)하시고 창덕궁(昌德宮)에 들러 임하시었다가 오후 4시에 환궁하셨다고 한다.

○ 덕수궁(德壽宮)의 영건(營建) : 황상 폐하께서 태황제 폐하의 하교를 봉승(奉承)하여, 덕수궁을 안국동궁(安國洞宮)에 영건하라는 조칙을 내리셨다고 한다.

○ 봉화군(奉化郡) 의도(義徒)의 소요 : 지난 10일에 의도 3백여 명이 봉화군을 습격하여 관아 건물과 파견소 주사(主事)의 가옥과 기타 민가 전부를 태워버렸다고 한다. ―이상 내보―

○ 독일 황제의 연설 : 독일 황제는 런던 길드홀(Guildhall)의 환영회 석상에서 "세계 평화의 지주(支柱)는 영국과 독일 양국 간의 양호한 관계로 유지되는 것에서 벗어나지 않으니, 짐은 지금부터 더욱더 이 방침을 향하여 짐의 힘을 다하고자 한다."라 연설하였다고 한다.

○ 러시아 의회 개회 : 러시아에서 제3회 제국의회 개회식을 거행하였는데, 러시아 황제는 개회식에 임하지 않으시고 칙어(勅語)를 내려 "국내의 질서와 안녕을 유지하며 국민의 이익과 행복을 증진하여 행정의 개량을 도모하는 것은 제국의회의 임무다."라 하였다 한다.

○ 외채(外債) 반대와 청나라 조정 : 청국 장쑤성(江蘇省)·저장성(浙江省) 철도 외채에 대한 두 성(省) 인민의 격앙됨이 가열됨으로 인하여 정부에서 다시 해당 성의 총독과 순무(巡撫)에게 전보를 보내어 대표자를 급히 상경시키라는 명령을 내렸다고 한다.

○ 철도 외채에 관한 유지(諭旨) : 베이징 정부는 상주(上奏)하여 장쑤(江蘇)·저장(浙江) 철도 외채를 그만둘 수 없는 이유에 대해 상유(上諭)를 청하여 두 성(省)의 총독, 순무, 장군에게 전보를 보내었는데, "만일 외채를 거절하면 국가의 위신을 영국에 잃게 될 것이다."라는 한 가지 일에 가장 유의하였다 한다. -이상 외보-

17일

○ 덕천군(德川郡)의 병화(兵火) : 덕천군 용도면(龍島面) 대평리(大坪里)에서 의도와 일본군이 무력 충돌하는 와중에 민가 60여 채가 불에 타버리고 해당 면장이 죽임을 당하였다 한다. -내보-

○ 영국의 해군 정책 : 런던 상업회의소 만찬회의 석상에서 해군 상서(尙書) 로버트슨(Robertson) 씨가 보내온 서간을 낭독하였는데, 그 요지는 헤이그 평화회의에 대한 기대가 결국 허사로 돌아갔기 때문에 영국 해군성(海軍省)은 다시 전함을 더욱더 건조하기로 결심할 것이라 하였다 한다.

○ 독일의 식민지 보조 : 독일의 세출·세입 예산에 근거해보면 동국(同國) 각 식민지에 지급할 보조금 총액이 3백만 파운드-3천만 원- 이상에 달하였는데, 그 안에 자오저우만(膠州灣)으로 할당된 분량이 53만 파운드-530원-라 한다.

○ 독일 황제와 박사 칭호 : 영국 옥스퍼드 대학은 현재 영국에 체류 중인 독일 황제에게 '법학박사'라는 명예 칭호를 수여하였는데, 황제는 블렌하임 궁(Blenheim Palace)에서 동 대학 총대(總代)를 인견(引見)하고 말하기를 "옥스퍼드 대학은 근래 몇 세기 사이에 가장 유력한 방법으로 인재 양성과 학술 연구의 대사업을 완성한 학교다."라 하였다고 한다. -이상 외보-

18일

○ 사직(社稷)과 태묘(太廟)에 맹세하여 아뢰다 : 본일 황제 폐하께서

태묘와 사직에 전알(展謁)하시고 맹세하여 아뢰신 전문과 덧붙여 열거한 여러 조목이 다음과 같다고 한다.

융희 원년 11월 18일 사황제(嗣皇帝)[27] 신(臣) 아무개는 감히 조종열성(祖宗列聖)의 영전에 밝게 아룁니다. 생각건대 저 소자는 외람되이 부덕한 몸으로 부황(父皇)의 명을 받아 제위에 올랐으니 위태롭고 두려워서 낭떠러지에 서 있는 것 같습니다. 오래도록 태평하여 폐단이 쌓인 나머지 국세가 위태롭고 민생이 도탄에 빠졌으니, 크게 개혁하는 조치가 없으면 아래로 백성을 편안히 하고 위로 종묘사직을 받들어 세계의 중심에서 자립할 수 없을 것입니다. 시대에 적절한 사업을 헤아리고 개혁하는 방도를 물어서 확실히 모든 정사를 새롭게 하여 국운을 연장시키는 것을 국시(國是)로 삼겠습니다. 시행해야 할 조목을 이하에 첨부하여 아뢰고 담당 관원들에게 명하여 모두 다 자신의 직책에 힘쓰게 하겠습니다. 저 소자의 이 뜻은 일월(日月)을 두고 다짐한 것이니, 견고하기가 금석(金石)과 같아 결코 흔들리지 않을 것입니다. 삼가 맹세의 말로 하늘에 계신 신령에게 아뢰나니, 부디 굽어살피시어 묵묵히 도우소서. 만일 저 소자와 담당 관원들의 초심이 조금이라도 변하여 끝을 맺지 못한다면 분명하게 엄벌을 내리시더라도 어찌 감히 회피하겠습니까? 삼가 아룁니다.

융희 원년 11월 18일 황제 아무개가 감히 국가 사직의 영전에 밝게 아룁니다. 삼가 생각건대 백성이 의지하는 것은 신령이고, 신령이 보우하는 것은 백성이고, 신령의 명을 받아 백성을 보우하는 것은 국가의 군주입니다. 아무개는 외람되이 제위를 이어받아 한 국가에 군림하였으니 백성 하나가 살길을 잃어도 다 저

---

27 사황제(嗣皇帝) : 황제의 자리를 계승했다는 의미로 사(嗣)를 붙였다.

의 허물입니다. 문치(文治)로 인하여 폐단이 쌓였고 백성의 우매함으로 인해 국가가 약해져서 위태롭게 아침저녁도 보전하지 못하는 처지에 놓였습니다. 악법을 통렬히 혁파하고 새로운 정치로 개혁하여 민지(民智)를 계도하고 국가의 근본을 공고히 하지 않는다면 강토를 보전하고 백성을 편안히 할 수 없을 것입니다. 그러므로 단연코 '유신(維新)' 두 자를 국시로 삼고, 시행해야 할 조목을 이하에 첨부하여 나열합니다. 이는 일월(日月)을 두고 다짐한 것이니, 견고하기가 금석(金石)과 같아 결코 흔들리지 않을 것입니다. 이에 맹세의 말로 밝은 신명에게 아뢰나니, 부디 굽어 살피시고 가만히 도우시어 백성의 마음을 인도하시고 국운을 연장시켜 우리 군신들의 성의에 응답해주소서. 혹시라도 우리 군신들이 한둘이라도 그 덕이 끝을 맺지 못한다면 분명하게 엄벌을 내리시더라도 어찌 감히 회피하겠습니까? 삼가 아룁니다.

1. 상하가 한마음이 되고 군신이 서로 신뢰하여 국가를 개발하여 진취하는 큰 계책을 크게 정한다.
1. 농업과 양잠업을 권장하고 상업과 공업을 장려하여 국가의 부를 개발하여 국가를 설립하는 기초를 공고히 한다.
1. 기강을 엄숙히 세우고 쌓인 폐단을 바로잡아 중흥의 위업을 펼쳐 국가를 개발하는 큰 계책에 부합하게 한다.
1. 내정을 개선하여 신하와 백성의 행복을 증진시키고 사법제도를 확정하여 원통하고 억울한 일이 없게 한다.
1. 인재를 널리 구하여 적합한 지위에 등용한다.
1. 교육의 경우 겉치레를 버리고 실속을 취하는 일에 힘써 국가에서 긴요한 수요에 호응할 길을 열게 한다. -내보-

○ 독일의 극동(極東) 경영비 : 독일이 내년도 예산에 계산하여 올린 극동 경영의 개요가 다음과 같으니, 즉 방콕 주재 판리공사(辦理公使)를

전권공사(全權公使)로 승격하고 타이완의 단수이 영사관(淡水領事館)을 철폐하고 시모노세키(馬關)에 영사관을 신설하는 것, 지난 10월 1일에 개교한 상하이의 독일의학교(獨逸醫學校)에 3만 마르크의 보조금을 지급하고 톈진 영사관(天津領事館) 건설비 17만 5천 마르크를 지출하는 것이라 하였다 한다.

○ 배상 문제의 쟁점 : 밴쿠버 폭동의 배상액에 대하여 캐나다 연방정부 조사위원 킹(King) 씨와 일본 모리카와(森川) 영사 사이에 쟁론이 일어났다. 모리카와 영사는 일본 정부를 대표하여 배상금 삭감을 반대하여 양자 간에 공적 서신을 누차 주고받았지만 공표하지 못하고 오타와로 옮겨서 담판을 짓는다고 한다.

○ 태프트(Taft) 씨 도착 : 미국 대장경(大藏卿)[28]으로 러시아에 가는 태프트 씨는 '레인보우' 외에 두 대의 순양함을 타고 지난 17일에 블라디보스토크에 도착하였는데, 해당 항에 체재한 일수는 이틀가량이다. 씨의 출발을 위하여 특별열차를 준비하며 또 관민 간에 환영회를 연다고 한다. —이상 외보—

19일

○ 대사(大赦) 조칙(詔勅) : 전날 황제 폐하께서 다음과 같이 대사 조칙을 내리셨다 한다. 조칙의 내용은 다음과 같다.

경사스러움을 만나 대사(大赦)를 내리는 것은 나라를 소유한 자의 상례(常例)이다. 짐이 새롭게 보위(寶位)에 올라 온갖 법도를 새롭게 하고자 하며, 더구나 문명한 세운(世運)이 크게 열려 풍기(風氣)가 일변하는 오늘날에 즈음하여 이전에는 없었던 성대한 은택을 끼치는 것이 어찌 없을 수 있겠는가. 개국한 이래로

---

28 대장경(大藏卿) : 윌리엄 태프트는 당시 미국 전쟁부(Department of War) 장관이었다. 착오로 보인다.

죄적(罪籍)에 기재된 모든 이들 중에 군사를 일으켜 거병(擧兵)·
범상(犯上)한 자 및 강도를 제외한 이외에는 죄명을 죄다 씻어
주고, 현재 유배 중이거나 이미 판결을 받아 감옥에 갇혀 있는
자들을 전부 다 훤히 풀어주어, 죽은 자는 원통한 죄를 밝혀 누
명을 씻는 특별한 은혜를 모두 입게 하고 산 자는 석방의 특별한
은전을 모두 다 입게 하라. 화기(和氣)를 맞이하고 유신(維新)을
다 함께 해야 할 것이니, 어서 내각이 회의해 거행하여 경사를
널리 알리는 뜻을 보이도록 하라.

20일

○ 두 군(郡)의 병화(兵火) : 지난 30일에 고성군(高城郡)에서 일본군과
   의도가 교전하였는데 민가 41채가 불에 탔고 양민 11명과 의도 6명
   이 죽임을 당하고, 이달 11일에 의도 3백 명이 영춘(永春)[29]으로부터
   순흥군(順興郡)을 습격하여 군아(郡衙) 이외에 각 공해(公廨)와 민가
   180채를 불태우고 영춘으로 물러갔다고 한다. ─이상 내보─

○ 독일 황제의 문사 인견(引見) : 독일 황제는 런던의 독일 대사관의
   한 방에서 저작가와 신문기자와 런던 체류 독일인의 대표자를 인견
   하였다고 한다.

○ 미국 육·해군의 다사(多事) : 미국의 태평양으로 회항할 대서양 함
   대는 대통령의 검열을 받은 뒤에 항구를 출발하기로 예정되어 있는
   데 제반 준비가 현재 한창 진행되는 중이고, 또 6개월 동안을 기한으
   로 하여 전투함 3척, 장갑 순양함 2척, 보지함(報知艦) 3척, 잠항정(潛
   航艇) 4척으로 편성할 제2함대 조직의 준비도 신속하게 이루어지는
   중이다. 그리고 육군성(陸軍省)은 필리핀 및 하와이로부터 연안 각지
   의 요새 건설비 2천 3백만 달러를 요구하는 중이라고 한다.

---

29 영춘(永春) : 현재 단양군 영춘면 지역이다. 순흥군은 현재 영주시에 포함되어 있다.

○ 모로코의 내란 : 모로코 왕의 군대는 왕위를 노리고 엿보는 그 아우 몰레이 아브드 엘 아지즈(Moulay Abd el Aziz)의 병사를 모가도르 (Mogador)의 부근에서 격파하였는데, 적(賊)은 사상자가 많아서 병기와 군수품을 버려두고서 도주하였다고 한다.

○ 미국 재계(財界)의 일변 : 미국 정부는 국고금 1억 달러 및 파나마 운하 공채 5천만 달러의 발행을 공표하였는데, 이에 금융 핍박이라는 소리가 즉시 그쳐 사라지고 시장은 갑자기 활기가 생기고 예금자는 은행을 충분히 신용하게 되었다고 한다.

○ 태프트 씨 출발 : 태프트 씨 일행은 19일에 러시아 수도를 향하여 출발하였다고 한다. ―이상 외보―

21일

○ 황태자의 유학에 관한 조칙 : 황제 폐하께서 황태자 전하가 유학하시는 것에 대하여 다음과 같은 조칙을 내리셨다고 한다.

> 짐이 생각건대, 나라는 왕세자[儲嗣]를 근본으로 삼고 왕세자의 양육은 조기 교육을 근본으로 삼는다. 그러나 가르침에는 예전과 지금의 다름이 있으니, 현재 세계 각국이 교통하는 날을 당하여 지식을 개발하고 문무(文武)를 아울러 통달하고자 하면 그저 춘방(春坊)의 주연(冑筵)[30]에서 짝숫날과 홀숫날에 경서를 강론하는 것만 가르침으로 삼아서는 안 될 것이다. 반드시 멀리 가서 널리 배우는 공(功)을 바탕으로 삼은 뒤에야 재덕(才德)을 성취하여 치도(治道)에 대해 명철히 연마할 수가 있다. 그러므로 서양 각국의 태자들도 대부분 유년 시절에 외국을 두루 돌아다녀서 심지어는 벼슬하여 군적(軍籍)에 이름을 올리는 예도 있었다.

---

30 춘방(春坊)의 주연(冑筵) : '춘방(春坊)'은 동궁(東宮)에 소속된 관아를 말하며 '주연 (冑筵)'은 왕세자가 학문을 강론하는 자리이다.

생각건대 우리 황태자는 영민한 예질(睿質)이 일찍 성취되어 실로 원량(元良)으로서의 덕을 갖추었으니, 바로 조기에 유학하여야 마땅하고 깊이 동궁(東宮)에만 들어앉아 있을 일이 아니다. 그러므로 태자태사(太子太師)인 통감 이토 히로부미 공작에게 명하여 일본으로 데려가 지도하고 가르쳐, 교육에 관계된 모든 것은 오로지 대일본(大日本) 대황제(大皇帝)에게 의뢰하여 성취를 기약하려고 한다. 이는 진실로 우리 한국 초유의 성대한 일이고 역시 우리 한국 무강(無疆)의 시초라 하겠다. 후일 우리 국가를 발흥하게 하고 우리나라의 명운을 유신(維新)하며, 문운(文運)을 열어서 틔울 희망이 오늘날의 이 일로부터 시작된다고 이를 것이니, 짐은 이를 의심하지 않는다. 너희 신민은 모두 다 이 뜻을 잘 알도록 하라.

○ 사상자 다수 발생 : 지난 12일에 충주군(忠州郡) 목계(牧溪)에서 의도 3백 명이 충주 수비대 병사들에게 습격을 받아서 원주(原州) 방면으로 도주하였는데, 해당 도당의 사망자가 31명이고 부상자가 16·7명이라고 한다. ―이상 내보―

○ 러시아의 극동 경영비 : 러시아의 내년도 극동 경영비 예산의 일부가 다음과 같다고 한다.

1. 의용 함대와 동아시아 기선회사에 대하여 보호금을 전년도보다 대략 10분의 3을 증가할 것.
2. 일본 연안의 무역항에 재정조사관을 파견할 것.
3. 쓰루가(敦賀) 영사관 비용 2만 루블을 지출할 것.
4. 블라디보스토크 전기 철도에 5만 루블을 보조할 것.
5. 사할린 경영 확장비로 160만 루블을 지출할 것.
6. 우수리스크 지방의 재목(材木) 수출을 관영(官營)으로 하여 그 경영비 전체를 국고금으로 부담할 것.

○ 독일 황제의 영국 방문 결과 : 독일 황제 및 황후는 런던에 체류하는 중에 영국 황실 및 일반 인민에게 받은 환영에 대하여 깊이 감사하는 뜻을 표하였고, 독일 외무성(外務省)도 역시 독일 황제 내외의 영국 방문이 만족스럽게 잘 완수되리라 공인한다고 한다.

○ 평화회의의 성적 : 헤이그 제2회 평화회의 총회에서 가결한 사항이 18·9개 항인데, 그중에서 중요한 것을 거론하면 다음과 같다고 한다.

　　1. 국제고등포획심검소(國際高等捕獲審檢所) 설치안은 영국과 독일 양국에서 제출하여 총회에서 가결되었으나 국제의 법률 규칙이 완성되지 않았기 때문에 실행하기가 곤란하다고 한다.

　　2. 강제중재재판소 설립안이 총회에서 협정하는 데에 도달하지 못하였기에, 멕시코에서의 강제중재재판의 보급을 희망하는 결의안을 제출하여 이는 가결되었다. 그러나 일본 및 미국, 루마니아는 이 결의안의 찬부(贊否)를 유보하였다고 한다.

　　3. 1899년에 조인한 제네바 조약의 원칙을 해전(海戰)에 응용하는 조약의 개정안을 독일에서 제출하였다. 적십자기(赤十字旗)의 휘장에 관하여는 터키, 페르시아가 유보하였으나 총회에서 이를 가결하였다.

　　4. 중립국의 영토에서 교전국의 군함이 준수할 제도를 규정한 안건은 일본, 영국, 스페인, 러시아에서 제안하고 위원회와 총회에서 다방면으로 토의한 후에 가결하였다.

　　5. 드라고주의[31]에 관한 안건은 미국에서 제출하여 가결되었다.

---

31 드라고주의 : 1902년 아르헨티나 외무장관 드라고(Drago, L.M.)가 주장한 것으로 국가 간의 채무 관계를 이유로 군사 행동을 할 수 없다는 내용이다. 드라고 선언이라고도 한다.

6. 육전(陸戰)의 법규 관례에 관한 규칙 개정의 건도 가결되었다.

7. 전시 금제품(戰時禁制品)에 관한 건에 대해서는 각국 위원의 다양한 의론이 나와서 결국 협정하는 데에 이르지 못하고 다음번의 평화회의로 미루었다 한다.

8. 육전의 법규 관례에 관한 규칙을 해전에 응용하는 건은 시일이 촉박하므로 다음번까지로 연기하였다.

기타 중립국의 권리와 의무에 관한 건과 전투 개시 때 통고를 해야 하는 건 등이 가결에 이른 것이라 한다.

○ 프랑스 인구의 증감 : 프랑스 통계국 장관은, 작년의 동국(同國) 출산 총계가 806,847명인데 이전 십 년간의 평균 출산은 839,843명인바, 이상 작년도의 출생자 수는 사망자 수를 초과한 것이 겨우 26,681명이라고 공표하였다. 그리고 독일의 한 해 인구 증가는 84만 5천 명이라고 덧붙여 말하였다고 한다.

○ 비행선 경쟁 : 미국 정부는 외국 전문가로 군용 비행선의 디자인을 모집하기로 의정하였다고 한다. -이상 외보-

22일

○ 관제 개정안 협의 : 총리대신 이하 각 대신과 중추원 의장 제씨가 어제 오후에 통감부에서 회동하여 관제 개정안에 대하여 협의하였다고 한다.

○ 회원 피살 : 지난 19일 북청군(北靑郡) 안산면(安山面)에서 산포수 백여 명이 갑작스럽게 들고일어나서 일진회(一進會) 회원 7명을 총으로 살해하였다고 한다.

○ 지방 정보 : 봉화군(奉化郡) 황지리(黃地里) 부근에서 일본군이 의도를 밤에 습격하여 50명을 살상하고, 영춘(永春) 남방 소백산(小白山) 기슭에서 일본군이 의도를 밤에 습격하여 20명을 살상하였다고 하며, 순흥군(順興郡)에서 군아(郡衙) 네 칸과 경무(警務) 파견소, 우체

국, 학교와 민가 109채가 의도에 의해 불탔다고 한다. -이상 내보-

○ 장쑤(江蘇)·저장(浙江) 철도와 학생 : 베이징 대학생들은 각 학당을 규합해 장쑤·저장 철도의 외채 반대 운동을 벌여 도찰원(都察院)을 거쳐서 상주(上奏)하였는데, 학생의 본분이 아니라고 하여 학부(學部)에 명하여 훈계를 가하게 하니 이로 인하여 학생들의 격앙이 한층 더 증가하였다고 한다.

○ 영국 해군 정책 : 영국의 해군대신이 공개적으로 말하길, 지금부터 3·4년 안에 영국의 해군은 안전한 지위에 놓일 것이라 한다. 영국 해군성(海軍省)은 각국의 해군에 대해 세밀히 주의를 기울이고 당국자는 영국의 국방이 안전한 상태에 놓이도록 열심히 희망하고 그 목적을 달성하기 위하여 열심이라고 한다.

○ 프랑스의 해군 확장 : 내년도 프랑스의 해군 관련 안(案)은 18,300톤의 전투함 6척, 장갑 순양함 2척, 구축함(驅逐艦) 12척, 잠항정 16척을 포함하고 있는데, 이상에서 거론한 전투함 6척에 소요될 경비가 전체 예산 5천만 원 가운데 대략 반액이다. 장갑 순양함은 지난 2년간 단 한 척도 기공(起工)하지 못하였는데 현재 건조하는 것이 4척이고, 게다가 또 내년 중에 기공할 소형 함정은 총계가 93척인데 구축함 32척, 잠수정 61척으로 그 비용의 총계가 1,280만 원이라고 한다. -이상 외보-

26일

○ 근위대 부임 친임식(親任式) : 황태자 전하께서 근위대에 보임(補任)하시는 친임식을 이틀 전에 거행하셨다고 한다.

○ 태사·소사 친임식 : 지난 23일에 희정당(熙政堂)에서 태자태사(太子太師) 이토 히로부미 씨에게 친임식을 거행하고, 그다음 날에 태자소사(太子少師) 이완용(李完用) 씨에게 친임식을 거행하였다고 한다.

○ 간성 수령의 피해 : 간성 군수(杆城郡守) 김인식(金仁植) 씨는 하인

한 명을 대동하고 임소로 돌아가기 위하여 내려가다가 지난 20일 양구군(楊口郡)에서 의도에게 총살당했다고 한다.

27일

○ 동궁의 근위대 행계(行啓) : 황태자 전하께서 본일 근위대에 임어(臨御)하시어 군기(軍紀)를 실제로 견습하신다고 한다.

○ 의도 괴수의 총살 : 춘천 수비대와 경찰대는 양구군으로 출동해 진을 쳐서 해당 군 선안면(善安面)을 습격하여 의도의 괴수 김덕호(金德鎬), 김규설(金圭卨)과 그 외 14명을 총살하였다고 한다. ―이상 내보―

○ 영국 황태자에게 방독 요청 : 독일 황제는 영국 황태자에게 내년에 베를린으로 행계해줄 것을 요청하였다고 한다.

○ 장쑤(江蘇)·저장(浙江)[32] 철도 문제 : 24일에 장쑤·저장 철도협회는 저장의 신임 순무(巡撫) 펑루쿠이(馮汝騤), 상하이의 신임 도대(道臺) 량루하오(梁如浩)의 의견을 청취하기 위하여 개회하였다. 순무는 동 협회의 의견을 베이징 정부에 통지하여 성(省) 주민의 이익을 위하여 노력하기로 약속하였고, 도대는 협회원 일동이 이러한 즈음에 경거망동을 삼가기를 희망한다고 하였다 한다.

○ 생활비와 사회당 : 프랑스의 제국의회에서 생활비가 더욱 오르는 문제에 관한 토의가 있었다. 사회당의 의원은 식품의 가격이 뛰어올라 경제적 위기가 닥쳤다 하여 곡물의 수입세를 폐지하며 외국의 생육(生肉) 수입에 관한 규정을 조금 완화할 것을 정부에 권하였다. 그런데 이 의론에 대하여 내무대신은 물가가 뛴 것은 사실이지만 노동 임금도 똑같이 뛰었다고 반박하고 곡물 수입세의 경감을 반대하였다고 한다.

---

32 장쑤(江蘇)·저장(浙江) : 원문은 '浙江'로 되어 있으나, 두 성(省)의 첫 글자를 딴 '江浙'의 오자로 판단하여 해당 의미로 번역하였다.

28일

○ 특명대사(特命大使) : 황제 폐하께서 조서에 이르시길 "이웃나라와의 교제가 더욱 돈독해짐에 예(禮)로서 마땅히 보빙(報聘)해야 할 것이니, 특별히 완흥군(完興君) 이재면(李載冕)을 대사로 임명하여 일본국으로 가게 하라."라 하셨다.

○ 동궁 배종(陪從) : 궁내부대신 이윤용(李允用), 농상공부대신 송병준(宋秉畯), 배종무관장(陪從武官長) 조동윤(趙東潤), 특진관(特進官) 엄주익(嚴柱益), 첨사(詹事) 고희경(高義敬), 배종무관 김응선(金應善), 궁내부 비서관 윤세용(尹世用), 수학원(修學院) 교관 엄주일(嚴柱日), 농상공부 비서관 이범익(李範益), 표훈원(表勳院) 서기관 정동식(鄭東植), 궁내부 서기랑(書記郞) 고희중(高義中) 제씨가 황태자 전하께서 일본으로 유학하러 가실 때에 배종하도록 명을 받았다고 한다.

○ 궁내부 관제 : 궁내부 관제가 어제 재가되었는데 그 개요가 다음과 같다.

    1. 궁내부의 관제

    1. 궁내부의 관등 봉급령(俸給令)

    1. 궁내부의 복무 규율

    1. 각궁 사무 정리소(整理所) 및 공진소(供進所)에 관한 건

    1. 제실(帝室) 회계에 관한 건

    1. 수학원(修學院)에 관한 건

    1. 사직(社稷)에 관한 건

○ 각지의 정보 : 북청군 후치령(厚峙嶺)에서 일본 수비대 미야베(宮部) 대위 이하 50명이 3백 명의 의도를 공격하여 해당 도당을 궤멸시켰는데, 해당 도당의 사상자가 30명가량이고 일본군은 사망자 셋, 부상자 넷이라고 한다. 충주 수비대에서 해당 군 북방 방계(放溪)에 폭도 8백 명이 있다는 것을 탐지하고 하루야마(春山) 대위 이하 38명을

파견하여 해당 도당이 밥을 먹는 틈을 타서 격퇴하였는데, 사상자가 31명이라 한다. -이상 내보-

○ 모로코의 소요 : 모로코에서 이틀 동안 전투가 있었는데 사망자는 프랑스군이 8명이고 원주민이 1천 2백 명이라 한다.

○ 프랑스 해군의 문란 : 프랑스 해군은 지금 각 부서를 통틀어 기강이 해이해져서 거의 규율이 존재하지 않는 지경으로 장교와 사졸이 단결하여 국가에 충성을 다할 생각이 결핍된 채 반목과 질시를 일삼으니, 이러한 때에 근본으로부터 일대 개혁을 단행하는 것이 필요하다고 하여 해군 예산위원이 특별정리위원을 설치하기로 정부에 요구한다는 설이 있다.

○ 이권(利權) 회수에 대한 품청(稟請) : 청국 광둥(廣東) 시장(西江)의 해적 포박(捕縛)에 관하여 영국에 허락한 제반 권리는 청국의 주권을 침해하는 바가 크니 바라건대 정부에서 군함을 파견하여 독자적인 힘으로 이를 담당하면 경비는 상민(商民)이 부담하겠다고, 상민이 군기처(軍機處)에 전보를 보냈다고 한다.

29일

○ 러시아 의회의 봉답문(奉答文) : 지난 26일에 러시아 의회에서 개회의 조칙에 대한 봉답문 초안을 잡는 것에 관하여 오후 2시부터 12시까지 토의하여 '독재군주'를 '입헌군주'로 개정하기로 가결하고 통과시켰다고 한다. -이상 외보-

12월 1일

○ 어진(御眞) 봉안(奉安) : 대황제 폐하의 어진을 촬영하여 13개 관찰도(觀察道)와 각 부윤(府尹)의 부(府)에 한 본(本)씩 봉안한다고 한다.

○ 죄인 석방과 위로금 : 전날 감옥서(監獄署)에 수감되어 있는 죄인을 전부 석방하고, 그중 집도 없고 의지할 데도 없는 자에게는 위로금[恤費]을 몇 환씩 나누어주었다고 한다. -이상 내보-

○ 영국·독일의 관계와 독일의 재상 : 독일의 재상 뷜로우(Bernhard Heinrich Karl Martin von Bülow) 씨는 의회에서 영국·러시아의 협상은 결코 독일에 대항하기 위하여 체결한 것이 아니라고 연설하고, 또한 이번에 영국이 대단히 친밀한 우정으로 독일 황제를 환영한 것을 감사하게 여기고, 더불어 최근 10년 동안의 역사로 보건대 영국·독일 양국의 괴리는 완전히 상호 오해에서 기인한 것이라고 설명하였다고 한다.

○ 저장성(浙江省) 안정화의 책임 : 청국 정부는 왕원사오(王文韶)에게 명하여 저장성의 인민을 안정케 하였다고 한다.

○ 철도 측량 착수 : 청국 헤이룽장성(黑龍江省)의 순무(巡撫) 청더취안(程德全)을 시켜서 치치하얼(齊齊哈)과 아이훈(愛琿) 사이의 철도 선로를 측량하기로 결정하고, 그 고용된 독일인 기사가 해당 지역에 와서 측량 기구를 준비하여 장차 답사에 착수한다고 한다. ―이상 외보―

2일

○ 북청군 의도의 소요 : 북청군에서 일본군 몇 명과 순사 1명과 일진회 회원 8명이 산포군(山砲軍)에게 죽임을 당하였다고 한다.

○ 영선(永善)의 전보(戰報) : 지난 16일 영선 부근에서 일본 요코오(橫尾) 소대와 토리카이(鳥飼) 중대가 협력하여 의도 5백 명과 교전하였는데, 그 도당 14명이 사망하여 북청으로 퇴각하였다고 한다. ―이상 내보―

○ 위안스카이(袁世凱)의 병기(病氣) : 청국 위안스카이 씨는 작년 관제 개혁 시와 올해 여름 입헌 상주(上奏) 시에 병이 있었는데 철도 문제가 발생한 지금 또 신경병이 생겨서 자리에서 물러났다 하니, 씨의 병이 시국의 중요한 문제와 함께 상호 표리가 되니 또한 하나의 기이한 일이라고 하겠다.

○ 노년 관리의 시험 : 청국에서 61세 이상의 관리는 이부(吏部)에서

시험을 치러 벼슬살이를 감당하지 못할 자는 실지의 임무가 없는 지위를 주어서 휴직하게 하고, 또 합격하지 못한 자 중에 아직 쓸 만한 자는 법제학교에 입학시켜 1년 뒤에 졸업 시험을 치르고 임용할 것을 군기처(軍機處)에서 상주(上奏)하였다고 한다.

○ 러시아 수상의 연설 : 러시아 수상 스톨리핀 백작은 제국의회에서 정부의 시정(施政) 방침을 알리고 수많은 의원이 극좌 당파의 불온한 음모를 좌절시킬 수 있도록 정부에 조력할 것을 청구하였다. 나아가 사유재산의 불가침권을 불가불 존중할 것과 아울러 국경 지방의 어느 주(州)에 자치를 허락할 법안을 제출할 것이라고 공언하였다. 또 각국의 정치적 관계는 지극히 양호한 상태에 있지만 정부는 대국(大國)이라고 할 수 있는 러시아의 지위에 걸맞는 병력을 증진할 것이라고 언명하였다 한다.

○ 청국과 러시아의 광산 조약 : 청국의 지린(吉林)・헤이룽장(黑龍江) 두 성(省)에 있는 동청철도(東淸鐵道) 연선(沿線)의 광산에 대하여 청국과 러시아 양국 정부가 다음과 같은 조약을 체결하고 상호 조인하였다고 한다.

  1. 동청철도 회사에서 지정한 광구(鑛區)는 청국 정부에서 다른 나라에 허가할 수가 없음.
  2. 동청철도의 정해진 연로(沿路)의 광구 부근에 있는 탄광은 청국 사람에게 이를 허가함.
  3. 동청철도 회사가 채굴하는 탄광은 기차의 연료로 공급되기 때문에 경내의 산림을 벌채할 수 없음.
  4. 동청철도 회사는 연로의 탄광을 채굴하는 것이 가능하지만 다만 원래 조약에서 철도 양쪽 측면 30리 이내라고 한 것을 50리 이내로 개정함.

○ 군용 경기구(輕氣球) 유실 : 프랑스 베르됭에서 지난 토요일에 2백

명의 병졸이 파수하던 군용 경기구가 강풍에 의해 그 붙잡아 매어놓은 밧줄이 풀리는 바람에 서쪽으로 날아가버려서 종적을 찾을 수가 없었다. 다음날 아일랜드 웨일스 가에서 해당 경기구가 대단히 높이 날아가는 것을 목격한 자가 있다고 하니, 이 사건으로 인하여 프랑스의 인심이 대단히 동요한다고 한다.

○ 장쑤(江蘇)·저장(浙江) 철도에 관한 분분한 의론 : 청국 양강 총독(兩江總督)[33] 두안팡(端方)[34]과 저장성 순무(巡撫) 펑루쿠이(馮汝騤)가 외무부에 전보를 보내기를 "장쑤·저장 두 성(省)의 인민이 애국하는 열성을 가지고 장쑤·저장 철도 부설 비용을 지출하여 그 액수가 이미 4천만 냥을 초과하였다. 베이징 정부는 두 성의 대표자가 베이징에 도착하기를 기다려 해당 철도 부설 비용의 부담 여부를 확정해야 할 것이니, 만약 두 성에서 해당 금액을 확실히 부담한다고 하면 외무부는 영국의 차관 제의를 거절해야 할 것이다. 만약 영국이 이로 인하여 손해가 발생한다고 하면 이에 대하여 적당한 금액을 지불하고, 만약 영국 공사가 완고하게 고수하면 영국에서 차입한 자금은 다른 비용 조로 사용하는 것이 어떠한가?" 하였다 한다. -이상 외보-

4일

○ 황태자 전송 : 황태자 전하께서 일본에 유학하시기 위해 내일 오전 10시에 출발하여 남대문역에서 기차에 탑승하시고 인천항으로 가시는데, 학부(學部)에서 각 관·사립학교에 통지하여 12세 이상이 된 학도를 거느리고 내일 오전 8시 안으로 남대문역에 일제히 나아와서

---

33 양강 총독(兩江總督) : 장쑤성, 장시성(江西省) 및 안후이성(安徽省)을 총괄하는 총독이다. 장쑤성과 안후이성이 청나라 초기에 장난성(江南省)으로 통합되어 있었기 때문에 나온 이름이다.

34 두안팡(端方) : 1861-1911. 만주족 귀족으로 태어나 서태후의 총애를 받았다. 서구를 시찰하고 각지에 학교를 설립하였다.

동궁 전하를 전송하게 하였다. 그리고 내부(內部)에서 경성부터 영등포까지는 한성 부윤(府尹)의 지휘로 한성부민이 도열하고, 영등포부터 오류동(梧柳洞)까지는 경기 관찰사의 지휘로 지방의 인사가 도열하고, 오류동부터 인천항 유현(杻峴)까지는 일진회 회원이 도열하고, 유현부터 인천정거장까지는 인천 부윤의 지휘로 인천항 인민이 도열하여 거행한다고 한다.

○ 단양(丹陽)의 전보(戰報) : 단양 수비대가 지난달 22일에 각기리(角基里)의 의도와 두 시간 반 정도 교전하다가 해당 도당이 사방으로 흩어져 도주하였는데, 사망자는 21명이고 부상자의 수는 불분명하다고 한다. -이상 내보-

○ 아편 금지 문제 : 청국에서 작년에 아편 금지령을 발포하였는데, 연령 및 병적인 흡연자를 위하여 은혜로운 규정으로 갑·을 두 종의 구별을 세웠다. 연령 70세 이상으로 관아의 허가를 받아서 흡연을 할 수 있는 것이 갑종이고, 아편 흡연이 이미 병적인 상태가 되어서 금연으로 인하여 신체에 위해가 생길 수 있는 자는 관아의 허가를 받아서 해마다 흡연량을 줄여가는 것이 을종이다. 톈진성(天津城) 안팎에 개업한 연관(煙館)[35]은 1개월 내로 폐쇄를 단행하고 외국인 거류지의 연포(煙鋪)[36]는 해관(海關)의 도대(道臺)가 각국의 영사와 교섭하여 폐쇄를 명하게 하고 아편 매매의 수량은 매일 보고하게 하여 판매 수량을 차례로 감소시켜 10년 안에 완전히 금지해 영원히 단절되도록 할 예정인데, 직례전성금연총국(直隸全省禁烟總局)을 설립하여 아편 관련 사무를 전부 다 위임하였다. 비록 그러하나 겉으로는 받드는 척하면서 속으로는 배반하는 무리가 있어서 사사로운 이익을

---

35 연관(煙館) : 사람들에게 아편을 제공하여 흡연할 수 있도록 한 영업장소이다.
36 연포(煙鋪) : 아편을 팔고 손님에게 아편을 제공하는 점포이다.

계산하고, 혹 해당 금연령은 평민에게만 엄중하게 적용하고 관리나 신사 등은 방임하는 양상도 상당히 남아 있다. 또 흡연을 금하는 동시에 아편 흡연을 끊는 환약을 판매하여 해당 금연국에서 계연의원(戒烟醫院)을 설립하고 체질에 따라 환약의 처방을 달리한다고 한다.

　　　　　　　　　　　　　　　　　　　　　　　　　　　-톈진(天津) 통신-

5일

○ 황태자의 일본 행계(行啓) : 황태자 전하께서 본일 오전 9시에 일본국으로 길을 떠나시는데 일반 친 · 칙임관(親勅任官)은 인천까지 모시고 가서 전송하고, 주임관(奏任官) 이하 일반 관리는 남문 밖 정거장까지 나아가서 전송하고, 태자태사 이토 히로부미 씨와 보빙대사(報聘大使) 완흥군(完興君) 이재면(李載冕) 씨가 동시에 출발하고, 궁내부대신 이윤용(李允用) 씨와 농상공부대신 송병준(宋秉畯) 씨는 수행원으로 배행(陪行)하였다 한다.

○ 간도(間島) 재판권 항의 : 청국에 주재한 일본 공사 하야시 곤스케(林權助) 씨는 지난달 24일에 청국 변무독판(邊務督辦) 천자오창(陳照常)이 한낱 포고문을 발표하여 간도의 한국인에 대한 재판권을 차지하려는 사건에 대하여 일본 정부가 간도의 한국인을 보호하는 것은 한국 정부의 위탁에서 나온 것이라고 항의하였다고 한다.

○ 프랑스 경기구 발견 : 큰바람에 휩쓸려 날아가버렸던 프랑스의 군용 경기구는 아일랜드의 북동 해안에 내려앉았다고 한다.

6일

○ 황태자 출발 과정 : 황태자 전하께서 어제 오전 9시에 낙선재(樂善齋)에서 마차를 타시고 돈화문(敦化門)으로 출어(出御)하시는데 대황제와 황후 두 폐하께서 돈화문 내까지 송별하셨다. 황태자 전하께서 9시 반에 남대문정거장에 도착하시어 임시 편전(便殿)에 들어가셨다. 이때 답례대사와 이토 통감이 또한 동시에 출발하여 봉송(奉送)

하는 자의 수가 한·일 문무 고등관과 각국 총영사, 영사 등 수백 명 이상에 달하였다. 황태자 전하께서 한·일 문무 고등관을 접견하시고 시간이 되자 옥거(玉車)에 타시고 통감과 대사 등이 배승(陪乘)하였는데, 출발에 임하여 도동(桃洞) 언덕 위에 걸어두었던 6문의 야포가 21발의 황례포(皇禮砲)를 발사하였다. 남대문으로부터 인천까지 각 역의 구내에 각 단체의 회원과 일반 인민이 한·일 양국의 국기를 각각 잡아 쥐고 정렬하여 황실의 차량이 지나가실 적에 일제히 모자를 벗고 "황태자 전하 만세"를 부르니 전하께서 손을 들어 예(禮)를 베푸셨다. 오전 10시 반에 인천역에 도착하셨는데 한·일 학도 수천 명과 기타 일반 전송하는 사람들이 정렬하였다. 전하께서 하차하시어 일반 전송하는 사람들에게 손을 들어 예를 행하시고 편전에 들어가시어 잠시 휴식을 취하신 후, 전하께서 도보로 잔교(棧橋)에 가시어 기정(汽艇) 데시 호를 타시고 만주함(滿洲艦)으로 향해 잠시 후 이 배에 도착하였다. 전하께서 곧장 갑판 위의 편전에 들어가시니 오후 3시에 인천항에서 닻을 올리고 출발하였다.

○ 지방 참보(慘報) : 지난달 17일 강릉군(江陵郡) 서쪽에서 의도 약 천여 명이 수비대를 밤에 습격한지라 일본군이 맞서서 싸워 격퇴하였는데, 그 도당의 사상자가 백여 명이고 포로가 2명이라고 한다.

○ 내각의 신건축 비용 : 창덕궁 안에 내각을 새로 건축하기 위하여 공역 비용 8천 환을 지출한다고 한다.

10일

○ 황태자 봉영(奉迎) : 우리 황태자 전하는 지난 7일 오전 9시에 시모노세키(馬關)에 도착하셨는데, 해당 항에 정박한 군함은 축포를 쏘고 육상에서도 폭죽을 터뜨리고 시모노세키시(下關市)에서부터 작은 기선 수십 척을 각 관아의 관원과 명예 직원 등이 나누어 타고 앞바다 부근에서 봉영하였다. 와타나베(渡邊) 야마구치현(山口縣) 지사와 시

라카미(白上) 시모노세키 시장은 군함까지 봉영하였는데, 전하께서 10시에 뭍으로 내려오셔서 봉영하는 수많은 사람들에게 손을 들어 예를 행하시고 춘범루(春帆樓)[37]에 도착하시니, 통감, 궁내부대신, 농상공부대신 제씨도 이 여관에 들어갔다고 한다. -이상 내보-

○ 가장 빠른 기선 : 뉴욕에서 출발한 기선 모리타니아(RMS Maureta-nia) 호[38]는 4일 22시간 29분 만에 아일랜드의 퀸즈타운(Queenstown)에 도착하였으니, 대서양 항해에 있어서 미증유한 속력이라고 한다.

○ 간도 문제 : 간도의 경계에 관한 문제로 일본 정부가 제출한 서면에 대하여 청국 정부에서 회답하기를 "이번 토문강(土們江) 유역 중 무산(茂山) 이하는 증거 서류가 있으니 의논할 필요가 없지만 무산 상류에는 물줄기가 많으니 상당히 조사할 필요가 있다."라고 하였는데, 일본 정부에서 그 무산 이하에 해당하는 증거 서류를 제공하라고 통고하였다고 한다.

○ 귀족 자제의 유학에 관한 장정(章程) : 청국 외부(外部)에서 귀족 자제의 외국 유학에 관한 장정 12개 조를 주청(奏請)하여 재가를 받았는데, 그 연구 과목은 법정(法政) 및 군사(軍事)이다. 육군은 독일을 지정하고 법정은 영국을 지정하였다. 상주문 내용 중에 독일을 상찬하여 "동국(同國)의 육군은 세계에서 으뜸이다." 하였고, 또 영국과 미국을 상찬하여 "법정이 더할 나위 없이 훌륭하고 아름답다." 하였다 한다.

○ 광시(廣西)의 폭도 : 청국 광시성의 진남관(鎭南關) 요새를 점령한 폭도는 광둥성(廣東省)의 친저우(欽州)·롄저우(廉州)의 폭도와 같은 도

37　춘범루(春帆樓) : 시모노세키시에 있는 일본식 전통 여관이다. 시모노세키조약을 체결한 곳이다.

38　모리타니아(RMS Mauretania) 호 : 영국의 여객선으로 1906년에 취역하였다. 최고 속도 기록을 20년 동안 소유했다.

당이라고 한다. —이상 외보—

11일

○ 황태자께서 마이코(舞子)에 도착 : 우리 황태자 전하께서 전날 오후
에 시모노세키 각 고등소학교 연합 운동회에 친히 참석하시고, 밤
9시에 시모노세키에서 출발하시어 오늘 아침 10시에 마이코역에 도
착하시어 만상루(萬象樓)에 드셨다고 한다.

○ 지방 참보(慘報) : 한산(韓山) 수비대 하사 이하 7명이 9일에 익산(益
山) 서쪽에서 의도 40명과 충돌하여 그 도당 7명을 살상하고 5명을
사로잡았다고 하며, 남양(南陽) 지방 중대천(中代川) 인근에서 시로
시타(白下) 토벌대가 의도를 추격하여 20명을 살상하였다고 한다.

13일

○ 황태자 봉영 : 우리 황태자께서 2일 전 오전 9시 5분에 마이코에서
발차하시어 도중에 고베(神戸), 오사카(大坂) 각 역의 봉영을 받으시
고 오전 11시 10분에 교토(京都)역에 도착하시어 묵으실 여관으로
정한 교토호텔에 들어가셨다. 해당 시의 관민은 정거장에서 봉영하
고 보병 제38연대의 병사와 각 학교의 생도는 한·일 국기를 교차하
고 정거장으로부터 묵으시는 여관까지 정렬하였고, 다음날에 전하께
서 헤이안 신궁(平安神宮) 경내에서 소학교 생도의 운동회를 직접 보
신 다음에 같은 곳에서 하룻밤을 숙박하셨다. 그리고 본일 오전 9시
50분에 발차하시어 동일 밤 나고야(名古屋)에서 하룻밤 숙박하실 터
라 한다.

○ 모범림(模範林) 증설 : 정부에서 삼림 사업의 모범을 표시하기 위하
여 대구, 수원, 평양 세 곳에 모범림과 묘포(苗圃)를 지난번에 이미
설치하였고, 내년에는 원산, 목포, 기타 각 도의 추요지(樞要地) 대여
섯 곳을 선정하여 모범림을 설치할 방침으로 그 경비를 내년도 예산
에 편입하였다고 한다. —이상 내보—

○ 순무(巡撫) 견책 : 청국 광시성(廣西省) 룽저우청(龍州廳)과 량산(諒山) 사이에 있는 전난관(鎭南關)이라고 하는 성채가 양저우(楊州) 방면으로 도망쳐 숨은 적도에게 점령됨으로 인하여 순무 장밍치(張鳴岐)는 엄중한 견책을 받고, 해당 성채를 탈환하지 못하면 순무 이하는 엄벌에 처하라는 엄명을 받았다고 한다.

○ 자오씨의 상주(上奏) : 청국 후광(湖廣)[39] 총독 자오얼쉰(趙爾巽)[40] 씨는 철로 문제에 대하여 "국가의 위신을 진실로 잃어서는 안되겠지만, 민심을 잃음이 이보다 더 큰 문제이다."라 하였다고 한다.

○ 생환(生還) 불기약 : 청국 저장(浙江) 철로 대표자 일행 6명이 11일에 상하이에서 출발하였는데, 출발에 즈음하여 생환을 기약하지 않기로 맹세하였다고 한다.

○ 광시(廣西) 폭도 퇴각 : 전난관(鎭南關)의 폭도는 안남(安南) 방면으로 향하여 퇴각하고 한때 폭도에게 점령되었던 요새는 관군이 회복하였다고 한다. -이상 외보-

15일

○ 황태자께서 시즈오카(靜岡)에 도착 : 우리 황태자 전하께서는 전날 오전 9시에 나고야에서 출발하시어 오후 1시 25분에 시즈오카에 도착하셨는데, 관민과 생도 수천 명이 봉영하였다고 한다.

○ 경기 각 군의 병화(兵火) 피해 : 경기 각 군에서 의병의 소요로 인한 피해를 조사한 것이 다음과 같다고 한다.

---

39 후광(湖廣) : 후베이성(湖北省)과 후난성(湖南省)을 총괄하여 부르는 이름이다.
40 자오얼쉰(趙爾巽) : 1844-1927. 청나라 관리이자 학자로 『청사고(淸史稿)』 편찬을 담당했다.

군명(郡名)	사망자	불탄 호구	군명	사망자	불탄 호구
진위(振威)	1명		포천(抱川)	3명	
부평(富平)	5명		음죽(陰竹)	1명	5호
장단(長湍)	2명	9가(家)	적성(積城)	6명	27[41]
안성(安城)	4명	103호(戶)	양지(陽智)	3명	15호
교하(交河)	2명		안산(安山)	1명	5가
강화(江華)	16명	5가	양주(楊州)	15명	145[42]
파주(坡州)		6가	풍덕(豊德)	2명	6가
양근(楊根)	15명	455호			

-이상 내보-

○ 대통령 후보 사퇴 : 미국 대통령 루즈벨트 씨는 정식으로 공개장을 선언하여 "나는 지난번 선거 당선 후에 더 이상 임기를 맡지 않기로 단언했으니, 이 결심은 결코 다시 변하지 않을 것입니다."라 하였다 한다.

○ 독일 황제의 영국 출발 : 독일 황제가 영국에서 출발하여 귀국길에 올랐는데, 출발에 임하여 영국 황제에게 고별하며 가장 친밀한 인사를 교환하였고 주영(駐英) 독일대사에게 명하여 "영국 체류 중에 관민의 환영을 받은 것에 대하여 감사의 뜻을 표시케 하라." 하였다 한다.

회보

회보

융희 원년 12월 2일 오후 3시에 월례통상회를 본 회관에서 열고 회장 정운복(鄭雲復) 씨가 자리에 올랐다. 서기가 이름을 점검하니 출석자가

---

41 27 : 호(戶) 혹은 가(家) 단위가 원문에 누락되어 있다.
42 145 : 호(戶) 혹은 가(家) 단위가 원문에 누락되어 있다.

38인이었다. 전회 회록을 낭독함에 약간의 착오처가 있으므로 개정하고 바로 받아들였다. 회원 김응선(金應善) 씨가 이번에 황태자를 모시고 도일(渡日)하는데 일반회원이 전별하기 위하여 통상회 시기를 당겨 개최함을 회장이 회중에 설명하였다. 회계원 박경선(朴景善) 씨가 회금 수입액과 비용 명세서를 보고하였다. 김달하(金達河) 씨가 제의하기를 "회계장부 중에 회관 매입한 거액을 이번 13호 월보에 게재하지 않았으니, 해당 건을 해당 보고와 합하여 적은 후 첨부하여 출간하자." 함에 김기동(金基東) 씨의 재청으로 가결되었다. 각처 공함(公函)을 공포하였다. 정주(定州) 오산학교(五山學校) 공함에 대하여 류동작(柳東作) 씨가 제의하기를 "그 학교의 장토(庄土) 건은 해당 군수에게 공함을 보내 찬성케 하자." 함에 최재학(崔在學) 씨의 재청으로 가결되었다. 평의원 김기옥(金基玉) 씨가 청원한 일에 대하여 류동작 씨가 제의하기를 "원하는 대로 교체해주자." 함에 이달원(李達元) 씨의 재청으로 가결되었다. 시간이 다함에 최재학 씨의 특청으로 폐회하였다.

회계원 보고

회계원 보고 제14호

15원 79전 5리　회계원 임치 조(條)
22원 2전　　　월보 대금 수입 조, 우편비용 포함
250원　　　　한성은행 저축금 중 인출 조
합계 287원 81전 5리

○ 제14회 신입회원 입회금 수납 보고

오기영(吳起泳) 신경원(申景源) 신상호(申相鎬) 심도풍(沈道豊)

주성림(朱聖林) 홍성인(洪成麟) 김재보(金載輔) 이석영(李錫永)

백낙환(白樂煥) 박봉엽(朴奉燁)

합계 10원

○ 제14회 월연금 수납 보고

백시찬(白時燦) 1원	6월부터 2년 3월까지 10개월 조
백낙순(白樂順) 90전	10월부터 2년 6월까지 9개월 조
김기석(金基錫) 40전	2월부터 3월까지 2개월 조
김기석(金基錫) 60전	4월부터 9월까지 6개월 조
홍병은(洪炳殷) 20전	3개월 조
홍병은(洪炳殷) 80전	4월부터 11월까지 8개월 조
문석환(文錫瓛) 40전	2월부터 3월까지 2개월 조
문석환(文錫瓛) 90전	4월부터 12월까지 9개월 조
한교학(韓敎學) 60전	7월부터 12월까지 6개월 조
윤응두(尹應斗) 60전	7월부터 12월까지 6개월 조
김형식(金瀅植) 60전	7월부터 12월까지 6개월 조
박대양(朴戴陽) 60전	7월부터 12월까지 6개월 조
임익상(林翊相) 60전	7월부터 12월까지 6개월 조
김익용(金翼鏞) 60전	7월부터 12월까지 6개월 조
정달원(鄭達源) 60전	7월부터 12월까지 6개월 조
김덕수(金德洙) 60전	7월부터 12월까지 6개월 조
이면근(李冕根) 60전	7월부터 12월까지 6개월 조
나인기(羅寅紀) 40전	2월부터 3월까지 2개월 조
나인기(羅寅紀) 1원	4월부터 2년 1월까지 10개월 조

합계 12원

○ 제14회 기부금 수납 보고

이 갑(李 甲)	20원	개성(開城) 운동회 시 상품
강화석(姜華錫)	5원	학교 의연(義捐) 30원 중 선납 조
김달하(金達河)	40원	10월 월급 조
홍병은(洪炳殷)	30원	학교 의연 조
차명호(車明鎬)	30원	학교 의연 조
김응선(金應善)	107원	
이승훈(李昇薰)	30원	학교 의연 조

합계 262원

이상 4건 총합 571원 81전 5리 이내

○ 제14회 사용비 보고 : 11월 15일부터 12월 15일까지

2원 13전 5리	양지봉투(洋紙封套), 소필(小筆), 성냥 값 포함
19원 67전 5리	개성(開城) 운동회 시 상품 조
56원 55전	일본 황태자 봉영(奉迎) 시 은(銀) 필통 1좌 헌상(獻上)
1원	학생 시험 시 교사 접대
1원	학교 종 1개 값
26원 80전	본 회관 학교 수리비 조
52전 5리	학교 책상 배달 급료 조
4원 50전	학교 시계 1좌 값
67원	13호 월보 인쇄비 지급 조
7원 19전	학교 난로 화통(火筩) 값, 공임 포함
7원 25전	석탄 반 톤, 부삽 값 포함
30전	3전 우표 10매 값
1원	학생 출석지 200매 인쇄비 조

36원	교사 6명 11월 1주 반 월급 조
100원	각 사무원 11월 월급 조
1원	학교 도장 개각(改刻) 시 공임비
1원 40전	땔감 1태(駄) 값
6원	하인 11월 월급 조
8원 45전	회원 김응선(金應善) 도일(渡日) 전별 시 비용
88전	고문(庫門) 자물쇠 및 궤 자물쇠 값
13원	장작 10태 값
40원 50전	체조장 수축(修築) 및 평탄화 비용
70전	벼루함 1좌 값
1원 50전	본회 제1회 통상회 시 광고비 조
50전	서북 학생 간친회 시 광고비, 광무 10년 조
75전	원동(苑洞) 이사 시 광고비 항목
6원	학생 모집 광고비 조
1원 12전 5리	교동(校洞) 이사 광고비
2원 42전 5리	학교 현판 및 측간 수리비 포함
1원 20전	학교 의연 채근 공함지(公函紙) 200매 인쇄비 조
7원	14호 인쇄비 중 선급

합계 423원 35전 5리 제외하고

잔액 148원 46전 이내.

130원 총무원 임치로 제외하고

잔액 18원 46전 회계원 임치.

한성은행 저축금 도합 550원.

원동(苑洞) 회관은 1,800원에 매각하고 또 1,800원을 대출하여 교동(校洞) 회관을 3,600원에 매입함.

광무 10년 12월 1일 창간		
회원 주의		
회비 송부	회계원	한성 중서(中署) 교동(校洞) 29통 2호 서우학회관 내 박경선(朴景善) 김윤오(金允五)
	수취인	서우학회
원고 송부	편집인	한성 중서 교동 29통 2호 서우학회관 내 김달하(金達河)
	조건	용지 : 편의에 따라 기한 : 매월 10일 내
주필		박은식(朴殷植)
편집 겸 발행인		김달하(金達河)
인쇄소		경성일보사(京城日報社)
발행소		한성 중서 교동 29통 2호 서우학회
발매소		황성 중서(中署) 포병(布屛) 밑 광학서포(廣學書舖) 김상만(金相萬) 평안남도 평양성 내 종로(鐘路) 대동서관(大同書觀) 평안북도 의주(義州) 남문 밖 한서대약방(韓西大藥房) 황해도 재령읍 제중원(濟衆院)
정가		1책 : 금 10전(우편비용　1전) 6책 : 금 55전(우편비용　6전) 12책 : 금　1환(우편비용 12전)
광고료		반 페이지 : 금　5환 한 페이지 : 금 10환
회원 주의		

1. 본회의 월보를 구독하거나 본보에 광고를 게재하고자 하시는 분들은 서우학회 서무실로 신청하십시오.
1. 본보 대금과 광고료는 서우학회 회계실로 송부하십시오.
1. 선금이 다할 때에는 봉투 겉면 위에 날인으로 증명함.
1. 본보를 구독하고자 하시는 여러분은 주소와 통호(統戶)를 소상히 기재하여 서우학회 서무실로 보내주십시오.
1. 논설, 사조 등을 본보에 기재하고자 하시는 여러분은 서우학회 회관 내 월보 편집실로 보내주십시오.

○ 광고

11월 14일에 본 회관을 경성 중서(中署) 교동(校洞) 29통 2호로 이전함.

서우학교를 본 회관 안에 설치하고 지난달 20일부터 개학함.

학교 임원은 다음과 같음.

교장	강화석(姜華錫)
교감	김기동(金基東)
부교감	이달원(李達元)

학생의 편리를 위하여 본 회관 내에 기숙사를 준비함.

융희 2년 1월 1일 본 학회 알림

○ 영업 개요

-만 가지 서적의 구비는 본관의 특색-

△ 종교와 역사 서적	○ 내외 도서 출판	△ 법률과 정치 서적
△ 수학과 이과 서적	○ 교과서류 발매	△ 수신과 위생 서적
△ 실업과 경제 서적	○ 신문 잡지 취급	△ 어학과 문법 서적
△ 지리와 지도 서적	○ 학교용품 판매	△ 생리와 화학 서적
△ 소설과 문예 서적		△ 의학과 양잠 서적

-배달 우편료의 불필요는 독자의 경제-

(본점) 황성 중서(中署) 포병(布屛) 밑   중앙서관(中央書舘)

(지점) 평북 선천읍(宣川邑) 천변   신민서회(新民書會)

광무 10년 12월 1일 | 메이지 39년 12월 1일 | 제3종 우편물 인가

융희 2년 2월 1일 발행
(매월 1일 1회 발행)

서북학회월보

제15호

발행소 서북학회

○ **특별광고**

본회 월보의 발행이 지금 제15호인데 그 대금 수합이 연체되지 않아야
계속 발행할 수 있습니다. 그런데 지금까지 1년 남짓한 기간 동안 대금
수합이 극히 보잘것없어 경비가 대단히 궁핍합니다. 원근(遠近) 간에
구독하시는 분들께서는 이런 정황을 헤아리시어 즉각 계산해 보내주실
것을 천만 절실히 바랍니다.

서북학회월보 제15호

서북학회 취지서

　궁구해보건대 무릇 단합이라는 것은 인간의 고유한 성질이다. 부자, 형제, 부부가 단합하여 일가(一家)를 이루고, 비려(比閭)와 족당(族黨)이 단합하여 일향(一鄕)¹을 이루며, 장령(將領)과 졸오(卒伍)가 단합하여 일군(一軍)을 이루고, 황실과 정부와 군현(郡縣)이 단합하여 일국(一國)을 이룬다. 농민은 짝을 지어 힘을 합해 경작하고, 상인은 공동으로 출자해 자본을 마련하며, 공인은 힘을 모아서 공업을 계획한다. 만약 단합하는 것이 없으면 윤리의 정제(整齊)를 얻을 수가 없고 사업의 성취를 얻을 수가 없으며 국가를 유지할 수가 없으며 인류의 생존을 얻을 수가 없으니, 성스럽도다! 단합하는 성질이여, 크도다, 단합의 힘이여, 훌륭하도다! 단합의 공(功)이여. 이로써 민지(民智)가 개명하면 사회가 발달하고, 사회가 발달하면 문명이 증진하게 되는 것이다.

　더구나 학계라는 것은 우주 안의 여러 가지 온갖 일과 이치를 총괄하고 연마하고 회통(會通)하고 발휘하여 만고(萬古)를 관철하고 만중(萬衆)을 지도하는 터전이다. 만약 절차탁마하며 나아가는 즈음에 덕업(德業)을 서로 권하며 과실을 서로 바로잡아주며 지식을 교환하는 단체가 없으면 편벽되고 고루하여 그 지혜를 늘리고 그 덕을 이룰 수가 없을 것이다. 『주역』에 "붕우 간에 강습한다."라 하고 『예기』에 "서로 보고

1　비려(比閭)……일향(一鄕) : 고대 중국에서 시행하였던 행정 체계로, 5가(家)가 1비(比)가 되고 5비가 1려(閭)가 되며, 4려가 1족(族)이 되고 5족이 1당(黨)이 되며, 5당이 1주(州)가 되고 5주가 1향(鄕)이 된다. 『주례(周禮)』의 「지관(地官)·대사도(大司徒)」에 나온다.

선(善)하게 한다."라 하며『논어』에 "벗으로써 자신의 인(仁)을 돕는다."
라고 한 것이 바로 여기에 해당한다. 오직 우리 대한은 그 강역으로 말
하면 동일한 백두산의 지파이며, 그 종족으로 말하면 동일한 단군·기
자의 자손이다. 이 나라에 태어나 살아가는 같은 종족이므로 혈기가 밀
접하고 통각[痛癢]이 연결되어 있기에 천연적으로 단합하는 성질이 생
기는 것이다. 그러나 사회의 수준이 오랫동안 발달하지 못함으로 인하
여 동서남북에 경계가 서로 나뉘어 풍기(風氣)가 뿔뿔이 흩어지고 인심
이 서로 어그러지고 멀어짐에 중지(衆智)가 합해지지 못하고 중력(衆力)
이 하나가 되지 못하니, 인권이 어떻게 신장하겠으며 국맥(國脈)이 어떻
게 강건해지겠는가.

　이러한 때에 서도(西道)의 인사들이 개연히 분발하여 문명 진보의 사
상과 교육 확장의 목적으로 서우학회(西友學會)를 창립하였고, 이어서
북도(北道)의 인사들이 동일한 사상과 동일한 목적으로 한북학회(漢北學
會)를 조성하였다. 그 사상이 같고 그 목적이 같음으로 말미암아 오늘날
에 이르러 동종 소리가 호응하는 듯하고 자침(磁針)이 끌어당기는 듯하
여 하나로 통합함에, 학회는 서북학회(西北學會)라고 하며 학교는 서북
협성학교(西北協成學校)라고 명명하였다. 이는 우리 한국 사회의 수준에
서 가장 먼저 발달한 기관이기 때문에 전국의 인사들이 모두 깜짝 놀라
태도를 달리하며 말하기를 "오늘날 문명의 영역에 먼저 올라 깃발을 세
운 자는 서북 인사들이다."라고 하니, 우리가 이에 부담이 매우 큰바
더욱 각별히 근신해야 한다.

　무릇 우리 서북은 성조(聖朝)의 발상지이자 단군·기자가 끼친 교화
가 남아서 전해지는 곳이거늘, 몇백 년 동안 황벽(荒僻)한 구역이 되고
비천한 종자가 되어 침체하고 울적해지리라는 것을 어찌 상상할 수가
있었겠는가. 오늘날에 이르러 우리 서북 인사들이 두각을 차츰 드러내
고 걸음을 점차 내디디니, 장백산(長白山)과 묘향산(妙香山)과 구월산(九

月山)과 두만강(豆滿江)과 대동강(大同江)과 예성강(禮成江)의 영묘하며
빼어나고 무성하고 흥왕한 기운이 허다한 준걸을 탄생시켜 이들이 장차
국가의 근간이 되고 사회의 지표가 되어서 세계에다 그 정채를 발양하
리로다. 이때로구나, 이때이니, 느끼고 깨달아라, 우리 서북 인사여, 떨
쳐 일어나라, 우리 서북 인사여, 힘써 노력하라, 우리 서북 인사이여!

　또한 우리가 더욱더 열심히 힘쓰며 매우 간절히 마음에 간직하여 잠
시도 잊지 말아야 할 것이 있으니, 정신적 단합이 바로 이것이다. 무릇
사람의 일신에 사지(四肢)와 백해(百骸)가 갖추어져 있는데, 그중에 작
은 손가락 하나라도 혹 상처를 입으면 온몸이 다 아픈 것은 신경이 구석
구석 뻗어 있기 때문이다. 무릇 사회는 한 개의 법인(法人)이니, 법인의
신상에 만약 신경이 구석구석에 뻗어 있지 않다면 마비되고 무감각해져
활동을 할 수가 없을 것이다. 지금 우리의 형체적 단합은 이미 갖추어졌
으니, 오직 이 정신적 단합을 관철해 빈틈이 없게 해야 전체의 활동이
완실(完實)하고 건강해질 것이다. 이로 말미암아 걸음걸이가 더욱 진전
하고 효력이 날로 드러나 우리 대한의 동일한 백두의 지파와 동일한
단군·기자의 자손이 본원을 찾아서 돌아와 동서남북을 막론하고 일체
단합을 완성하는 날에는 동양 세계에 하나의 신선하고 문명한 제국이
발흥하게 될 것이니, 경건한 이 마음으로 황천의 상제에게 정성스럽게
기원하는 바입니다.

축사

축사 漢

이용직(李容稙)[2]

　성기(聲氣)가 일치되면 마음이 단합될 수밖에 없으니 그 예리함은 쇠

도 끊을 것이고, 견문이 해박하면 지혜가 발전할 수밖에 없으니 재능은 옥으로 이루어지리라. 지금 서북 신사와 학회의 연합 및 월보의 간행은 성기가 서로 응하고 견문이 서로 보태어져 비롯된 것이 아닌가. 오래도록 암흑기였던 이 땅에서 서북의 선각자가 이 학회를 설립하고 이 학보를 발간하니, 암흑을 비추는 촛불과 세상을 깨우치는 종에 견주어도 과언이 아닐 것이다. 무엇 때문인가. 조국의 정신을 잃지 않고 인민의 의무를 각자 짊어지는 것이 장차 서북에서 시작될 것이기 때문이다. 단체가 이루어지고 민지가 발달하는 것이 장차 서북에서 시작될 것이기 때문이다. 공익을 우선하고 사욕을 뒤로 하며 의리를 중시하고 재물을 경시하는 것이 장차 서북에서 시작될 것이기 때문이다. 서적을 널리 수집하고 선박과 수레를 새로 제조하는 것이 장차 서북에서 시작될 것이기 때문이다. 농업과 상업을 확장하고 목축업을 번성시키는 것이 장차 서북에서 시작될 것이기 때문이다. 그렇다면 지금 우리 서북이야말로 팔도의 선진이자 선각자가 아니겠는가. 가까이로는 경기도가, 멀리로는 영남과 호남이 이를 보고 느껴서 또한 장차 차례로 학회를 설립하고 차례로 학문을 진흥하며 차례로 학보를 발간할 것이니, 국권의 회복과 국세의 부흥이 어찌 오늘날에 기초하지 않겠으며, 대한의 신민 된 자가 어찌 손을 이마에 얹고 이를 기다리지 않겠는가. 단지 서북학회만 축하하는 것이 아니라 우리 6백 년 종묘사직 삼천리 강토를 위해 만세를 연호하노라.

---

2 이용직(李容植) : 1852-1932. 황해도 관찰사. 학부대신 등을 역임하였고 일제강점 이후 작위를 받았다. 1919년 김윤식과 조선독립청원서사건을 일으켜 작위가 박탈되었다.

축사

회원 정병선(鄭秉善)

　천지의 이기(二氣)가 동탕(動盪)하고 마찰하며[3] 교감하여 감(坎)에서 시작하여 태(兌)에서 완성되는 법이니, 감(坎)이라는 것은 북쪽으로 자(子)·축(丑)의 개벽하는 회(會)[4]에 위치하여[5] 능히 초매(草昧)를 만들 수 있고, 태(兌)라는 것은 서쪽으로 곤(坤)·건(乾)의 사라지고 자라나는 사이에 처하여[6] 성숙함을 관장한다. 그러므로 역(易)의 도(道)가 감(坎)이 있으면 태(兌)가 없을 수가 없고 태가 있으면 감이 없을 수가 없는 것이다. 군자가 때를 따라 변화하며 천하의 사업을 두루 포괄해 다스리는 것이 어찌 이 두 괘에서 취한 것이 아니겠는가.

　처음에 우리 서북 지역의 서우·한북 양 학회가 각자 기치를 내걸어 확고하고 강직한 기(氣)는 넉넉하였으나 대화(大和)를 보존하고 화합하는 뜻[7]은 끝내 드물더니, 천도가 태래(泰來)[8]하여 음양이 서로 사귀고

3　천지의……마찰하며 : 『주역』「계사전(繫辭傳) 상」에 "이 때문에 강(剛)과 유(柔)가 서로 마찰하며 팔괘가 서로 동탕(動盪)하여 우레로 진동하고 풍우로 적신다〔是故剛柔相摩, 八卦相盪, 鼓之以雷霆, 潤之以風雨〕."라고 한 데에서 나온 것이다.

4　회(會) : 소옹(邵雍)의 『황극경세서(皇極經世書)』에서, 하늘과 땅이 개벽하고 끝나는 기간인 1원(元)은 12회(會)로 구성되어 있는데, 1회는 1만 8백년이어서 총 12만 9천 6백년이 되는바, 하늘은 자회(子會)에서 열리고 땅은 축회(丑會)에서 열리고 사람은 인회(寅會)에서 태어났다고 한다.

5　감(坎)이라는……위치하여 : 『주역』의 후천도(後天圖)에 나온 것으로, 감(坎)은 방위로는 정북이며 오행으로는 수(水)에 해당하는바, 12지의 자(子)와 축(丑) 역시 그 위치가 북쪽에 해당하기 때문에 이렇게 말한 것이다.

6　태(兌)라는……처하여 : 『주역』의 후천도(後天圖)에 의하여 말한 것으로, 태(兌)는 방위로는 정서이며 오행으로는 금(金)에 해당하는바, 서북의 건(乾)과 서남의 곤(坤) 사이에 위치해 있기 때문에 이렇게 말한 것이다.

7　대화(大和)를……뜻 : 『주역』「건괘(乾卦) 단사(彖辭)」에 "하늘의 도가 변화함에 각각 성(性)과 명(命)을 바르게 하여 대화(大和)를 보전케 해 준다〔乾道變化, 各正性命, 保合大和〕."라고 한 데에서 나온 것이다.

8　태래(泰來) : 『주역』「태괘(泰卦) 괘사(卦辭)」에 "태(泰)는 소(小)가 가고 대(大)가

인사가 빛나고 새로워져 보무를 점점 더 내디디어 이에 합하여 하나가
되었다. 정고(貞固)가 이로워 끝내 둔난(屯難)⁹을 구제한 것은 감(坎)의
일이고, 화열(和悅)함에 처하여 강습하여 서로 도와주는 것은 태(兌)의
덕이다. 천지 사이에 만물이 시종을 이루는 의리가 이에 갖추어졌도다.
오직 바라는바 우리 인사는 서로 더불어 칭찬하고 잘 어울려 군자의
도(道)가 자라는 기회를 놓치지 말고 날로 달로 힘써 나아가기를 이에
축원하고 이에 기원하는 바이다.

축사

회원 이규영(李奎漾)

대저 단체의 진보는 지식에 있고 지식의 본원은 학문에 있고 학문의
발달은 교육에 있다. 이런 까닭으로 둥근 지구의 육대주의 어느 나라를
막론하고 오직 교육을 실행하는 자는 그 인민의 학식이 서로 평등하여
단체를 이루고, 이 단체가 진보하여 적게 모이기 시작하여 점점 커지고
사람을 적게 써도 무리가 합하여 끝내는 민회·국회라는 결과에 이르
니, 이를 말미암아 보건대 사회단체의 진보는 곧 국가 실력의 진보이다.
그러니 단체의 진보가 어찌 위대하지 아니하겠는가. 오늘 우리 성천자
(聖天子) 융희 2년 1월 설날에 서우·한북 양 학회가 하나로 단합된 기
쁜 소식을 들으니, 같은 배를 타고 서로 구제하는 정(情)에 희열의 마음
을 이기지 못하겠다. 우선 한 마디 말하자면 우리 서북에서 교육 실행한
제1착의 결과를 마음 모아 축하하고, 또 다음 한 마디로는 우리 한국의

오니, 길하여 형통하다[泰, 小往大來, 吉亨].”라고 한 데에서 나온 것이다.

9 둔난(屯難) : 둔(屯)도 『주역』의 괘 가운데 하나이다. 둔난은 어려움이 닥쳐온 것인데
　　군자가 큰 역할을 할 수 있는 때라고 한다. 주자(朱子)의 『주역본의(周易本義)』에 나
　　온다.

민회·국회가 여기서 싹이 터 국가의 실력을 만회하는 제2착의 결과가 연잇기를 깊이 축원하고 깊이 축원한다.

축사

회원 류춘형(柳春馨)

신년 1월 1일 아침에
희소식이 들리도다
서우·한북 양 학회가
하나로 단합되었으니
우리 단체 진보함이
신년 제일 경사로세
오늘 서북 합회하고
내일 동남 합회하여
동서남북 합회하면
전국 단체 이 아닌가
전국 단체 되고 보면
자유 인권 돌아오네
자유 인권 찾는 날에
국가 독립 못될손가
진보하세 진보하세
어서 바삐 진보하세
단체 진보 하는 방법
친화력이 제일일세
친화력이 생기려면
한 몸 사심을 버릴지라

서로 의심하지 마오
마음 뜨는 원인 이 아닌가
서로 교만하지 마오
몸 망치는 도끼 이 아닌가
의심 말고 친인(親仁)하며
교만 말고 경애하여
고명한 사우(師友) 숭배하고
어리숙한 동포 선도하여
2천만 우리 생령
각기 의무 부담하여
애국 혈성 끓는 곳에
굳센 친화력 생기도다
힘써보세 힘써보세
굳센 친화력 힘써보세
굳센 친화력 아니고는
단체 실효 난망(難望)이라
돌아보소 돌아보소
우리나라 형편 돌아보소
· · · · · · · ·
· · · · · · · ·¹⁰
함수인욕(含羞忍辱) 우리 국민
단체밖에 또 있는가
세계 열방(列邦) 장한 단체
애국사상 어떠하던가

---

10 검열로 지워진 것으로 추정된다.

어화 우리 여항(閭巷) 동포
코 고는 춘몽 그만 자고
신년 금일 이 시대에
회합 단체 일궈보세
어화 우리 사회 동포
혀끝 형식 그만두고
해와 같이 정신 세워
굳센 친화력 힘써보세

축 서북학회

회원 류익수(柳益秀)

　장하도다, 서북의 합회(合會)여, 기쁘도다. 서북의 합회여, 회의 단합은 곧 인심의 단합이다. 이 20세기의 경쟁 시대를 맞아 우리가 만약 사회단체의 실력을 잃으면 능히 생활하지 못한다는 지론에 저 문명 열강의 인민도 더욱 주의를 기울이거늘, 하물며 우리 한국의 오늘날 형세에서 국민이 사회의 단체를 조속히 도모하지 아니한다면 다시 무엇을 바라며 무엇을 기대할 수 있겠는가. 우리나라가 이전에는 귀족이니 부호니 할 뿐인 이들이 자기의 일신과 일가만 생각하여 사람들이 이들을 인민의 도적이니 개돼지니 지목할지라도 그저 편안히 지내며 백 년을 그냥 흘려보냈다. 그러나 오늘날은 시대가 다르고 세상이 변하여 비록 왕공(王公)의 귀함과 도주(陶朱)[11]의 부(富)를 지녔더라도 동료를 찾지 못해 쓸쓸히 홀로 고립되었다면 생활을 기대할 수 없을 것이다. 지금

11　도주(陶朱) : 월나라 재상 범여(范蠡)로서, 재산을 모으는 데 탁월하여 부호의 상징처럼 여겨진다.

우리 전국 동포는 시세의 고금이 상이함을 조금 더 살피고 경쟁에서의 약육강식을 엄중하게 성찰하여 각자 열심히 분발하여 생활하며 때마다 합하고 날마다 합하여야 한다. 오늘날 우리 서북의 단합은 단지 그 회만 합할 것이 아니요 곧 마음이 합하여야 우리들의 생활을 지킬 수 있고 진보를 도모할 수 있으며 문명을 기대할 수 있으니, 이로써 마음 다해 축원하노라.

축사 漢

회원 나인기(羅寅紀)

무릇 국세의 강약은 오로지 민심이 합해지는가의 여부에 달렸을 따름이다. 이러한 까닭에 인도의 경우 이 2억 2천만 인구와 155만 평방마일로도 범의 주둥이 같은 열강의 먹이가 됨을 면하지 못하였으니, 이는 그 민심이 단합되지 못하였기 때문이다. 반면 포르투갈과 덴마크의 경우 영토가 수천 평방마일에 불과하고 국민이 수백만 명에 불과하지만 또한 스스로 우뚝 독립하여 열강과 어깨를 나란히 하니, 이 어찌 전국의 민심이 합하여 일치되었기 때문이 아니겠는가. 지금 듣건대 우리 서북의 양 학회가 합하여 하나가 되었다고 하니, 절로 기쁜 마음을 이기지 못하고 이에 한 마디로 우러러 축하하노라. 원컨대 우리 삼천리 강역 내 2천만 동포가 인도처럼 각자 분당(分黨)하는 것을 경계하고 포르투갈과 덴마크처럼 마음 모아 합일에 전력하여 우리 대한독립을 부흥하기를 향을 사르며 삼가 축원하노라.

축사 [漢]

회원 류해운(柳海運)

신춘의 소식 기쁘게 듣고 서북의 하늘 멀리 바라보며 광무 10년 맹동 (孟冬)에 잔 가득 도소주(屠蘇酒) 부어 얼근히 취하니 모두 만연히 기쁜 기색 띠며 서우학회에 운집한다.

이듬해 월령(月令) 명절 융희 2년 1월에 두 학회가 한 학회로 통합 되니 한북학회와 맺어져 서북 두 학회가 합설하여 친목의 우의가 각별 하다.

오늘 서북이 단합하면 내일 동남도 단합하고 동서남북 다 단합하여 청구(青丘) 반도의 긍식(矜式)으로 일대 단체가 조직되어 삼천리 전국에 두루 미칠 것이니 이로부터 동방이 밝아지리라.

저 서방 사람이여! 우뚝한 저 남산이 유유하니 개명의 기초가 시작 되고 애국의 인심이 미인을 바라니[12] 만만세 외치며 성수(聖壽)를 축원 한다.

또 북방의 강함이여! 중앙에 이 기관을 설치하니 동포 청년자제의 자강 실력이 여기 있다. 2천만 대중의 이목이 쏠려서 부지런히 교육하 니 중학과 대학이 발달한다.

나 또한 서북의 한 벗이라 서산에 올라 노래 짓나니, 국권과 인권이 회복되리라는 말 듣고서 감격을 이기지 못하여 북두성 바라보며 내심 축원하노라.

---

12 미인을 바라니 : 미인은 통상 임금을 뜻한다. 흔히 멀리 떠나온 신하가 임금을 연모하 는 뜻으로 쓴다. 『시경(詩經)』「패풍(邶風) 간혜(簡兮)」에 "누구를 그리워하는고? 서 방의 미인이로다. 저 미인이여, 서방의 사람이로다〔云誰之思 西方美人 彼美人兮 西方 之人兮〕." 하였다.

축사

회원 전하석(全夏錫)

무릇 국가의 성쇠와 정치의 득실이 오롯이 교육의 근면・태만과 사회의 진전・퇴보에 달려 있으니, 학생은 지식을 발달시켜 공무를 조직하는 책임이 있고 법인은 단체를 집성하여 공권을 부식(扶植)하는 책임이 있다고 하겠다. 이상의 양대 책임을 두 어깨에 짊어지고 길이 나아가고 곧게 전진할 자가 몇 사람이나 있는가. 우리나라의 사민(士民)이 고루한 습관에 물들어서 심정이 나태하고 지기(志氣)가 부패하여 학도를 모집하거나 회원을 조합하는 데에 이르러 학교에 대한 열성이 야박하고 사회의 성질이 유약하여 태반이 후퇴할 우려가 있다. 이 때문에 갑오년 이후 기호(畿湖) 지역에서 앞서 창도한 광산학교와 무관학교와 만민공동회와 독립협회가 혹은 임원의 권태로 인하여, 혹은 정부의 협박으로 인하여 해산함을 면치 못하였으니 개탄스럽고 애석한 마음을 금할 수 없다.

아아, 아름답고 성대하여라, 서우학회여. 목탁(木鐸)이 한번 소리를 내자 한성 서쪽 황해의 26개 관(館)[13]과 평남[14] 46개 군(郡)과 개성(開城)과 강화(江華)가 소리와 기운이 호응하여 연이어 함께 춤추고 또 얼마 되지 않아 한북학회 신사 제씨가 본회의 장대한 의기에 기꺼이 공감하여 유연히 구름처럼 따르니, 그 단합한 양상은 비유하면 마치 유수(乳水)[15]와 납과 수은이 잘 응결되는 것과 같다. 이에 학회의 명칭을 바꾸어 서북학회라고 하니, 이는 우리 대한에 있어서 사회 진보의 빛줄기라고 하겠다.

---

13 관(館) : 서울에서 국경 의주(義州)를 연결하는 의주로에 설치된 26개 역을 이른다.
14 평남 : 원문은 "平南"인데 평안도 전체를 이르는 것으로 추정된다.
15 유수(乳水) : 종유석이 있는 굴속에 흐르는 샘물을 가리킨다.

대체로 서회(西會)의 성질은 용감맹진(勇敢猛進)하고 북회(北會)의 성질은 강의견집(强毅堅執)하니, 예전에 서회는 너무 맹렬하여 엎어질 염려가 있고 북회는 너무 견고하여 점토처럼 될 우려가 있었다. 그런데 지금 두 학회가 서로 합쳐서 저 각 회의 성질이 일변하여 강용(强勇)하고 장중하며 문아(文雅)하고 충근(忠勤)하게 되었다. 생각건대 강용한즉 창이 숲을 이루고 탄알이 빗발치는 전장에서 위험을 무릅쓰고 곧장 전진할 것이요, 장중한즉 태산 같은 압제와 천둥 같은 협박에도 마음이 위축되지 않을 것이고 몸이 굴복하지 않을 것이다. 문아한즉 5백 년 과문(科文)의 습관을 하루아침에 씻어내고 20세기 개명의 목적을 전국에 두루 달성할 것이요, 충근한즉 군주를 섬김에 정성을 다하고 애국에 열렬할 것이다. 이와 같은 웅대한 효력을 내부에다 베풀면 학무(學務)가 발흥하고 민지(民智)가 나날이 새로워져서 천연 산물은 풍요롭고 인조 물품은 은성(殷盛)할 것이니 부강을 이루어 나라의 기반을 길이 공고하게 할 것이요, 외부로 발전시키면 외교가 타당해지고 권위가 높고 무거워져 구미 열강과 함께 대양의 사이에서 수레를 나란히 하여 마음껏 내달리게 될 것이다. 그리하여 우리 군주를 존중하고 각별히 대하여서 맹단(盟壇)에서 소귀를 먼저 잡게 할 것이니[16] 이렇게 보면 국가 흥륭(興隆)의 기관과 정치 쇄신의 방침이 오롯이 이 학회의 전진에 달려 있다고 하겠다.

---

16 소귀를……것이니 : 『춘추좌씨전』「애공(哀公)」 17년 조에 나온 말이다. 고대에는 제후들의 회맹(會盟)에서 맹주(盟主)가 소의 귀를 잡아 삽혈(歃血)하는 등의 역할을 수행한바, 어떤 일에 있어서 주도적인 역할을 수행하는 것을 말한다.

축사

회원 이동휘(李東暉)

　융희 2년 1월 3일은 우리 대한제국 독립의 기초이다. 무릇 나라의 독립이라는 것은 가볍지 않고 무거우며 쉽지 않고 어려우니, 무거운 것이 어찌 가볍겠으며 어려운 것이 어찌 쉽겠는가. 오직 지극히 무겁고 어려운 '독립' 두 글자를 서북학회월보에 대서특필하여 연·월·일을 표지하는 필법이 사가(史家)의 제목(題目)이 되니, 아는 것이 없는 자는 웃고 조금 아는 자는 의아해하고 잘 아는 자는 즐거워한다. 웃는 것은 어째서이며 의아해하는 것은 어째서이며 즐거워하는 것은 어째서인가. 먼 지역의 미천한 자취를 추중(推重)할 만하지 못하기 때문에 웃으며, 세상을 바로잡을 영재를 시험해본 적이 없기 때문에 의아해하며, 두 지역의 인사들이 굳세고 열렬하기 때문에 즐거워하는 것이다. 대체로 사회가 아니면 교육할 수가 없고 교육이 아니면 애국할 수가 없고 애국이 아니면 독립할 수가 없으니, 이 서북학회는 교육가의 지남(指南)이 아니겠는가.

　아아! 우리 대한제국의 독립권은 이미 잃어버렸다. 잃은 이유를 제대로 깨달으면 얻을 도리를 알 수가 있으니, 국민이 단결하지 않으면 잃고 단결하면 얻기 마련인바, 잃음도 나 때문이고 얻음도 나 때문이지 그 얻은 것을 잃음이 남으로부터 말미암는 것이 아니다. 우리나라의 잘못된 습속에 대하여 그 대체적인 것들을 대략 들어보건대, 화벌(華閥)을 각자 고수하여 현능(賢能)한 사람을 질투하고 곤궁한 사람을 잔학하게 대하여 마치 희생물처럼 보니, 백관 중에 심복이 없고 생령이 원수가 되어 비유하자면 만(蠻)나라와 촉(蜀)나라가 달팽이 뿔에서 함께 다투고[17] 대합과 도요새가 낚시터에서 서로 맞버티는 것[18]과 같아서 서로 화합하지 않은 지가 오래되었다. 동족끼리 해치고 다투니 타인의 간섭을 어찌 받지 않겠는가.

아아, 우리 서북의 동지들로 말하자면 한쪽은 용감하고 한쪽은 강직하다. 이러한 날에 이르러 나라를 근심하는 간절한 마음이 절실하고 또 절실하여 교육 장려를 각자 자기의 임무로 삼으니, 서우학회가 한 단체이고 한북학회가 또한 한 단체인바 우리 한국인 단체가 이 두 학회로부터 시작하였다고 하겠다. 바로 이날에 두 학회가 마침내 합하여 한 단체를 이루니, 2천만 백성의 수로 통계를 하면 국민의 절반이 이미 단체를 이룬 셈이다. "일은 절반만 하고도 그 효과는 배가 될 것이다."라고 맹부자(孟夫子)께서 이르시지 않았는가.[19] 지금 두 학회를 합설한 것이 독립의 기초가 되리라고 단호히 말하는 바이니, 내가 하는 큰소리를 듣고 냉소하는 자여, 의아하게 여기는 자여, 상쾌하게 여기는 자여, 조금 기다려보라고 하였더니 과연 며칠이 되지 않아 기호흥학회가 이루어졌다. 이제 양남(兩南)의 인사들이 틀림없이 향응할 것이고 동도(東道)[20]가 역시 이를 좇아 모여서 전국 동포가 합하여 단체가 되는 날을 기약하여 기다릴 수가 있을 것이다. 국민이 단체를 이루면 어느 누가 모멸할 수 있겠는가. 교육이 발달하면 두려워할 만한 것이 없다. 볼품없이 거친 말을 삼가 지어서 누구를 위하여 축원하는가. 하늘에게 축원해도 하늘이 응하지 않으시고 땅에게 축원해도 땅이 응하지 않으시니, 삼가 서북학회를 위하여 축원하고 우리 대한제국 독립 만세를 소리 높여 외치는 바이다.

---

17 만(蠻)나라와……다투고 : 와각지쟁(蝸角之爭)의 고사로 『장자(莊子)』「칙양(則陽)」에 보인다.

18 대합과……것 : 방휼지쟁(蚌鷸之爭)의 고사를 이른다. 『전국책(戰國策)』「연책(燕策)」에 보인다.

19 일은……않았는가 : 사반공배(事半功倍)를 이른다. 『맹자』「공손추(公孫丑) 상」에 나온다.

20 동도(東道) : 강원도 지역을 이르는 것으로 추정된다.

축사

회원 유윤선(劉允璿)

　　훌륭하고도 장하도다, 서북학회의 큰 창립과 큰 확장이여. 북방의 견인불발(堅忍不拔)하는 강의(剛毅)함과 서토(西土)의 과감히 맹진하는 의용이 합하여 하나의 단체를 이루니, 의젓함이 태산 같아 가지런히 무겁고, 형세가 창해(滄海) 같아 함께 크도다. 그 목적은 독립의 권리를 공고하게 하고 자강의 능력을 굉장하게 하는 것이다. 이에 동포를 널리 구제하는 방책을 두 어깨에 짊어지고 전 지구의 문명 기운을 한입에 흡수하고자 하여 노고를 꺼리지 않고 사회를 확립하여 민지를 개발하고, 분개함을 억누르지 않고 학교를 널리 설립하여 사기를 고무하니, 변방 모퉁이 마을까지 영향이 두루 미쳐 전국의 인심이 성대하게 몰려들고 영묘(英妙)한 청년들이 열렬한 마음을 품어 밤낮을 가리지 않고 진취함에 자국의 정신과 문명의 기상이 삼천리 곳곳에 두루 미치고 있다. 그러니 몇 년을 지나지 않아 귀 학회의 휘황한 새로운 광채가 백 척의 무대 위에 드날려질 것이고 우리나라의 전진하는 보무가 육대주의 열강 위로 능가할 것이니, 이 어찌 본 학회 여러분의 성대하고도 훌륭한 공훈과 업적이 아니겠는가. 그리하여 얄팍한 사상으로나마 그 고루함을 잊고 감히 볼품없는 거친 말을 얽어서 두 손 모아 덕을 칭송하고 절을 올리며 축하를 드리는 바이니, 장구히 한국을 보호하여 천만 년 길이 이어지게 하소서.

사설

박은식(朴殷植)

　서북학회는 서우와 한북 양 학회가 모여서 일체가 된 것이니, 이는 우리 서북 인사들의 문명 정도가 진보한 까닭이다. 대체로 세계상에 어떤 나라든지 막론하고 그 민족의 지식 정도를 따라서 사회가 진보하는 것은 자연 통례이다. 그렇기 때문에 야만의 족속은 사회가 이루어지지 못하고 문명국은 사회가 매우 성대하게 되는 것이다.

　우리 대한 민족의 과거 역사를 거슬러 살펴보건대, 종전에 사환가(仕宦家)의 색론(色論)은 그저 사권(私權)・사당(私黨)의 경쟁으로 같은 조정 안에서 서로 적대시하고 서로 충돌한 것일 뿐이니, 이는 좋지 못한 단체라 이를 것이다. 각 고을에 있는 사림(士林)의 학계(學契)와 향약(鄉約)으로 말하자면 삼가고 경계하는 규모와 우아하고 아름다운 성질이 세도(世道)와 풍속에 보탬이 없는 것은 아니었지만, 국권을 보전하는 중대한 관계와 공익을 확장하는 공동의 사업에는 전혀 구상이 미치지 못하였다. 여염과 시정에서 만든 여러 계(契)는 경조사가 있을 적에 서로 살피고 환난이 발생했을 때에 서로 구휼하고 이해(利害)를 따지지 않고 함께 돕는 주의(主義)가 있지만, 그 취지와 역량이 협소한 데에 국한되어서 발전할 수가 없고, 그 질서와 강령에 정제 정돈이 부족하여 영구히 유지될 수가 없었다. 이러한 각종 단체의 경우 구시대의 지식 정도가 여전히 유치함에 속하였기 때문에 그 단체의 정도도 여기에 그쳤다고 하겠다.

　우리 서북 인사들도 이전에 서울에 유학할 적에 도계(道契)의 조직이 있었으니, 이는 대체로 상호 간 친애의 정과 상호 간 구조(救助)의 뜻으로 결합한 것이나 붕우의 도덕을 갈고 닦거나 국가의 공익을 힘써 도모한다는 말은 대략 듣지 못하였다. 이때에 서도 인사들은 그저 서도가 있다는 것을 알 뿐이고 북도에는 미치지 못하였으며, 북도 인사들은 그저 북도가 있다는 것을 알 뿐이어서 서도에 미치지 못한 터였다. 또한 그 개개인의 계획과 생각이 미치는 바는 구구한 사환(仕宦)에 대한 경영과 가산의 보호여서 권세를 좇아 이익만을 꾀하는 사상에 불과하였으니, 저렇게 얕고 좁은 취향으로 어찌 스스로 수양하고 자립하여 훌륭한 사회를 성립하였겠는가. 이는 몇백 년 동안에 우리 서북 인사들이 자유의 천직을 방기하고 경화(京華)의 세족에 노예가 되기를 스스로 구한 것이니, 어찌 가련하고 부끄러우며 통탄할 만한 일이 아니겠는가. 또한 그 시대로 말미암아 지식의 정도가 원대한 사업과 행위에 미치지 못하게 된 것이다.

천운이 순환하여 가면 반드시 돌아오고, 인사는 옮겨가 궁하면 통할 것을 생각한다. 그리하여 단군 개국 4238년에 서도 인사들이 의연히 분발하여 스스로 수양하여 자립하려는 사상으로 한 걸음을 매우 힘차게 내디뎌 서우학회를 창립하였고, 오래지 않아 북도 인사들이 동일한 사상으로 한 걸음을 뒤이어 내디뎌 한북학회를 조성하였다. 회원의 취향과 학생의 근면함에 실로 앞날의 기대와 희망이 있더니, 과연 오늘날에 이르러서 단합하여 서북학회를 이루었다. 이는 우리 일반 동지의 문명 정도가 진보함으로 인한 것이고, 또한 우리 대한 전국의 문명이 진보하는 계제일 것이다.

이 때문에 지난 몇백 년 동안에 경화(京華) 및 영호남에서 우리 서북을 민촉(閩蜀)²¹처럼 멸시해 천대하던 자들이 갑자기 모두 깜짝 놀라 태

---

21 민촉(閩蜀) : 민(閩)은 복건성, 촉(蜀)은 사천성의 별칭이다. 문화의 중심부에서 멀리 떨어진 주변부를 이른다.

도를 달리하며 "오늘날 문명 선진의 지위를 차지한 자는 서북인이다."라
고 말한다. 그 가치가 어떠한가를 전일과 비교하면, 진창길에서 빠져나
와 하늘길로 올라간 경우라고 이를 만하다. 그렇다면 우리의 책임이 어
찌 중차대하지 않겠는가. 어떻게 하면 나의 수양을 더욱 진전시키며 나
의 자립을 더욱 공고히 하여 우리 서북학회가 지닌 문명의 정채가 더욱
더 발휘되어 큰 영예와 큰 승리를 얻도록 하겠는가. 만일 종전의 부패한
습관이 아직도 다 제거되지 않아서 혹 권세가를 숭배하여 노복의 안색
과 여종의 무릎걸음 같은 상태를 드러내 보이거나, 혹 협잡질 따위에
물들어 남에게 손해를 끼치고 자기만 이롭게 하는 행위가 있거나, 혹
고루한 구습을 묵수하여 쇄신하고 분발하려는 사상이 없다면, 결코 우
리 서북 인사라 일컬을 수 없을 것이다. 오직 학문에 관한 열성과 교육
에 관한 주의에 이구동성으로 서로 응하여 걸음을 나란히 하여 일제히
나아가되, 순결무구한 이상이 빙설처럼 빛나고, 용맹하고 게으르지 않
은 발걸음이 우레 바람처럼 신속하며, 견인불발하는 기상이 산악같이
우뚝하면, 성현의 도덕도 이를 의지해 유지될 것이고 영웅의 사업도 이
로 말미암아 성취될 것이다. 국민의 의무도 이에 기초하여 발전할 것이
고 사회의 영광도 이로 인하여 사방에 미칠 것이며 제국의 기초도 이에
힘입어 공고해질 것이다. 크도다! 본 학회의 책임이여. 훌륭하도다! 본
학회의 취지여.

　이 목적을 달성하는 날에는 우리 서북 인사들이 종전의 몇백 년 동안
침체하고 막혀 있던 한스러움을 시원스레 떨쳐낼 뿐 아니라 우리 전국
동포에게 무궁한 복지를 베풀 것이다. 그 방법은 다름 아니라 오직 우리
네의 단합 정신이 응결되어 흩어지지 않고 진취적인 사상이 견고해 물
러나지 않아서 학문의 수양과 교육의 보급이 그침 없이 나아가고 나아
가는 데에 달려 있다. 힘쓸지어다! 우리 서북 인사들이여.

여자교육의 급선무

회원 김하염(金河琰)

오늘날 나라를 보호하고 인종을 보호하는 데 뜻을 둔 자는 모두 부강해지는 방법에 급급해한다. 그런데 내가 필시 "여자교육의 일이 이 중에서 실로 급한데 한번 해보지도 않았으니 급선무이다."라고 말하면, 이를 비난하는 자들이 "지금 어느 겨를에 여자교육을 급선무로 삼겠는가."라 한다. 계란을 들고 닭이 새벽을 알리기를 기다리거나 목이 말라서야 우물을 판다는 비평을 면할 수 없다는 뜻일 듯하나, 이는 그 기본을 모르는 말이다.

우리나라 현 정세의 참상을 미루어 생각해보면, 그 원인은 여자를 교육하지 않음에 있다. 대저 나라를 지키고자 하면 그 국민이 각기 일을 가져 각자 생계를 살핀 연후에야 나라가 부강해질 수 있다. 그러나 지금 우리 동포가 2천만이라 두루 말하는데, 여자가 반수이고 그 나머지 천만 명 중에 스스로 일하여 스스로 먹고사는 자는 필시 그 숫자에 다다르지 못한다. 농사도 장사도 하지 않고 놀고먹으며 낭비하는 자가 몇백만이나 될지 알 수 없다. 이렇게 이른바 한 명이 경작하여 열 명이 먹고사니, 이와 같은즉 어찌 굶주림과 추위를 면할 수 있으며 어찌 부강함을 기대할 수 있겠는가. 대개 한 나라의 인민과 물산을 통계 내어 그 소비의 대략을 소득률에서 공제하였을 때 여유가 있다 해도 국민 생활이 만족스럽지 못한데, 하물며 우리 국민 중에 여자는 스스로 먹고살지 못하고 다른 사람의 부양을 기다린다. 그러므로 남자가 여자를 개나 말 같은 노예로 부려 여자가 극도의 고통에 시달릴 뿐 아니라, 남자도 일 년 내내 근로한 소득으로 처자를 양육함이 넉넉지 않으니 이에 있어서는 남자도 극히 고통스러워 언제나 빈곤으로 근심이 가득하여 즐거움을 얻지 못한다. 그 외에 사농공상을 불문하고 추위와 굶주림에 도랑을 굴러다니는 자 또한 몇인지 알 수 없다.

내가 이에 대해 논해보건대, 『대학(大學)』에서 이른바 "생산하는 자는 많고 먹는 자는 적어야 한다."는 말과 경제원칙 상의 노동 효율의 논리로 미루어 궁구하여도, 만약 한 명이 일하여 그 한 몸의 먹고 사는 계책을 마련한다면 빈곤의 근심과 한탄은 반드시 사라질 것이다. 하지만 우리나라는 가난하지 않은 사람이 없으니, 한 명이 여러 명을 부양하는 데에 원인이 있다. 그 최초의 기점은 부인이 일이 없는 데서 시작한다. 그러나 여자도 마찬가지로 사람이다. 어찌 유독 남자에게만 전부 책임을 맡기리오. 여자도 사리에 밝아지면 일을 꾀하는 것이 매우 쉬울 것이니, 그런즉 배움이라는 것은 일의 어머니다. 그런즉 부인의 일 없음은 천리(天理)에 맞는 바가 아니며, 가르치지 않으니 일할 수 없는 것은 당연하다. 생장하여 남이 가져다주는 먹이를 기다리며 쩩쩩이니, 이로써 남자는 귀하고 여자는 천해지며, 여자는 놀고 남자는 노동하여 부부 지간에 귀함과 천함, 안일과 노고가 서로 상충한다. 그러니 인정상 어떻게 함께 즐거워할 수 있겠는가.

아아, 나라는 어떻게 강해지는가. 백성이 부유해야 그 나라가 강해진다. 백성은 어떻게 부유해지는가. 사람마다 스스로 먹고살기 족하면 그 백성이 부유해진다. 무릇 한 나라 안에 일하는 사람이 속히 늘어나면 천연자원과 공산품 또한 갑절이 된다. 그 늘어난 수량은 모두 과거에는 그저 땅에 버려두던 물산으로, 버려진 땅의 물산을 취하여 인간의 필요에 따라 사용할 때 이익이 심대해지는 것이다. 만약 이렇게 되려면 학문이 아니고는 불가능하리니, 그런즉 여자도 보통 지식의 가르침을 얻어 상당한 직업을 지녀 자기 힘으로 먹고살 수 있으면 어찌 다른 사람에게 굴종하겠는가.

　아아, 지나(支那)의 옛 시대에 사람들이 항시 말하길, 부인은 재능이 없는 것이 곧 덕이라 하였다. 세상의 바보 같은 선비가 이 말을 고집하여 천하의 여자로 하여금 글자 하나 책 한 권을 읽지 못하게 하고 나서 현숙(賢淑)의 정통이라 말하고자 하니, 이는 실로 천하에 재앙이 되는 법도이다. 옛날에 재녀(才女)라 호칭함은 음풍농월하며 화초를 가꾸고 봄에 마음 들뜨고 이별을 아쉬워하는 등의 사장(詞章)에 불과하였으니, 이러한 것들은 배움이라 할 수 없다. 비록 남자라도 별달리 배운 바 없이 말만 앞세운다면 부랑하는 자식이라 지칭하리니, 하물며 여자는 어떻겠는가. 내가 말하는 배움이라는 것은 안으로는 그 마음을 개발하여 입지수신(立志修身)의 강요(綱要)를 가슴 속에 품고 이행하며, 밖으로는 학리(學理)를 교도(敎導)하여 생계를 영위하는 기능을 습득하게 하는 데에 있다. 이렇게 하면 완전한 인격을 만들 것이니 부덕(婦德)에 어떠한 해가 있겠는가.

　저 궁벽진 시골의 노파와 관리나 학자의 아리따운 아내의 행동을 관찰하면, 빗자루를 가져갔다고 욕하고 맞받아치며 따져 묻는 것이 더욱 심하니 이는 무슨 까닭인가. 무릇 사람의 인색함과 분쟁하는 폐단은 그 견문이 지극히 작은 데서 나온다. 만약 그 사람으로 하여금 만고에 있었던 일을 알게 하고 오대주와 교통하여 사람과 함께 지내는 도리와 만국 강약의 이치에 통달하게 하면, 그 마음은 천하를 근심하며 중생을 염려함에 한가할 틈이 없어 가족과 처자식의 일에 신경 쓸 여력이 결코 없을 것이다. 오늘날 부인의 소견이 좁은 폐단은 천지간의 사물에 대해 들은 바가 전혀 없고 종신토록 정신을 오로지 가정에만 붙들려 밥 짓고 바느질하는 극히 사소한 일에만 빛나는 심력(心力)을 쏟기 때문이다. 그리하여 그 추한 습관은 배우지 않아도 모두 능해져서, 전국 동포 수만 수천 호의 가정 안팎에서 서로 화목하게 지내며 행동과 말이 종신토록 괴리되지 않는 자는 만에 하나도 없을 것이다. 그 이유는 어디에 있는가.

그 발단이 시부모와 동서 사이에서 나오지 않는 것이 없다. 그리하여 분할 때면 말하길 "부인은 가까이하면 안 된다."고 하고 "여자의 간섭은 만사를 그르치니 함께 의논하기에 적당하지 않다."고 하여 마치 마귀나 재앙을 보듯 하며 비록 일상적 행로에서도 여자가 앞서가면 외출을 그만두기도 하였다. 이와 같은 허물이 유유히 천 년간 이어져 수많은 집이 여인을 내실에 가둬두며 행동을 속박하여 그 총명함을 끊으니, 일찍이 부인은 산 사람의 직업에 종사한 바가 없다. 오호, 여자여, 어찌 원통함을 억누를 수 있겠는가!

창창한 황천(皇天)이시여. 지극히 공평하시고 사사로움이 없으시니, 여자의 본성에 부여하신 것이 어찌 근본적 악이겠는가. 흙덩어리 같은 몸뚱이로 아직 교화되지 못하여 방 하나에 갇혀 남자에게 폐를 끼치는 것은 학식이 없어 스스로 먹고살 수 없기 때문이다. 다른 이에게 도움을 구하며 평생을 살아가니, 남편도 부인도 모두가 넉넉할 수 없다. 종일 조용히 머물며 근심하고 한탄하므로 사람의 영혼이 상하고 사람의 지기가 부족해지니, 어찌 화목하고 즐거울 수 있겠는가. 비록 준수한 호걸 선비라도 닫힌 규방에 데려다 놓고 여러 해 지내게 하면 필시 그 뜻과 포부가 쇠약해지며 재기가 닳아 없어질 것이다. 하물며 본질이 연약한 여자에게 모든 책임을 묻는 것은 매우 옳지 않으니, 이를 고칠 방책을 강구해야 할 것이다.

아! 여자교육이 옛날에는 부족하지 않았도다. 부도(婦道)가 일찍이 창성하여 모든 집이 양호하였으니, 이로써 350편의 교훈은 힘써서 어머니의 법도를 전했고, 후학(後學)이 기록한 70조는 태교를 늘 돌아보았으며, 『시경』「주남(周南)」에서는 숙녀를 노래하였고, 성인(聖人)께서는 남녀를 교육하시면서 평등하게 가르침을 베풀어서 조금의 차이도 없게 하셨다. 그런데 성인이 가신 지가 아득해지자 옛 의리가 무너지고 학문은 논하지 않고 술과 음식만을 따지니, 같은 종류의 사람으로서 남자는 지혜롭고 여자는 우매한 것이 어찌 천륜의 이치겠는가. 저 서구의 나라들을 보라. 국세(國勢)는 날로 강해지고 민지(民智)는 날로 개발되니, 그 원인은 하나가 아니지만 오직 교육 방면에서는 백 가지 과목을 어머니의 교육에 맡긴 것이 열에 일곱을 차지한다. 그런즉 여자의 교육이 어찌 중대하고 급하지 않겠는가. 어린아이에게는 어머니가 아버지보다 친절하므로 그 자식의 성정과 기호는 오직 부인이라야 흐름에 따라 잘 인도할 수 있다. 그러므로 어머니의 교육이 좋으면 그 자식의 성장이 쉽고, 좋지 않으면 그 자식의 성취가 어렵다. 『안씨가훈(顔氏家訓)』에서 말하길 "어린이를 영아 시절부터 가르쳐 스승에게 나아가기 전에 성질과 사고를 이미 다스려두면, 어려서 이루어진 것이 천성과 같아져서 성장을 이끌어주리라."[22]고 하였으니, 이는 실로 교육의 근본을 아는 큰 성과이다. 어머니 되는 사람이 학문의 근본과 교육 방식을 통달하면 아동은 10세 이전에 모든 학문의 기초와 양지(良知), 그리고 입지와 수신의 핵심을 전부 알 수 있을 것이다.

　지금 우리나라에는 소학교가 흥하지 않아서, 스승에게 나아간 이후라 해도 사숙(私塾)이나 공립학교에 등급이 미비하고 교육 지도가 온전하지 못하여 재능을 이룰 수 없다. 어린아이 때부터 규방에서 놀아 보모의 수중에서 떠나지 못하니, 보고 듣는 것이 밥상과 광주리 같은 자질구레한 일에 불과하고, 근면한 자라도 과거 급제와 녹봉이나 선망하여 재산을 보전하고 자손을 양성함을 능사로 삼아 일생을 마치는 것이 지극하다고 여기며 살아가고 성장한다. 그리하여 마음속이든 눈앞이든 어떤 일도 이보다 큰 것은 다시 없다고 여기며 수많은 가정이 동병상련으로 암암리에 사사로운 이익을 도모하여 구차하고 염치없이 고루한 야만의

22　"어린이를……이끌어주리라." : 해당 부분 중 '어린이를 영아 시절부터 가르쳐〔敎兒嬰孩〕'와 '어려서 이루어진 것이 천성과 같아져서〔少成若性〕'의 두 부분만 『안씨가훈』 「교자(敎子)」에서 찾을 수 있다.

천하를 만드는 데 이르렀다. 그런데도 그 연고를 모르고 또한 회개하지 않으니 어찌 통탄스럽지 않겠는가.

아, 저 서구의 자손들이 어찌 별종이겠는가. 단지 어려서부터 배우기에 힘쓴 것이리라. 천하를 다스리는 대본(大本)은 인심을 바르게 하며 인재를 늘리는 데 있고 이 두 가지의 근본은 양육으로부터 시작하니, 양육이 바르지 않으면 자랄수록 부박해진다. 양육의 근본은 반드시 어머니의 교육에서 시작하고 어머니 교육의 근본은 부녀의 교육에서 시작하니, 그러므로 여학(女學)이 실로 천하의 존망과 강약의 큰 근원이 되는 것은 지나간 사적을 살펴보면 명백히 알 수 있다. 지나 고대의 자여(子輿)[23] 씨는 성현의 지위를 차지했으나 그 어머니의 미혹 없는 삼천지교(三遷之敎)가 아니었다면 시장의 장사치에 불과했을 것이며, 우리나라의 김유신은 신라조의 일등공신이 되었으나 그 어머니의 엄한 꾸짖음이 아니었다면 기생집의 탕자에 그쳤을 것이다. 그런즉 오늘날 여학이 어찌 급무가 아니겠는가.

또 어떤 사람은 "보통 일에서는 여자가 늘 남자보다 못하다."라고 말하는데, 이에 대해 그 학리(學理)를 논하여 여러 사실을 펼쳐보면 각각 장점이 있기에 전체적으로 따질 수 없다. 다만 여자의 특질을 대략 논하면, 지극히 정성스럽고 세심하여 일에 주도면밀하며 인내력이 지극하여 번잡함 없이 조용히 머무를 수 있어 때때로 남자가 못하는 일을 해낼 수 있다. 가령 여름 폭염 속에 바느질하면서 불 피워 요리를 해내고 봄비가 쏟아짐을 무릅쓰고 빨래를 하니, 이는 역시 배우지 않고도 저절로 능한 것이다. 만약 여자를 잘 인도한다면 어떤 일을 할 수 없겠는가. 저 서구에 여학이 발달하여 여자가 각기 직업을 가지니, 유아교육[敎蒙], 의학, 제조 등의 전문업은 오히려 남자보다 낫다. 일본은 메이지

---

23 자여(子輿) : 맹자의 자(字)이다.

이전에는 민지가 막히고 공업 기술도 형편없었지만 불현듯 유신을 거치고 드디어 오늘날에 이르렀으니, 예전에 어리석었다가 지금 지혜로워진 것이 아니라, 따르고 이끌어 베틀이 한 번 움직이자 만 가닥 실이 함께 움직이게 된 것과 같다. 아, 여자가 수천 년 이래로 학문의 길이 막히고 살아갈 길이 끊어져 고개를 숙이고 노예에 안주한 것은 힘에 억눌려 그리된 것이요 재주가 없었기 때문이 아니다. 만약 학문에 종사하고 평등한 교육을 받는다면 공동으로 권리를 누릴 것이다.

지금 또 비난하는 사람은 "저 서구인의 부강함이 학교에서 나온 것이기는 하나, 그중 가장 뛰어난 것은 함대의 웅장함과 총포의 날카로움과 철도의 신속함과 광업의 성대함이다. 이러한 일들은 여자가 할 수 없는 바이다. 어찌 여학이 급무이겠는가."라고 말한다. 하지만 부강의 원인이 어찌 단지 이것뿐이겠는가? 농업과 공업, 의학과 상업, 물리학〔格致〕과 교육학 등의 학문은 여자 역시 할 수 있는 일이다. 배우면 유용한 사람이 될 수 있으니, 나라를 다스리는 것을 말할 때 단지 남학(男學)만 말하고 여학을 소홀히 하면 매우 잘못된 것이다. 그러므로 나는 반드시 "나라를 부강하게 하고자 한다면 여자교육이 급무이다."라고 말한다. 여학이 가장 융성하고 가장 강한 나라는 미합중국이고, 그다음 융성하고 강한 곳은 영국, 독일, 프랑스, 일본이다. 여학이 쇠하면 어머니의 교육을 잃게 되어 무직자가 늘고 민지가 줄어 국가 중 망하지 않은 경우가 없으니, 인도, 페르시아, 터키, 청국이 이러하다.

오호라, 지금 우리 한국이 부녀자의 교육을 진흥해야 하는 것이 이처럼 급무이니, 어찌 부녀자의 교육을 말로만 하는 것으로 충분하겠는가. 배움이라는 것은 아침저녁 책상을 대하고 책을 펼치는 것이 아니다. 스승·학우와 강습하여 지혜를 개발하며 안팎을 유람하여 그 재능을 넓혀 여러 가지가 서로 보완되어야 배움이 성취될 수 있다. 하지만 지금 우리나라의 여자는 규방 깊이 기거하며 문밖으로 나오지 않으니, 눈으로 행

인 하나도 보지 못하며 발로 한 도시도 밟지 못할 뿐 아니라 얼굴은
덮고 몸은 숨겨 남녀 사이가 굉장히 엄격하다. 이렇게 격언이나 일상의
담화조차 듣기 어려운데, 더구나 실학을 강구하여 실제에의 응용을 도
모하는 것은 특별한 재능이 있어도 그 성공을 바라기 어려울 것이다.
이뿐만이 아니다. 저들은 생활에 있어서 직접 먹고살 수 없고 남이 먹여
주기를 기다려야 하는데, 이는 특히 심한 낭비이다. 천연으로 갖춰진
사람의 지체(肢體)를 손상시키고 사람의 피와 살을 문드러지게 하여 사
람으로서 병으로 못쓰게 되고 사람으로서 형벌에 처해지게 되어 자기
한 몸의 정욕과 이목의 감각만을 즐기고자 하니, 어찌 학문이 있음을
알겠으며 또 어찌 남들로 하여금 학문에 종사하게 하겠는가. 이것이 내
가 소리쳐 여자교육이 급선무라고 외치는 이유이다.

지금 국내 학교의 수효를 대략 계산하면, 남학교는 경성에 관립·사
립의 대·중·소학교가 60여 곳을 겨우 넘고, 여학교는 곧 7·8곳에
학생 수는 천 명에 불과하다. 지방은 다만 수원, 인천, 평양, 부산 등에
있을 뿐이다. 아, 1천만 여성계에 지금 학생이 겨우 수백만 분의 일도
되지 못하니, 이와 같아서야 나라의 자립을 바라는 것이 모래로 밥을
짓는 것과 무엇이 다르겠는가. 사랑하는 우리 동포들아, 원통스러워하
지 말고 떨쳐 힘쓸 것을 도모하여 아들과 딸의 교육을 병행해야 한다.
여학의 교과과정을 말하자면, 수신, 교육, 국어, 한문, 역사, 지리, 수학,
이과(理科), 가사, 습자, 도화(圖畫), 재봉, 음악, 체조 등 여러 과목이
있는데, 남학에 미치지 못하는 것은 단지 병학(兵學), 정치 등 몇 가지뿐
이다. 이러한 것을 모두 잘 배워 알면 현재 우리나라를 어찌 만회하지
못하겠는가. 이를 안타까이 여기시어 우리 황상 폐하께서 학문을 권하
는 조서를 반포하시니 그 말씀이 간곡하셨고, 이어서 또 이웃나라에 황
태자를 보내어 유학하게 하셨으며, 황후 폐하께서도 수업을 받게 하셨
으니, 실로 우리나라에 없던 성대한 일이요 만년이 지나도록 무궁한 위

업이라 하겠다.

오호라, 전국의 동포들아! 성스러운 뜻을 받들어 골수에 깊이 새기고 속히 준행하여야 할 것이며, 성스럽고 밝은 제도를 어기지 말고 멸족의 화를 면해야 한다. 나는 시골 사람으로 학계의 청년이 되어 경성에서 객지 생활한 지 이제 여러 해가 되었다. 매번 여자계의 소식을 보고 들은바, 부패한 습관이 시골보다 더욱 심하여 마음이 늘 통한스러웠다. 지금 연초를 맞아 숙소의 차가운 등불 아래 고향을 어렴풋이 생각하니, 부모님 생각이 간절하지 않은 것은 아니지만 국내 동포의 상황을 생각하면 마음이 타들고 뼈가 시릴 뿐이다. 하지만 전진할 것을 바란다면 여자교육이 급선무이겠기에 특별히 표제로 써서 구구히 간곡하게 고한다. 오호라, 전국의 자매 여자들아!

수천 년간 신첩(臣妾)과 노예로 개나 말처럼 부려진 것이 어찌 원통하지 않겠는가. 때가 되었도다. 때가 되었도다. 다행히 이때에 태어났도다. 속히 수업을 받아 자기 힘으로 생활하고 행복한 지위를 얻어야 한다. 만약 그렇지 않다면 먹는 것도 입는 것도 불가능해질 것이요, 재갈 물려 끌려다니는 일이 지난날보다 더욱 심할 것이다. 그러니 내 말을 가볍게 듣지 말라. 동서양 과학자의 이론과 명철한 스승들의 실험과 격언을 현 상황을 참작하여 거칠게 글로 얽어 피로써 축원하노니, 오호라, 국가를 다스리는 당국자는 여자교육을 급선무로 삼을지어다.

노동하는 동포의 야학(夜學)

박은식(朴殷植)

오늘날 우리 한국 학계에 제일 좋은 소식이 나타났으니, 바로 우리 서북학회에 대한 물장수의 야학 청원이 이것이다. 대체로 이 물장수 분들은 본래 1리(厘)의 항산(恒産)도 없고 또 다른 종류의 영업도 부족하기에 이곳저곳으로 떠돌아다니다 서울에 정착하여 몸을 의탁할 곳도 없고 호구지책도 없다. 이에 한성의 각처에 마르지 않고 샘 솟는 우물물을 길어다가 허다한 인명의 음료를 공급하니, 새벽부터 저물녘까지 물동이 도르래가 삐거덕거리기를 잠시도 쉬지 않는다. 얼마 안 되는 푼돈을 이러한 일을 통해 벌어서 조석으로 연명하니 그 생활의 곤란함과 신세의 처량함이 과연 어떠하겠는가. 이에 오늘날에 개연히 분발하여 상호 협의로 낮에는 노동하고 밤에는 상학(上學)하려 한다고 본 학회에 대하여 참된 마음으로 간절히 요구하고 실제로 힘써 이행해 나가고 있다. 이는 시국의 정세를 생각함이요, 국민의 의무를 느껴 깨달은 것이요, 자기 자신의 성립을 지향함이니, 참으로 세계의 기문(奇聞)이자 고금에 보기 드문 일이라 하겠다. 어느 누가 갈채를 보내어 환영하지 않겠으며 어느 누가 열심히 붙들어 인도하지 않겠는가.

　본 기자가 이에 이상의 노동하는 동포들의 야학하는 성심과 미거(美擧)를 들어 우리 전국 2천만 동포에게 일치로 권고하는 바이니, 공경(公卿) 등 거가대족의 환고자제(紈袴子弟)들이여, 저 노동하는 동포들이 학문에 종사하거늘 그대들은 사치와 음일(淫佚)에 빠져서 스스로 평생을 그르치고 학문을 일삼지 않는단 말인가. 소봉(素封)[24]과 부호의 호화로운 자제들이여, 저 노동하는 동포들이 학문에 종사하거늘 그대들은 의식(衣食)이 넉넉하여 배부르게 먹고 따뜻하게 입는 것에 편안함을 느끼며 광음을 던져버리고 학문을 일삼지 않는단 말인가. 그 밖의 사족가(士族家)와 농업가와 상공업가의 일반 자제들이여, 저 노동하는 동포들이 학문에 종사하거늘 그대들은 국민의 책임을 생각하지 않고 남아의 지기를 실추하여 학문을 일삼지 않는단 말인가.

24　소봉(素封) :『사기(史記)』「화식전(貨殖傳)」에 관직이나 작읍(爵邑)이 없이 가문이 부유하게 태어난 자를 소봉(素封)이라 하였다.

아아, 우리 2천만 동포여, 저 물장수의 신분으로도 이처럼 개명하려는 목적과 발달하려는 사상으로 학업에 뜻을 기울여 게으름을 부리지 않고 근면하니, 무릇 우리 동포로서 귀가 있고 눈이 있고 마음의 지혜가 있는 자라면 어찌 이를 보고 감동하여 흥기하려는 사상이 없겠는가. 우리 전국의 사회에 상류와 중류와 하류를 막론하고 모두 다 가르침을 받아서 보통 학문과 보통 지식이 모두 다 발달한 날에는 우리의 자유를 획득할 수 있을 것이고 우리나라의 자립을 회복할 수가 있을 것이니, 아아, 부디 생각하고 힘쓸지어다.

잉어 양식법[25]

일본 이자키 긴지로(伊崎吟二郎) 저
전재억(全載億) 역

○ 친어(親魚)[26]의 양성

잉어는 여러 종류가 있지만 그 가운데서도 특히 수요가 가장 많은 것을 마고이(眞鯉)[27]라고 일컫는다. 그러나 이를 사양(飼養)하려 하면 먼저 그것의 친어가 될 만한 것을 양성하지 않을 수 없다. 이를 양성함에 있어서는 가장 먼저 당세어(當歲魚)[28]를 기를 때에 그 가운데에서 다른 것들보다 특별히 뛰어나게 성장한 것을 골라 각별히 사양해서 해를 넘겨 이것을 친어로 삼아야 한다.

---

25 1905년 일본의 아오키수잔도(靑木嵩山堂)에서 출판된 이자키 긴지로(伊崎吟二郎)의 『養鯉法』이 본 기사의 저본으로 추정된다.
26 친어(親魚) : 번식을 위해 사육되는 성숙 어류를 뜻한다.
27 마고이(眞鯉) : 비단잉어와 구별하여 보통의 검은 잉어를 일컫는 말이다.
28 당세어(當歲魚) : 알에서 부화한 후 그해 겨울을 나기 전의 어린 물고기를 가리킨다. 당년어(當年魚)라고도 한다.

당세어의 성장은 평균 35몬메(匁)-즉 우리나라의 3냥 5돈쭝- 정도가 되는
것이 통상적이다. 그러나 그 가운데에서 혹 500몬메-즉 50냥쭝- 정도까지
생장하는 것이 천 마리 중에 대여섯 마리는 반드시 있으며, 또 이렇게
우수히 성장한 것 중의 십중팔구는 대부분 암컷임을 알 수가 있다. 종속
(種屬)이 바르지 못한 것을 친어로 삼을 경우에는 왕왕 비단잉어〔緋鯉〕
나 무늬잉어〔斑鯉〕 등의 변종을 낳는 일이 발생하니, 이러한 종류는 전
부 다 친어로 삼을 가치가 없는 것들이다. 다만 이러한 종류라도 참잉어
〔眞鯉〕로부터 참잉어를 취하여 삼대 뒤에 이르러 친어로 삼으면 비로소
진정한 참잉어가 될 것이고 결코 변종을 낳는 일은 없다. 그러나 항상
그 변종과 한곳에 뒤섞어 사양할 경우에는 역시 자연히 변화할 우려가
있는 것이다.

○ 친어의 선택

친어는 지극히 질이 좋은 종자를 선택하지 않으면 앞서 기술한 바와
같이 비단잉어나 무늬잉어 등을 낳게 될 것이니, 마땅히 주의해야 할
것이다.

암컷은 전반적으로 8·9년을 경과하여 1칸메(貫目)-100냥쭝- 이상에
달한 것을 양호하다고 한다. 그것이 낳은 알은 약간 황갈색을 띠고 투명
하여 그 질(質)이 완전하여야 무난하게 부란(孵卵)할 수 있을 뿐만 아니라
어아(魚兒)의 성장도 역시 매우 신속하게 된다. 만약 이에 반하여 전술한
바의 햇수 및 중량에 이르지 않은 것이 낳은 알은 약간 백색을 띠고
그 질이 또 불완전하여 부패하기가 쉽다. 그것이 다소 부화하지 않는
것은 아니지만 어아(魚兒)가 연약하여 폐사하기 쉬우며, 따라서 성장도
역시 더디지 않을 수가 없다고 하겠다. 암컷은 복부가 홀쭉하게 팽창한
것이 낳은 알은 잘 부화하며, 이와 반대로 복부가 둥글게 늘어져 팽창한
것이 낳은 알은 부패하기가 쉽다. 이것은 다년간의 실험에 의하여 알게

된 바이니, 잉어를 사양하는 사람은 마땅히 주의해야 할 요점이다.

산란기가 임박할 때는 배의 하부가 매우 유연하게 되어 흡사 얇은 종이에 싸인 물을 외부에서 어루만질 때와 같은 감촉이 있다. 또 수컷은 배의 하부를 부드럽게 누르면 정액이 반드시 새어 나올 것이니, 그 중에 아직 이것이 새어 나오지 못하는 것은 아직 시기에 이르지 못한 것으로 생각해야 한다. 매우 살져 지방이 많은 친어는 사용해서는 안 되니, 왜냐하면 그것이 낳은 알은 거의 대부분 부패하여 부화하지 않기 때문이다.

수컷은 5·6년을 경과하여 500몬메-50냥쭝- 전후에 이른 것이 좋다고 한다. 암컷과 수컷의 구별은 즉 수컷은 항문이 파인 듯 들어가 있고 암컷은 편평하니, 이를 통해 쉽사리 알아낼 수가 있을 것이다.

수컷은 머리가 짧고 동부(胴部)가 좁으며 지느러미가 뻣뻣하여 하복부에 팽창함이 없다.

암컷은 머리가 길고 동부가 평평하며 지느러미가 부드러우니, 특히 산란기 전에 이르러서는 복부가 한층 더 비대하게 된다.

○ 산란지(産卵池)

산란지는 사방을 각각 7·8척으로 하며 깊이는 물을 부었을 때 1척 정도로 되게끔 만들고 바닥 한 면을 석회의 다타키츠치(叩土)[29]로 만들며 둘레는 널빤지로 붙여두는 것이 마땅하다. 다타키츠치의 '회즙(灰汁)'을 제거함에 있어서는 다타키츠치 위에 소금이나 혹은 명반(明礬)의 즙(汁)을 도포하고 일단 건조한 다음 수회에 걸쳐 물에 잠기게 하여 흘러가게 하든지 또는 수일간 오줌물에 잠겨 있게 한다. 그리고 다시 구경

29　다타키츠치(叩土) : 석회, 적토(赤土), 자갈 등에 간수를 섞고 물을 보태 반죽해 굳혀, 봉당 등에 발라 두들겨 굳히는 것. 또한 그렇게 완성한 봉당을 가리킨다.

6·7푼 되는 관(管)으로 정수(淨水)를 끌어다 넣어야 할 것이니, 그 정수
는 가급적 저수를 끌어다 넣는 것이 마땅하다. 왜냐하면 흐르는 물은
차갑고 저수는 따뜻하기 때문이다. 대체로 그 물이 차가울 경우에는 산
란기가 임박하여도 머뭇거리며 알을 낳지 못한다.

○ 부화지(孵化池)

부화지는 햇볕이 잘 들어오는 곳을 선택하여 사방이 각각 8·9척이
되도록 하고, 깊이는 물을 부었을 때 6촌 정도가 되도록 만들고, 바닥의
면은 다타키츠치로 하고 '회즙'을 제거해야 할 것이다.

또 점토를 사용하여 견고하게 하고 그 위에 잘 씻은 가는 모래를 2촌
정도 되는 두께로 살포하며, 그 둘레는 널빤지로 붙이고 구경 5푼 정도
되는 관으로 따뜻한 정수를 끌어다 넣어야 할 것이다. 부화지는 가급적
치어(稚魚) 방양지(放養池)와 근접한 곳에 설치하는 것이 편리하다.

○ 치어(稚魚) 방양지(放養池)

치어 방양지는 20평-사방 120척- 정도로 만들어야 할 것이니, 대체로
나와시로다(苗代田)-못자리-를 만드는 것과 같이 못 안을 휘저어 섞고 2
촌 정도의 진흙을 쌓고 그 위에 6촌 정도로 물을 부어 잠기게 하고,
또 인분 4두 정도를 살포하여 둔다. 이럴 경우 15·16일을 경과하면
상당히 많은 미세한 작은 벌레들이 발생할 것이니, 이것이 치어의 먹이
가 되는 것이다.

치어 방양지는 지반의 경사도를 균일하게 하여서 어아(魚兒)가 물과
함께 정체됨이 없도록 하며, 배수하기 쉽도록 만들어야 한다.

인분을 살포하면 못물이 부패함을 따라 물은 암갈색을 띠고, 그 상태
에서 수일이 더 경과할 경우에는 못의 수면 일대가 파래와 같은 것으로
뒤덮이게 될 것이다. 그러나 못바닥에 있어서는 능히 말갛게 해주는 그

'작은 벌레'가 생겨나는 것이다.

치어 방양지의 어아를 잡은 뒤에는 또 잘 휘저어 섞어서 하루 동안 햇빛에 쬐여 해충을 죽이고, 또 원래 한 것과 똑같이 경사를 만들고 인분 2말 남짓-최초의 절반-을 살포해 두어야 한다. 그렇게 하면 작은 벌레가 발생하는 것이 처음과 똑같을 것이다.

물은 증발하여 줄어드는 분량만 주입하고 조금도 바꾸어 흐르지 않도록 주의해야 한다.

일반적으로 잉어 양식자는 모두 인분을 사용하는 것이 통례이지만 나는 근래 인분 대신 우분(牛糞) 20칸메-즉 200냥쭝-에[30] 된장 찌끼 10칸메를 사용했는데, 이와 같이 하여 작은 벌레가 발생하는 것이 인분에 비해 크게 뛰어남을 보았다.

○ 당세어(當歲魚) 사양지(飼養池)

못의 너비는 알맞게 해야 할 것이다. 가령 이것을 100평으로 할 경우 둘레에 높이 2척의 흙둑을 축조하여 물의 깊이를 삼단으로 구분하니, 바로 물이 들어오는 입구에 접한 곳의 30평 남짓은 깊이 4척으로, 그다음 30평 남짓은 깊이 6촌으로, 배수구에 접한 곳의 30평 남짓은 깊이 8촌으로 한다. 그러나 잉어 새끼가 성장함에 따라 대체로 30일을 경과할 때마다 배수구에서 이를 가감하여 점차로 2촌 정도씩 깊어지게 하여 9월 끝 무렵에 이르러서는 상단은 1척 2촌, 중단은 1척 4촌, 하단은 1척 6촌 정도의 물 깊이로 해야 할 것이다.

잉어 새끼를 풀어놓은 뒤에 1개월 동안은 극소량의 물을 주입하고 흐름이 너무 바뀌지 않도록 주의해야 한다. 그러나 물고기의 성장에 맞추어 점차 물의 양을 더해가고, 결국에는 구경 2촌 이상 되는 통관(樋管)

---

30 20칸메-즉 200냥쭝-에 : 20칸메는 2,000냥쭝으로 환산된다. 오식으로 보인다.

으로 충분히 물을 주입해야 한다.

○ 2세어(二歲魚) 사양지

당세어 사양지와 같이 깊이를 삼단으로 구별하여 가장 처음은 상단 6촌, 중단 1척 2촌, 하단 1척 8촌 정도로 하고 점차 더 물에 잠기게 하여 10월에 이르러서는 상단 1척 3촌, 중단 1척 9촌, 하단 2척 5촌 정도의 깊이로 한다.

○ 3세어(三歲魚) 사양지

3세어 사양지는 깊은 곳과 얕은 곳 이단으로 구별하여 얕은 곳은 1척 5촌, 깊은 곳은 2척 5촌 정도로 한다. 4세 이상의 잉어라도 이보다 깊게 하면 그 성장에 유해할 것이다.

○ 친어(親魚) 사양지

친어 사양지는 가령 길이 8칸이면 너비를 4칸으로 만들고 깊이는 1척 5촌의 물에 잠기도록 하되, 4월 초순에 이르러 대발과 같은 것을 사용하여 못의 중앙을 경계로 구획하여 갑·을 두 곳으로 나누고 친어를 전부 다 잡아서 갑에다 모으고 바로 그날부터 먹이를 주어야 할 것이다. 이와 같이 하는 이유는 바로 사양지의 면적이 넓을 때는 친어가 먹이를 평등하게 먹을 수가 없을 뿐만 아니라, 산란지로 옮길 즈음에 이것을 잡는 것도 역시 불편하기 때문이다. 을에는 이미 산란한 친어를 풀어놓는다.

친어 방양지에는 언제나 일정한 물을 주입해야 하고 결코 여러 곳의 물을 끌어다 넣지 말아야 할 것이니, 이는 변질한 물과 만나면 곧장 산기(産氣)를 재촉하여 사양지에서 산란을 끝마치는 일이 있기에 그러한 것이다. 친어 사양지에 암컷과 수컷을 뒤섞어 놓아두어도 부단히 먹이를 주고 변질한 물을 주입하지 않으면 6월 하순까지 산란하는 일이 없게 된다. 그러나 그 처소를 바꾸면 곧장 산기를 재촉하게 되니, 그러므로 산란지로 옮기기 전에는 결코 다른 못에 풀어두거나 또는 다른 못의 물고기를 풀어놓거나 혹은 먹이를 끊어서는 안 된다.

○ 겨울철 저장지(貯藏池)

겨울철에 가령 1천 관의 잉어를 저장하는 데에는 사방 8·9칸 정도 되는 못에 깊이는 4척 이상의 물에 잠기도록 하고 흐름이 잘 바뀌도록 하여 잎이나 수목의 지아(枝芽)를 던져두도록 한다. 다만 수달이 습격할 우려가 있는 곳에는 널빤지 담장을 설치하여 이것을 예방해야 할 것이다.

무릇 어느 곳에 있든지 중앙에 별도의 단으로 사방 10척 전후의 오목한 곳을 만들고 땔나무나 섶 따위를 던져두어야 할 것이니, 잉어는 항상 이곳을 잠복 장소로 삼아서 외물에 깜짝 놀랐을 경우에는 반드시 여기로 도망쳐 숨으며, 또 추위와 더위를 피하는 장소로도 삼는다.

○ 산란

내가 양어장의 기후는 이전 십수 년 동안 평균 최저 실외 온도 화씨 14도 5분, 최고 97도 됨을 경험하였기 때문에, 전반적으로 이 기후에 근거하여 이 잉어 양식법을 서술하고자 한다.

나는 매년 4월 15일부터 6월 상순까지의 기간에 산란시키는 것을 통례로 삼았다. 먼저 4월 15일을 기점으로 산란시키려고 할 적에는 최초 4월 1일부터 계속하여 13일 아침에 이르기까지 친어 사양지에서 그 친어에게 충분히 먹이를 주어야 한다. 그러한 뒤에 14일 아침에 이르러 암컷 하나 수컷 둘을 산란지에 옮기고 어소(魚巢)-알을 낳아 붙일 풀-를 노끈에 끼워서 못의 주변에 띄워 둘 것이니, 이렇게 할 경우 대개 15일 날이 밝을 무렵부터 알을 낳게 될 것이다.

　암컷이 어소에다 몸을 문질러서 알을 낳아 붙일 때에 바야흐로 전후에 달라붙어 뒤쫓아 따르던 수컷은 곧장 그 알에 정액을 주사하니, 이것을 교미라 칭한다.

　1칸메 100냥쭝 되는 암컷을 넣을 때에는 400냥쭝 전후 되는 수컷두 마리를 넣으며 혹은 300칸메[31] 300냥쭝 이상 되는 세 마리를 풀어놓아야 한다. 수컷 중에 큰 것은 교미할 즈음에 민첩하게 활발한 움직임을 할 수가 없기 때문에 알에 정액이 걸리지 않는 경우가 있으니, 정액이 걸리지 않는 알은 부화하는 일이 없는 것인즉 충분히 주의해야 한다.

　어소에 듬성듬성 알을 낳아 부착해 놓은 것을 보면 채집하여 신속하게 부화지에 옮기고, 그곳에는 다른 어소를 대신 끼워둔다. 다만 알을 낳아 부착해 놓은 것이 지나치게 조밀할 경우에는 마침내 부패하고 부화하는 일이 드물다.

　우천 시에 낳은 알은 부패하기가 쉽기 때문에 가급적 쾌청한 날에 산란시켜야 할 것이다.

　만약 치어를 판매할 목적이 있을 경우에는 4월 중순에 산란시키는 것이 좋다고 할 수 있으나, 사육할 목적이 있으면 5월 초순부터 산란시키는 것이 좋다고 할 수 있다. 왜냐하면 찬 기후에서는 손실이 많고 또한 4월 중순 혹은 5월 상순에 부화한 것이라도 가을철에 이르러서는 같은 꼴로 성장하여 조금도 다름이 없기 때문이다.

　그 산란은 오전 5시부터 시작한다고 하면 대체로 오전 10시에 끝난다. 이미 산란하여 끝나면 다시 친어를 교체하여 풀어 놓는다.

○ 부화

산란지로부터 부화지로 옮긴 어소는 수면에 나오지 않도록 듬성듬성

31　300칸메 : 3칸메의 오식으로 보인다.

얇게 띄워 두어야 할 것이고 반드시 두껍게 하지 말아야 한다. 만약 이 것을 두껍게 할 때는 부패하기 쉬울 뿐만이 아니라 이로 인하여 일광이 차단될 우려가 있으니, 이렇게 일광이 투과하지 못하는 곳의 알은 하루 이틀 부화가 더디며, 따라서 발생한 어아(魚兒)가 고르지 못한 문제가 생겨 사양하는 데에 불편함이 적지 않기 때문이다.

어소를 부화지에 옮겨서 사흘을 경과하면 알 속에 극히 미세한 검은 점 두 개가 생겨나는데, 이것이 어아의 눈이 되는 것이다. 이 검은 점이 보임으로부터 또 사흘을 경과하면 비로소 부화하는 데에 이르게 된다.

5월 중순 뒤에 이르면 산란 후 5일 이내에 전부 다 부화한다. 어아는 부화한 뒤 3개월 동안 어소를 떠나지 않다가 네 번째 달에 이르러서야 비로소 못 속을 헤엄쳐 다니게 된다.

일반적으로 잉어 양식자는 부화한 어아가 전부 다 어소를 떠나고서부터 6·7일 동안 부화지에서 먹이를 주어 그 먹이에 익숙해지게 한 후에 작은 벌레가 발생한 못에 풀어놓는 것을 통례로 삼는다. 나도 역시 지금까지 이 방법을 사용했는데, 근년에 이르러서 어소를 떠나면 곧장 아직 작은 벌레가 발생하지 않은 못에 옮기는 것이 이익이 된다는 것을 발견하게 되었다.

법학의 범위

무슨 과학이든지 불문하고 그 발달 초기에 있어서는 범위가 극히 불분명하고 부정확하다. 한쪽의 학자는 다른 과학에 포함하여 논할 사항을 여기에 편입하며 다른 쪽의 학자는 당연히 이 과학에 포함하여 논할 사항을 다른 데에 편입하니, 이것이 고금의 시대와 동서양을 막론하고 학문계에 왕왕 있는 일이다. 법학도 역시 그러하였다. 옛적에는 도덕과 종교에 소속시킬 만한 현상을 법학의 범위에 편입시켰으며, 고대 유럽에서는 생사, 혼인, 양자(養子)의 결연(結緣) 등에 관한 일은 종교상의 제도라고 이르고 법학에 소속시키는 것이 불가하다고 논하는 자가 있었으니, 이것이 바로 그 실례이다. 근세에 있어서도 여전히 법학의 범위에 관하여 종종 잘못된 설이 유행하고 있으니 이는 법학가에게 일대 폐해가 된다. 그리하여 법학을 강구함에 있어서 범위를 확정하는 것은 이 학문을 연구하는 데에 무엇보다도 긴요한 일이기 때문에 이제 대략 다음과 같이 진술하고자 한다.

1. 법학은 법률적 현상을 연구하는 것이다

법학은 법률적 현상에 관한 원리를 연구하는 것이 그 본연의 임무이다. 그렇기 때문에 그 범위가 법률적 현상과 동일하다는 것은 많은 설명을 필요로 하지 않는다. 그렇다면 무엇을 가지고서 법률적 현상이라고 이르는가. 대체로 국가는 인류 생존의 결과로 발생한 단체이니, 무릇 국가는 사회적 현상의 일종이고 사회는 인류적 현상의 일종이다. 그러므로 국가는 생물을 통제해 다스리는 원리에 의하여 이루어지는 법이니, 그렇다면 그 원리는 무엇인가. 사회적 생활에 적응한 자는 생존하고 적응하지 못한 자는 멸망한다고 이르는 생존경쟁의 필연적 관계를 지칭하는 것이니, 적응한 자가 생존하고 적응하지 못한 자가 멸망하여 나뉘고 모이며 생존하고 멸망하는 사이에 점차 발달하여 사회적 생활을 영위하고 또다시 한 걸음을 더 나아가 국가라 일컫는 정치적 단체가 발생하게 된다. 이에 사회의 개개인은 단순히 사회의 일원이 되어 제반 관계가 생겨날 뿐만 아니라 또 국가의 일원이 되어 제반 관계가 생겨나며, 이와 함께 국가도 역시 다른 국가와 각종의 관계가 잇달아 자꾸 생겨나게 되니, 이러한 관계로부터 생겨나는 모든 현상을 포괄하여 법률 현상이라 일컫고 이에 관한 원리를 연구하는 것을 법학이라고 이른다.

2. 법학은 실제의 법률적 현상을 연구하는 것이다

무릇 과학은 실제의 사실을 관찰하여 이에 관한 원리를 연구하는 것을 그 직분으로 삼는다. 법학도 역시 그러하여 실제에 존재한 법률적 현상을 관찰하고 이것을 분류하고 따져 가며 궁구하여 각종 현상에 관한 원리를 구하여 그 실제적 현상을 설명하는 데에 목적이 있다. 그렇기 때문에 (1) 법리(法理)의 기초는 그 필요가 실제의 사실에 있고 (2) 법리로 인하여 설명할 것은 실제의 현상에 있는 것이어야 한다. 만약 실제의 법률적 현상을 취하지 않고 단정을 내려서 법률적 현상 이외에서 법리의 기초를 구하면 이는 차라리 법학의 범위를 뛰어넘어서는 것으로서 일종의 공리(空理)나 망론(妄論)에 지나지 않는다. 즉 법학은 실험적 과학이고 선천적 학문은 아닌 것이다. 또 실제의 법률적 현상을 설명하지 않고 장래의 어떠한 법률 규칙을 제정하고 어떠한 법률적 현상이 발생함을 추정하는 것과 같은 것도 엄정하게 논하면 법학의 범위에 속하지 않고 차라리 법학으로부터 생겨난 효용이라고 이르는 것이 옳을 것이다. 대체로 어떠한 법률을 제정하는 것이 타당한가. 사회의 수요와 법률적 현상을 일치시키는 것이 필요하기 때문에, 그 연구의 재료는 단순히 법률적 현상에만 그치지 않고 경제적 현상, 정치적 현상, 도덕적 현상과 같은 것들도 바로 그 주된 것이라고 이르지 않을 수가 없다. 이를 요약해보자면, 법학은 성법학(成法學)이지 입법학(立法學)이 아닌 것이다.

3. 법학은 법률적 현상의 실질 및 형체를 연구하는 것이다

종래의 학자, 특히 영국의 학자는 왕왕 법학은 법률적 현상의 형체를 연구하는 것이고 실질을 연구하는 것이 아니라고 한다. 그러나 이러한 주장은 흡사 인류에 관한 과학은 골상학, 해부학 등이라고 말하는 것과 같으니, 정당한 과학의 범위를 정한 것이라고 이를 수 없다. 예컨대 권리를 법률적 현상으로 미루어 논하면, 그 형체는 법률상 사람과 사람의 관계에 지나지 않는다. 그러나 사람과 사람 사이에 관계된 일만을 연구하여 법학의 직분을 다하지 않는 것은 안 될 일이니, 반드시 그 근원으로 소급하여 그 실질을 연구하는 것이 또한 법학이 마땅히 해야 할 바이다. 요컨대 법학의 연구는 법률적 현상의 형체에 만족하지 않고 한 걸음을 더 나아가 그 실질과 정신 등을 연구하는 것이 마땅하다.

4. 법학은 법률적 현상의 정적인 상태와 동적인 상태를 연구하는 것이다

사회에 존재하는 갖가지 사물은 정적인 상태와 동적인 상태가 있지 않은 것이 없고, 따라서 법률적 현상을 연구할 때에도 역시 정적인 상태와 동적인 상태를 따져 가며 궁구하고 정밀하게 조사하여 그 원리를 탐색하는 것이 필요하다. 예컨대 앞서 서술한 권리를 법률적 현상으로 취급하여 이것을 연구할 때 단순히 정적인 상태에서의 실질만 연구할 뿐이면 법학의 직분을 다하지 못한 것이니, 반드시 그 동적인 상태로서의 득실, 이전, 변경 및 그 밖의 또 다른 진화, 변천 등에 관한 것도 연구하지 않으면 안 된다. 즉 법학의 재료가 될 수 있는 법률적 현상을 양면으로 관찰하여, 정적인 상태의 관찰에 의거하여 그 현상 속에 존재하는 공통 원소를 탐색하고, 동적인 상태의 관찰에 의거하여 현상에 생겨난 변화와 이동의 성질, 정도 등을 연구하면 그 현상에 관한 진리를 제대로 알게 되는 것이 어렵지 않을 것이다.

이상에서 서술한 바에 의거하여 살펴보면 법학의 범위는 일정하여 불변하는 것이 아니다. 한쪽에서는 각종 과학의 진보로 인하여 법률적 현상과 기타 제반 현상의 한계가 더욱더 분명해짐에 따라 법률 범위의 한정을 받고, 동시에 다른 쪽에서는 실제의 법률적 현상의 증가로 인하여 더욱더 팽대하고 확장하며 또 제반 법률 현상의 형체 및 실질의 진화・변경이 수반되어 연혁에 대한 정밀 조사를 가하는 것과 수집 방법을 구비하는 것으로 인해 항상 변천하고 발달하는 것이라고 하겠다.

서북학회의 성질

회원 이달원(李達元)

융희 2년 1월 10일에 일대 법인(法人)이 서북 지역에서 잉태되어 한성 중앙에서 탄생하니, 이를 '서북학회'라고 명명하였다. 그 성질은 무엇인가 하면, 청년을 교육하여 인재를 양성하며 민지(民智)를 개발하여 국력을 충실하게 하는 것이다. 그 방침은 무엇인가 하면, 첫 번째는 학교를 널리 설립하는 것이고, 두 번째는 월보(月報)를 확장하는 것이고, 세 번째는 연설로 고무하는 것이다. 이러한 세 가지 이기(利器)가 갖추어지면 풍조가 활발해지는바 영향이 두루 미쳐서 문명 발달을 머지않아 기약할 수 있을 것이다. 무엇을 가지고 이렇게 말하는가. 학교를 널리 설립하여 다수의 청년을 교육하면 이들이 국가의 책임을 부담하여 국가의 권력을 완전하고 확실하게 할 재료가 이에 준비될 것이다. 월보를 확장하여 공중(公衆)의 이목을 열어 틔워주면 시세의 형편과 학계의 이상과 사업의 방침이 명료히 눈에 들어와 우매함과 고루함을 타파하고 개명 진취하려는 사상이 발생할 것이다. 연설로 고무하면 공중의 지기(志氣)를 격발시키고 사상을 불러일으켜 크게 한번 부르짖는 소리에 피눈물이 절로 떨어지고 주먹으로 한번 책상을 내려침에 어깨와 등이 모두 치솟아, 끓는 물과 타는 불을 무릅쓰려는 충의가 당당하고 태산을 겨드랑이에 끼고 바다를 건너려는 용기가 늠름하니, 어느 누가 막을 수 있겠으며 어느 누가 앗을 수 있겠는가. 훌륭하도다, 법인이여. 이러한 세 가지 이기를 갖추어서 탄생한 것이니, 어찌 문명의 선도가 되고 국가의 기초가 된 것이 아니겠는가. 오직 우리 훌륭하신 여러분은 이 법인을

높이 받들고 아끼어 제대로 시작하고 끝까지 잘 마무리하겠다는 목적을
달성하기 위해 같은 소리로 호응하여 의기투합하고 발걸음을 나란히
하여 함께 나아가, 치우침 없는 독립의 기상과 완전무결한 자격을 세계
에 드러낼지어다.

우리 청년 동포에게 경계하다 漢

우세자(憂世子)

　천하에 사태를 일으키는 지극한 변화〔至變〕라도 평상시에 보게 되면
비상한 무변(無變)이고, 천하에 사태를 일으키는 지극한 기이〔至奇〕도
일상으로 보게 되면 비범한 무기(無奇)이다. 대저 천지가 개벽한 이래로
예로부터 세계가 나날이 개명하고 기풍이 나날이 창달하여 왔으니, 이
는 대개 드넓은 큰 원이라 그 기운이 가득 차서 두루 영향을 미치되
특히 안에서 밖까지 선후와 지속(遲速)의 차이가 있고, 그 기운이 혼합
하여 화육하되 운회(運會)를 기다려 한 번에 이른다. 이에 차례로 개벽
하여 비루한 자도 계발되는 때가 있고 조잡한 자도 신령할 때가 있으니,
천지 사이에서 함께하는 자를 오래도록 암흑 굴에 빠져 있게 두지 않고,
동일한 혈기를 가진 종족을 다른 무리 속에 오래도록 버려두지 않는다.
　대개 우리나라로 논하자면, 상고시대에는 해외 사람 모두를 야만적인
오랑캐라 여겨 개, 양, 소, 말처럼 냉담히 간과하고서 베개를 높이 베고
편안히 잠들었다. 하지만 오늘에 이르러 해상 교통이 나날이 번성하고
다달이 번성하여 나라들이 서로 결탁하고 있으니, 대개 우주가 이처럼
크고 위험은 이처럼 많다. 아침에 갔다 저녁에 오고 동에 번쩍하고 서에
번쩍하는 것은 바로 서구인이 화륜(火輪), 선박과 수레, 전보, 전화 등의
부류를 창조하였기 때문으로, 하늘 끝과 땅 구석처럼 상당히 먼 거리도
마치 침소에 있는 것처럼 하여 오대주를 하나로 통합한 것이다. 이는

옛사람이 이른바 "선박과 수레가 닿는 곳, 사람의 힘이 통하는 곳, 하늘이 덮은 곳, 땅이 실은 곳, 해와 달이 비추는 곳, 서리와 이슬이 내리는 곳에 무릇 혈기가 있는 사람이라면 존경하고 친애하지 않을 수 없다."[32]고 한 것이다. 그 형상만 공상하는 것에 그치고 현재의 사실을 보고만 있으면, 어떻게 비상한 변화가 생기며 어디에 비범한 기이가 있겠는가?

대개 평상시를 보자면 저들은 스스로 움직이는데 우리는 스스로 고요하며, 저들은 스스로 투쟁하는데 우리는 스스로 고착되어 조용하게 가만있을 뿐이라 변화가 닥치면 말만 장황하고 손도 쓰지 못한다. 일상을 보자면 우리는 인습을 따르는데 저들은 창안하며, 우리는 안일한데 저들은 근면하기에 저들의 지혜를 빌려서 우리가 쓰게 되었다. 기이함을 보면 어렵게 여기고 물러나 그저 괴이하게만 여기며 포기하니, 천하의 큰 이익을 그저 앉아서 저들에게 양보하는 셈이라 구차하게 편안함을 구해도 결국은 편안할 수 없게 되었다.

생각건대 준걸로서 시무를 아는 자가 천고를 오르내리는 식견과 팔방을 망라하는 포부를 가진 뒤에야 궁변통구(窮變通久)하여 다른 사람이 할 수 없는 곤란을 구제하고 남이 다스릴 수 없는 화란을 평정할 수 있을 것이니, 이는 유생(儒生)과 속사(俗士)가 쉽게 논할 수 있는 바가 아니다. 대개 서구를 우리나라와 비교해보자면 한때 서구의 야만국이 지금은 문명 집단 중 한 분자로 일컬어지고, 한때 서구의 빈약국이 지금은 부강 집단 중 한 분자로 일컬어진다. 우리나라가 작다 해도 영토의 넓이가 삼천리이고 인구가 2천만인데 서구의 강성함에 턱없이 미치지 못하는 것은 무엇 때문인가. 원통하도다! 독을 품노라! 화륜선(火輪船)도 서구인으로부터 나온 것이고, 무기도 서구인으로부터 나온 것이고, 전보도 서구인으로부터 나온 것이고, 철로도 서구인으로부터 나온 것이

32 선박과……없다 : 『중용장구(中庸章句)』 31장에 나온다.

며, 각종 기계도 서구인으로부터 나오지 않은 것이 없다. 그 까닭은 어디에 있는가. 저들은 근면하고 우리는 나태하기 때문이다. 우리나라는 본성이 안일함을 즐기며 근면에 유념하지 않아서 다소 학문에 종사해도 그 이치를 깊이 궁구하지 못하니, 이 어찌 헛된 배움이 아니겠는가.

　대저 국가의 강성함은 백성에서 연유하고, 백성의 강성함은 마음에서 연유하고, 마음의 강성함은 학문에서 연유하며, 학문의 강성함은 격물(格物)과 궁리(窮理)에서 연유한다. 백성이 많으면 창고가 텅 비어도 걱정이 없으니 능히 모을 수 있기 때문이고, 성곽이 무너져도 걱정이 없으니 능히 축조할 수 있기 때문이고, 갑병과 화기가 정밀하지 않아도 걱정 없으니 능히 제조할 수 있기 때문이다. 그러므로 '국가의 강성함은 백성에서 연유'한다고 한 것이다. 산을 뽑을 기세가 있어도 어리석으면 반드시 패배하고 닭을 잡을 힘조차 없어도 지혜로우면 반드시 승리한다. 마음이 지혜로우면 환란이 어지러이 일어나도 물리칠 방법이 있고 흉화가 홀연히 임하여도 회피할 방법이 있다. 마땅히 지혜로운 자가 능히 가르친다면 지혜롭지 않은 자가 전부 지혜로워져서 지혜로 인하여 안정이 생기고 안정으로 인하여 용기가 생겨서 거센 물결과 성난 열기 속에 빠져도 혼란해지지 않고 백만 병사 가운데에 들어가도 겁내지 않으니, 개개인이 전부 혼자서 만 명의 적을 당해낼 수 있을 것이다. 그러므로 '백성의 강성함은 마음에서 연유'한다고 한 것이다. 중학(重學)[33]에 밝으면 일체 기이한 기구를 제조할 수 있고, 전기(電氣)를 알면 만 리 밖의 소식도 순식간에 통할 수 있다. 그러므로 말하기를 '마음의 강성함은 학문에서 연유하고, 학문의 강성함은 격물과 궁리에서 연유'한다고 한 것이다. 그러니 이 어찌 허언이겠는가! 이 어찌 망언이겠는가! 허언과 망언으로 돌린다면 참으로 한심할 것이다.

---

33 중학(重學) : 역학(力學)이다. 여기서는 물리학 전반을 포괄하는 것으로 추정된다.

눈앞의 가장 시급한 일을 한마디로 말하자면 국권의 회복일 것이다. 그 방도는 청년교육 말고 다른 데서 구할 수 없으니, 청컨대 논하고자 한다. 이 시기가 어떠한 시기인가. 우리 삼천리 토지와 재산이 이미 타인의 주머니 속 물건이 되었고, 우리 2천만 남녀[34] 인구가 이미 타인의 식탁 위 어육이 되니, 이는 황하의 물을 끌어들여도 씻기 어려운 일이 아닌가. 오늘의 형세는 고립된 쇠약한 군사가 졸지에 강적을 만난 것과 같으니, 목숨 바쳐 싸워야 생존할 방도가 있지 그렇지 않으면 반드시 죽고 만다. 정치계로 말하자면 무릉도원의 옛꿈에서 아직도 깨지 않았으니 답답하게 쓰러지는[35] 운명이 다시 뒤따를 따름이다. 사회로 말하자면 3년 말린 쑥을 마련하지 않아서 두뇌와 근육이 부패하여 7년 동안의 지병이 날로 더 심해질 따름이다. 이와 같다면 쓰러진 자는 쓰러진 채로 끝나고 병든 자는 병든 채로 끝나서 일으키고 치료할 좋은 방책이 결국 없을 것이니, 어찌해야겠는가, 어찌해야겠는가?

대개 서구의 선현이 말하기를 "크게 통하는 사업도 청년의 손으로 이루어지고, 세계로 나가는 사업도 청년의 배움에 달렸다." 하였으니 청년의 소임이 중대하거늘, 어째서 그 선후(善後)를 도모하지 않는가. 앞에서 인도함이 없고 뒤에서 지원함이 없어 말 하나 창 하나로 몸을 떨쳐 홀로 싸우는 격이니 어찌 감당할 수 있겠는가. 배를 다 침몰시키고 솥과 시루를 다 깨뜨린 채 강을 건너 진(秦)나라 병사를 격파하여 천하의 제후로 하여금 다 무릎 꿇어 굴복하게 하고 우러러보지도 못하게 한 것이 당년 24세의 항우가 아니었던가. 나폴레옹이 유럽을 석권하여 만국이 전율할 크나큰 공적을 이룬 것도 역시 또한 청년 시기였다. 그렇다면

---

34 남녀 : 원문에는 '土女'로 되어 있다. 오식으로 판단되어 문맥을 따라 번역하였다.
35 답답하게 쓰러지는 : 원문은 '泄泄沓沓方蹶'이다. "하늘이 쓰러뜨리려 하니 그렇게 답답하게 굴지 말라(天之方蹶 無然泄泄)."는 구절이 『시경』 「대아(大雅) 판(板)」에 나온다.

청년을 버려두고 천하를 바꾸는 공적과 산을 뽑고 바다를 뛰어넘는 의기를 누구에게서 구하겠는가.

생각건대 청년이란 바로 웅비하는 시기다. 앞날이 바다에서 뜨는 해처럼 방장(方長)하니, 어린 범이 골짜기서 포효하면 온갖 짐승이 엎드리는 것과 같은 기운이 있고, 강물이 지하로 흐르다가도 한번 터져 나오면 왕양(汪洋)해지는 듯한 기세가 있다. 그러므로 청년이 풍족하면 국가도 풍족하고 청년이 진보하면 국가도 진보하니, 청년이야말로 국가의 활동하는 기관이다. 이처럼 청년이 국가의 보배거늘, 어찌 문을 닫고 가만히 앉아 있을 수 있겠는가. 그러므로 사회상에서 활발하게 불굴의 의기를 교도한다면 국가사상이 가슴속에 가득 차서 전부 분발하고자 할 것이니, 이렇게 계속되면 국권이 회복될 것이고 인민이 안락해질 것이다. 그렇다면 교육을 버려두고 구제의 방침을 어디서 구하겠는가.

그러므로 이러한 오늘에 처하여 만국공법을 수련하지 않을 수 없으니, 수련하지 않는다면 저들은 연합되고 우리는 고립된다. 병갑과 군함을 제조하지 않을 수 없으니, 제조하지 않는다면 저들은 강해지고 우리는 약해진다. 온갖 기계를 연구하지 않을 수 없으니, 연구하지 않는다면 저들은 예리해지고 우리는 둔해진다. 실로 이와 같으면서 세계에 어찌 대항할 수 있겠는가. 예전에 우리 일본 유학생 21인이 국가의 위기에 분통한 나머지 서슬 퍼런 칼날로 단지(斷指) 동맹을 맺고 학문을 이루지 못하면 살아서 귀국하지 않겠다고 맹세하였으니, 이야말로 통쾌한 청년 남자가 아니겠는가. 학생의 단지는 곧 지사의 피눈물이다. 사람들이 모두 학생 21인의 의거를 자신의 마음으로 삼는다면 국세의 부진과 학문의 불명(不明)을 어찌 근심하겠는가. 그러나 지금 구학문에 종사하는 자는 손 모아 정좌하고 고상한 담론으로 우활(迂闊)한 고대나 말할 뿐 염량(炎凉)의 세태를 알지 못하고, 또한 신학문에 종사하는 자는 외국어나 겨우 이해하면서 단발과 양복 차림으로 입으로 연초를 흡입하고 손에는 단장을 짚고서 좌우를 두리번거릴 뿐 청탁(淸濁)의 상황을 분별하지 못한다. 이런 상태가 계속된다면 국가의 발달과 학문의 진보를 바라는 것은 망령된 일일 것이다.

아아! 슬프도다. 형세를 목도하면 바람에 임하여 통곡을 금할 수 없고 또 하늘을 우러러 탄식을 금할 수 없다. 세계열강을 둘러보건대 어찌해서 상등국이 되고 어찌해서 하등국이 되는 것인가. 삼가 생각건대 상등과 하등의 분별은 단지 문명의 여부에 달렸을 뿐이다. '문명' 두 자를 사람들과 함께하여 구학(舊學)을 고수하는 자가 개화된 자의 부류에 귀의하며 다소 개화된다면 문명의 가망이 있을 것이다. 가만히 생각해보면 구학이든 신학이든 간에 국가사상이 있는 자가 거의 없다. 우리나라에서 태어나 우리나라에서 죽거늘 마치 국가사를 남의 일처럼 여기며 이리 미루고 저리 미루면서 서로 묵과하니, 배운 바가 과연 무엇이며 일삼는 바가 과연 무엇이겠는가. 진실로 이와 같다면 문명의 의론을 타인과 나누는 것도 망령된 일이고 그에 답하는 것도 망령된 일일 것이니, 진실로 발광하고 만 것이겠다. 우뚝하도다, 문명이여! 성대하도다, 문명이여! 혁혁하도다, 문명이여!

이에 천지에 부르짖어 이마를 부수고 목청을 찢으며 문명의 설로써 동포에게 큰 소리로 말하노라. "우리 대한이 외국인의 노예에서 벗어나고자 한다면 문명하지 않을 수 없고, 우리 대한이 세계상에 독립국이 되고자 한다면 문명하지 않을 수 없고, 우리 대한이 세계상에 평등국이 되고자 한다면 문명하지 않을 수 없고, 우리 대한이 세계열강과 나란히 서고자 한다면 문명하지 않을 수 없고, 우리 대한이 국제 공법상의 단체가 되고자 한다면 문명하지 않을 수 없으니, 국가가 문명하지 않는다면 어찌 국가 단체 중의 한 분자가 될 수 있겠는가."

문명의 원인은 여기에 있지 저기에 있는 것이 아니다. 원인이란 무엇인가. 교육 영재가 수백 년 이래의 관습을 개혁하고 국가의 신사상을 흡수하여 통렬히 열성을 다한다면 천하에 불가능한 일이 없을 것이다. 이제 이미 실추된 우리의 국권을 회복하고 빈사 상태인 우리의 생민을 살려서 마소와 노복 같은 천길 비참한 수렁에서 탈출하여 문명 부강한 일등 쾌락의 경지로 점차 나아가고자 한다면 기대할 만한 것은 오직 청년의 열성 교육이니, 청년의 열성 교육이 곧 만사의 자본이다. 반드시 열성이 있은 이후에야 영광의 사업이 있을 수 있고 고상한 생애가 있을 수 있고 미묘(美妙)한 풍족함이 있을 수 있다. 한 번 열성을 기울이고 그 목적을 달성하지 못한 경우는 아직 없었다. 일찍이 듣건대 미국 독립 전쟁 당시 매리언(Francis Marion) 장군이 "만사는 다 마음에서 결정된다."고 말하였다 하니 진실로 허언이 아니다. 우리 청년 용감한 남자들이여, 결심할지어다, 결심할지어다!

잡조

동양의 협화(協和)도 역시 지식의 평등에 달려 있음

회원 이규영(李奎濚)

무릇 정(鼎)이라 하는 것은 세 발이 갖추어졌기 때문에 능히 안정되어 자립의 힘을 보유한다. 만일 그중에 한 발이나 두 발을 제거하면 어찌 뒤집히고 기울어 넘어지는 근심을 면할 수가 있겠는가. 천하의 삼라만상도 그 이치는 하나이다. 돌아보건대, 우리 한·일·청 세 나라는 동양의 한 부분에 처해 있어서 족속이 원래 같은 종류이고 문사(文詞)가 역시 일치하고 풍속이 태반 흡사하니, 그 고유한 상호 친애의 동정이 다른 나라들과는 현격히 구별되는 것이 당연하다. 더구나 이렇게 서세동점(西勢東漸)의 시기에 이르러서는 입술과 이빨이나 수레바퀴와 차축처럼 지극히 긴밀하면서도 중대한 관계에 놓이게 되었다. 단연코 마땅히 평화로 합심하여 실력을 연합하기를 마치 정(鼎)이 세 발을 갖추고 있는 것처럼 한 뒤에야 이를 통해서 동양 전체를 보전할 수 있다는 것은, 지혜로운 자를 기다리지 않고서도 능히 판별할 수 있는 바이다. 그렇다면 그 협화와 합력의 방도는 어디에 있을까. 혹 타고난 도덕심에 있을까. 국제적으로 약속한 법에 있을까. 단순한 친애의 정에 있을까. 아아! 우리 동포여. 시국을 둘러보라. 도덕도 논할 수가 없고 약속도 믿을 수가 없고 친애에도 의지할 수가 없다.

　먼로주의-다른 나라를 침범하지 않는다는 주의-를 전한 미국이 필리핀을 점거한 것은 스페인의 속박에서 벗어나게 해준다는 명목에서였고, 인도와 페르시아-또는 사란사왜아(社蘭斯唯兒), 또는 아랑야(阿郞冶)라고 이른다[36]-의 패망은 영국의 기업과 양병(養兵), 광산 개발에서 비롯되었고, 폴란드의 국토 분열은 러시아를 추종하다 비롯되었고, 영국과 프랑스의 이집트 분할은 차관에서 비롯되었다. 이렇게 보면 과연 그 무엇을 논하고 무엇을 믿어서 무엇에 의지할 수 있겠는가. 흐리멍덩한 흑계향(黑憩鄕)[37]에 깊숙이 누워서 자기의 정신을 분발하지 않으면서 다른 무엇을 바라겠는가. 근래 이른바 도덕이니 약속이니 친애함이니 하는 것은 바로 교제상의 일시적 수단이 되는 예사말에 지나지 않을 뿐이다. 이런 까닭으로 서양 사람이 말하기를 "두 평등한 자가 서로 만나면 이른바 권력이라고 하는 것은 없고 도리가 바로 권력이 되지만, 만약 평등하지 못한 자가 서로 만나게 되면 이른바 도리라고 하는 것은 없고 권력이 바로 도리가 된다." 라 하였으니, 맞도다, 이 말이여. 바로 지금 지우(智愚)와 강약이 상호 경쟁하는 시대를 맞아 이는 곧 진화의 필연적 귀결이니, 또한 무엇을 한스러워하며 무엇을 원망하겠는가. 다만 협화주의의 유일무이한 요소

36　또는……이른다 : '사란사왜아'는 사산 왕조(Sasanian Empire), '아랑야'는 이란으로 추정된다.
37　흑계향(黑憩鄕) : '암흑에 묻힌 시골' 정도의 뜻으로 추정된다.

달려가 이르러 태조를 알현하고 전황을 빠짐없이 자세하게 보고하였다.

　견훤(甄萱)이 고창군(古昌郡)[45]을 포위하자 금필이 태조를 따라가서 구원할 적에 태조와 여러 장수가 의논하여 말하기를 "전투가 만약 불리하면 죽령(竹嶺)을 따라서 돌아갈 수가 없게 될 것이니, 미리 샛길을 마련해두자."라고 하였는데, 금필이 말하기를 "병기는 흉한 기구이고 전투는 위험한 일입니다. 싸우다 죽으려는 마음만 가지고 구차히 살려는 계획을 버린 뒤에야 승부를 결정할 수 있는데 지금 가까이 적을 둔 채로 싸워보지도 않고 먼저 패배할 것을 걱정하는 것은 어째서입니까. 만약 급히 구원하지 않으면 고창군의 3천여 민중을 그냥 적에게 내어주는 꼴이니 어찌 원통하지 않겠습니까. 신(臣)은 진군하여 급히 공격하기를 원합니다."라 하였다. 그러자 태조가 그 말을 따르시니 금필이 이에 저수봉(猪首峯)으로부터 힘껏 싸워서 크게 이겼다.

　금필이 참소를 당하여 곡도(鵠島)[46]로 유배 갔는데, 이듬해에 견훤의 해군장수 상애(尙哀) 등이 대우도(大牛島)[47]를 공격해 약탈하자 태조가 대광(大匡) 만세(萬歲) 등을 보내어 구원하러 가게 하였다. 전세가 불리하니 태조가 근심하시거늘, 이에 금필이 글을 올리기를 "신이 비록 죄를 짓고 귀양살이에 있으나 후백제가 우리 섬 고을을 침입하였다는 말을 들었습니다. 신이 이미 곡도와 포을도(包乙島)의 장정들을 선발하여서 군대에 충당하고 전함을 수리하였으니, 바라건대 주상께서는 근심하지 마소서."라 하였다. 태조가 이 글을 읽어보고 울면서 말하기를 "참소를 믿어 어진 이를 내쫓았으니, 이는 바로 짐이 현명하지 못한 것이다."라 하시고, 사자를 보내 소환하고서 위로하여 말하였다. "경(卿)이 실로 아

45　고창군(古昌郡) : 경북 안동이다.
46　곡도(鵠島) : 인천 옹진군 백령도이다.
47　대우도(大牛島) : 황해 강령 부근이다.

무슨 죄도 없이 유배되었으나 일찍이 원한을 품은 적이 없었고 오직 나라를 도울 생각만 하였으니, 짐이 매우 부끄럽게 여기고 후회하는 바이다."

다시 이듬해 정남대장군(征南大將軍)이 되어서 의성부(義城府)를 수비하고 있었는데, 태조가 사람을 보내어 이르기를 "짐이 신라가 후백제에게 침략을 당할까 염려하여 일찍이 대신을 파견하여 진수(鎭守)하게 하였는데, 지금 후백제의 군사가 혜산성(槥山城)과 아불진(阿弗鎭)⁴⁸ 등지에 이르러 백성과 재물을 겁략(劫掠)한다는 말을 들었다. 신라의 국도(國都)까지 그 침략이 미칠까 두려우니, 경이 가서 구원하라." 하셨다. 이에 금필이 장사 80인을 선발하여 군대를 거느리고 그곳으로 갈 적에 사탄(槎灘)⁴⁹에 이르러서 사졸들에게 이르기를 "만약 여기에서 적을 맞닥뜨리면 나는 살아서 돌아갈 수가 없을 것이다. 다만 너희들이 나와 함께 싸우다가 칼날과 살촉에 걸려 죽을까 염려되니, 부디 각자 알아서 살 계책을 잘 세우도록 하라."라 하였다. 그러자 무리가 말하기를 "우리가 차라리 모두 다 죽을지언정 어찌 장군만 홀로 생환하시지 못하도록 할 수 있겠습니까?" 하고, 서로 함께 견결히 맹세하여 마음을 합하여 적을 공격하기로 하고서 마침내 사탄을 건너니, 후백제의 군사들이 금필의 부오(部伍)가 정예함을 보고 싸우지도 않고 달아났다. 금필이 신라에 이르자 늙은이 어린아이 할 것 없이 모두 성 밖으로 나와 맞으며 절하면서 말하기를 "오늘날에 대광(大匡)을 뵙게 될 줄을 생각하지도 못하였으니, 대광이 아니었으면 우리는 아마도 어육(魚肉)이 되고 말았을 것입니다."라 하였다.

금필이 7일 동안 머물다가 돌아올 적에 길에서 후백제 통군(統軍) 신

---

48 아불진(阿弗鎭) : 경주 부근이다.
49 사탄(槎灘) : 경북 경산시 하양에 속한다.

검(神劍)⁵⁰을 만나 싸워 크게 이겨 그 장수 금달(今達), 환궁(奐弓) 등을 생포하였고 죽이거나 사로잡은 적이 매우 많았다. 승전 보고가 이르자 태조가 크게 기뻐하여 말하기를 "장군이 아니면 누가 이와 같이 할 수 있겠는가." 하셨고, 개선함에 이르러서는 태조가 대전(大殿)에서 내려가 그를 맞이하시어 그의 손을 잡고서 말하기를 "경의 공훈과 같은 것은 예전에도 있기 드물었도다. 짐의 마음에 새겨 두었으니 이를 어떻게 잊어버리겠는가."라 하셨다. 그러자 금필이 사례하여 말하기를 "어려움에 임해서는 사사로움을 잊어버리고 위태로움을 보면 목숨을 내어놓는 것은 신하의 직분이니, 무슨 기록할 만한 공이 있겠습니까."라 하자, 태조가 그를 더욱 중시하셨다.

태조가 친히 군사를 거느리시고서 운주(運州)⁵¹를 정벌하실 적에 금필을 우장군(右將軍)으로 삼았다. 견훤이 이 소식을 듣고 갑사(甲士) 5천을 선발하여 정예로움을 보이고 사람을 보내와서 고하기를 "양측의 군사가 형세상 함께 온전하지 못할 것이니, 마땅히 화친을 맺어서 각자 봉강(封疆)을 보전해야 할 것이다."라 하였다. 이에 태조가 여러 장수를 모아 이 문제에 대하여 의논하시니, 금필이 말하기를 "오늘날의 형세는 싸우지 않을 수가 없으니, 바라건대 주상께서는 신이 적을 쳐부수는 것을 보시며 근심하지 마소서."라 하고, 견훤이 미처 제대로 진을 치지 못한 틈을 타서 굳센 기병 수천을 거느리고 돌격하여 3천여 수급을 참획하고 술사(術士) 종훈(宗訓), 의사(醫師) 훈겸(訓謙), 용장(勇將) 상달(尙達)과 최필(崔弼)을 사로잡았으니, 웅진(熊津) 이북의 30여 성이 소문만 듣고서도 절로 항복하였다.

태조가 여러 장수에게 이르기를 "나주(羅州) 경계의 40여 군(郡)이 우

---

50 신검(神劍) : 견훤의 아들로 통군(統軍)은 대장군에 해당한다.
51 운주(運州) : 충남 홍성군이다.

리의 울타리가 되어 오랫동안 풍화(風化)에 복종했는데, 근자에 후백제에게 겁략을 당함으로 인하여 바닷길이 통하지 않으니 누가 나를 위하여 이곳을 진무(鎭撫)하겠는가?"라 하시자, 대광(大匡) 제궁(悌弓) 등이 아뢰기를 "금필이 아니면 할 수가 없습니다."라 하였다. 태조가 말하기를 "신라로 가는 길이 막혔던 것을 금필이 가서 이를 통하게 하였으니, 짐이 그의 노고를 생각하여 감히 다시 명하지 못하겠노라."라 하자 금필이 말하기를 "신이 비록 연치가 많아 노쇠하였으나 국가의 중대한 일에 어찌 감히 힘을 다하지 않겠습니까."라 하였다. 이에 태조가 기뻐하면서 눈물을 흘리며 말하기를 "경이 만약 명을 받든다면 어찌 이보다 더한 기쁨이 있겠는가."라 하시고, 금필을 도통대장군(都統大將軍)에 배수하여 예성강(禮成江)까지 전송하시며 어선(御船)을 하사하여 그를 보내실 적에 사흘 동안이나 머물면서 금필이 바다로 내려가는 것을 기다리며 살펴보다가 이에 돌아오셨고, 금필이 나주에 도착하여 경략(經略)하고 돌아오니 태조가 또 예성강까지 행차하여 그를 맞이해 위로하셨다. 나중에 태조를 따라 후백제를 쳐서 멸망시키고 몇 년이 지난 뒤에 사망하였다.

금필이 장수로서의 지략과 기량을 지니고서 군사들의 마음을 얻고, 정벌하러 나갈 때마다 왕명을 받으면 즉시 출발하여 집에 머물지 않았고, 개선할 때에는 태조가 반드시 맞이해 위로하시니, 시종일관의 총애는 다른 여러 장수들이 미칠 수 없었다. 시호는 충절(忠節)이고 태사(太師)를 추증하고 태조의 묘정(廟庭)에 배향되었다.

김견익전(金堅益傳) 漢

김견익은 그 선조가 안동(安東) 사람으로, 고려의 명장 김방경(金方慶)의 20세손이고, 본조에 이르러 행(行)[52] 개성 부윤(開城府尹) 김칠림

(金七霖)의 16세손이며, 절충장군(折衝將軍) 첨지중추부사(僉知中樞府
事) 김여정(金麗井)의 아들이다. 곽산(郭山)의 효문동(孝門洞)에 거주하
였다.

우리 인조(仁祖) 병자년 겨울에 청나라가 대군을 일으켜 침략해 왔고,
이듬해 정축년 3월에 이르러 화의가 성사되었다. 소현세자와 효종대왕
이 장차 북으로 심양(瀋陽)에 들어가려고 의주(義州)로 행차하였는데,
효종대왕이 부윤 임경업(林慶業)에게 말하기를 "이 급작스런 행차를 당
하니 앞길의 일을 예측할 수 없다. 이에 서울에서 충효하고 용감한 군사
를 선발하여 세자의 호종(扈從)을 대비하였지만 나는 호종하는 자가 극
히 적으니 어찌해야 하는가." 하였다. 이에 임경업이 충효하고 용감한
자 8인을 천거하니, 김견익이 으뜸으로 선임되었다.

계행(啓行)한 지 7일 만에 심양에 당도하였다. 당시 청나라 사람은
더욱 우리에게 무례하게 굴어서 관사를 주지 않고 셋집에서 거처토록
하고 또 소현세자와 효종대왕, 양 어가(御駕) 사이의 왕래를 금하여 서
로 통하지 못하게 하였다. 김견익은 최기인(崔起仁)과 더불어 분개심을
이기지 못하였다. 재물을 가지고 파장(巴將), 비파(比把), 박씨(博氏)[53]와
친교를 맺고서 크게 말하여 "우리나라가 비록 작지만 예의의 나라이다.
일찍이 대국을 저버린 적이 있었는가. 양 어가가 서로 문안하는 것은
윤리의 당연지사인데도 이와 같이 금지하니 어찌 그리도 불인(不仁)이
심한가." 하였다. 박씨가 이에 감동하여 다음날 상주하니, 청나라 군주
가 관사의 사용과 양 어가의 왕래를 허락하였다.

5년 경진년 봄에 인조가 편찮으시어 청나라 군주가 세자의 귀근(歸
覲)을 허락하였고, 인평대군이 심양으로 교체되어 들어가서 반년을 머

---

52 행(行) : 관리가 자신이 받은 등급보다 낮은 관직에 임명되었을 경우 붙이는 글자이다.
53 파장(巴將)……박씨(博氏) : 파장(巴將)은 청나라 관직으로 추정되고, 박씨는 하급
    무관직이다. 비파도 비슷한 종류로 추정된다.

물고 가을에 세자가 다시 심양에 돌아왔다. 청나라 군주가 다시 효종대
왕의 귀근을 허락하였고, 인평대군이 대신하여 관사에 머물렀다. 신사
년 봄에 효종대왕이 다시 심양에 들어왔고, 인평대군이 조정으로 귀환
하였다. 계미년 가을에 이르러 소현세자, 효종대왕, 인평대군 등이 조정
으로 귀환하였고, 호종했던 8인이 곽산으로 귀환하였다.

　효종대왕은 김견익을 우대함이 각별히 깊었다. 이에 친히 송나라의
유학자 섭채(葉采)[54]의 시구 "성문(聖門)의 사업은 까마득해 부여잡기 어
려우니 / 입지(立志)가 모름지기 고대의 공자·안회 같아야지 / 우물을
파다가 샘물에 이르지 못하면 우물을 버리는 셈이요 / 산을 쌓다가 삼태
기 하나 부족하면 산이 되지 못하는 격이로다."를 손수 적고 반으로 나
누어 윗부분의 폭(幅)을 견익에게 내려주고 아랫부분은 간직하여 노고
에 대한 보답을 잊지 않겠다는 뜻을 보였다.

　경진년 3월에 군공(軍功)으로 서용되어 어모장군(御侮將軍) 훈련원 첨
정(訓鍊院僉正)에 제수되고 가선대부(嘉善大夫)로 자급이 오르고 또 어마
(御馬)를 하사받았다. 우리 태황제 갑오년 3월에 이르러 특명으로 정려
(旌閭)를 하사받았다.

민충정공(閔忠正公)의 대상(大祥)에 곡하다 漢
밀아자(蜜啞子)

상사(祥事)가 어느새 두 번이나 지났으니　　　祥事居然再已經
비애와 통절의 정 이길 수 없어라　　　　　　悲哀愴痛不勝情

54　섭채(葉采) : 남송(南宋)의 학자로 1241년 진사에 급제하였고 이종(理宗) 연간에 죽
　　었다. 『근사록집해(近思錄集解)』 등의 저술이 있다.

그해의 협약 말해 무엇하랴	當年協約何須說
이날 신조약[55] 또 성사되었지	此日新條又復成
민지(民知)가 다소 열렸다고 말들 하지만	縱道民知稍有闢
어째서 국력은 아득하니 살아나지 않네	其何國力杳無生
칼 하나로 뒤따름에 뜻이 없으랴	一刀隨後非無意
정영(程嬰)[56]의 일이 가볍지 않음을 상기하라	追憶程嬰遽不輕

시보

시보 : 융희 2년 2월 1일부터 동년 동월 15일까지

○ 일본의 이민 수 : 일본 외무성 정부위원이 중의원(衆議院) 예산분과 위원회에 제출한 일본 이민 수를 따른즉, 메이지 18년부터 동(同) 39년에 이르는 22년 사이에 하와이 및 기타 여러 나라에 이민한 총수가 26만 6,329인이다. 그중 하와이에 13만 6,731인, 러시아 및 러시아 영토에 2만 2,280인, 미국에 2만 2,208인, 한국에 1만 9,308인, 캐나다에 9,749인, 필리핀 군도에 5,859인, 청국에 5,911인, 호주에 4,859인, 프랑스령 뉴칼레도니아에 1,737인, 영국 및 영국령에 774인이라고 한다.

○ 대학 설립 계획 : 명동 구교회(舊敎會)에서 대학교를 설립할 계획이 있어 그 보조금을 우리나라 정부에 청구한다는데 그 교사를 초빙할 차로 그 회당(會堂) 프랑스인 등이 프랑스로 향하였다고 한다.

---

55 신조약 : 정미칠조약을 이른다.
56 정영(程嬰) : 춘추시대 조(趙)나라의 시조 조씨가 다른 제후에게 멸문을 당했는데 조씨의 식객 정영과 공손저구(公孫杵臼)가 그 유복자를 보호하여 후일 조나라를 세우게 되었다.

○ 해외 대동포 의거(義擧) : 미국 솔트레이크(Salt Lake) 지방에 거주하는 한인 안이용(安利用), 윤종오(尹鐘五) 두 사람이 그 지방에서 유학하는 차의석(車義錫)[57] 씨의 학비 곤란을 위하여 매달 3원씩 후원하기로 작정하였다. 또 공립관(共立舘)에서 유학하는 학생을 위하여 의복, 음식과 물품 다수를 기부하여 그 지역 동포의 칭송이 자자하다고 한다.

○ 의제(衣制) 장반(將頒) : 국내 인민의 의복 제도를 내각 회의에 제출하여 칙령으로 반포한다는데 복색은 흑색으로 하고 갓과 탕건은 폐지한다고 한다.

○ 안창호(安昌浩) 군의 「심주가(心舟歌)」 감상 : 어야디야 어서 가자 / 모든 풍파 무릅쓰고 / 문명계와 독립계로 / 어서 빨리 나아가자 / 멸망 파(波)에 뜬 자들아 / 길이 멀다 한탄 말고 / 희망 키를 굳이 꽂고 / 실행 돛을 높이 달아 / 부는 바람 자기 전에 / 어야디야 어서 가자

회보

서북학회 조직 회록

융희 2년 1월 2일 금요일 오후 1시에 서북학회 조직회를 교동(校洞) 서우학회 회관 안에서 열고 임시회장 이동휘(李東暉) 씨가 자리에 올랐다. 임시서기로 한광호(韓光鎬), 김하염(金河琰) 두 사람을 회장이 직접

---

57 차의석(車義錫) : 1895-1986. 평안북도 출신으로 평양에서 선교사들과 교류하다 1905년 하와이를 거쳐 샌프란시스코로 이주했다. 1936년 미국 시민권을 획득하고 1964년까지 미국 정부 공무원으로 복무했다. 자서전으로 『금산(金山, The Golden Mountain)』을 미국에서 영어로 출간했다.

임명하였다. 회장 이동휘 씨가 개회 취지를 설명한 뒤에 서기가 이름을 점검하니 출석원이 149인이었다. 준비회에서 의결한 사항을 최재학(崔在學) 씨가 보고하였다. 김윤오(金允五) 씨가 제의하기를 "위원회 보고를 그대로 받아들이자." 함에 김달하(金達河) 씨의 재청으로 가결되었다. 안창호(安昌浩) 씨가 특청하기를 "규칙을 한 조목씩 낭독하여 가부를 취결(取決)하자." 함에 이의가 없었다. 김명준(金明濬) 씨가 특청하기를 "규칙 제3조의 '중앙사무소'를 '총사무소'로 개정하자." 함에 이의가 없었다. 김석환(金錫桓) 씨가 제의하기를 "규칙 제8조 제1항의 '총재(總裁)'라는 직임을 설치할 필요가 없으니 이를 삭제하자." 함에 현승규(玄昇奎) 씨의 재청으로 가결되었다. 김명준 씨가 특청하기를 "규칙 제8조 제4항으로 부총무를 두자." 함에 이의가 없었다. 정운복(鄭雲復) 씨가 특청하기를 "평의원의 명수는 준비위원회에서 30인으로 정하였는데 규칙에는 25인으로 정하였으니, 준비위원회 보고를 따라 30인으로 헤아려 정하자." 함에 이의가 없었다. 최재학 씨가 특청하기를 "평의원 하단(下段)에 '수시증감(隨時增減)'이라는 네 글자를 더 보태어 넣자." 함에 이의가 없었다. 안창호 씨가 제의하기를 "규칙 제5조의 찬성원(贊成員) 설치 여부는 아직 안을 유보하여 평의회에서 결정하게 하자." 함에 정운복 씨의 재청으로 가결되었다. 임원 선거는 규칙에 의하여 무기명으로 투표하였는데, 회장은 정운복 씨로, 부회장은 강윤희(姜玧熙) 씨로, 총무는 김달하 씨로, 부총무는 김주병(金澍炳) 씨로 다수에 따라 피선되었다. 이동휘 씨가 제의하기를 "평의원 선정 방법에 대해서는 3회 투표로 선정하자." 함에 김달하 씨의 재청으로 가결되었다. 평의원은 이종호(李鍾浩), 태명식(太明軾), 이갑(李甲), 정진홍(鄭鎭弘), 김명준(金明濬), 최재학(崔在學), 주우(朱堣), 현승규(玄昇奎), 윤익선(尹益善), 오주혁(吳周爀), 주동한(朱東瀚) 제씨가 다수에 따라 피선되었다. 안창호 씨가 제의하기를 "시간이 촉급하니 오는 토요일 오후 1시에 임시총회를 열어서 평의원 19인을 선정하자." 함에 한광호 씨의 재청으로 가결되었다. 김명준 씨가 제의하기를 "오는 임시총회 일자를 신문상에 광고하자." 함에 김기동(金基東) 씨의 재청으로 가결되었다. 안창호 씨가 제의하기를 "개회식을 오는 토요일 총회를 열 때에 겸하여 거행하고 내빈으로는 서북 지역 신사들과 각 사회 대표들을 초청하자." 함에 김달하 씨의 재청으로 가결되었다. 안창호 씨가 제의하기를 "개회식을 거행할 때를 맞아 준비위원을 선정하여 개회식에 해당하는 사무를 전권 위임하자." 함에 이동휘 씨의 재청으로 가결되었다. 안창호 씨가 제의하기를 "개회식에 드는 비용은 일반 회원의 의연금으로 충당하자." 함에 이동휘 씨의 재청으로 가결되었다. 한북(漢北) 물장수 등이 제출한 청원서를 공포하였다. 이갑 씨가 제의하기를 "해당 청원서를 그대로 받아들이자." 함에 현승규 씨의 재청으로 가결되었다. 이종호 씨가 특청하기를 "물장수 등이 있는 곳에 정운복, 이갑 두 명이 직접 찾아가서 답사(答辭)하자." 함에 이의가 없었다. 안창호 씨가 제의하기를 "시간이 이미 촉박하니 회장이 본회의 장래 발전에 대하여 간단하게 설명하고 만세를 부른 뒤에 폐회하자." 함에 김명준 씨의 재청으로 가결되었다. 일반회원들이 만세를 세 번 부르고 폐회하였다.

융희 2년 1월 18일 오후 1시에 본 회관 안에서 특별총회를 열고 회장 정운복 씨가 자리에 올랐다. 서기가 이름을 점검하니 출석원이 42인이었다. 전회 회록을 낭독하니 약간의 착오처가 있으므로 개정하고 바로 받아들였다. 이갑 씨가 제의하기를 "평의원 선거에 대하여는 본회의 규칙 제9조의 무기명 투표를 개정하여 특별히 선거위원을 정하여 선거하자." 함에 강윤희 씨의 재청으로 가결되었다. 강윤희 씨가 특청하기를 "선거위원은 5인을 정하자." 함에 이의가 없었다. 평위원은 이갑, 이동휘, 강윤희, 김명준, 오주혁 5명이 피선되었다. 평의원 39인을 천거하여 19인을 투표로 뽑았는데, 오상규(吳相奎), 류동열(柳東說), 박은식(朴

殷植), 류동작(柳東作), 강화석(姜華錫), 옥동규(玉東奎), 오규은(吳圭殷), 허헌(許憲), 김윤오(金允五), 한경렬(韓景烈), 김병도(金秉燾), 김희선(金 義善), 박성흠(朴聖欽), 김기동(金基東), 전홍서(全泓序), 김유탁(金有鐸), 계명기(桂命夔), 김석환(金錫桓), 이인재(李麟在) 제씨가 다수에 따라 피 선되었다. 최재학 씨가 제의하기를 "평의원 선거에 이인재, 한광호 두 명이 동점이니 31인으로 정하자." 함에 김기동 씨의 재청으로 가결되었 다. 이갑 씨가 제의하기를 "두 회의 문부조사위원(文簿調査委員)은 이전 두 회의 회장, 총무, 회계, 서기가 맡아 합동하여 조사하는 것이 좋겠 다." 함에 이동휘 씨의 재청으로 가결되었다. 회계원이 개회식 거행 시 기부금 및 사용비 실제 액수를 보고하였다. 최재학 씨가 제의하기를 "이 전 두 회의 찬성원을 그대로 받아들이기로 하고 찬성원 제씨에게 공함 (公函)을 보내는 것이 좋겠다." 함에 김기동 씨의 재청으로 가결되었다. 최재학 씨가 제의하기를 "물장수 동포의 야학을 이제 설립하도록 할 터 이니 학도모집위원 3인을 정하자." 함에 이달원(李達元) 씨의 재청으로 가결되었다. 위원은 강윤희, 최재학, 주동한 3명이 피선되었다. 김명준 씨가 제의하기를 "본회의 규칙을 간행하며 이전의 회권(會券)은 시행하 지 말고 회표(會票)를 제작해 사용하자." 함에 김주병 씨의 재청으로 가 결되었다. 은산(殷山) 문창학교(文昌學校) 교감 류형순(柳瀅椁) 씨가 보 내온 공함을 공포하였다. 김명준 씨가 제의하기를 "은산군 향약계(鄕約 契)의 본전(本錢)을 본회에 맡긴다고 하니[58] 이 공함을 필사하여 민영휘 (閔泳徽) 씨에게 보내어 승낙을 얻은 뒤에 문창학교에 기부하자." 함에 이달원 씨의 재청으로 가결되었다. 김달하 씨가 제의하기를 "서북 지역 각처에 지회를 설립하는 사안은 평의회에 위임하는 것이 좋겠다." 함에

---

58 은산군……하니 : 이에 해당하는 내용은 바로 뒤의 기사인 「민영휘(閔泳徽) 씨가 보내 온 편지」에 실려 있다.

이달원 씨의 재청으로 가결되었다. 김명준 씨가 제의하기를 "15호 월보를 개정하는 사안은 편집인 제씨에게 위임하자." 함에 한경렬 씨의 재청으로 가결되었다. 토목건축회사 발기인 김필현(金弼鉉) 등 제씨가 보내온 공함을 공포하였다. 최재학 씨가 제의하기를 "이번 달 21일 화요일 오후 7시에 본 회관을 토목건축회사에 잠시 빌려주도록 하자." 함에 김달하 씨의 재청으로 가결되었다. 최재학 씨가 제의하기를 "서울에 있는 학생들 가운데에 특별히 부지런히 힘써 공부하는 이에게 포상과 상장을 수여하자." 함에 이동휘 씨의 재청으로 가결되었다. 정진홍 씨가 제의하기를 "고향에 있는 학생들 가운데에서도 특별한 성적이 있는 사람에게는 똑같이 포상하여 권장하자." 함에 김주병 씨의 재청으로 가결되었다. 강윤희 씨가 제의하기를 "본회가 맡아 관리하는 각 학교 학도의 전장(前章)[59]은 일정하게 하자." 함에 김기주 씨의 재청으로 가결되었다. 이갑 씨가 제의하기를 "서우·한북 양 학회의 회관에 설립하였던 학교 명칭은 '협성학교(協成學校)'로 정하자." 함에 이동휘 씨의 재청으로 가결되었다. 강화석 씨가 제의하기를 "학교의 명칭에 '서북(西北)' 두 글자를 덧붙여서 '서북협성학교'라 하자." 함에 이동휘 씨의 재청으로 가결되었다. 시간이 다 되어 최재학 씨 제의에 강윤희 씨의 재청으로 폐회하였다.

민영휘(閔泳徽) 씨가 보내온 편지

삼가 아룁니다. 변변찮은 제가 일찍이 평안도 관찰사로 있던 날에 도내 각 군(君)의 인사들과 향약(鄕約)을 설립하여서 학문에 부지런히 힘쓰고 예(禮)를 강습하는 규칙을 세우고 의연(義捐)을 계속 보태어 경용

---

59 전장(前章) : 군인이나 경찰 등의 모자 앞에 붙여 계급의 고하를 나타내는 표장(標章)인데 여기서는 학생모에 붙인 것이다.

(經用)의 자금을 확립하고자 했는데, 그 뒤에 어김없이 지켜진 곳도 있
고 그럭저럭 유지되다가 해이하게 폐기된 경우도 있었습니다. 광무 9년
에 이르러 시무(時務)를 헤아려보니 교육이 급선무인 까닭에 각 군의
향약 직원에게 편지를 보내어, 학교를 설립해 교학을 힘써 진흥할 것을
권하고 그 자본은 땅을 사거나 혹은 돈놀이를 하는 데에 절대로 밑천으
로 쓰지 말고 그전과 다름없이 이자를 취해서 영구히 보용(補用)할 것을
도모하라고 하였습니다.

지금 은산군 문창학교에서는 해당 군의 향약계 금전을 해당 학교에
보내달라는 내용을 편지로 청한 바가 있고, 가산군(嘉山郡) 유생이 보내
온 편지에는 땅을 팔아 그 밑천을 빼내어 학교에 넘기고자 한다는 내용
이 있습니다. 대체로 맨 처음 향약을 설립한 본래 의도는 한결같이 교학
을 진흥하고자 한 것입니다.

지금 각 군의 인사들 중에는 혹 금전을 학교에 넘겨서 보조하려는
자도 있지만, 헛되이 술과 밥을 먹고 마시는 비용으로 써서 없애버리는
자도 있다고 합니다. 이를 반드시 학계에 넘겨서 실효를 거두도록 해야
하는 까닭에, 장차 이 향약계의 자금을 귀회가 직접 도맡아 관리하고
별도로 권면하고 깨우쳐주어야 합니다. 그래서 각 해당 군에 이미 운영
되고 있거나 창립될 학교를 위해 이자를 취해 경영을 도우면서 교육이
발달되는 터전을 영원히 확장하기를 천만 간절히 바라는 바입니다.

삼상소륭(三上素隆)[60] 군에게 사례하는 편지 漢

삼가 아룁니다. 형옥(荊玉)[61]의 진가를 아는 사람을 만나지 못하고서

---

60 삼상소륭(三上素隆) : 정확한 이름과 행적을 확인할 수 없다. 일본 사람으로 추정되
며, 삼상(三上)은 성이고 소륭(素隆)은 본명이 아닌 호로 보인다.

겸가(蒹葭)[62]의 회한만 공연히 간절하던 차에, 김두변(金斗變) 군의 소개로 숙소를 찾아와 우리 한국 학계를 진중히 시찰하고는 특별히 저희 학교에 각종 교과서 14종 및 광물 표본 4상자 120종을 은혜로이 부쳐 보내주었습니다. 과연 학해(學海)의 나침반이자 현포(玄圃)[63]의 야광(夜光)이라 회원과 학생들이 손을 씻고 열람하고는 이구동성으로 치하하였습니다. 한 사람을 장려하여 천 명을 권면하는 듯한 효과가 장차 일반 학계에 보급된다면, 어찌 유독 우리 학회에만 형언할 수 없는 감하(感荷)가 있겠습니까. 이로써 기거(起居)를 문후(問候)합니다. 밝게 헤아려 주시기 바랍니다.

회계원 보고 제15호

18원 46전	회계원 임치 조(條)
158원 54전 5리	월보 대금 수입 조, 우편비용 포함
130원	총무원 임치금 인출 조
550원	한성은행 저축금 중 인출 조

합계 857원 5리

---

61 형옥(荊玉) : 형산(荊山)에서 나오는 옥이란 뜻으로, 돌 속에 숨겨진 옥의 진가를 세상이 몰라준다는 의미로 쓰인다. 화씨지벽(和氏之璧)이라고도 한다. 『한비자(韓非子)』 「화씨(和氏)」 편에 나오는 이야기이다.

62 겸가(蒹葭) : 갈대를 말한다. "갈대는 푸르고 흰 서리 내렸는데 바로 그 사람이 강 저편에 있다"며 간절한 그리움을 읊은 『시경』 「겸가(蒹葭)」에서 나온 말이다.

63 현포(玄圃) : 신선이 산다는 곤륜산의 선경을 이른다.

○ 제15회 신입회원 입회금 수납 보고

홍재현(洪在現) 주기관(朱基觀) 이동휘(李東暉) 김영걸(金永杰)

이정래(李正來) 이제현(李齊鉉) 류성무(柳完茂) 최문현(崔文鉉)

이한홍(李漢興) 이기용(李箕容) 서병찬(徐丙瓚) 류해술(柳海述)

강석룡(姜錫龍) 정규남(鄭桂南) 임치정(林致淀) 김정하(金鼎河)

이건혁(李健爀) 장한순(張翰淳) 오덕항(吳德恒) 김봉설(金鳳說)

방관진(方寬鎭) 윤대열(尹玳烈) 탁수엽(卓秀燁) 정병선(鄭秉善)

박원향(朴源亨) 조병묵(曹秉默) 손봉상(孫鳳祥) 강조원(姜助遠)

오덕연(吳德衍) 고세현(高世賢) 이중빈(李仲彬) 류원봉(柳遠鳳)

방진권(方鎭權) 김학선(金學善) 계기상(桂沂常) 김연긍(金演肯)

임규영(林圭永) 이방현(李邦鉉) 김치억(金致億) 박영제(朴泳霽)

최종궤(崔宗机) 김태석(金泰錫) 장창견(張昌見) 안호황(安灝黃)

각 1원씩

합계 44원

○ 제15회 월연금 수납 보고

황재순(黃在淳)	1원	원년 9월부터 2년 6월까지 10개월 조
이홍준(李弘濬)	20전	원년 9월부터 10월까지 2개월 조
홍순걸(洪淳傑)	20전	원년 9월부터 10월까지 2개월 조
김봉관(金鳳觀)	80전	10년 12월부터 12년 3월까지 4개월 조
김봉관(金鳳觀)	90전	11년 4월부터 원년 12월까지 9개월 조
김기하(金基夏)	30전	원년 10월부터 12월까지 3개월 조
김수희(金壽僖)	80전	10년 12월부터 11년 3월까지 4개월 조
김수희(金壽僖)	90전	11년 4월부터 원년 12월까지 9개월 조
이원규(李源奎)	1원 40전	원년 10월부터 2년 11월까지 14개월 조

정운복(鄭雲復) 90전　　　　11년 4월부터 원년 12월까지 9개월 조
박인옥(朴麟玉) 70전　　　　11년 6월부터 원년 12월까지 7개월 조
강화석(姜華錫) 40전　　　　11년 7월부터 원년 10월까지 4개월 조
이학수(李鶴洙) 1원　　　　 11년 4월부터 2년 1월까지 10개월 조
민영필(閔泳弼) 30전　　　　11년 7월부터 원년 9월까지 3개월 조
김인식(金仁植) 60전　　　　11년 1월부터 3월까지 3개월 조
김인식(金仁植) 70전　　　　11년 4월부터 원년 10월까지 7개월 조
박성호(朴性浩) 1원　　　　 원년 10월부터 2년 7월까지 10개월 조
주시준(周時駿) 20전　　　　11년 3월 조
주시준(周時駿) 90전　　　　11년 4월부터 원년 12월까지 9개월 조
이규형(李奎瀅) 60전　　　　11년 1월부터 3월까지 3개월 조
이규형(李奎瀅) 1원 40전　　11년 4월부터 2년 5월까지 14개월 조
박창진(朴昌鎭) 1원 20전　　원년 8월부터 2년 7월까지 12개월 조
오덕항(吳德恒) 50전　　　　1월부터 5월까지 5개월 조
여의룡(盧義龍) 70전　　　　11년 6월부터 원년 12월까지 7개월 조
서병찬(徐丙瓚) 1원　　　　 1월부터 10월까지 10개월 조
최재학(崔在學) 1원　　　　 11년 4월부터 2년 1월까지 10개월 조
장학기(張學起) 1원 20전　　1월부터 12월까지 12개월 조
임능준(任能準) 70전　　　　11년 6월부터 원년 12월까지 7개월 조
표치정(表致楨) 1원　　　　 원년 12월부터 2년 9월까지 10개월 조
정　남(鄭　楠) 90전　　　　11년 6월부터 2년 2월까지 9개월 조
합계 23원 40전

　　○ 제15회 기부금 수납 보고

홍재현(洪在現) 50원
홍재현(洪在現) 30원　　　　　　　 학교 의연(義捐) 조

김달하(金達河) 40원		12월 월급 조
강화석(姜華錫) 5원		학교 의연 조 30원 중 선납 조
정관조(鄭觀朝) 30원		학교 의연 조
오희원(吳熙源) 30원		학교 의연 조
김달하(金達河) 30원		학교 의연 조
최창립(崔昌立) 30원		학교 의연 조
김도준(金道濬) 30원		학교 의연 조
차의환(車義煥) 10원		
표치정(表致楨) 5원		학교 의연 조
오치은(吳致殷) 30원		학교 의연 조
김종중(金鍾重) 20원		
양명기(楊命夔) 5원		
상운학교(祥雲學校) 생도 10원	상원군(祥原郡)	

합계 355원

이상 4건 총합 1,279원 40전 5리 이내

○ **제15회 사용비 보고** : 원년 12월 15일부터 2년 2월 15일까지

1원 14전 5리	학교용 다관(茶鑵), 백묵(白墨), 다종(茶鐘) 값 포함
2원 43전	3전 우편 81매 값
10원	5리 우표 2,000매 값
2원 99전 5리	양지봉투(洋紙封套), 소필(小筆), 성냥 값 포함
66전	양목(洋木) 보자기 1건 값
60원	14호 월보 인쇄비 완납 조
108원	학교 교사 9인 월급 원년 12월 조
100원	학회 각 사무원 원년 12월 월급 조
8원	하인 12월 월급 조

1원	학교 고용인 12월 반 달 월급 조
7원 75전	석탄 반 톤 값, 짐삯 포함
72전	미국 각처, 삼화(三和)·정주(定州) 각 책방에 월보 송부 시 소포비
4원 60전	학교 종 1개 값
60전	전 한북학회에서 온 팔선상(八仙床) 수리비 조
3원 80전	엽서 200매 값, 공함(公函) 인쇄금
22원 4전	회관 학교 수리 시 양지(洋紙)·백지(白紙) 값 조
60원	각 사원 1월 월급 조
87원	학교 교사 9인 1월 월급 조
8원	하인 1월 월급 조
2원	학교 고용인 1월 월급 조
3원 40전	개성 회원 원유회(園游會) 시 요리·왕래비 조
2원	하인 음력 새해맞이 세찬(歲饌) 급여 조
5원 50전	학교 도장 7개 각공(刻工) 조
50전	도장 갑(匣) 1개 값
30원	학교 모자표(帽子票) 200개 값
30원	15호 월보 인쇄금 중 선납 조
700원	교동 회관 매입 시 대출금 1,800원 중 선납 조

합계 1,262원 14전 제외하고

잔액 17원 26전 5리 회계원 임치.

○ 국채 보상 의연금 수입 광고 제5회

의주(義州) 옥상면(玉尙面) 당목동(棠木洞) 여러분　　　21원

법령적요(法令摘要)
— 칙령

○ **칙령 제7호** : 각 지방 및 항구도시 재판소 판사·검사의 사무 서리(署理)에 관한 건
중 개정 건

제1조 광무 11년 칙령 제19호 각 지방 및 항구도시 재판소 판사·검사
의 사무 서리에 관한 건 중 제2조는 아래와 같이 개정하고 제4조
중 '승인' 2자를 삭제한다.

제2조 제주재판소 판사가 사고가 있을 때는 검사가 그 사무를
서리(署理)케 하고, 검사가 사고가 있을 때는 대정(大靜)·
선의(旋義) 양 군수 중 하나가 그 사무를 서리케 한다.
전항(前項)에 의하여 검사가 판사 사무를 서리하는 경우와
검사가 사고가 있는 때는 해당 재판소 주사(主事) 혹은 총
순(總巡)으로 그 사무를 서리케 한다.
검사가 판사 사무를 서리하는 동안에는 검사의 직무를 행
하지 못한다.

〔부칙〕

제2조 본령은 반포일로부터 시행한다.
융희 원년 8월 19일

○ **칙령 제8호** : 민사소송 비용 규칙

제1조 민사소송 비용은 아래의 각항에 의하여 산정한다.
1. 소송 기타 서류의 대서료(代書料)는 10행 되는 반 장–매행 20자
–에 금 5전으로 정한다.

반 장에 미만한 것도 역시 같다.

2. 도면(圖面)은 1장에 금 15전으로 정하되 단 측량에 계(係)한 것은 재판소의 의견으로 그 비용액을 정한다.

3. 민사소송 수수료 규칙을 따라 붙여 쓴 인지(印紙)의 비용액은 그 대가(代價)에 의한다.

4. 우편 전신(電信) 및 운송료는 그 실비에 의한다.

5. 당사자 및 증인의 일당금은 출두 1회에 대하여 금 30전 이상 50전 이하의 범위로 지급하고 체재비를 지급하는 경우에도 일당금을 지급한다.

6. 감정인(鑑定人) 및 통역인의 일당금은 출두 1회에 대하여 금 20전 이상 5원 이내의 범위로 재판소에서 이를 정하되, 단 특별한 기능이나 특별한 비용을 요할 때는 일당금 외에 상당한 금액을 부여할 수 있다.

7. 체재비는 1일에 금 50전 이상 2원 이하의 범위로 지급하되, 단 왕복이 만 60리 이상으로 사실상 체재할 때가 아니면 지급하지 아니한다.

8. 여비는 해륙(海陸) 매 10리에 금 10전으로 정하되, 단 10리 미만은 이를 지급하지 아니한다.

9. 재판의 집행을 행하는 자의 여비와 일당금과 체재비는 당사자의 2배로 정한다. 단, 10리 이내의 송달에 머물 때는 금 20전을 지급하고 여비와 일당금과 체재비는 지급하지 아니한다.

전항 '단' 자 이하의 규정은 우편 송달의 경우에는 적용치 아니한다.

10. 판사 및 주사(主事)가 검증하기 위하여 실지(實地) 임검(臨檢)할 때의 여비와 일당금과 체재비는 내국 여비 지급 규정을

준용한다.

제2조 본칙에서 정하지 않은 필요 비용은 그 실비에 의하되, 그 실비가
판명치 못할 때에는 재판소의 의견으로 정한 것을 따른다.

제3조 본칙 비용의 예납 기간은 재판소에서 정한다.

당사자가 전항 소정의 기간 내에 비용을 재판소에 예납하지 아니
할 때는 재판소는 그 절차를 행하지 아니한다. 단, 만기 후라도
소송 절차의 지체를 만들지 아니한 경우에 한하여 재판소에서
그 예납을 허할 수 있다.

제4조 소송 비용을 청구하고자 하는 자는 부록 제1호 서식에 의하여
제1번 재판소에 소송비용확정결정 신청서를 제출할 수 있다.

재판소에서 전항의 신청을 받았을 때는 부록 제2호 서식에 의하
여 소송비용확정결정을 행할 수 있다.

소송 비용 책무 명의의 강제집행은 판결의 집행과 동시에 이를
행하지 아니할 때는 별도로 집행명령을 받은 때가 아니면 이를
집행할 수 없다.

전항의 집행명령서는 민·형사소송에 관한 규정 제16조 제18조
의 규정을 준용한다.

제5조 전항의 강제집행은 소송비용확정결정 등본을 소송 비용 책무자
에게 송달하거나 혹 교부한 후가 아니면 행할 수 없다.

전항의 등본은 원본에 의하여 해당 재판소 주사가 만들어 등본
작성의 연월일을 기재하고 주사가 이에 서명·날인할 수 있다.

소송비용확정결정에 대하여 불복이 있을 때는 송달 혹은 교부한
날로부터 7일 이내에 결정 재판소를 경유하여 상급 재판소에 항
고할 수 있다. 만약 불가항력의 사고가 있어서 그 기간 내에 항고
의 신고를 행할 수 없을 때는 사고가 멈춘 날로부터 그 기간의
계산을 시작한다.

결정 재판소에서 항고의 이유가 없다고 인식할 때는 의견서를 첨부하여 기록 1건에 공히 3일 이내로 항고 재판소에 송부할 수 있다. 만약 항고 이유가 있을 때는 전 결정을 개정하여 항고 신청서 말단에 결정을 개정한 취지 및 그 연월일을 부기하고 판사가 서명·날인하여 결정 재판소에서 보존할 수 있다.

항고에 대하여는 상급 재판소에서 이를 재판한다. 단, 평리원(平理院)의 소송비용확정결정에 대한 항고는 해당 원에서 재판한다.

제7조[64] 전항 항고의 결정에 대하여 재항고를 할 수 있다.

전항의 규정은 재항고에도 준용한다.

제8조 본칙 중 재판소에 관한 규정은 군아(郡衙), 판사에 관한 규정은 군수, 주사에 관한 규정은 군 주사나 혹 이원(吏員) 중 1인에 한하여 준용한다.

제9조 당사자는 본칙에 의한 비용을 제외하고는 소송상 어떠한 비용이라도 부담하지 않는다.

〔부칙〕

제10조 본령은 반포일로부터 시행한다.

융희 원년 8월 19일

---

64 원문상에 '제6조'가 누락되어 있다.

광무 10년 12월 1일 창간		
회원 주의		
회비 송부	회계원	한성 중서(中署) 교동(校洞) 29통 2호 서북학회관 내 박경선(朴景善) 김윤오(金九五)
	수취인	서북학회
원고 송부	편집인	한성 중서 교동 29통 2호 서북학회관 내 김달하(金達河)
	조건	용지 : 편의에 따라 기한 : 매월 10일 내
주필		박은식(朴殷植)
편집 겸 발행인		김달하(金達河)
인쇄소		보성사(普成社)
발행소		한성 중서 교동 29통 2호 서북학회
발매소		황성 중서(中署) 포병(布屛) 밑 광학서포(廣學書舖) 김상만(金相萬) 평안남도 평양성 내 종로(鐘路) 대동서관(大同書觀) 평안북도 의주(義州) 남문 밖 한서대약방(韓西大藥房) 황해도 재령읍 제중원(濟衆院)
정가		1책 : 금 10전(우편비용 1전) 6책 : 금 55전(우편비용 6전) 12책 : 금 1환(우편비용 12전)
광고료		반 페이지 : 금 5환 한 페이지 : 금 10환
회원 주의		

1. 본회의 월보를 구독하거나 본보에 광고를 게재하고자 하시는 분들은 서우학회 서무실로 신청하십시오.
1. 본보 대금과 광고료는 서우학회 회계실로 송부하십시오.
1. 선금이 다할 때에는 봉투 겉면 위에 날인으로 증명함.
1. 본보를 구독하고자 하시는 여러분은 주소와 통호(統戶)를 소상히 기재하여 서우학회 서무실로 보내주십시오.
1. 논설, 사조 등을 본보에 기재하고자 하시는 여러분은 서우학회 회관 내 월보 편집실로 보내주십시오.

○ 광고

본인이 실업을 힘써 도모하기 위하여 화양(和洋) 잡화상점을 설립하고 상호는 융창호(隆昌號)라 칭하며 외국 상품을 직수입합니다. 학교 및 신 사용품의 각색 모자, 양복 제구(諸具), 붓과 벼루, 우산, 구두, 가방, 장갑, 민충정공 기념 필통 및 잔과 이외에도 갖가지 물품을 빠짐없이 구비 하여 염가(廉價) 방매(放賣)하오며 특히 서북 인사에게는 동정을 표하기 위하여 원 정가표 내에서 할인하여 응할 터이오니 여러분께서는 계속 들러주십시오.

한성 중서(中署) 사동(寺洞) 14통 8호
잡화상 한경렬(韓景烈) 알림

광무 10년 12월 1일 | 메이지 39년 12월 1일 | 제3종 우편물 인가

융희 2년 3월 1일 발행
(매월 1일 1회 발행)

서북학회월보

제16호

발행소 서북학회

○ 특별광고

본회 월보의 발행이 지금 제16호인데 그 대금 수합이 연체되지 않아야 계속 발행할 수 있습니다. 그런데 지금까지 1년 남짓한 기간 동안 대금 수합이 극히 보잘것없어 경비가 대단히 궁핍합니다. 원근(遠近) 간에 구독하시는 분들께서는 이런 정황을 헤아리시어 즉각 계산해 보내주실 것을 천만 절실히 바랍니다.

서북학회월보 제3권 제16호

논설

사람의 사업은 경쟁으로 인하여 발달함

겸곡(謙谷)

무릇 우리 사업의 기초는 원동력에 있으나 그 결과는 반동력으로 인함이 가장 많은데, 그 반동력에서는 경쟁심이 가장 중요한 기점이다. 대저 물아(物我)가 서로 형체를 이루어 피차 맞버티는 경우에 만약 그 경쟁심이 없으면 사업의 진보는 고사하고 오히려 쇠미 위축하여 타인 아래에 굴복하게 되는 것이 필연의 형세다. 저 서양인의 각종 사업이 우리 동양인보다 훨씬 뛰어난 것은 다름 아니라 서양인은 각국이 맞버텨서 서로 경쟁해서 다양한 사업에 관하여 한 걸음이라도 타인에게 뒤처지게 되면 우승열패로 생존을 할 수 없기 때문이다. 그러므로 그 민족들이 상호비례로 장단을 견주어서 저들이 한 걸음을 나가면 나는 두 걸음을 나가려고 각자 분발하고 각자 노력하여 학문가(學問家)의 새로운 발명과 실업가의 새로운 제조가 날마다 나와서 저와 같은 부강 문명의 세력을 발전시켰다. 그러므로 오늘날을 생존경쟁의 시대라고 말하는 것이다.

우리 동양인은 그렇지 않아서, 지나(支那)는 광대한 강토를 점유하여 세계의 유일무이한 대국으로 자인하고 거만하게 자기를 높이며 타인을 멸시하는 습관이 있으니 어찌 사업상 경쟁심이 일어나겠는가. 이 때문에 그 쇠미함과 위축함이 날로 더하여 오늘날의 부패에 이르게 되었다. 일본은 해상에 자리잡고 있어 40년 이전에는 각 섬 제후의 정권 경쟁으로 내부의 다툼이 끊이지 않았으나 타국에 대해서는 경쟁이 별로 없었다. 그런데 마침내 서양 각국과 교섭이 있은 뒤로 시국의 대세를 알아차리고 타국과 경쟁심이 크게 일어나서 다양한 사업의 진보가 저와 같이 신속해졌다. 우리 한국은 반도 한구석에 처해 있어 예로부터 타국에 대해 경쟁심이 조금도 없었다. 비록 임진년의 대재앙과 병자년의 굴욕을 입었는데도 문신은 나태하고 무신은 향락에 빠지는 일이 이전과 다름없고 오로지 한 방 안에서 사색편당(四色偏黨)의 벼슬살이 경쟁뿐이었니, 사업이 어떻게 발달하며 국력이 어떻게 건강하겠는가. 그런즉 경쟁심의 유무가 어찌 인류 성쇠의 원인과 존멸의 기관이 아니겠는가.

이는 우리 전국의 정세와 형편으로 거론한 것인데, 이로부터 우리 서북 여러 도의 기왕의 역사를 보면, 종전 수백 년 동안 우리 서북 인사가 기호(畿湖) 인사를 대하여 감히 경쟁심이 있었던가. 다만 그 진취상에서 퇴축(退縮)할 뿐이고, 압제 아래 굴복할 뿐이었다. 근일에 이르러 우리 서북 인사의 두각이 조금씩 나타나고 걸음걸이가 점점 나아감으로 누군가 월평에 이르기를 "오늘날 문명 사업에서 선진의 위치를 차지할 자는 서북 인사다."라 하였는데, 이는 분에 넘치는 칭찬이라 기뻐하기는 어렵지만 이로 말미암아 우리나라 교육계에 경쟁심이 발생하니 과연 좋은 소식이 아닐 수 없다.

일전에 법부대신 조중응(趙重應) 씨가 어느 대갓집의 자제와 학생 등에게 연설하기를 "일본 유학계에도 서북인이 우등이고 본국 내에도 서북 학생이 가장 나으니, 앞으로 공명(功名) 사업이 서북인에게 있을 텐데 너희들은 정신이 있는가, 없는가?"라 하였다. 이로 인하여 남·북촌의 문벌 좋은 가문이 각기 종회(宗會)를 열고 자제를 파견하여 외국에 유학시키기로 결의했다고 한다. 이는 교육계 경쟁이니, 실로 국민 전체에 공익이 되는 경쟁이다. 그런즉 서북과 기호 간에 서로 교육 사업으로 경쟁하되 저들이 한 걸음 나아가면 우리가 열 걸음 나아가기로 결심하여 용감히 나아가면 문명 사업이 어찌 발달하지 않겠는가.

삼가 본 기자가 우리 서북 인사에게 다시 경고하노니, 수백 년 동안 우리 서북인이 동일 종족 간에 어떤 대우를 받았는가. 기왕은 말할 것도 없거니와 이제부터라도 우리 서북 인사의 학문 진보가 다른 도의 인사에 미치지 못하면 제2시대에도 또한 하등 민족의 대우를 면치 못할 것이니, 그 책임이 누구에게 돌아가겠는가. 이를 경계하고 두려워하여 한층 분발하고 충분히 힘쓸지어다.

우리 한국의 교육 역사

일성자(一惺子)

단군이 먼저 출현하시어서 백성이 편발(編髮)하여 머리를 덮게 가르치시고 음식과 거처의 제도가 비로소 있게 되었으니, 이는 하늘이 이 세상을 만들고 처음으로 가르침이 세워진 것이다. 태자 부루(扶婁)를 도산(塗山)에 보내서 만국 옥백회(玉帛會)에 참석하게 하셨으니[1] 이는 우리나라 외교의 최초이다. 그러나 단군조선 1천 년간은 풍기가 순박하고 충실해서 무위(無爲)로 다스리는 시대였다. 학술로써 인민을 교육하는 일이 알려진 바가 없는 것은 지구 역사에 어떤 나라를 막론하고 태고 시대의 똑같은 예이다. 이 때문에 공자(孔子)가 『서경(書經)』을 지을 때 당우(唐虞)의 시대로부터 끊으셨으니, 우리나라의 교육 역사도 기자(箕子) 시대부터 시작함이 마땅하다.

상하 3천 년간의 문화 정도에 따라 시대를 논하면, 기자가 동쪽으로 떠나서 백성에게 8조를 가르치신 시대가 제1기요, 신라 태종(太宗王)·문무왕(文武王) 시기에 자제를 당나라에 파견하여 유학시켜 지나의 문물제도를 채용함이 제2기요, 고려 충선(忠宣)·충숙(忠肅) 왕조에 안문

---

1 태자……하셨으니 : 하(夏)나라 우(禹)임금이 도산에서 제후를 소집하자 옥백(玉帛)을 가지고 모인 자들이 많았다. 단군의 태자 부루가 여기에 참석했다는 기록이 『성호사설(星湖僿說)』에 나온다.

성(安文成), 이익제(李益齊) 등의 현인이 문장과 학술로 원나라의 조정과 교섭할 때 수사(洙泗)·염락(濂洛)² 의 도학(道學) 연원이 우리에게 건너와서 본조(本朝) 5백 년 우문지치(右文之治)의 기초를 놓았는데 이것이 제3기다. 우리 세종대왕께서 국가의 전장(典章)과 오례의(五禮儀)와 음악기(音樂器)와 측후기(測候器)를 친히 제작하시고, 국문을 창조하시어 편리하고 이해하기 쉬운 문학으로 일반 국민을 보통교육 하셨으니, 이것이 우리나라 문명에서 고금에 다시없는 제4기 시대요, 현재에 이르러서는 해외 각국과 교제가 번성하여 서력 20세기에 신문화를 수입하니, 이것이 제5기 시대라 할 수 있다. 이제 그 고금의 역사를 대강 기술하여 교육가의 전고(典故)에 이바지하고자 한다.

　대략 단군 후 1212년을 지나 신성하신 은(殷)의 태사(太師) 기자께서 은주혁명(殷周革命)의 때를 맞이하여 선왕에 대한 지조의 마음을 품고 백마를 타고 동쪽으로 건너와서 홍범구주(洪範九疇)의 광대하고 심오한 학문으로 교화를 베푸시어 거친 풍속을 타파하셨으니, 『주역』에 이른바 "기자명이(箕子明夷)"가 이것이다. 이때 따라온 은나라 사람이 5천 명이었다. 시서예악(詩書禮樂)과 의술과 점술과 백공기예(百工技藝)의 유파가 모두 따라왔는데, 처음에는 언어가 불통하므로 문자로써 번역한 후에야 알게 되었다. 이때 그 백성을 가르치되 예의로써 8조의 가르침을 베풀며, 밭농사와 누에치기를 가르쳐 인민이 도둑질을 부끄러워하게 하며, 부인은 정숙하고 음란하지 않게 하며, 논밭과 들을 개간하고 남은 음식에는 그릇을 사용하게 하니, 인현(仁賢)의 교화가 지금까지 바뀌지

2　수사(洙泗)·염락(濂洛) : 수사(洙泗)는 중국의 수수(洙水)와 사수(泗水)를 지칭하는데, 공자가 이 근처에서 강학 활동을 했다고 해서 이후 공자의 도를 의미하는 말로 사용되었다. 염락(濂洛)은 송나라의 주돈이(周敦頤)와 정호(程顥), 정이(程頤)가 살았던 지역인 염계(濂溪)와 낙양(洛陽)을 지칭하는 말로 이후 그들의 도학 내지 성리학에 밝은 학자들이 많은 지역을 일컫는다.

않아 천하가 우리나라를 동방의 군자국이라 칭함은 모두 기자가 하사하신 바이다. 이것이 우리나라 문명의 제1기다.

삼국시대에 이르러 백제 고이왕(古爾王) 50년에 일본과 우호 관계를 맺어 왕자 아직기(阿直岐)를 일본에 보냈다. 아직기가 경전에 능통하므로 일본 천황의 아들 치랑(稚郎)이 학문을 배웠다. 또 백제 박사 왕인(王仁)은 일국의 뛰어난 선비였기 때문에 일본 천황의 초빙을 받아서『논어』와『천자문』으로 일본 황자(皇子)의 스승이 되어 교수했다. 이로부터 일본의 문자가 비로소 있게 되었다. 이로써 보면 백제의 교육제도가 이전에 이미 있었던 것으로 추측할 수 있으나, 다만 역사 기록에 빠져 있어 증거로 삼을 것이 부족하다.

고구려 소수림왕(小獸林王) 원년에 태학을 세우고 국자박사(國子博士)와 태학박사(太學博士)의 관직을 처음으로 두었다 하나, 고구려는 그 토양이 지나와 밀접하여 문화 유입이 가장 앞섰다. 유리왕(琉璃王)의「황조가(黃鳥歌)」와 협보(陜父)가 올린 상소는 나라를 세운 초기에 이미 나타난 것으로, 그 문교(文敎)가 이때 처음 열린 것을 상상할 수 있다. 수백 년을 지나서 소수림왕 때에 국학을 처음으로 만들었다 한 것도 역사 기록이 빠져 있기 때문이다.

신라 신문왕(神文王) 2년에 국학을 처음으로 두고, 경덕왕(景德王)이 제업박사(諸業博士)와 조교(助敎)를 설치하였다가 이윽고 대학감(大學監)이라 개칭하고, 성덕왕(聖德王)이 상문사(詳文司)와 통문박사(通文博士)를 두니 이때 신라의 문화가 점점 열렸다. 그러나 사람을 등용하는 법은 아직 시작에 불과하여, 법흥왕(法興王) 때에 남자 중 몸가짐이 단정한 자를 선발하여 풍월주(風月主)라 칭하고 훌륭한 선비가 되도록 교육하여 등용했다. 진흥왕(眞興王) 때에는 화랑(花郞)이란 과명(科名)을 두고 학도를 모아서 장식을 성대히 하고, 산수 간에 유람하여 도의로 서로 연마하며 그 행위의 옳고 그름을 분별케 하여 선용(選用)의 제도를 만들었다. 이는 고대에 매우 순박한 풍속이라 할 것이다.

진덕왕(眞德王) 이후로부터 당나라 문물에 기울어져서 김춘추(金春秋)를 보내 국학에 유학하게 하니, 곧 나중의 태종대왕(太宗大王)이다. 이는 우리나라 인사가 해외에 유학한 효시였다. 춘추가 귀국하여 관제와 의관과 학교의 제도를 모두 당 왕조로 모범 삼고, 급기야 왕위에 올라서는 그 아들 인문(仁問)도 보내 당에 유학하게 했는데, 경사(經史)를 두루 알고 문장이 굉장히 아름다웠다. 문무왕(文武王) 때에 이르러 마침내 당의 병력을 이용하여 고구려·백제 두 나라를 통일한 공적을 이룬 것은 곧 문화 개진의 효력이라 이를 수 있을 것이다. 당시에 임강수(任强首)와 설총(薛聰)과 같은 학사를 배출하였으니, 설총은 우리나라의 방언으로써 경전을 해석하여 후생을 훈도하였고 또 이두(俚讀)를 만들어서 문자가 통하지 않던 것을 통하게 하여 이로부터 우리나라 국문의 원류가 창성하게 일어났다. 기타 최고운(崔孤雲), 최광유(崔匡裕), 최언위(崔彦撝), 김인존(金仁存), 김대문(金大問) 등의 50여 명이 뒤이어 건너가 유학하여 당 전체의 재자(才子)를 능가하고 종주국의 문풍을 진흥하였다. 이는 우리나라 문명 개진의 제2기 시대라 이를 수 있다.

고려의 학정(學政)으로는 성종(成宗) 때 국자감(國子監)을 창설하고 사업박사(司業博士), 조교(助教) 등의 관직을 두었고, 태학(太學) 사문학(四問學)을 설치하여 박사와 조교를 각각 두었고, 또 12주목(州牧)에 경학박사(經學博士)를 각각 두었다. 문종(文宗) 때 사문박사(四門博士) 이외에도 각 과 박사를 더 늘려서 두었다. 충선왕(忠宣王) 때에 성균관(成均舘)을 개설하고 명경박사(明經博士)를 추가로 두었다. 공민왕(恭愍王) 때에 서학(書學), 산학(筭學) 외에 율학(律學)을 증설하고, 공양왕(恭讓王) 때에 각 도(道)·부(府)·목(牧)에 교수를 널리 두어 수도 밖의 인민을 교육했다. 이것이 고려 학교의 대략이다.

그러나 고려는 광종(光宗) 재위 때 과거법을 설치하면서부터 사장(詞

章)의 아름다움만을 오로지 숭상하고 도덕의 실리를 강구하지 않아, 그 유폐가 본조까지 유전하여 인재를 부패하게 하고 풍화(風化)를 들뜨게 한 폐해가 적지 않다. 그러나 고려 말엽에 도학의 유학자가 점점 빼어남을 보여 김양감(金良鑑), 문성공(文成公) 안유(安裕) 같은 이가 이학(理學)을 가장 먼저 주창하였으니, 안문성의 도덕교육은 실로 동방 도학의 시조이다. 평생에 학문을 일으키고 선비를 길러내는 것을 자기의 소임으로 삼아 인재를 성취함이 실로 우리나라에 처음 있는 사업이었다. 이때부터 문학의 선비들이 모두 그 여파에 젖어 들어 문풍이 계속 일어났다. 또 그 가산을 기부하여 섬학전(贍學錢)이라 칭하고 학교를 널리 설치하여 생도를 양육한 것으로 보아도 또한 그는 우리나라에서 처음 보는 제일의 교육가라 이를 것이다. 그 후 우탁(禹倬)은 역학의 이치에 정통해서 세상이 역동선생(易東先生)이라 칭했다. 권보(權溥)는 정주(程朱)의 학문을 숭상하여 성리(性理)의 여러 책을 간행하고 역대 효행록을 편찬하여 마땅한 인륜을 떨쳐 보임으로써 세상이 국재(菊齋) 권문정(權文正)이라 칭했다. 이제현(李濟賢)은 학문의 집적〔淵藪〕과 논의의 방대함과 문장의 웅건함이 지나의 명사를 압도하고 경륜(經綸) 사업의 종주국을 보좌함으로 사람들이 모두 태산북두 같은 종사로 우러러서 호를 익재선생(益齋先生)이라 했다. 이색(李穡)은 도학과 문장으로서 이름을 지나에 떨치며 나라 사람들의 사범이 되어, 온 세상이 목은선생(牧隱先生) 이름 아래 모여서 그 문인 제자 중 뛰어난 대학자로 이름난 자가 많았다. 포은(圃隱) 정몽주(鄭夢周)는 호방하고 절륜(絶倫)하여 호학불권(好學不倦)함으로써 성리의 학문을 정밀히 닦아 횡설수설이 진리로 수렴되게 하고, 5부에 학당을 세우고 각 군에 향교를 설립하여 자제를 교육하며 겉만 화려한 것을 내치고 실용을 연구했다. 선생은 실로 우리나라 이학의 시조라 하겠다. 본조의 현인들이 모두 그 연원을 계승하여 도학을 천명하였으니, 이는 우리나라 문명의 제3기 시대라 이를 수 있다.

우리 태종대왕께서 학문을 장려하시어 사학(四學)을 설치하시며 친히
문신을 시험하시고, 주자소(鑄字所)를 설치하여 이직(李稷), 박석명(朴錫
命) 등으로 하여금 동제(銅製) 활자 수십만을 주조하여 서적을 간행하게
하셨다. 세종대왕께서는 문치에 힘써 경연(經筵)을 여시며, 집현전(集賢
殿)을 세워서 고금 서적을 모아 학자로 하여금 전고를 토론하게 하시고,
오례의(五禮儀)를 정하였으며, 박연(朴堧)에게 명하여 정대업(定大業),
보태평(保太平), 발상(發祥) 등의 음악을 만들게 하셨다. 또 천문에 깊이
뜻을 두어서 천문 현상의 학문을 이용할 수 있도록 정초(鄭招)와 정인지
(鄭麟趾) 등에게 명하여 대소간의(大小簡儀), 혼의(渾儀), 앙부일구(仰釜
日晷), 일성정시(日星定時), 자격루(自擊漏)를 제작하게 하셨다. 또 동
(銅)으로 측우기를 제작하여 여러 도에 나눠주어 우량을 측정하게 하시
고, 역관을 마니산과 한라산과 백두산 등에 보내서 북극의 고도를 측량
하게 하셨다. 28년에 국문국(國文局)을 궁중에 설치하시고 정인지, 신숙
주(申叔舟), 성삼문(成三問) 등에게 명하여 자모 28자를 만들고 초·
중·종 3성을 합하여 글자를 만들게 하셨으니, 곧 지금의 국문이다. 그
후 중종(中宗)께서『훈몽자회(訓蒙字會)』를 저술케 하시고 정조(正祖)께
서『정음통석(正音通釋)』을 저술케 하실 때까지는 27자를 사용하였는데
지금의 세상에서는 25자를 통용한다. 대저 국문은 문자가 간이하고 정
묘하여 국가 진보에 크게 유력하니 실로 세계에 유례없는 특별한 것이
다. 우리 한국 역대에 문명 교화와 독립정신이 이에 있으니 얼마나 성대
한 것인가. 이는 우리 한국 문명의 제4기 시대라 이를 수 있다.

이때부터 역대 왕들이 서로 이어 도학을 존숭하시며 문교를 크게 밝
히셨다. 성종대왕께서는 존경각(尊經閣)을 만드시고 양현고(養賢庫)를
설치하셨으며, 홍문관(弘文舘)을 열고, 호당(湖堂)을 세우고, 성균관(成
均舘)과 향학(鄕學)의 밭을 하사하고, 경사(經史)를 간행하여 여러 도에
배포하고, 학사에게 명하여『여지승람(輿地勝覽)』『동국통감(東國通鑑)』

『동문선(東文選)』『악학궤범(樂學軌範)』『제왕명감(帝王明鑑)』『후비명감(后妃明鑑)』 등의 여러 서적을 편집하게 하고, 학문을 장려하며, 어질고 뛰어난 자를 등용하여 사기를 진작하셨으니, 일시에 인재가 배출되었다.

오호라, 성하면 쇠하기 마련이니 연산조(燕山朝) 이래로 사화가 잇따르고 조정의 신하들이 분열하여 사기가 꺾이고 문화가 퇴보하였다. 그러나 대대로 가법(家法)이 유현(儒賢)을 공경하며 문치를 숭상함으로, 윤리와 예의의 연마에 있어서는 오늘날에 이르기까지 그 은택이 남아있다.

도학가로는 점필재(佔畢齋) 김종직(金宗直), 한훤당(寒暄堂) 김굉필(金宏弼), 일두(一蠹) 정여창(鄭汝昌), 하서(河西) 김인후(金麟厚), 회재(晦齋) 이언적(李彦迪) 선생들을 세상에서 오현(五賢)이라 칭한다. 정암(靜庵) 조광조(趙光祖), 퇴계(退溪) 이황(李滉), 율곡(栗谷) 이이(李珥) 세 선생은 우리나라 유현(儒賢) 중 가장 빛나는 뛰어난 종사(宗師)요, 우계(牛溪) 성혼(成渾), 사계(沙溪) 김장생(金長生), 신독재(慎獨齋) 김집(金集), 우암(尤庵) 송시열(宋時烈), 동춘당(同春堂) 송준길(宋浚吉) 선생들은 모두 일대 유문(儒門)의 종장(宗匠)이다. 정치학에서는 반계(磻溪) 유형원(柳馨遠), 잠곡(潛谷) 김육(金堉), 다산(茶山) 정약용(丁若鏞) 제씨의 저술이 모두 세상을 다스리는 데 필수적인 명작이다.

문장가로는 계곡(谿谷) 장유(張維), 택당(澤堂) 이식(李植), 월사(月沙) 이정귀(李廷龜), 상촌(象村) 신흠(申欽), 동고(東皐) 최립(崔岦), 오산(五山) 차천로(車天輅), 연암(燕岩) 박지원(朴趾源), 연천(淵泉) 홍석주(洪奭周), 항해(沆瀣) 홍길주(洪吉周), 대산(臺山) 김매순(金邁淳) 제씨가 사림(詞林)의 종장이요, 대가 필법이다.

그러나 이상 과거 시대의 교육으로써 논하면 이는 도덕과 문장과 과거 등에 있고, 국가의 실력과 인민 생활에 관한 이용후생의 각종 학문은 매우 퇴보가 된 까닭에 민생의 빈췌(貧瘁)와 국가의 허약이 극점에 달했다. 근래에는 해외 각국과 교제가 빈번함으로 인하여 현시대 신세계의 학술상 문자와 교육계 제도를 점차 채용하여 해외 유학과 국내 공사립 학교가 점점 진흥하여 부강의 실질을 기도하니, 이것이 우리 한국 문명의 제5기 시대라 이를 수 있을 것이다.

교육의 성쇠는 국가 승패의 원인

장도빈(張道斌)

오늘날 20세기에 맹렬한 풍조가 전 지구를 뒤흔드는데, 이를 환영하는 자는 우승자가 되고 이를 거스르는 자는 열패자가 된다. 능히 이를 환영하는 방도는 교육, 한 가지이다. 그러므로 교육의 성쇠를 국가 승패의 원인이라고 하는 것이다.

무릇 자연계의 상태가 사람과 사람 사이에도 있어서 학문이 있는 사람은 승리를 얻어 우승의 지위를 점유하고, 학문이 없는 사람은 열패에 빠져서 낮은 위치로 떨어진다. 개인 간에도 그러한데 하물며 나라와 나라 사이에서는 어떻겠는가.

그 우승의 지위를 점유하는 원동력은 교육에 있다. 가령 갑국(甲國)의 교육력이 을국(乙國)을 이겨서 을국에는 없는 학문을 갑국이 발달시키거나 또는 을국에서는 유치한 학문을 갑국이 성대히 하여 갑국의 학문 정도가 점점 을국을 능가하면, 자연히 을국은 날마다 갑국에 뒤처질 것이다. 을국이 비록 아우성치며 질주하여도 갑국을 따라잡을 능력이 부족해서 점차 저하하여 마침내 수천 층 아래로 떨어지고, 갑국은 더욱더 을국 앞에 서서 용맹한 힘이 더욱 굳세지고 힘찬 걸음이 점점 활달하여

져서 이윽고 수천 층 위에 오를 것이다. 비유컨대 보행하는 사람이 기차를 쫓다가 보행하는 사람은 자연히 뒤에 쳐지고 기차는 이미 멀리 떠나는 것과 같다.

학문 정도가 이렇게 높고 낮음과 동시에 나라와 나라 사이의 국력 비교 역시 학문의 정도를 따라서 높고 낮다. 갑국의 힘은 강하고 을국의 힘은 약한 결과 갑국의 흡입력이 을국을 흡수하여 자기 것으로 만드는데 을국[3]에서는 저항할 힘이 이미 없는 것이다. 비록 자기 지위를 보전하고자 하나 자연 형세로 볼 때 약한 나무가 완강한 도끼를 만난 것과 같아서 구할 도리가 없다. 이와 같은 현상을 보면 국가 승패의 원인이 교육 성쇠에 있음을 알 수 있다.

그러므로 국가의 장래 전도를 추측하고자 하면, 그 나라의 교육이 어떠한지를 먼저 봐야 할 것이다. 우승 건전한 지위를 얻고자 하면 반드시 급격히 경쟁하는 교육으로써 해야 한다. 교육을 버리고 세계에서 우승한 나라가 되기를 구하는 자는 먹을 것을 버리고 배부름을 구하는 것과 다르지 않다.

그런즉 국가의 우열이 이 법칙에 의하여 판결이 나고, 화복(禍福)이 이 원인을 따라서 결과로 나타나니, 진실로 국가의 유일무이한 대(大)주의사항이라 하겠다.

오늘날 세계가 어떤 나라든지 교육을 확장하여 문명을 겨루며 진보를 다퉈서 그 세력과 상태가 더욱더 격렬하니, 우리는 서둘러 이를 고무하며 이를 장려하여 타인에게 뒤처지지 말고 활발히 용진하여 진화의 무대에 먼저 올라서야 할 것이다.

---

3 을국 : 원문에는 '갑국(甲國)'으로 되어 있으나 문맥상 '을국(乙國)'의 오류인 것으로 판단되어 문맥을 따라 번역하였다.

오늘날의 급무는 마땅히 무엇이 먼저인가

본교 학원(學員) 김규승(金奎承)

〔1시간 작문〕

　오호라, 오늘날을 맞아 우리나라 국세가 위기에 있는 것과 백성이 비참한 지경에 빠진 것은 비록 어리석은 남녀라도 모르는 자가 없을 것임은 다시 말할 필요도 없다. 또한 오늘날은 오대양 육대주가 연락 교통하여 우승열패하고 약육강식하는 20세기의 오늘날이다. 그런즉 위태로운 자가 우리나라요, 비참한 자가 우리 백성이요, 열등한 자가 우리 종(種)이요, 약한 자가 우리 족(族)이다. 저들은 무슨 까닭으로 편안하며 즐겁고 뛰어나며 강하고, 이들은 무슨 까닭으로 위태로우며 열등하며 약한가. 하늘이 인간을 창조하실 때 본래 저들은 후대하고 이들은 박대하는 구별이 없었건만 무슨 까닭으로 이와 같이 되었는가. 분명히 인사(人事)가 어떠했는지에 따른 것이라 하겠다. 오늘부터 우리도 저들과 같이 편안하며 즐겁고 뛰어나며 강할 방침을 연구해야 하니, 급한 것은 마땅히 먼저하고 늦어도 되는 것은 마땅히 뒤에 해야 할 것이다. 어떤 이는 말하길 "군비(軍備)로써 수비하고 정벌하는 것을 능히 하면 강해질 것이므로 군비가 급무다."라고 한다. 어떤 이는 말하길 "정치·법률로 내치·외교를 능히 하면 편안할 것이므로 정치·법률이 급무다."라고 한다. 어떤 이는 말하길 "여러 사람이 단체를 만들어 외인을 방어할 수 있으면 이기는 것이므로 단체가 급무다."라고 한다. 어떤 이는 말하길 "실업을 발달시켜 식산(殖産)을 능히 하면 편안할 것이므로 실업이 급무다."라고 한다. 이러한 여러 논의가 모두 필요하나 나는 이를 절충하여 교육이 급무라고 하겠다. 비록 군비가 완전해도 교육이 없으면 그 몸을 아끼지 않아 그 충성을 극진하게 할 수 없을 것이다. 설혹 정치·법률이 개선되어도 교육이 없으면 백성을 짓밟고 임금과 나라를 팔아먹는 행위가 있을 것이요, 단체를 만들 수 있어도 교육이 없으면 완전하고 공고해질 수 없을 것이요, 실업이 발달해도 교육이 없으면 자기의 사익만 생각하고 국가의 공익을 도모하지 않을 것이다. 게다가 군비와 정치·법률과 단체와 실업은 무엇에서 생기는가. 반드시 교육으로부터 생긴다 할 것이다. 그런즉 교육은 어떠한 사업에든지 급무다. 오늘날에 있어서는 더욱더 급무이니, 그러므로 먼저 교육을 보급시켜 자식이 되어 아버지에게 효도하며, 신하가 되어 군주에게 충성하며, 백성이 되어 나라를 사랑하며, 관리가 되어 백성을 사랑하는 등의 도덕을 양성한 후에 각각 그 업무에 나아가야 능히 그 목적에 이르게 될 것이다. 이때 위기가 변하여 편안함이 되며, 비참함이 변하여 즐거움이 되며, 열등함이 변하여 우등함이 되며, 약함이 변하여 강함이 될 것이다. 오늘날 급무 중 첫째가 교육이니, 일반 국민은 이를 마땅히 우선해야 할 것이다.

오늘날의 급무는 마땅히 무엇이 먼저인가

본교 학원(學員) 최윤식(崔潤植)

〔1시간 작문〕

무릇 일에는 선후가 있고, 업무에는 완급이 있다. 어떤 사무에서 완급과 선후를 알지 못하면, 이를 도저히 성취할 수 없다는 것은 더 설명할 필요도 없다. 하물며 오늘날은 경쟁 시대라 우승열패하며 약육강식한다. 우리가 남보다 강하고 뛰어나려면 그 길은 어디에 있겠는가. 오직 학문을 닦아서 지식을 발달시키는 데 있다. 개인의 지식이 발달하면 개인을 반드시 이기고, 일가의 지식이 발달하면 일가를 반드시 이기며, 일국의 지식이 발달하면 일국을 반드시 이길 것이다. 그러므로 오늘날의 급선무는 교육밖에는 다른 길이 없다. 우리가 날마다 조우하는 갖가지 일과 우리 신변을 둘러싼 만물이 모두 우리에게 영향을 주고 우리를 좌우하는 것인즉 학문이 없이 어찌 맞서 겨룰 수 있겠는가. 시험 삼아 문명국 사람과 야만국 사람을 비교해보고, 교육이 있는 사람과 교육이 없는 사람을 비교해보자. 누가 그 차이의 큼에 놀라지 않겠는가. 동일한 사람과 동일한 나라로 문명이 되고 야만이 됨은 다 교육 여하에 있을 뿐이다. 그런즉 영웅과 열사도 이로 인하여 일어나며, 국민의 의무도 이를 바탕으로 일어나며, 사회의 단체도 이로 인하여 결성되며, 국가의 기초도 이를 의지하여 굳건해진다. 크구나, 교육이여. 위대하구나, 교육이여. 국가와 사회의 흥망성쇠가 실로 그 국민교육의 방침과 정도가 어떠한지에 있다고 분명히 말할 수 있다. 아아, 우리나라 현 정세의 참상을 규명해보면 그 원인은 국민교육의 정도가 확장하지 못한 것이다. 대저 나라가 문명하고자 하면 이는 일반 국민에게 보통 지식이 각기 있은 후에야 가능한다. 지금 우리 동포가 2천만이라 범칭하나, 학문이 완전히 결핍한 여자가 절반이고 그 나머지 1천만 명 중에 교육을 받은 자는 백분의 일에 불과하다. 국가가 어떠한 것이며 의무가 어떠한 것이며 어떻게 하면 생존하고 어떻게 하면 망하는지를 깨우치지 못한 몽매한 자가 또한 모르긴 몰라도 수백만 명일 것이다. 이와 같아서야 외인의 압박과 조롱을 어찌 면할 수 있으며, 자국의 문명을 어떻게 기대할 수 있겠는가. 오늘날 문명 각국이 경쟁적으로 교육에 전력하는 것은 대개 이런 까닭이다. 우리나라도 오늘날의 급선무로 교육을 확장하여 학무(學務)를 발흥시키고 민지(民智)를 일신하여 남녀 한 사람 한 사람 국민의 의무와 개인의 자유를 알지 못하는 자가 없게 하면, 수년이 못되어 우리 대한제국 태극기를 세계에 고양하고 구미 열강과 더불어 대양의 사이에서 함께 질주할 것을 기대할 수 있을 것이다. 급선무로다, 교육이여.

곤란이라는 것은 엄정한 교사

본교 학원(學員) 강진원(姜振遠)

〔1시간 작문〕

　옛사람이 한 말에 "괴로움은 즐거움의 씨앗이요, 부귀는 나태의 어머니다."라는 것이 있다. 훌륭하구나, 이 말이여! 우리가 실로 마음에 새겨 잊지 말아야 할 것이다. 사람이 이 세상에 태어나 부귀와 빈천, 안일과 곤란의 경우가 각자 같지 않으므로 나태와 근면의 심지, 강경하거나 연약한 체질 또한 다르다. 시험 삼아 보건대 부귀가의 자제는 유년부터 장년에 이르기까지 맛있는 음식이 그 입을 기쁘게 하며 가볍고 따뜻한 옷이 그 몸을 편안하게 하여 한가로이 하루를 보내며 안일을 만끽한다. 또 그 문벌을 과시하고 재산에 의지하여 거만히 자족하니, 심지가 나태하고 체질이 연약하여 한 가지 일도 맡지 못하고 일생을 허송한다. 이러한데 어찌 인격의 성적이 있으리오. 그런데 빈천하고 곤고한 가운데 생장한 자는 허다한 경력이 그 심지를 견고하게 하며 그 체질을 강경하게 함이 한겨울의 송백(松柏)과 거듭 단련한 금철 같아서 백 번 꺾여도 굽히지 않고 만 번 부러져도 피하지 않아 완전한 인격을 이루고 비상한 사업을 발표한다. 그러므로 곤란이라는 것은 우리에 대하여 엄정한 교사인 줄을 알 수 있다.

곤란이라는 것은 엄정한 교사

본교 학원(學員) 이병관(李炳觀)

〔1시간 작문〕

　무릇 나무는 눈서리를 거친 후에 큰 재목을 이루고, 철은 단련을 거친 후에 좋은 기물을 이루니, 우리의 재기(材器) 성취도 반드시 곤란의 경력을 거쳐야 한다. 대개 안일은 인정상 즐거워하는 것이요, 곤란은 인정상 싫어하는 것이다. 그러나 안일의 습관은 사람의 심지를 나태하게 하며 체질을 연약하게 하여, 학문상에는 몹시 애써서 공부하는 것을 기꺼워하지 않게 하며 사업상에는 위험을 무릅쓰고 용감히 나아가는 것을 불가능하게 한다. 그런즉 안일이라는 것은 사람을 해치는 짐독(鴆毒)[4]이라 할 것이다. 고금을 두루 보건대 학문가의 현철(賢哲)이며 공명가의 영웅이 모두 허다한 곤란을 겪은 후에 비상한 성적을 발표하였다. 소진(蘇秦)은 허벅다리를 찔러 피를 흘리는 곤란을 통해 합종 6국의 명예를 널리 얻었고, 범중엄(范仲淹)은 죽으로 끼니를 겨우 이어가는 곤란을 통해 천하를 다스리고 구제하는 공적을 이루었다. 저 서양 여러 나라의 정치가와 철학가의 역사를 볼지라도, 그 어린 시절에 구두를 만드는 천한 직업을 가졌던 자도 있으며, 혹은 활자판을 짜는 고역을 겪은 자도 있으며, 혹은 시골에서 양을 치다 굴기한 자도 있다. 이는 일생 경력의 곤란이 그 지기(志氣)를 건강하게 하며 그 지식을 증진하게 한 효력임을 알려준다. 그러므로 곤란이라는 것은 우리를 더욱 감독하며 주조하는 엄정한 교사라고 이를 수 있는 것이다.

위생 요의(要義)

회원 강윤희(姜玧熙)

무릇 일국이 태평하고 편안한 것은 그 나라 백성의 건강함에 있고, 일가가 화목하고 즐거운 것은 그 집안사람의 강건함에 있다. 크도다,

---

4   짐독(鴆毒) : 짐(鴆)은 중국 광둥에 서식한다고 전해지는, 맹독을 지닌 전설상의 새이다.

위생이여! 이는 일을 이루는 첫 근본이다. 일가 사람의 신체가 강건하지 못하면 그 집안에 곤고한 날이 많고 화목하고 즐거운 날은 적어서 가도 (家道)가 점점 쇠할 것이다. 개인이 곤고하고 가도가 쇠하고 흩어지면, 그 나라가 누구와 더불어 부강하며, 누구와 더불어 태평하고 편안하리 오. 개인의 신체가 강건해야 정신이 상쾌하고 심공(心孔)이 열려 사리를 판단하고 결정할 수 있는 민달(敏達)함이 생기고, 동작상에 용단할 수 있는 활발함이 생긴다. 사람이 민달하고 활발하면 그 집안의 화락과 그 나라의 부강은 따져보지 않아도 알 수 있다. 사람이 태어나는 동시에 위생술을 곧 알아서 나라와 집안을 보존하도록 그 요의를 대략 논하려 한다.

첫째, 전체를 강건하게 하고자 하면 우선 각 기관의 작용을 조화하여 정신과 운동과 소화 세 가지를 서로 충돌하지 않게 하는 것이 위생에 필요한 것이다. 둘째, 활동과 휴식은 각 사람의 체질을 따라서 같지 않지만 대략 수면과 취업과 휴식을 매일 8시간씩 정하여 길거나 짧게 어지럽히지 않는 것이 위생에 필요한 것이다. 셋째, 음식물은 자양분이 많은 것이 마땅하며 배고픔과 배부름을 과도히 하지 말되, 냄새와 맛이 추악한 것은 먹지 않는 것이 위생에 필요한 것이다. 넷째, 목욕을 자주 하고 의복을 자주 세탁하여 항상 청결히 하고, 침구와 포대기 등을 태양에 자주 쬐는 것이 위생에 필요한 것이다. 다섯째, 귀지를 제거할 때 부드러운 물건을 사용하여 고막을 상하게 하지 말며, 코에 한기가 닿지 않게 하고 악취를 맡지 않도록 하여 비강이 튼튼해져 난치병이 생기지 못하게 하는 것이 위생에 필요한 것이다. 여섯째, 생장지(生長地) 혹은 구류처(久留處)의 풍토와 기후가 익숙하여 고향에서 먼 곳 혹은 외국에 이주하면 병이 생기기 쉬우니 의복과 음식도 특히 주의하고 약이 되는 음식도 많이 먹어 기운을 회복하는 것이 위생에 필요한 것이다. 우리는 오복 (五福)에서 수명을 으뜸으로 삼는다고 하나, 신체가 강건하지 못하면 질병이 쉽게 생겨서 장수가 일평생 행복이 아니라 반대로 백년의 곤고가 될 것이다. 나라를 사랑하고 집안을 사랑하고 몸을 사랑하는 우리 동포는 위에서 말한 여러 요의를 주의해야 할 것이다.

만학설(晩學說)

회원 노의룡(盧義龍)

나는 재질이 초라하고 견문이 고루하여 시의에 맞지 않고 실용에 적당하지 않은 보잘것없는 것에 신세를 그르쳐 어느덧 44년의 세월을 허송하였으니, 궁려지탄(窮廬之歎)[5]이 또한 무슨 소용이 있으리오. 그러나 옛사람의 말 중에 "어려서 배우는 것은 대낮에 길을 가는 것과 같고 늙어서 배우는 것은 어두운 밤에 촛불을 드는 것과 같다."라 한 것이 있다. 어두운 밤에 다니는 데 촛불이 없으면 안 되므로 늙어서 배우는 것도 없어서는 안 될 것이다. 당나라의 고적(高適)은 40세에 비로소 문장을 닦았다. 우리나라의 선대 유학자 중에는 60세에 소학동자(小學童子)라 자칭한 자가 있다. 만약 그 시기를 놓친 것만 몹시 한탄하고 노년을 수습하는 것을 도모하지 않으면 다만 이는 취생몽사(醉生夢死)이겠으니 어찌 더욱 안타깝지 않겠는가.

또 지금의 논자는 모두 "현시대에 신학문과 신사업은 일반 청년의 책임이요, 장노년 사회는 모두 이미 부패하여 무능하고 할 일 없는 자이다."라고 말한다. 그러나 청년의 학업을 장려하여 장래 수용될 재료를

---

5 궁려지탄(窮廬之歎) : 오막살이의 탄식이라는 말로 젊어서 공부하지 않고 노년에 이르러 탄식하는 것은 말한다.

양성하는 비료가 되는 자는 장노년 사회가 아니겠는가. 그런즉 장노년 사회의 책임이 청년 사회보다 아주 가볍다고 이르지는 못할 것이다. 시대의 문명 사업과 국가의 중대한 의무를 장차 오로지 청년 사회에 위탁하고, 장노년 사회는 천지간 폐물이 되기를 스스로 달갑게 여겨 짧은 지식도 구하지 않을 것인가. 그 활발한 용진(勇進)과 앞날의 희망은 청년에 미치지 못하나 장노년도 학문상 소득이 조금이라도 있으면 문화 발달에 관하여 장애물은 되지 않으리니, 늙어서 배우는 것이 어찌 긴요하지 않다고 이르리오. 내가 책을 들고 학교에 나간 지 이미 다섯 달이 지났다. 산술, 물리와 화학 및 법률 등의 과목에서 소득은 비록 얕으나 그 의지는 다하지 않았으니 어찌 즐거운 바가 없을 수 있겠는가. 이로써 만학의 필요를 논하여 일반 장노년 사회를 향하여 권면하고자 한다.

국가의 개념

단독 고립이라는 것은 인류의 타고난 성질이 아니다. 그러므로 사람이 있으면 곧 나라가 있으니, 사람은 국가의 분자라 국가를 떠나서는 완전히 생존할 수 없다. 국가는 유일한 독립 주권과 일정한 국민 및 국토로 성립한 것인데, 그 목적이 공공의 안전과 이익을 도모함에 있는 무형의 단체가 될 것이다. 대개 국가의 완성은 점차적으로 이루어지니, 이 인류가 있게 되고부터 국가제도 아래에서 살아 숨 쉬는 데 이르기까지 그 사이 무수한 변천을 경과하였다는 것은 지식 없이도 알 수 있다. 한 번 그 원시의 상태로 거슬러 올라가보면, 어떤 국민을 막론하고 대체로 다음의 순서를 거쳐서 오늘날에 이른다.

제1시기는 각인(各人) 및 각호(各戶) 분립제도

제2시기는 부족제도

제3시기는 봉건제도

제4시기는 국가통일제도

제1시기에 있어서는 각인·각호가 서로 독립해서 나뉘어 존재하므로 가장과 호주에게 복종하는 것 외에 속박하는 것이 조금도 없다. 가장과 호주의 권한이 이 시기에 발생한 듯하다. 이로부터 인류가 점차 번식하여 먹을 것의 수색 구역이 동시에 확장할 때 안으로는 다툼의 실마리가 각호 간에 생기고 밖으로는 외적과 맹수의 내습을 받으니, 이때 단독 고립하면 족히 자존하지 못할 이치가 점차 분명해져 내우외환을 방어하게 되었다.

제2시기에 있어서는 이로 인하여 각호 간에 분쟁을 재결하고 외적과 맹수를 함께 대비하여 공동으로 일을 처리하는 미풍을 양성하고자 하여, 마침내 지력과 체력이 무리 중에서 뛰어난 자를 추대하여 추장으로 삼고 그 명령에 복종한다. 여기서 이른바 치자와 피치자의 관계가 생겼다. 사변이 발생하면 그 직무를 행하는 자로서 직임을 상임(常任)케 하니, 이에 추장이 점차로 오늘날의 소위 사법과 군사의 두 권한을 장악하게 되었다. 추장 중의 강자는 여러 추장들이 복종하여 마침내 추장의 추장이 되었다. 이 시기에 있어서 인류의 발달은 아직 유치하여 능히 야만의 영역을 완전히 벗어나지 못한다. 성년 이상은 유사시에 모두 전투에 종사하여 약육강식의 폐를 면하기 어려우니, 지금 타이완의 생번(生蕃)과 남양(南洋)의 제도(諸島)와 아프리카 야만인의 모든 상태가 이 시기의 실례를 대표한다고 할 수 있다. 약간의 진보가 있어도 몽골인과 같이 목축 외에 정해진 일이 없고 물과 풀을 따라서 옮겨 다니므로 제도의 확립을 기대하기 어렵다.

제3시기에 이르면 농업이 먼저 발달되고 상공업 또한 싹튼다. 이에 병마(兵馬)에 종사하는 자도 있고 산업을 경영하는 자도 있어서 분업의 방법을 행하니 사람의 지식이 날로 진보하였다. 통어(統御)의 직임을 맡은 자는 사납고 무도한 추장과는 같지 않아 제후라 칭하고, 추장의 추장이 된 자는 패자와 맹주로 개칭했다. 이들에게 예속된 장수 및 무사는 봉토(封土)와 상공(賞功)이라 칭하는 것을 받았고, 인민이 모두 경작자의 지위에 서서 공납의 의무를 떠맡았는데 부담 과중의 폐가 번번이 있었다. 그러나 제후가 있어서 그들을 보호하므로 직업을 안전히 영위할 수 있어 생명과 재산과 그 자신을 완전하게 하기에, 포학이 극단의 경우에 이르지 않으면 감히 반항하지 못하였다. 이것은 지식이 발달하지 못하여 반항의 수단이 없었기 때문이다. 이때 이후로 점차 각 번(藩)의 할거의 폐가 생겼다. 정치상의 통일이 결여되어 상호 쟁투에 정신없어 편안한 날이 거의 없었고, 사태가 평정되면 제후가 각기 자기의 편익을 위주하고 인민의 이익을 시급히 도모하지 않았으니, 이는 봉건제도의 폐이다. 일본의 메이지유신 이전과 같은 것이 바로 봉건제도이다.

제4시기에 이르러서는 중앙집권제도를 시행하니, 유럽 여러 나라와 같이 봉건의 폐를 징계하여 제후 중의 강자가 타국을 정복하여 통일의 제도를 점점 펴가는 것이다. 이때가 되면 오로지 농업만 나라의 근본이 되는 것이 아니라 상업과 공업 또한 점차 발달 완비한 국가가 된다.

○ 국민과 민족

국민이라는 것은 국가 아래에 단결해 살아가는 인류를 말한다. 민족이라는 것은 인종, 종교, 풍속, 관습, 언어가 서로 같은 것으로 반드시 동일한 국가 아래에 있는 것은 아니다. 영국인과 미국인은 비록 두 나라에 나뉘어 있으나 동일 민족이라고 말할 수 있다. 오스트리아는 여러 민족을 통합하여 나라를 이루었고, 유대인은 민족이라 칭할 수는 있고 국민이라 칭할 수는 없다. 동일 민족으로 동일 국민이 된 경우는 일본이다. 국민 간에 다른 종의 사람이 있으면 사상의 투합과 이해의 일치를 기대할 수 없을 것이다. 또한 국가 통일상에 불편한 것이 적지 않아 걸핏하면 서로 알력을 일으켜 내란을 빚고, 심지어 외국에 내부 사정을 알려줘서 국가의 위기가 이 때문에 생기기도 한다. 인도는 각종 민족이 서로 쟁투하는 것을 일삼아서 일치단결하여 내우외환을 대비할 수 없었다. 결국 그 옥토와 무수한 인구를 들어 영국의 판도에 다 돌아가게 하여 영국이 강국의 명성과 부원(富源)의 실리를 차지하게 하고, 인도 민족은 추호의 소득도 없고 예속의 지위를 벗어날 수 없게 되었으니 가난과 쇠퇴의 운명이 어찌 지극히 가련하지 않겠는가. 국민의 언어가 통일되지 않으면 법률의 용어가 들쑥날쑥하고, 풍속과 관습이 같지 않으면 법제 또한 피차를 취사하고, 종교가 다르면 여러 가지 어려운 문제가 일어나기가 아주 쉬워져 분쟁하고 소요하다가 마침내 국정을 동요하고 치안을 방해하게 되는 데에 이르니, 역사에 그 예가 적지 않다. 이와 같으면 어찌 국가의 완전 통일을 기대할 수 있겠는가.

잡조

화폐의 개론

회원 김하염(金河琰)

화폐는 곧 금전이다. 그것이 무엇인지를 연구하여 개론하고자 하면, 그 화폐의 기원과 필수적인 직무와 성질·종류와 그 가격의 유통을 차례로 설명해야 한다.

대개 고대 시대에 있어서는 인문이 발달하지 못해 교역의 상태가 사인(私人)이 생산한 잉여의 화물(貨物)을 타인에게 주고 자신의 부족한 바를 채우는 것이었다. 이는 경제학상 직접교환이다. 베를 밤과 바꾸며 기름과 간장을 팥과 콩으로 교환하던 것이 전부였던 시대를 실물경제,

또는 자연경제 시대라 칭한다.

이 물물경제에는 여러 가지 폐해가 있다. 가령 직접 교환하려면 두 사람 사이에 맞바꿀 목적물이 적합하고 일치할 것을 필요로 한다. 곧 갑이 부여하고자 하는 바가 을이 취득하고자 하는 것인 동시에 또한 을이 부여하고자 하는 것이 갑이 취득하고자 하는 것과 동일하지 않으면 곧 양자 사이에 교환이 성립되지 못할 것이다. 또한 화물의 가격은 천차만별이므로 이를 교환하는 데 있어서 그 가격의 비례가 일정해야 그 교환의 표준이 될 것이다. 그러나 이 직접교환은 복잡한 시대에 번거로움이 또한 심하여 무역에 곤란하다.

또한 다수의 화물은 분량과 경중이 있어 이를 물물로 교환하고자 하면 분할하지 않을 수 없는데, 분할하고자 하면 그 평형을 완전하게 하기 어렵고 손실이 없지 않다. 가령 미곡 및 기름과 간장 등은 비록 각자 원하는 대로 분할할 수 있더라도 모피 및 의복 등은 서로 간에 교환 비율을 적절히 하기 매우 어렵다. 그리하여 직접교환은 이와 같은 불편이 있으므로 점차 쇠퇴하고, 현재는 경제 상황이 발달하여 상호 간에 화물을 교환하고 기타 지급을 청산하는 최종 방법에 사용되는 제3의 매개물이 있으니 곧 화폐다. 그런데 화폐의 글자 뜻은 그 실물 형체에 고착된 것이 아니다. 한 개 목적물로서 화폐의 직무를 다할 수 있으면 곧 화폐라고 부를 수 있다. 이를 아래에 순서대로 거론한다.

1. 화폐는 교환의 매개다

화폐의 원시적 직분은 물물교환을 하는 데 매개가 되는 것이다. 무릇 모든 화물 중에서 욕망하는 바를 이로써 다른 화물과 교환하는 때에 쉽게 이를 수취하여 어떤 때든지 이전하고 교환할 수 있다.

2. 화폐는 가격의 표준이다

실물경제 아래에서는 유가물 대차의 표준이 없어 계약의 이행이 곤란하다. 그러나 이 화폐경제 아래에서는 사회의 허다한 화물 얼마의 가격을 화폐 얼마로 측정하므로 화물 종류에 대하여 즉시 그 가격을 표시하며, 대차(貸借) 기한에도 그것을 공급하여 확실하고 간단하게 두 가지 모두를 얻을 수 있다.

3. 화폐는 가격의 척도이다

국민경제의 진보를 따라 교환과 대차의 제3직분으로 화폐를 사용하여, 차주(借主)는 그 빌린 것과 동일하거나 또는 균일한 물건을 반환해야 한다. 즉 미곡을 빌렸으면 후일에 같은 양의 미곡에 이자를 첨부하여 반환해야 한다. 다만 대주(貸主)는 미곡 가격이 등귀한 때 빌려주었다가 하락한 시기가 되어 반환 받으면 곤란할 뿐 아니라 자기에게 미곡이 필요 없는 경우면 손해가 있을 것이다. 이때 인민이 일반적으로 귀중히 여기는 화물 중에서 그 가격의 변동이 극소한 것으로써 대차의 목적물을 삼는 것이 편리하므로, 화폐에는 가격의 척도가 되는 직분이 있다.

4. 화폐는 가격의 저장이다

화폐를 사용하는 이익은 국민경제상에 일상적으로 목격되는 바이다. 누구든지 재산을 저축하고자 하는 때와 여행에 휴대하거나 먼 곳에 보낼 때, 용적이 작고 중량이 가벼운 화폐를 즐겨 사용한다. 우리의 매일 생활상에 미곡, 채소, 고기 등이 필요하나 그 성질상 쉽게 부패하여 영구 보존하기가 불가능하므로, 화폐로 저장하야 언제든지 이들 물건과 편리하게 교환할 수 있다.

이상 논술한 바는 화폐의 필수적인 직무인데, 여기서 성질·종류라 함은 곧 화폐 자체의 형질을 말하는 것이다. 이는 시대를 따라서 각기 차이가 있다. 목축과 농공업이 성행하던 시대에는 가축의 우마나 혹은 가죽, 미곡과 조개류, 연초, 올리브유, 종이, 차 등을 화폐로 인정하여 동서양 각국에서 일반적으로 사용했다. 그러나 오늘날 사회의 문화 정도가 점진하게 되어 화폐로서의 적합한 성질과 구비되어야 할 자격을 선택하여 그 작용을 다할 수 있게 했는데, 금속 중에서 귀금속을 전적으로 화폐로 유통시켰다. 그 필수적인 주요 조건으로는, 사회 일반이 귀중히 하며, 운반에 편리하며, 마멸과 손상의 우려가 없으며, 가격이 확실하며, 분할하여도 가격을 잃지 않으며, 물질의 분자가 한결같으며, 표면으로 인식하기 쉬운 것인데, 이런 것은 곧 금속 중에 있되 특히 금은이 적당하다. 그러므로 현재 세계 각국에서 화폐를 주조할 때 금은과 백동·적동을 채용하여 원위화(原位貨)와 보조화(補助貨)를 병행하고, 그 가격의 유통은 그 나라 화폐제도에 달려 있다.

우리나라의 경우 광무 5년부터 금화본위제를 제정하여 현재 사용한다. 원위화란 것은 자체 실가(實價)가 있고, 보조화는 표면 가격을 법률로 제정, 사용하여 수여와 유통을 편리하게 한다. 이를 주조 및 유통하게 하는 방법은 정부 대권(大權)에 귀속시키는 것이 현재 각국의 보통제도이다. 그리고 여기에서 한층 발달하면 지폐를 발행하여 화폐로 유통하게 한다. 이는 금융을 민활하게 할 뿐 아니라, 정금화(正金貨)는 귀중하고 유한한 것이라 혹 내지에서 녹여서 외국에 수출하는 폐해를 막기 위해 대표적으로 사용하기도 하니 곧 정금(正金) 태환(兌換)의 신용 증권이 그러하며, 혹은 국가에 변란이 갑자기 생겨서 다수의 금전을 변통할 수 없는 경우에 이를 두루 사용하니 곧 불환지폐(不換紙幣)가 그러하다. 그러므로 경제 상황의 고저 변동은 이 지폐 유통에 달려 있다.

오호라, 나라를 세우는 근본의 실마리가 한둘이 아니나, 나는 특별히 이렇게 말하겠다. 화폐는 국민의 혈액이다. 이를 선량한 방법으로 조정하지 못하면 어찌 완전한 생활을 할 수 있으리오. 이전 일을 거울삼아 보면 확연하다. 지난번에 백동화를 남발하여 주조하였는데 이는 실가가 없는 보조화다. 보조화는 제한이 있는데도 정부 당국자가 화폐제도에 어두울 뿐 아니라 일시적으로 얻을 이익만 탐내고 장래의 피해를 생각하지 않았던 것이다.

기왕은 물론이고 지금 우리가 수백 년 동안 애지중지 사용하던 엽전을 몰수하여 용해하는 것을 혹 애석하다고 말하기도 하나, 이는 주고받는 데 불편하고 액면가와 시가가 다른 일이 자주 발생하여 화폐 유통에 불편한 것이므로 쓸데없는 염려다. 다만 그것의 실가가 완전히 없어질 뿐이다. 우리가 말만 하면 금전이라면서도 그 이유를 상세히 알지 못하기에 이를 개략적으로 서술하여 동포에게 일람을 제공한다. 오호라, 몇 년 몇 월에나 지폐 표면에 우리 얼굴을 그려낼 것인가.

여자의 광명

일본 이와야 마츠헤이(巖谷松平)[6]의 부인 이와야 다카코(巖谷孝子)

내가 세계의 여인에게 마땅히 권면하려는 것은 다름 아니라, 여인이라 하는 것은 어진 사람에게 시집간 후에 가정의 주재(主宰)가 되어 한 집의 주부로 남편을 내조하고 가사를 장악하는 중대한 책임을 떠맡는다는 것은 지금 내가 다시 말하기 전에 세계의 부인 모두가 잘 아실 터인데, 그러면 세계의 부인에게 권면할 것은 어디에 있는가 하면, 곧 남편이 죽는 경우를 조우하든지 또는 남편이 지병을 앓든지 불시의 재해를 만나 재산을 잃어버린 경우에는 과연 어찌하겠소? 실로 혼자 생활할 계책이 도무지 없을 것이오. 극단적인 비참한 행위에 이를까, 머리를 풀어헤치고 발광할까, 실로 불안한 지경에 빠져 아무리 해도 생활할 계책이 없을 것이오.

부인을 이와 같은 어려운 경우에서 벗어나게 하는 것은 다만 평소 검약하는 사상과 저축하는 심정에 있을 것이오. 내가 말하는 저축은 다른 사람이 말하는 저축과는 특별히 다르오. 세상 사람이 말하는 저축은

6 이와야 마츠헤이(巖谷松平) : 1850-1920. 가고시마 출신으로 담배 산업으로 크게 성공해 중의원을 지냈다. 만년에 양돈업을 운영했다.

남편이 다소간 모은 재물을 저축하는 데 있으나, 내가 말하는 저축은 다만 날마다 집에서 버리는 폐물로 황금을 만드는 것이오. 이는 무엇에 있느냐 하면 곧 돼지를 사육하는 데 있소. 돼지는 날마다 때마다 못 쓰는 나물, 순무, 겨 등으로 사육을 할 수 있소. 양돈의 방법 및 기타 이익의 학설은 남편 마츠헤이가 상세히 알려두었으니 보시기를 희망합니다. 이와 같이 언급하면 돼지는 불결하고 악취 나는 동물이라고 하시는 자도 있으리다마는, 이는 자기 마음이 가진 습관에 얽매인 것이오. 저도 지난날 남편 마츠헤이가 돼지를 사육한다는 이야기만 듣고도 소름이 끼쳐서 이와 같은 불결한 동물을 사육하면 나는 어찌할까 하고, 아무쪼록 내버리자고 누차 간청하였습니다. 그러나 마침내 나의 간청은 쓸모없게 되고, 남편이 수천 마리의 돼지를 사육하는 날이 온 것과 동시에 저에게 수천 마리의 감독을 명하였습니다. 나는 비록 꺼림칙하고 고역스러웠지만 남편의 명을 거스를 수 없어 어쩔 수 없이 수천 마리의 돼지를 감독하는 날에 이르렀습니다.

　처음에는 돼지우리에 가기 전부터 냄새가 코를 찔러 한 걸음도 돼지우리에 들어갈 용기가 나지 않았지만 가지 않을 수가 없어 어쩔 수 없이 한 번 돌아보고 오면 종일토록 심기가 불편하여 밥 한술도 입속에 넣지 못했습니다. 나는 특히 더러운 것을 싫어하는 성격이므로 한 달쯤은 하루 세 끼 밥을 먹지 못했습니다마는, 마음을 북돋아 이것이 나의 직업이라 하고 자주 돼지우리를 돌아보았더니 점점 식사도 전과 다를 바 없어지고 오히려 애호하는 마음이 생겼습니다. 돼지우리에 가면 돼지 떼가 꿀꿀하는 소리를 듣고는 "야, 저 새끼돼지는 벌써 크게 자랐구나. 불과 며칠 후면 어미돼지와 같아지겠다." 하고, 돼지 떼가 교미하는 것과 자고 일어나는 태도가 모두 예뻐서 혼자 미소지을 때도 있고, 어떤 때는 돼지우리에 갔다가 새끼돼지들이 햇볕이 드는 곳에 나와 노는 모양을 보고 심히 사랑스러워 어루만지며 "너는 금이다. 금이 너구나." 하고, 이같이 사랑하였습니다. 인정이라고 하는 것은 참 별나고 괴이한 것이오. 처음에는 그렇게 더러웠던 동물을 지금은 오히려 이와 같이 사랑한다오.

이상 다만 나의 실정을 저술하였소마는, 세계의 부인에게 권면하는 것은 나와 같이 수백 수천 마리의 다수를 사육하라고 하는 것은 아니오. 단지 2인 가정에서는 한 마리의 돼지를 집안의 잔반 및 기타 폐기물로 사육하면 족하고, 4인 가정에서는 두 마리의 돼지를 사육하면 족하오. 그 돼지가 연내에 두 번 새끼를 배서 20마리가 되고, 기타 비료의 가격으로 30여 환을 얻고, 또 생후 4개월 만에 팔면 한 마리 가격이 24·5환이니 가령 한 마리에 20환씩만 하여도 스무 마리에 4백 환을 얻소. 두세 마리의 양돈은 남자의 힘을 빌리지 않고 또한 식료의 값을 들이지 않고도 할 수 있으니, 이런 식으로 막대한 이익을 얻는 것은 양돈 외에는 없을 줄로 생각하오. 나라를 생각하고, 가정을 생각하고, 몸을 생각하고, 남편을 생각하고, 일생의 화기애애한 가정을 만들고자 하며 자손의 번영을 기원하는 부인은, 아시지 못한 이전에는 못하였겠거니와 이상의 사건이 귀에 들린 후에는 시각을 다투어 돼지를 사육하시기를 삼가 바랍니다. 만약 위에서 말한 어려운 지경에 빠지고도 돼지가 더럽다, 불결하다, 하고 기르지 않는 부인은 바로 천지간의 부속물이자 기생충이오니 깊이 헤아리고 자세히 살피기를 바랍니다.

꿈에서 을지문덕 장군을 뵙고 쓰다

대치자(大痴子)

내가 일전에 경의(京義) 열차로 평양에 이르러 고금을 살펴볼 때, 고구려 시대의 웅장한 패업이며 을지문덕 공의 위대한 공적을 상상함에 천 년이 지나도 그 용맹함이 눈에 선하였다. 나는 이에 개탄하며 이르기를 "점인(占人)이 '나라에 한 사람이 있으면 그 나라가 망하지 않는다.'고 말했는데 어찌 의심하리오. 고구려가 작은 나라로서 수(隋)나라의 백만 무리를 격파하고 독립을 견고하게 한 것은 을지 공 한 사람의 공적이다. 우리 한국의 오늘날에도 을지 공이 있었다면 독립의 패업이 충분히 열강을 능가하였을 것이니 어찌 오늘의 비참한 지경이 있으리오." 하고 인물이 점점 쇠약해지는 것을 한탄하여 흐느껴 울었다.

그날 밤 꿈에 충무사(忠武祠) 옛터를 찾아가니 한 대장이 장검을 숨기고 나를 불러 앞에 두고 말하였다.

"그대가 고구려의 패업을 나 을지문덕 한 사람의 공으로 여기는가. 그렇지 않다. 당시에 고구려 민족은 천하에 가장 용맹한 민족이었다. 이 때문에 저 양광(楊廣)의 백만 무리가 수륙으로 병진하여 국경을 압박할 때 전국 인민이 조금도 두려워하거나 겁내지 않고 각자 분발하여 싸우고자 하여 대적(大敵)을 아무것도 아닌 듯이 보았으니, 내가 이로부터 힘을 빌렸기 때문에 성공한 것이다. 내가 수천의 정예 기병을 이끌고 적의 백만 무리를 추격할 때 일당백이 아닌 자가 없었으니, 그 민족이 용맹하지 않았다면 그럴 수 있었겠는가. 만약 고구려 민족이 오늘날 대한 민족과 같이 나약해서 물러나면 을지문덕 한 사람이 어떻게 그렇게 할 수 있었겠는가. 그러나 오늘날 대한 민족이 곧 고구려 민족이다. 예전에는 어떻게 그처럼 용맹하였는데 지금은 어떻게 이처럼 나약한가 하면, 오로지 그 교육 여하에 달려 있는 것이다. 내가 석다산(石多山) 중의 한 선비로 영양왕(嬰陽王) 재위 때 매우 드문 기회를 만나 대신의 직을 맡았는데, 이때 양광이 광대한 강토를 차지하고 풍부한 기업(基業)을 짓밟고도 호시탐탐에 이리 같은 마음이 끝이 없었으니, 우리나라가 그 침략을 면치 못할 형세였다. 이 때문에 장차 대적을 방어하여 우리 강토의 인민을 보전할 계책을 강구하였다. 상(商)나라의 억조리심(億兆離心)이 주(周)나라의 십신동덕(十臣同德)에 대적하지 못하는 바라,[7] 이에 우리의 군사와 백성을 밤낮 훈련시켜 용맹하고 용감한 성질과 한마음 한뜻의 단체를 양성하니, 저 무리가 비록 우리보다 백 배 크나 그 기세가 꺾이고 그 마음이 떠나니 어찌 우리와 맞설 수 있었겠는가.

오늘날 대한이 경쟁 시대에 처하여 잔인한 이민족이 계속하여 이르러 밤낮으로 우리를 엿보며 우리를 침노하여 삼키려는 형세가 눈앞에 박두했는데, 조신(朝臣)의 안일함은 날로 심하고 민족은 나태함 속에서 태연자약하여 둥지가 불타는데도 제비와 참새가 서로 즐거워하는 듯한 태도를 보이니 어찌 오늘날의 비참한 지경을 벗어날 수 있겠는가. 그렇지만 이는 우리나라 민족의 교육이 결핍한 연고요, 고유한 성질의 죄는 아니다. 두려워하고 호령하는 경계를 기왕에 이미 잃어버렸으니 늦게나마 대책 세우는 것을 마땅히 장래에 힘써야 할 것이다.

즉 오늘부터 일반사회에 교육을 장려하여 용맹하고 용감한 성질과 한마음 한뜻의 단체를 양성하면 청년자제 중에서 무수한 을지문덕이 배출되어 국권을 회복하고 국위를 선양할 것이다. 자손이 이에 힘쓰도록 하라."

그리고 이어서 색지를 덧붙인 종이 1장에 8개의 글자를 적어주거늘 내가 두 번 절하고 받아서 꿇어앉아 그것을 읽었다. 그 글에 이르길 "국성(國性)과 국혈(國血)이 강해지면 적이 없다〔國性國血 至强無敵〕."고 했다. 내가 곧 뒤척이다가 깨어나니 땀이 흘러 등을 적셨다. 이에 그 일을 기록하여 우리 청년 제군에게 알린다.

---

7 상(商)나라의……못하는 바라 : 『서경』「주서(周書) 태서 중(泰誓中)」에서 "은왕(殷王) 수에게는 억조의 보통사람이 있어도 마음이 떠나고 덕이 떠났지만, 나에게는 변란을 다스릴 만한 신하 10인이 있을 뿐이지만 마음이 같고 덕이 같다〔受有億兆夷人, 離心離德: 予有亂臣十人, 同心同德〕."고 한 문장에서 유래한 표현이다.

형법과 형사소송법의 관계 여하

형법과 형사소송법의 관계를 논함에 있어서 먼저 두 법의 의의를 설명할 필요가 있다. 대저 형법이라 함은 범죄와 형벌을 규정한 법률로 곧 국가가 한 사인(私人)에 대하여 고유한 형벌권의 시행을 정한 조항을 말함이요, 형사소송법이라 함은 형법의 규정을 적용하는 절차를 정한 규칙으로 곧 범죄자의 사실을 증명하여 형벌을 적용하는 형식의 조항을 말한다. 대개 형법이 죄로 인정하는 행위를 범한 자가 있을 때는 국가를 대표하여 검사가 범죄 증거를 수색하며 범인을 체포하여 반드시 그 제제를 요구하는데, 피해인의 고소를 기다려 공소를 제기하는 것은 아니다. 재판관은 동일사건에 죄의 유무를 심사하여 형벌을 부과하는데, 그 범죄를 실제에 증명하고자 하면 어떤 절차로 적용할지에 대한 규정이 반드시 있어야 한다. 그러므로 형사소송법의 제정이 필요한 것이다.

이제 두 법의 관계를 논하면, 형법은 범죄를 형벌함을 목적으로 하므로 주법(主法)이라 이르며, 형사소송법은 형벌을 부과하는 데 사용하는 수단이 되므로 조법(助法)이라 말한다. 이 두 법을 구별함은 그 사이에 경중의 차이가 있어서가 아니요, 그 법률 된 성질이 서로 다름을 따라서 이들의 명칭을 부여한 것이다. 또 입법상으로 형법과 형사소송법의 주의(主義)는 동일해야 한다. 만일 두 법의 주의가 같지 않을 때는 형벌의 목적은 어긋나며 형법은 공문(空文)이 되므로, 형법에서 범죄를 한 사인(私人)에 대한 행위로 인식할 때는 형사소송법의 절차도 역시 동일한 주의를 취해야 하며, 이와 상반하여 형법에서 범죄를 국가에 대한 행위로 인식할 때는 형사소송법의 절차도 역시 그렇게 해야 한다. 이를 통해 보더라도 두 법은 실로 형제자매의 관계가 있다. 대개 국가의 구성분자인 한 사인이 국가의 생존에 해를 가하면 국가가 자신의 목적을 이루기 위하여 상당한 제재를 반드시 가하므로 형법이 사회의 안녕·질서를 보호하는 데 필요하다는 것에 대해서는 많은 말이 필요 없다. 다만 형법 만 있고 이를 실지로 운용하는 데 절차법이 없으면 그 효용을 완성할 수가 없다. 자세히 말하면 형법만 있고 소송법이 미비하여 재판의 작용 을 재판관의 억단(臆斷)에 일임하면 그 재판이 올바른 길을 잃어서 비상 한 위험을 야기할 것이다. 그런즉 국민의 생명과 재산이 희생물이 되어 그 결과로 무죄한 자는 억울함에 빠지고 유죄한 자는 도리어 형벌을 요행히 면하게 될 것이다. 이 때문에 시대의 고금과 동서양을 막론하고 국가에 형법이 있으면 그 법의 완전·불완전에 상관없이 이에 수반된 형사소송법이 있음을 확인할 수 있다.

　　우리나라의 경우 자고 이래의 연혁과 현재의 상황을 보면, 그 형법에 있어서는 수백 년 동안 『대명률(大明律)』과 『대전회통(大典會通)』을 적 용하다가 근년에 이르러 간신히 『형법대전(刑法大典)』을 반포하였으나 그 편찬의 체재와 법리가 완비되지 못하여 현재 새로 나오고 있는 법리 에 부적합함을 면하지 못한다. 형사소송법에 있어서는 근거할 수 있는 성문 법전이 조금도 없고, 다만 시의를 따라서 몇 개 조항의 단행(單行) 사례가 있다. 그러나 그 실행을 보기 어려울뿐더러 재판 절차가 재판관 의 의향에 방임되었기에 때때로 권리의 침탈을 당해도 감히 대항하지 못하고 원한만 품으니, 국민이 어찌 이와 같은 법률 아래에서 하루인들 안전히 생활할 수 있겠는가. 또한 형법은 범죄자 한 사람에 관한 것이 나, 형사소송법은 범죄에 관계가 없는 양민이라도 증인심문과 소유물 압류와 서신 개봉 등의 특별처분을 불가피하게 받기도 하므로 규칙과 법식 제한을 분명히 해야 한다. 형사소송법의 시급한 제정은 법률을 조 금이라도 이해하는 자라면 희망하는 바이거니와, 일국에 형법이 있는 이상은 형사소송법이 반드시 있어야 한다. 형사소송법이 있게 되면 형 법의 입법에 결점 되는 부분을 상호 보완할 것이니, 이 두 법은 그 관계가 밀접하여 잠시라도 서로 분리될 수 없다 하겠다.

신문의 효력

본교 학원(學員) 박한영(朴漢榮)

〔1시간 작문〕

　세계가 일단 새로워짐에 신문이 나오고, 신문이 일단 나옴에 세계가 더욱 새로워졌다. 지금 무릇 천하에 대륙은 여섯이 있는데 땅의 광활한 넓이는 지난날의 구주(九州)와 비교할 수 있는 것이 아니요, 대양은 다섯이 있는데 바람과 조수의 아득함도 사해(四海)와 견주어 보는 것이 불가하다. 뿐만 아니라 문명은 날로 향상하여 쇄국・봉항(封港)의 시대와 하늘땅만큼 판이한 형세가 있고, 경쟁은 갈수록 심해져서 그 군사를 일으켜 교전하는 불화의 시초가 술잔을 함께하는 사이에 홀연히 일어난다. 그러니 이 신문이 아니면 지구 전면의 변천에 대해 들어보지 못한 것을 날마다 어디서 들겠으며, 널리 흩어져 있는 열강의 형세에 대해 알지 못하던 것을 누구를 의지해 날마다 알겠는가. 그런즉 세상에 대한 신문의 관계가 굳건하고 큰 것이다. 그 효력을 생각건대 다시금 이것이 존재함에 대해 더욱 절실해지니, 한번 그 대강을 가지고 말해보겠다.

　신문이 일국의 기관이 되어 안으로는 정부의 조치와 정치의 득실과 법령의 편안함 여부를 일필(一筆)로써 찬양하거나 힐책하여, 선한 것이면 숨김없이 드날려 간특하고 해악이 큰 무리의 간담을 서늘하게 하여 안녕의 질서를 유지하게 하니, 이는 국가에 대한 신문의 효력이다. 밖으로는 지방의 형편과 풍속의 변모와 관리의 좋고 나쁨을 일지(一紙)로써 게재하여, 좋은 것이면 특별히 격려함으로써 탐욕스런 무리가 멋대로 행세하는 폐해를 그치고 움츠러들게 하여 인민이 권리의 행복을 향유하게 하니, 이는 인민에 대한 신문의 효력이라 할 것이다. 또 이에 그치는 것이 아니라 강개한 논설로 국가에 대해 생각이 없는 부유(腐儒)와 시국에 뜻을 둔 의인(義人)을 모두 다 고무시키며, 교육의 방침으로 천지가 크게 추워졌는데도 지난여름의 갈옷을 여전히 입고 있는 자와 아침해가 이미 떴는데도 여전히 어젯밤 꿈속에 있는 자를 일제히 각성시킨다. 세상의 온갖 것들 가운데 이와 같은 효력이 있는 것이 어찌 또 있겠는가. 어떤 논자가 비록 이르길 "흩어져 있던 독일이 다시 합쳐져 연방이 된 것은 오로지 비스마르크의 힘이다. 이것이 신문의 효력 때문이라는 말은 아직 듣지 못했다."라 하나, 장노년의 이탈리아가 다시 소년으로 변한 것은 마치니의 신문의 효력이 아니었다고 할 수 있으랴. 이를 보더라도 신문의 효력을 확실히 증명할 수 있으니 어찌 나라에 신문이 하루라도 없을 수 있겠는가. 논평되는 인물은 국가의 역사가 될 효력이 있으며, 간추려 기록하는 풍토는 학계의 지지(地誌)가 될 효력이 있다. 그러나 단지 날마다 새로운 것을 듣는 것으로만 효력이 있다고 할 수 없으니, 여남(汝南)의 월평(月評)[8]처럼 원만하기에는 부족하나 난대(蘭臺)의 죽사(竹史)[9]와 푸르름을 함께 할 만은 하다. 그러나 그 효력은 그저 도끼보다 예리한 필봉으로 사람의 위(胃)를 울리고 강보다 깊은 문사(文詞)로 사람의 장(腸)을 씻어내는 것만이어서는 안 된다. 실로 가슴속에 가득한 열혈을 토하여 시각을 알리는 종을 울리며 뱃사공의 수단을 가져서 세상을 구제하는 뗏목을 만들어야 과연 효력을 볼 수 있을 것이다.

---

8 여남(汝南)의 월평(月評) : 여남(汝南)에 관상을 잘 보기로 이름이 높았던 허소(許劭)와 그의 종형제인 허정(許靖)이 매달 초하루에 지방 인물들의 됨됨이를 평했는데, 이 인물평이 정확해서 '여남의 월단평'이라는 말이 생겨났다. 『후한서(後漢書)』「허소전(許劭傳)」에 나온다.
9 난대(蘭臺)의 죽사(竹史) : 난대(蘭臺)는 한(漢)나라 때 궁중의 장서(藏書)를 보관하던 곳이다. 죽사(竹史)는 사적(史籍)을 이른다. 고대에 죽간(竹簡)에 역사를 기록하였기에 쓰인 말이다.

육애(六哀)

함재생(涵齋生)

종묘사직 위험에 처하니	宗社垂危地
백발의 늙은 재상이	白頭老相臣
매국의 오적들이 나라의 보배를 실어 보내는 것을	五凶輸重器
상소 세 통으로 대궐에 외쳤지	三疏叫楓宸
문종(文種)[10]이 월왕(越王)의 회계 유폐를 한탄하고	文種歎棲越
노중련(魯仲連)[11]이 진왕(秦王)의 황제 됨을 부끄러워하는데	魯連恥帝秦
외로운 충신이 세운(世運)에 관여하니	孤忠關世運
순국(殉國)하여 끝내 헌신하였지	殉國竟忘身

: 이상은 상국(相國) 조병세(趙秉世)

옛 성현 간언하다가 죽어서	昔哲諫而死
차마 망국의 신하가 되었지	忍爲亡國臣
상소를 올려 폐하께 간쟁(諫爭)하다	抱疏爭天陛
말 없어 대궐에서 울었다오	無言泣帝宸
불과 세 집도 초나라를 보존하는데	三戶雖存楚

---

10 문종(文種) : 춘추시대 말기 월(越)나라의 대신이자 모략가이다. 범려(範蠡)와 함께 구천(踐最)이 최종적으로 오왕(吳王) 부차(夫差)를 멸망시키는 데에 혁혁한 공을 세웠다. 하지만 오나라가 멸망한 후에 범려가 그에게 공이 너무 높으면 도리어 위험하게 될 것이라며 함께 은거를 권유했지만 듣지 않았고, 결국 구천에게 죽임을 당했다.

11 노중련(魯仲連) : 전국시대 제(齊)나라의 높은 절의(節義)를 가진 은사(隱士)이다. 무도한 진(秦)나라가 천하를 차지한다면 동해로 걸어 들어가 죽겠다고 맹세하여 그 절의를 높인 바 있다.

겹 관문이 어찌 진나라를 쇠하게 하나	重關奈瘠秦
은혜 깊다고 목 찔러 보답하니	恩深刎頸報
왕촉(王蠋)[12]이 그 전생이구려	王蠋是前身

: 이상은 보국(輔國) 민영환(閔泳煥)

화(禍) 입은 집안 천지 어두워지면	禍家天地晦
기꺼이 은둔한 신하가 되어	甘作遯荒臣
흰머리 여생으로	白首餘殘縷
일편단심 대궐을 섬겼지	丹忱拱紫宸
조벽(趙璧)[13] 품어 누가 온전히 하였나	懷璧誰完趙
끈에 묶인 닭들[14] 끝내 진(秦)나라에 들어가는데	連鷄竟入秦
오늘 충효 보전하여	今日全忠孝
구천에 한 몸 맡긴다	九原委一身

: 이상은 참판(參判) 홍만식(洪萬植)

죽을 수 있어도 죽기 어려워	可死猶難死
죽음을 삶처럼 여겼지	捐生視若生

---

12 왕촉(王蠋) : 전국시대 제(齊)나라 화읍(畵邑) 사람이다. 연(燕)나라 장군 악의(樂毅)가 제나라를 칠 적에 그가 어질다는 소문을 듣고 초빙하면서, 만일 자신의 부름에 응하지 않으면 화읍을 도륙하겠다고 협박하였다. 그러자 왕촉은 "충신은 두 임금을 섬기지 않고 열녀는 두 남편을 섬기지 않는다. 나라가 망하고 임금이 죽었는데도 내가 지켜내지 못하였고 게다가 협박까지 받고 있으니, 의롭지 못한 삶을 사느니 차라리 죽음을 택하겠다."며 스스로 목을 매어 죽었다.

13 조벽(趙璧) : 전국시대 조(趙)나라의 화씨벽(和氏璧)을 이른다. 진가가 숨겨진 옥돌을 뜻한다.

14 끈에 묶인 닭들 : 강대국 진(秦)나라 효공(孝公)이 약소국 육국의 제후들을 비꼰 말이다. 효공은 육국의 제후를 가리켜 "끈에 묶인 닭들이 동시에 횃대에 올라갈 수 없는 것과 같다〔猶連鷄之不能俱上於棲〕."라 하였다. 『전국책(戰國策)』 권3 「진책(秦策) 1」에 나온다.

관직 버리기로 이미 결심하니	棄官心已決
이날 기러기 털보다 가볍도다	此日鴻毛輕

: 이상은 증(贈) 협판(協判) 이상철(李相哲)

겁쟁이야 다 죽음을 겁내지만	懦夫皆怕死
용감한 선비가 어찌 삶을 탐하리	勇士豈貪生
손 떨치며 하늘 향해 우니	奮手呼天泣
신체를 한 올 명주처럼 가볍게 버리도다	捐軀一縷輕

: 이상은 증(贈) 비서승(秘書丞) 김봉학(金奉學)

맹자가 제(齊)나라 양(梁)나라에서 유세하듯	鄒聖遊齊梁
꽃 하나 심어도 얻지 못하네	一花栽不得
병기가 사방에서 움직이니	干戈動四方
『춘추』 읽을 곳 전혀 없도다	無地春秋讀

: 이상은 연재(淵齋) 송병선(宋秉璿)

아동고사

조충전(趙冲傳)

조충의 자는 담약(湛若)으로 고려 신종(神宗) 때 시중(侍中) 영인(永仁)의 아들이다. 음서(蔭敍)로 관직을 얻어서 태학(太學)에 들어가 상사(上舍)에 오르고, 자제 또한 과거에 급제했다. 견문이 넓고 기억력이 좋으며 모든 전고(典故)를 익혀서 국자대성(國子大成)과 한림학사(翰林學士)의 벼슬을 받으니 일시에 전적(典籍)이 그의 손에서 다수 나왔다. 동북면 병마사(東北面兵馬使)가 되어 나갔다가 예부상서(禮部尚書)의 벼슬을 받고 돌아왔다. 고종(高宗) 3년에 추밀부사(樞密副使) 한림학사승지(翰林學士承旨)와 상장군(上將軍)의 벼슬을 받아 문신 겸 상장군이 되었다.

그때 금산(金山)의 병력이 북부를 침입했는데, 참지정사(參知政事) 정숙첨(鄭叔瞻)이 행영중군 원수(行營中軍元帥)가 되고 충이 그 부원수가 되니 오군(五軍)이 그에 속했다. 또 경도(京都) 인민을 받아들여 관직의 유무를 따지지 않고 무릇 종군 가능한 자는 모두 군대의 대오에 속하게 했고, 또 승려를 선발해 군대를 보충하니 모두 수만 명이었다. 숙첨 등이 순천관(順天舘)에서 병사를 조사하니, 그때에 날쌔고 용맹한 자는 모두 최충헌(崔忠獻) 부자의 문객이고 관군은 노약하고 파리한 병졸이므로 원수(元帥)는 맥이 풀렸다. 숙첨과 충이 융복(戎服)을 입고 총관(摠管)들을 이끌고 조정에 들어가 예를 행하니 왕이 친히 부월(鈇鉞)[15]을 하사하셨다. 산예역(狻猊驛)에서 숙영할 때 큰 눈이 내려서 병졸이 추위에 위축되어 전진할 수 없었다. 흥의역(興義驛)에 이르러서는 때마침 귀환하는 평주(平州) 방어군을 만났는데, 전군(前軍)이 창과 기를 멀리서 보고 적병이 이르렀다고 잘못 알려 결국 도망치며 흩어지니, 오직 충만이 병사를 정돈하여 정숙하게 했다. 숙첨 등은 적병이 염주(鹽州)·백주(白州)에 이르렀다는 것을 듣고, 흥의(興義)·금교(金郊) 두 역 사이로 물러나 주둔했다.

이듬해에 숙첨이 면직되고, 지문하성사(知門下省事) 정방보(鄭邦輔)로 교체되었다. 방보와 충 등이 염주에서 병력을 과시하자 적병이 달아났다. 오군 원수(五軍元帥)가 안주(安州)까지 적을 추격하다가 태조탄(太祖灘)에 이르러 바람을 만나 추격을 그쳤는데, 술잔치를 벌이고 즐기며 방비를 하지 않았다. 한 사람이 있어 백마를 타고 진중으로 돌입하여 기를 들고 휘두르다가 갑자기 적병이 크게 몰려와 급히 오군을 포위하

---

15 부월(鈇鉞) : 형벌에 쓰는 도끼로, 기강을 바로잡기 위한 생사여탈권을 상징한다.

니 전군(前軍)이 먼저 무너졌다. 이어서 중군(中軍)을 치고 들어와 불을 놓아 성루를 태우니 모든 군대가 흩어져 달아났는데, 오직 좌군(左軍)만 이 방어하며 싸웠다. 방보와 충이 좌군으로 달려갔지만 좌군 또한 패함에 오군이 모두 무너져 죽은 병사를 헤아릴 수가 없었다.

방보와 충이 달아나 경성(京城)으로 돌아오니 적이 선의문(宣義門)까지 추격하여 황교(黃橋)를 불사르고 물러났다. 어사대(御史臺)가 상소하여 방보와 충이 군사를 버리고 놀라 도망한 죄를 탄핵하므로 파직을 당했다. 얼마 후 충은 다시 서북면 병마사(西北面兵馬使)가 되고 추밀사(樞密使), 이부상서(吏部尚書)의 벼슬을 받았으나 다시 간관(諫官)의 상소로 면직되었다. 그러다가 여진의 황기장군(黃旗將軍)이 압록강을 건너와 인주(麟州), 용주(龍州), 정주(靜州) 세 곳에 주둔하자 충이 싸워서 5백 명의 목을 베었고, 죽이거나 사로잡은 자 및 강에 빠져 죽은 자는 그 수를 헤아릴 수 없는지라 이에 복직되었다. 이듬해에 수사공상서좌복야(守司空尚書左僕射)가 되었는데, 그때 적이 날로 기세를 떨치되 관군은 나약하여 제어할 수 없었다. 다시 충을 서북면 원수로 삼고 김취려(金就礪)를 병마사로 삼아 부월(鈇鉞)을 주어 그곳으로 보냈다. 처음에 충이 패군을 한탄하며 시를 짓기를 "만 리 길 달리던 준마가 발 한 번 헛디디고 / 슬피 울며 지내다가 시절 바뀌는 줄도 몰랐네 / 조보(造父)에게 다시 채찍 잡게 한다면 / 사막을 달려가 오랑캐 꺾을 것을〔万里霜蹄容一蹶, 悲鳴不覺換時節, 倘教造父更加鞭, 踏蘭沙場摧古月〕"이라 하였다. 이때에 이르러 군대의 대오를 정돈하고 호령이 엄명(嚴明)하니 모든 장수가 서생이라고 감히 거스르지 못했다. 충 등이 동주(洞州)에 이르러서 적장모극(毛克), 고연(高延), 천호(千戶), 아로(阿老)를 사로잡고, 이어서 성주(成州)에서 여러 도의 병사를 기다렸다. 경상도 안찰사(按察使) 이적(李勣)이 병사를 이끌고 왔다가 적을 만나 전진하지 못하고 있자, 장군이돈수(李敦守), 김계봉(金季鳳)을 보내서 적을 격퇴하고 이적을 맞이했다. 이윽고 적이 두 길을 따라서 함께 중군을 향해 오자 아군은 좌우익으로 벌여 북을 치고 전진하니 적군이 멀리서 보고 무너져버렸다. 다시 정예군이 와서 공격하자 아군이 또 그것을 패배시키니 아장(亞將) 탈라(脫剌)가 도망쳐 돌아갔다.

적의 우두머리가 강동성(江東城)에 들어가 지키고 있었는데, 몽고(蒙古)의 태조(太祖)가 원수 합진(哈眞)과 찰라(札剌)를 보내어 병사 1만을 이끌고 동진(東眞)의 만노(萬奴)가 보낸 완안자연(完顔子淵)의 병사 2만과 합하여 거란(契丹)을 토벌한다고 선포하였다. 적이 화성(和城), 맹성(孟城), 순성(順城), 덕성(德城) 네 성을 격파하고 곧바로 강동으로 향했다. 마침 큰 눈을 만나서 군량길이 끊어지자 적이 성벽을 굳게 지켜 그들을 지치게 했다. 합진이 근심하여 통사(通事) 조중상(趙仲祥)과 우리의 덕주 진사(德州進士) 임경화(任慶和)를 통하여 원수부(元帥府)에 공문을 보내기를 "거란병이 도망하여 귀국에 있은 지가 지금까지 3년인데 소멸할 수 없으므로 황제가 병사를 보내 그들을 토벌하려고 하니 귀국은 재물과 식량으로 이를 도우라." 하고 또한 "적을 파한 후에 형제가 될 것을 약속하겠다."고도 했다. 상서성(尙書省)이 답하기를 "귀국이 병사를 일으켜 근심을 없애주었으니 지휘하는 바에 저희 나라가 모두 다 부응하겠다."라 하고 이에 쌀 1천 석을 운반할 때 중군 판관(中軍判官) 김양경(金良鏡)을 보내서 정예병 1천을 이끌고 호송하게 했다. 양경이 도착하자 몽고·동진의 두 원수가 맞이하여 상좌에 앉히고 이르기를 "지금부터 두 나라가 형제로 맺어졌으면 한다."고 하였다. 이때 몽고·동진이 비록 적을 토벌해 우리를 구한다는 것을 명분으로 삼았으나 몽고는 매우 흉악하고 사나우며 우리와 예전부터 좋은 관계를 맺지도 않았다. 이 때문에 조정의 논의가 엇갈려 회답하지 못하고 군사들에게 보낼 음식만 헤아리고 있었는데, 충만 홀로 의심하지 않고 신속히 소식을 계속 전했다. 몽고가 늦어지는 것 때문에 분노하여 매우 엄히 꾸짖자

충이 적절하게 오해를 풀었다. 이듬해에 합진, 자연 등과 함께 강동성을 공격하고 격파하였다. 합진 등이 돌아갈 때 충이 전송하러 의주(義州)에 이르자 합진이 충의 손을 잡고 눈물을 흘리며 작별을 아쉬워했다. 자연이 우리나라 사람에게 이르기를 "조원수는 뛰어나게 위대하며 보통사람이 아니다. 나라에 이런 원수가 있는 것은 하늘이 내린 것이다."라 하였다. 충이 일찍이 술에 취해 그의 무릎을 베고 잠이 들었는데, 자연은 그가 놀라서 깰까 봐 조금도 움직이지 않았다. 주변에서 베개로 바꾸라고 청했는데 자연은 끝까지 듣지 않았으니 그 은혜와 믿음이 사람을 감동시킨 일이 이와 같았다.

개선 때 최충헌이 공로를 시기하여 환영식이 중지되었다. 정당문학(政堂文學), 판예부사(判禮部事)의 벼슬을 받았다가 곧이어 수태위(守太尉), 문하시랑 동중서문하평장사(門下侍郞同中書門下平章事), 수국사(修國史)가 더해졌다. 이듬해에 죽으니 나이 오십이었다. 개부의동삼사(開府儀同三司), 문하시중(門下侍中)에 추증되었고, 시호를 문정(文正)이라 했다. 충의 풍모는 장대하고 겉은 씩씩하고 의젓하고 속은 너그럽고 온화해서 늘 즐거워하며 계급을 뽐내지 않았다. 세 번 과거를 주관했는데 뽑힌 자가 모두 명사였다. 장수로 나가든 재상으로 들어오든 조정과 민간에서는 두텁게 신임했다. 재상이 되어서 동쪽 언덕에 독락원(獨樂園)을 열고 공무의 여가 때 어진 사대부를 데리고 거문고와 술을 즐겼다. 후에 고종(高宗)의 묘정(廟庭)에 배향(配享)되었다.

창해역사여군전(滄海力士黎君傳)

창해역사 여군이라 하는 자-역사에는 그 이름이 전하지 않음-는 조선 창해군(滄海郡)-지금의 강릉- 사람이다. 군이 비록 동해 한구석에서 생장한 자이나 강하를 날아 넘는 용기와 산을 뽑고 솥도 들 만한 힘이 있었으므로 평소에 강개하여 사해를 가를 만한 지기가 왕성했다. 이때 중국의 진(秦) 황제 여정(呂政)이 흉악한 모습을 보이며 탐욕스럽고 포악하게 무죄한 여섯 나라를 집어삼켜 국내를 통일하는 업을 이루고, 가혹한 법과 모진 형벌로 천하의 호걸을 베어 없애며, 사나운 장수와 용감한 군사로 각지의 요해를 지키며, 만리장성을 쌓아서 북쪽의 오랑캐를 방어했다. 나라 안팎의 억만 무리가 모두 그의 채찍을 받고 재갈과 굴레를 썼지만 몹시 두려워하고 벌벌 떨어서 감히 반항할 자가 없었다.

이때를 당하여 누가 능히 벽력의 수단을 다루어서 온 세상을 노리는 진 황제의 혼백을 빼앗으며, 천하 영웅의 의기(意氣)를 부추겨 일으킬 자가 있을 줄로 상상했겠는가. 이에 조선 한구석 창해의 물가에 만고무쌍(萬古無雙)한 일대 의협이 있었으니 여군이 그 사람이다. 군이 저 진 황제가 인의를 업신여기고 사나운 위세를 마음대로 떨치는 세력을 대하여 천하를 위해 잔인한 자를 제거할 뜻을 품었으나 함께 일할 만한 자가 있지 않음을 한탄했다.

한(韓)나라의 남은 신하 중 장량(張良)은 뜻이 바른 선비였다. 그 아우가 죽었지만 매장할 겨를도 없이 오로지 조국을 위하여 복수할 큰 계획에 종사할 때, 나라 안을 두루 찾았는데도 함께 일할 자를 한 명도 얻지 못했다. 이에 동쪽의 조선으로 건너와 군이 의협하다는 소문을 듣고 창해군에 이르러 방문하니, 푸줏간 문에 석양이 질 무렵 두 영웅이 동석하여 속마음을 토로하자 풍운이 일고 귀신이 피해갔다. 이때 장군(張君)이 나라의 원수를 복수할 뜻과 민적을 죽여 없앨 계책을 장황하게 설명하고 하늘을 가리켜 맹세하는데 눈물이 이리저리 흘러내렸다. 군이 분이 나서 주먹을 불끈 쥐며 이르기를 "사해가 넓고 무리가 수많은데 일개 독부(獨夫)의 횡행을 방임하면 어찌 천하에 의롭고 용감한 자가 있다 하리오." 하고, 드디어 함께 공모하여 커다란 철추 하나를 주조하니 무게가 120근이었다.

그리하여 장군과 함께 가서 중원에 들어서니 그때 진 황제가 동쪽으로 순행하여 무양(武陽) 박랑(博浪)에 이르렀을 때 황옥(黃屋)이 구름 같고 수많은 기마가 우레 같아서 산악이 그로 인해 흔들리고 모래와 돌이 그로 인해 흩날렸다. 군이 철추를 소매에 숨기고 모래 가운데 엎드려 엿보다가 갑자기 벼락 소리가 허공을 따라 떨어져 황제의 수레를 파쇄했지만, 안타깝구나, 부거(副車)¹⁶를 착각한 것이었다. 그러나 진 황제가 혼비백산하여 해를 넘기지 못하고 죽고, 천하 군웅의 활동이 폭발하여 바람이 일고 구름이 솟는 기세로 함곡관(函谷關)을 파쇄하고 아방궁(阿房宮)을 화로의 재가 되게 한 것은 여군의 철추 하나의 힘이었다.

외사씨(外史氏)는 말한다. "내가 일찍이 동쪽으로 유람을 떠나 명주(溟州)에 이르러 역사군(力士君)의 의협한 혼을 조상하고자 하나 푸른 바다가 아득하고 구름과 연기가 호탕하여 마음에 품은 그대를 볼 수가 없었다. 이웃 사람의 싸움을 위하여 머리를 풀어헤치고 가서 붕우의 원수를 위하여 칼을 쥐고 나아가는 것은 예부터 의협의 열혈이 하게 한 것이다. 하물며 천하의 백성을 위하여 잔인한 도적을 제거한 것이 어찌 대장부가 행할 일이 아니겠는가. 만약 임금과 아버지가 모욕을 당하고 종주국이 수치를 당하는 경우, 괴로움을 베개 삼고 창과 함께 누우려는 의지와 죽기를 각오하고 반드시 보복하려는 거동이 없는 자는 결코 인류의 심장이 있다고 할 수 없을 것이다. 장자방(張子房)은 일찍이 한 왕조에서 벼슬살이를 한 자이나, 대대로 왕조를 섬긴 신하의 도리를 위하여 가동(家僮)이 3백이로되 죽은 아우를 매장하지 못하고 나라의 원수를 복수하는 데 종사하여 창해역사와 의기투합하여 박랑의 철추 하나로 천하를 놀라게 하였으니, 만약 소년이

---

16 부거(副車) : 제왕이 거동할 때 여벌로 따라가는 수레를 말한다.

었던 자방의 활동력이 없었으면 어찌 만년의 자방에게 사업 결과가
있었겠는가."

회보

융희 2년 2월 1일 오후 2시에 본 회관에서 통상회를 열고 회장 정운
복(鄭雲復) 씨가 자리에 올랐다. 서기가 이름을 점검하니 출석원이 40인
이었다. 전회 회록을 낭독함에 약간의 착오처가 있으므로 개정하고 바
로 받아들였다. 회계원이 회금 수입액과 비용 명세서 및 현존 실제 액수
를 보고하였다. 지방지회 설치규칙 기초위원이 규칙을 보고함에 약간의
착오처가 있으므로 개정하고 바로 받아들였다. 지방지회 설치규칙 발간
은 두 총무에게 위임하여 발간하기로 가결되었다. 김명준(金明濬) 씨가
제의하기를 "규칙 책자 1천 부만 발간하자." 함에 가결되었다. 최재학(崔
在學) 씨가 제의하기를 "규칙 책자는 회원처에 대금을 받고 주자." 함에
가결되었다. 학교합설위원(學校合設委員)이 합설 의견을 보고하였는데,
전 한북학교(漢北學校)는 수업 기한이 가까워서 그 기한이 경과한 후 합
하기로 했다. 김달하(金達河) 씨가 제의하기를 "본 학교 교장 이하 각
위원을 선정하자." 함에 가결되었다. 교장은 5인을 호명으로 추천하여
권점(圈點)하였는데 이종호(李鐘浩) 씨가 피선되었다. 김달하 씨가 제의
하기를 "교감과 학감은 현임 교감과 학감을 시무하게 하고 추후 선정하
자." 함에 가결되었다. 수상야학원(水商夜學員) 모집위원이 보고함에 회
장이 수상학원 제씨를 이번 달 초 3일로 본 회관에 모이게 하여 권면할
뜻을 공포하였다. 최재학 씨가 제의하기를 "개회시에 재경(在京) 회원만
이름을 점검하자." 함에 가결되었다. 서북학생친목회(西北學生親睦會)에

서 사무소를 빌려달라는 청원서를 공포함에 김기동(金基東) 씨가 제의
하기를 "그 청원을 받아들여 사무소를 빌려주자." 함에 가결되었다. 민
영휘(閔泳徽) 씨가 향약계(鄕約契) 물품 기부의 공함(公函)을 공포하였
다. 최재학 씨가 제의하기를 "해당 공함에 대하여 총대(摠代) 2명을 선정
하여 사례를 표하자." 함에 가결되었다. 김명준, 최재학 두 사람이 피선
되었다. 신천(信川) 승명학교(升明學校) 청원서를 공포함에 김명준 씨가
제의하기를 "해당 청원서를 받아들이고 해당 안건은 평의회에 제출·의
결하자." 함에 가결되었다. 이동휘(李東暉) 씨가 제의하기를 "다음 회부
터 일반회원은 개회석에 모자와 갓을 벗고 출석하자." 함에 가결되었다.
시간이 다함에 최재학 씨 제의로 폐회하였다.

본교 주·야학 생도에게 물품 기부한 이들

이종호(李鍾浩)　　　구두 50켤레
이　갑(李　甲)　　　연필 10다스, 공책 50부
오상규(吳相奎)　　　공책 50부
이달원(李達元)　　　공책 50부, 연필 5다스
박경선(朴景善)　　　공책 100부
강윤희(姜玧熙)　　　공책 50부, 연필 5다스
김윤오(金允五)　　　연필 10다스
정계남(鄭桂南)　　　공책 10부

서북학회를 합설(合設)한 후에 일반회원의 성함을 여러 회원에게 알리기 위하여 명부를 다음에 등재함

박은식(朴殷植)　오상규(吳相奎)　김병도(金秉燾)　설태희(薛泰熙)

이　준(李　儁)　신석하(申錫廈)　김주병(金澍炳)　김달하(金達河)

강윤희(姜玧熙)　장응량(張應亮)　이종익(李鍾益)　김윤오(金允五)

한목연(韓穆淵)　김병일(金秉一)　한직연(韓稷淵)　김석환(金錫桓)

유진호(兪鎭浩)　김명준(金明濬)　오윤묵(吳允默)　곽윤기(郭允基)

고석홍(高錫弘)　김기주(金基柱)　오상익(吳相益)　김유탁(金有鐸)

최준호(崔峻鎬)　김익원(金益元)　이인재(李麟在)　엄효명(嚴孝明)

박봉헌(朴鳳憲)　최진숙(崔晋淑)　김재기(金在璣)　안병돈(安炳敦)

강민희(姜玫熙)　조병균(趙柄均)　이태하(李泰河)　최준성(崔浚晟)

이종완(李鍾完)　유동설(柳東說)　김병락(金秉洛)　김익삼(金益三)

김하염(金河琰)　장천려(張千麗)　박일헌(朴逸憲)　한용증(韓龍曾)

허　헌(許　憲)　박경선(朴景善)　엄주붕(嚴柱鵬)　강화석(姜華錫)

윤호열(尹鎬烈)　한국영(韓國英)　현덕종(玄德鍾)　김규진(金圭鎭)

최영형(崔瑛亨)　김순민(金舜敏)　조태기(趙台基)　윤규선(尹珪善)

허　원(許　源)　차의환(車義煥)　김학로(金學魯)　김경화(金庚和)

유하룡(劉河龍)　김석권(金錫權)　강영택(姜永澤)　김흥연(金興淵)

최붕남(崔鵬南)　조형균(趙衡均)　윤익선(尹益善)　이택규(李澤奎)

태명식(太明軾)　김석태(金錫泰)　전홍국(全泓國)　박성흠(朴聖欽)

전홍서(全泓序)　김도준(金道濬)　천세덕(千歲悳)　이　갑(李　甲)

이응수(李應洙)　김기옥(金基玉)　김승표(金承杓)　신태용(申台容)

최영기(崔永祺)　오규은(吳奎殷)　최종원(崔鍾源)　오윤선(吳潤善)

정수영(鄭洙英)　장종식(張宗植)　최주영(崔周泳)　장재식(張在植)

장봉주(張鳳周)　정운복(鄭雲復)　김선목(金璿穆)　유종덕(柳種悳)

김인수(金麟洙)　김호인(金鎬仁)　김응진(金應鎭)　이정수(李政秀)

정진홍(鄭鎭弘)　주시경(周時經)　유병룡(柳秉龍)　선우예(鮮于叡)

안봉흠(安鳳欽)　이봉희(李鳳熙)　김홍겸(金泓謙)　최재학(崔在學)

임봉래(林鳳來)　김관제(金寬濟)　이종호(李鍾浩)　유낙수(柳樂秀)

전홍상(全泓庠)　이달원(李達元)　나봉두(羅鳳斗)　김석만(金錫萬)

김영하(金瑛河)　유세탁(柳世鐸)　양효건(楊孝健)　정　남(鄭　楠)

주　우(朱　堣)　주시준(周時駿)　한상위(韓相威)　정재화(鄭在和)

박경준(朴景準)　송재엽(宋在燁)　최달빈(崔達斌)　김희선(金羲善)

김갑명(金甲明)　김수희(金壽僖)　변규석(邊圭錫)　전병현(全秉鉉)

한형로(韓亨魯)　장익후(張益厚)　한규석(韓圭錫)　임우춘(林遇春)

김영학(金永學)　전용규(田龍圭)　홍철준(洪哲濬)　이국순(李國順)

고양봉(高陽鳳)　김기동(金基東)　한봉석(韓鳳錫)　유윤민(劉允珉)

이병하(李秉夏)　박인옥(朴麟玉)　김내용(金來容)　양재규(梁在奎)

최명소(崔命沼)　이순찬(李淳璨)　주창겸(朱昌謙)　이창욱(李昌彧)

이동휘(李東暉)　장염근(張廉根)　안정협(安廷協)　권재익(權在益)

조문원(趙文遠)　한경렬(韓景烈)　현두영(玄斗映)　김형섭(金亨燮)

오규신(吳圭信)　김유현(金有鉉)　박일영(朴一榮)　류동작(柳東作)

김응성(金應聲)　한대모(韓大謨)　최봉소(崔鳳韶)　여병현(呂炳鉉)

신석정(申錫定)　김영택(金泳澤)　문석원(文錫元)　이승훈(李承薰)

서정학(徐禎學)　권오익(權五翊)　이운협(李雲協)　오치은(吳致殷)

정윤석(鄭允錫)　김두형(金斗衡)　최상익(崔相益)　신석준(申錫俊)

류준근(柳俊根)　나인기(羅寅紀)　한기봉(韓基鳳)　김정서(金鼎瑞)

이찬재(李瓚在)　김재성(金載成)　전기순(全基純)　한광호(韓光鎬)

박경만(朴景萬)　신석화(申錫華)　서병설(徐丙卨)　안영학(安榮鶴)

강용구(康瑢九)　김봉관(金鳳觀)　정봉함(鄭鳳咸)　김구희(金龜禧)

주범중(朱範中)　장기학(張起學)　최훈주(崔勳柱)　김인식(金仁植)

최종륜(崔鍾崙)　임기반(林基磐)　이교영(李教英)　김승원(金承元)

엄시영(嚴時永)　홍순용(洪淳瑢)　이재숙(李載塾)　장의택(張義澤)

박응윤(朴應潤)　이상래(李祥來)　주종기(朱鍾冀)　계명기(桂命夔)

정당화(鄭堂和)　옥동규(玉東奎)　유병준(兪秉濬)　민치갑(閔致甲)

최환용(崔桓鏞)　송우영(宋禹榮)　한낙용(韓洛用)　전면조(全冕朝)

한진용(韓震用)　한형진(韓亨鎭)　이지춘(李之春)　정관조(鄭觀朝)

조성찬(趙性燦)　양대록(楊大祿)　조성천(趙誠天)　오희원(吳熙源)

이환규(李煥奎)　신석충(辛錫忠)　김정식(金鼎植)　민준호(閔駿鎬)

신태화(申泰華)　류해운(柳海運)　박진술(朴軫述)　김지룡(金之龍)

박지준(朴枝俊)　윤기선(尹琦善)　이우섭(李佑涉)　김장환(金章煥)

이협재(李協在)　장덕환(張悳煥)　강현수(姜賢秀)　이승현(李承鉉)

심인택(沈寅澤)　이규영(李奎溁)　김한송(金漢松)　이정현(李正鉉)

김기용(金翼瑢)　박창진(朴昌鎭)　현승규(玄昇奎)　송병재(宋秉栽)

천시청(千時淸)　이석윤(李錫潤)　정봉점(鄭鳳漸)　김진건(金晉健)

여창규(呂昌奎)　김상주(金尙柱)　신명원(申命元)　한상호(韓相虎)

이흥재(李興載)　이유정(李裕禎)　이윤재(李允載)　김윤영(金潤瑛)

이교준(李教俊)　송의근(宋義根)　도근호(都近浩)　김봉구(金鳳九)

이현택(李鉉澤)　김찬연(金燦淵)　이승교(李承喬)　김태순(金泰淳)

김현묵(金鉉默)　노승룡(盧承龍)　박유풍(朴有豊)　강창선(康昌善)

김인우(金演佑)　박창근(朴昌根)　조관윤(趙觀允)　이유태(李有泰)

주석면(朱錫冕)　김승식(金升植)　한병련(韓秉璉)　한인근(韓仁根)

박치문(朴致文)　김희경(金羲庚)　김수련(金秀鍊)　방흥주(方興周)

이용상(李容相)　김이도(金履度)　류하천(柳河天)　김태환(金泰煥)

김우기(金祐翼)　장현규(張顯奎)　박윤섭(朴允燮)　김진학(金鎭鶴)

류윤섭(柳潤燮)　한기오(韓基五)　김병준(金秉峻)　박문영(朴文榮)

정병두(鄭秉斗)　김영조(金永祚)　채규표(蔡圭彪)　김기석(金基錫)

임경희(林慶熙)　이덕주(李悳侏)　김두원(金斗源)　김준섭(金駿涉)

김유직(金裕稷)　안창일(安昌一)　최석훈(崔錫勳)　장보형(張輔衡)

전성호(全性鎬)　유종주(柳淙柱)　김용수(金龍壽)　최순전(崔舜甸)

김학현(金鶴鉉)　이택원(李宅源)　서정숙(徐廷淑)　송석웅(宋錫雄)

박문승(朴文承)　최명석(崔明錫)　김응섭(金應燮)　김상필(金尙弼)

김치은(金致殷)　박용수(朴龍洙)　최일면(崔相冕)　심창건(沈昌健)

유창언(俞昌彦)　변상롱(邊尙壟)　변용각(邊龍珏)　임희정(林禧精)

박지행(朴芝行)　오국성(吳國成)　이승훈(李昇薰)　문봉의(文鳳儀)

허　홍(許　泓)　최순조(崔淳祚)　오상호(吳相鎬)　박영두(朴永斗)

문석환(文錫瓛)　강낙수(康樂洙)　이계식(李桂植)　김병제(金秉濟)

이두하(李斗河)　어용헌(魚用濾)　이영근(李永根)　김관구(金錧九)

강재인(康載麟)　이민후(李敏厚)　김여찬(金麗燦)　백낙성(白樂星)

양봉제(梁鳳濟)　양기탁(梁起鐸)　이용석(李用錫)　정경보(鄭敬寶)

송찬보(宋燦甫)　김정재(金丁哉)　김세호(金世昊)　김제홍(金濟弘)

김제현(金濟現)　안석상(安碩尙)　김두병(金斗柄)　길승규(吉昇奎)

김형복(金亨復)　강문경(康文璟)　최창립(崔昌立)　최시건(崔時健)

이창집(李昌楫)　노문일(盧文逸)　유계식(劉啓寔)　김용주(金龍珠)

차운봉(車運鳳)　정윤문(鄭允文)　문학시(文學詩)　백학증(白學曾)

정우범(鄭禹範)　김기창(金基昌)　김백선(金伯善)　길현서(吉賢瑞)

안창호(安昌浩)　김응선(金應善)　이면희(李冕義)　김이섭(金履燮)

박숭전(朴崇銓)　김태근(金奉根)　김석엽(金錫曄)　홍종관(洪鍾觀)

황대영(黃大永)　황병준(黃秉俊)　황　업(黃　業)　정희순(鄭熙淳)

변인석(邊仁錫)　장봉한(張鳳翰)　최예식(崔禮植)　최정환(崔晶煥)

김인환(金仁煥)　이승모(李承模)　이화진(李華鎭)　박재수(朴在秀)

양제만(楊濟晚)　김영진(金英鎭)　박진학(朴鎭學)　선우경(鮮于儆)

김수철(金壽哲)　이원학(李元鶴)　김영필(金永弼)　최응두(崔應斗)

김영건(金永鍵)	차종호(車宗鎬)	채수현(蔡洙玹)	박경석(朴經錫)
한성리(韓成履)	박태립(朴台竝)	김명래(金命來)	차주위(車周違)
김경빈(金景彬)	김문준(金文俊)	홍병은(洪炳殷)	장하성(張夏星)
황석헌(黃錫憲)	박성휴(朴性烋)	김기웅(金基雄)	박대윤(朴大潤)
주선명(朱善明)	김윤보(金允輔)	오선하(吳善夏)	정기주(鄭基周)
선우석(鮮于墌)	정진용(鄭震溶)	이인봉(李演鳳)	김명식(金明植)
박규남(朴圭南)	이학수(李鶴洙)	정인숙(鄭仁叔)	박봉보(朴鳳輔)
오윤선(吳胤善)	최순우(南舜祐)	왕면호(王冕鎬)	한창정(韓昌禎)
김승섭(金昇燮)	강기현(康基鉉)	홍재운(洪在雲)	강기익(康基釴)
강기록(康基錄)	강창두(康昌斗)	강희두(康熙斗)	이태진(李泰鎭)
장용건(張用健)	김명집(金命楫)	이창서(李昌瑞)	최영학(崔永學)
유한걸(劉漢杰)	이태진(李泰鎭)	양재진(楊在鎭)	손면준(孫冕後)
김기탁(金起鐸)	홍종협(洪鍾協)	김병찬(金炳瓚)	김택풍(金宅豊)
석태경(石泰慶)	진태연(陳泰淵)	최은성(崔殷聖)	윤기주(尹基周)
박학전(朴鶴銓)	김석영(金錫英)	최주환(崔周煥)	장기영(張基永)
박선근(朴宣根)	김홍렬(金弘烈)	나인강(羅仁綱)	옥창호(玉昌鎬)
김항규(金恒圭)	강능주(姜能周)	김영하(金永夏)	윤하주(尹夏柱)
박도순(朴道淳)	백요흠(白堯欽)	김선팔(金善八)	이석룡(李錫龍)
김규현(金奎鉉)	안태국(安泰國)	노영식(盧永軾)	변창혁(邊昌爀)
김용준(金龍俊)	김진후(金鎭厚)	김윤화(金允和)	정재명(鄭在命)
이종규(李宗圭)	이교식(李敎植)	조경훈(趙庚薰)	황영환(黃永煥)
김일원(金一元)	한영교(韓英敎)	이은규(李誾珪)	김두환(金斗桓)
최찬효(崔瓚孝)	황석룡(黃錫龍)	이보현(李輔鉉)	이건종(李建鍾)
박선하(朴善河)	김원철(金元喆)	최관수(崔觀洙)	김관선(金寬善)
황 익(黃 益)	지사영(池思榮)	홍순칠(洪淳七)	장진석(張鎭奭)
김창호(金昌鎬)	최봉강(崔鳳岡)	이연준(李鍊俊)	최태형(崔泰衡)

길헌태(吉憲泰)	김낙경(金洛卿)	양봉을(梁鳳乙)	이윤실(李允實)
백시강(白始降)	여옥근(廬鋈根)	김용병(金用炳)	이국심(李國心)
오익영(吳翊泳)	전태순(全泰舜)	이창모(李昌模)	한상면(韓相冕)
박문징(朴文徵)	박상목(朴相穆)	김경섭(金慶燮)	김병하(金炳河)
김병건(金炳乾)	송남붕(宋南鵬)	차병희(車炳禧)	신형균(申瀅均)
김희인(金希麟)	신언구(申彦球)	이기복(李基馥)	신현덕(申鉉德)
최　열(崔　烈)	임찬주(林燦周)	한영관(韓永寬)	양영근(楊泳根)
이병렬(李炳洌)	김태현(金泰鉉)	나찬영(羅燦英)	이창섭(李昌燮)
최호범(崔豪範)	표치정(表致楨)	이종백(李鍾伯)	황영중(黃濚中)
황희중(黃羲中)	김영건(金永健)	이태학(李泰學)	홍종서(洪鍾緖)
조원하(趙元夏)	문홍섭(文弘燮)	박영선(朴泳善)	전봉훈(全鳳薰)
안　익(安　瀷)	이치검(李致儉)	김덕환(金德煥)	김승태(金承泰)
서병호(徐丙浩)	이윤서(李允瑞)	이준언(李駿彦)	정예빈(鄭禮斌)
최낙선(崔洛善)	신남식(申南湜)	김윤선(金胤善)	김경섭(金京燮)
변기봉(卞岐鳳)	차재경(車載景)	차재중(車載中)	양석홍(楊錫洪)
신희섭(申義燮)	신두용(申斗容)	신영희(申榮禧)	김기린(金基麟)
차정호(車定鎬)	차명호(車明鎬)	박유성(朴裕聖)	정인식(鄭仁植)
방원중(邦元重)	유종영(柳淙英)	박용국(朴用國)	고명수(高明洙)
김여관(金麗觀)	최태원(崔泰元)	유기장(劉祇壯)	박언승(朴彦昇)
허종욱(許宗彧)	차경환(車景煥)	신태훈(申泰薰)	이규선(李圭善)
노태근(盧泰根)	김정현(金貞鉉)	독고용(獨孤槦)	박준삼(朴俊三)
영병준(令秉濬)	전재풍(田在豊)	최광옥(崔光玉)	윤응빈(尹應彬)
장용구(張容龜)	김균석(金均錫)	함처일(咸處一)	김계헌(金啓憲)
김행일(金行一)	김정제(金鼎濟)	김경제(金景濟)	김봉제(金鳳濟)
김동준(金東準)	박내숭(朴來崇)	함영택(咸泳澤)	김병훈(金秉勳)
전성근(全聖根)	황대순(黃大淳)	이재영(李載榮)	김필순(金弼淳)

이병돈(李秉敦)	류광렬(柳光烈)	김두섭(金斗燮)	박영희(朴永熙)
김찬기(金瓚起)	이봉모(李鳳模)	송석태(宋錫泰)	김용선(金龍先)
이태희(李台熺)	김달연(金達淵)	이운섭(李雲燮)	김인기(金麟起)
김덕곤(金德坤)	차남수(車南守)	정윤열(鄭允烈)	김처요(金處堯)
손시남(孫時楠)	송구년(宋龜年)	박영갑(朴永甲)	이제진(李濟鎭)
김진선(金鎭善)	김지순(金智淳)	정제헌(鄭濟憲)	백재춘(白在春)
최봉진(崔鳳晉)	김윤기(金潤起)	송석목(宋錫穆)	이상옥(李相玉)
강용년(康用年)	송대헌(宋大憲)	이림현(李霖鉉)	김명규(金明奎)
김연규(金鍊奎)	김영주(金永柱)	안처곤(安處坤)	이기찬(李基燦)
김석윤(金錫胤)	강정상(康正祥)	차제중(車濟重)	김찬말(金攢沫)
김달호(金達浩)	지의용(池義用)	전석원(田錫元)	백인원(白仁源)
이관섭(李觀燮)	김봉훈(金鳳壎)	양지황(梁之璜)	김정현(金鼎賢)
송난섭(宋暖燮)	김병순(金柄珣)	박만화(朴萬化)	이경하(李景夏)
유충형(柳忠馨)	안승식(安昇植)	권오욱(權五郁)	김희석(金禧碩)
김재동(金在洞)	차인학(車仁學)	이종하(李鍾夏)	조권필(趙權弼)
이정섭(李正燮)	안중근(安重根)	이용수(李龍壽)	계도순(桂道淳)
계원순(桂元淳)	오필창(吳弼彰)	오국동(吳國東)	류익수(柳益秀)
이선주(李善柱)	임익수(林翼洙)	김도증(金道曾)	김경지(金庚地)
전정기(全珽夔)	김정민(金正民)	이용연(李容璉)	고달현(高達賢)
장용준(張容駿)	장상익(張相翼)	신 춘(申 楕)	이충건(李忠健)
이완영(李玩瑛)	한덕현(韓德賢)	박응선(朴應善)	권영찬(權寧瓚)
백시찬(白時燦)	김상우(金尙愚)	김양곤(金養坤)	최대준(崔大峻)
정익홍(鄭益洪)	배영엽(裴永燁)	이종린(李鍾麟)	임능준(任能準)
현윤근(玄胤根)	장명건(張命建)	김진홍(金進鴻)	차재은(車載殷)
서병철(徐丙哲)	김효찬(金孝燦)	안석태(安錫泰)	김경학(金敬學)
이병익(李秉翼)	김문현(金文鉉)	한교학(韓敎學)	윤응두(尹應斗)

김형식(金瀅植)　박대양(朴戴陽)　박익상(林翊相)　정달원(鄭達源)

김익용(金翼鏞)　민영필(閔泳弼)　김덕수(金德洙)　이면근(李冕根)

김상학(金商學)　김시화(金時華)　김치황(金致晃)　박봉진(朴鳳璡)

김석유(金錫游)　최경헌(崔敬憲)　김기주(金基疇)　계운기(桂雲起)

최규례(崔圭禮)　최규상(崔圭祥)　최실희(崔失熙)　이학형(李學瀅)

김익선(金翊銑)　이양익(李養翊)　김택윤(金宅潤)　김홍기(金弘基)

김봉국(金鳳國)　김택주(金宅周)　김준석(金俊錫)　김승후(金昇厚)

김인국(金寅國)　김흥인(金興麟)　장응규(張應奎)　원봉순(元鳳燉)

양영희(楊榮喜)　김원오(金元五)　김병렬(金炳烈)　김성환(金聖煥)

차병연(車秉淵)　김형봉(金亨鳳)　송인필(宋仁必)　김택헌(金宅憲)

공정주(公禎柱)　김정섭(金正涉)　김성국(金成國)　김택병(金澤炳)

김병수(金炳洙)　공희필(公熙弼)　김택현(金澤鉉)　김하청(金河淸)

양이국(楊利國)　김태석(金兌錫)　이의묵(李義默)　김봉신(金奉信)

김국진(金國珍)　이원국(李源國)　임원석(林元錫)　박제택(朴齊澤)

신석윤(申錫崙)　박병협(朴秉協)　석의순(石義純)　안이식(安頤植)

신화식(申華湜)　함익모(咸益模)　신춘식(申春湜)　한원국(韓源國)

김병식(金秉軾)　유형준(劉瀅槮)　김문제(金文濟)　이풍희(李豊喜)

김천우(金天雨)　기재동(奇在東)　정건유(鄭健裕)　이성근(李聖根)

기재선(奇在善)　양우범(梁禹範)　강세열(康世烈)　기봉순(奇鳳淳)

양기회(梁基檜)　배태화(裴泰華)　이정균(李鼎均)　함기□(咸淇□)

최종오(崔宗吾)　이경호(李暻浩)　박상욱(朴相郁)　김두환(金斗煥)

최병□(崔秉□)　나상목(羅相穆)　계학서(桂鶴瑞)　김희작(金熙綽)

김광호(金光鎬)　윤　형(尹　炯)　이홍준(李弘濬)　홍순걸(洪淳杰)

김상준(金商俊)　황재순(黃在淳)　조일근(趙一根)　엄원선(嚴元善)

백낙준(白洛俊)　박태유(朴泰裕)　조동검(趙東儉)　김영철(金永哲)

최성율(崔聖律)　최석하(崔錫夏)　이명환(李明煥)　장명호(張明昊)

최득수(崔得守) 이준명(李俊明) 박기화(朴基華) 이남기(李楠基)
김주헌(金周憲) 배명선(裵明善) 황성룡(黃成龍) 김시혁(金時赫)
김정무(金廷懋) 최병주(崔秉周) 이석기(李碩基) 김경환(金景煥)
이승근(李昇根) 김희벽(金熙璧) 장석하(張錫夏) 원시정(元時禎)
백도원(白道源) 이민정(李敏正) 최학제(崔學濟) 이인화(李寅華)
이수은(李洙殷) 이수기(李洙基) 최서환(崔瑞煥) 정용일(鄭龍日)
정봉소(鄭鳳韶) 유봉문(劉鳳文) 정치경(鄭致璟) 정봉래(鄭鳳來)
방제선(方齊善) 정경억(鄭敬億) 정석태(鄭錫台) 안 호(安 灝)
김승익(金昇翼) 김윤근(金潤根) 장응룡(張應龍) 이의정(李儀貞)
손효칙(孫孝則) 김덕염(金德濂) 송지찬(宋之贊) 김병현(金秉鉉)
박의형(朴宜衡) 김석규(金錫奎) 김학천(金學天) 강홍묵(姜弘默)
김창규(金昌奎) 위흥주(葦興周) 김선찬(金善贊) 박성호(朴性浩)
백낙순(白樂順) 김익환(金翊煥) 이태직(李邰稙) 김용매(金用梅)
고제윤(高齊倫) 이석태(李碩泰) 한인권(韓仁權) 엄의선(嚴義善)
최시응(崔時應) 백인선(白寅善) 백기원(白基源) 장준덕(張峻德)
문병현(文炳賢) 신중렬(申仲烈) 최태엽(崔泰燁) 김수익(金壽益)
윤형진(尹亨鎭) 김태형(金泰亨) 전석희(田錫禧) 문덕관(文德觀)
이규제(李奎齊) 유중승(劉仲承) 이덕일(李德一) 계학빈(桂學彬)
전문흘(田文屹) 신봉천(申鳳千) 김창옥(金昌沃) 김이용(金利鏞)
김을형(金乙亨) 정국징(鄭國徵) 심요전(沈料銓) 최석연(崔錫淵)
심치규(沈致珪) 이원규(李源奎) 강태용(姜泰鏞) 황학연(黃鶴淵)
최창윤(崔昌允) 정의호(鄭義灝) 백경상(白敬尙) 김재용(金載榕)
독고구(獨孤構) 김계빈(金繼彬) 노원도(盧元道) 정세관(鄭世觀)
김지관(金志觀) 이용엽(李用燁) 이일림(李日林) 오일환(吳日煥)
류지엽(柳之燁) 윤태선(尹泰善) 유춘형(柳春馨) 김기하(金基夏)
이시규(李時奎) 임병무(林炳茂) 김용제(金庸濟) 안 석(安 奭)

윤기훈(尹麒勳)　김기훈(金基薰)　계용덕(桂龍德)　박치헌(朴治憲)

김의건(金義建)　김기직(金基稷)　김용규(金容奎)　오기영(吳起泳)

신경원(申景源)　신상호(申相鎬)　심도례(沈導澧)　주성림(朱聖林)

홍성린(洪成麟)　김재보(金載輔)　이석영(李錫永)　백낙환(白樂煥)

박봉엽(朴奉燁)　홍재현(洪在現)　주기관(朱基觀)　이동휘(李東暉)

박원형(朴源亨)　김영걸(金永杰)　임치정(林蚩正)　이정래(李正來)

계기상(桂沂常)　이제현(李齊鉉)　김정하(金鼎河)　조병묵(曹秉默)

김연긍(金演肯)　손봉상(孫鳳祥)　임규영(林圭永)　최문현(崔文鉉)

장한순(張翰淳)　강조원(姜助遠)　이방현(李邦鉉)　이한흥(李漢興)

이건혁(李健爀)　류완무(柳完茂)　오덕연(吳德衍)　김치억(金致億)

오덕항(吳德恒)　이기용(李箕容)　김봉설(金鳳說)　고세현(高世賢)

박영제(朴泳霽)　서병찬(徐丙瓚)　최종궤(崔宗机)　이중빈(李仲彬)

방관진(方寬鎭)　류해술(柳海述)　윤대열(尹玳烈)　류원봉(柳遠鳳)

김태석(金泰錫)　강석룡(姜錫龍)　탁수엽(卓秀燁)　방진권(方鎭權)

장창견(張昌見)　정계남(鄭桂南)　정병선(鄭秉善)　김학선(金學善)

안　호(安　灝)

회계원 보고

회계원 보고 제16호

17환 26전 5리　　회계원 임치 조(條)

91환 77전　　　　월보 대금 수입 조, 우편비용 포함

59환 76전　　　　전 한북흥학회(漢北興學會) 잔액 이전 조

250환　　　　　　평양사무소 임치금 인출 조

40환　　　　　　　총무원 처(處) 인출 조

합계 458환 79전 5리

○ 제16회 신입회원 입회금 수납 보고

이호경(李鎬耕)　최승진(崔承晉)　김경하(金經夏)　오석우(吳錫祐)
최세환(崔世煥)　이석림(李錫林)　이석기(李錫基)　명제태(明濟泰)
장영한(張永翰)　김정진(金正珍)　박태두(朴泰斗)　이용인(李庸仁)
임정주(林廷疇)　이승정(李承鼎)　윤재능(尹在能)　계용권(桂龍權)
백준영(白俊英)　이상현(李相鉉)　김붕준(金朋濬)　정용묵(鄭容默)
김기현(金基賢)　차은조(車殷祚)

각 1환씩

합계 22환

○ 제16회 월연금 수납 보고

장천려(張千麗) 1환　　　　원년 11월부터 2년 8월까지 10개월 조
박성흠(朴聖欽) 1환 20전　11년 4월부터 2년 3월까지 12개월 조
김태현(金泰鉉) 20전　　　11년 3월 조
김태현(金泰鉉) 1환 17전　11년 4월부터 2년 8월까지 17개월 조
강화석(姜華錫) 20전　　　원년 11월부터 12월까지 2개월 조
김희선(金羲善) 20전　　　11년 3월 조
김희선(金羲善) 40전　　　11년 4월부터 7월까지 4개월 조
김기동(金基東) 30전　　　2년 4월부터 6월까지 3개월 조
안　석(安　奭) 50전　　　원년 10월부터 2년 2월까지 5개월 조
노원도(盧元道) 1환　　　원년 10월부터 2년 7월까지 10개월 조
김동준(金東準) 60전　　　11년 1월부터 3월까지 3개월 조
김동준(金東準) 2환 10전　11년 4월부터 2년 12월까지 21개월 조
김경제(金景濟) 60전　　　11년 1월부터 3월까지 3개월 조

김경제(金景濟) 2환 10전   11년 4월부터 2년 12월 21개월 조
함영택(咸泳澤) 60전   11년 1월부터 3월까지 3개월 조
함영택(咸泳澤) 1환 10전   11년 4월부터 2년 2월까지 11개월 조
김용주(金龍珠) 20전   11년 3월 조
김용주(金龍珠) 1환   11년 4월부터 2년 1월까지 10개월 조
류종덕(柳種悳) 1환   11년 11월부터 12년 3월까지 5개월 조
류종덕(柳稱悳) 1환 20전   11년 4월부터 2년 3월까지 12개월 조
김주헌(金周憲) 1환   원년 9월부터 2년 6월까지 10개월 조
주시경(周時經) 1환   10년 11월부터 11년 3월까지 5개월 조
김명준(金明濬) 1환   2년 2월부터 11월까지 10개월 조
김병도(金秉燾) 40전   원년 12월부터 2년 3월까지 4개월 조
박은식(朴殷植) 20전   11년 3월 조
박은식(朴殷植) 1환 20전   11년 4월부터 2년 3월까지 12개월 조
배명선(裴明善) 80전   원년 9월부터 4월까지 8개월 조
김석환(金錫桓) 1환   11년 11월부터 12년 3월까지 5개월 조
김석환(金錫桓) 1환 20전   11년 4월부터 2년 3월까지 12개월 조
합계 25환

○ 제16회 기부금 수납 보고

김병순(金柄珣) 30환   학교 의연(義捐) 조
이은규(李誾珪) 20환
합계 50환
이상 4건 총합 555환 79전 5리 이내

○ 제16회 사용비 보고 : 2월 15일부터 3월 15일까지

4환 32전   양지봉투(洋紙封套), 소필(小筆), 백지, 성냥, 모다호

(车茶糊)[17] 값 포함

6환 99전	3전 우표 233매 값, 5도 각 군 공함(公函) 시
25환 35전	학교용 고족상(高足床) 1좌, 등교의(藤交椅) 5좌, 연장(硯粧) 및 각종 물품 값
8환 30전	엽서 500매 값, 공함 인쇄금 포함
80환	학도 모자표 2,000개 값, 160환 중 선급 조
1환	월보 영수증 1,000매 종이 값, 인쇄금 포함
4환 70전	학교 칠판 값
7환 88전 5리	학도 운동기구 구입비 조
90환	각 사무원 2월 월급 조
82환	학교 교사 10인 2월 월급 조
2환	학교 고용인 2월 월급 조
8환	하인 2월 월급 조
1환 80전	'서북학회월보' 제목 6자 각공(刻工) 조
2환	서북 합동 시 『황성신문』 광고비 조
6환 88전	개성 교육계 시찰위원 2인 왕래 거대비(車貸費) 조
1환 50전	학도 운동장에 사용한 겨 4섬 값
6환 71전	학교용 인찰지(印札紙) 용전(用箋) 입학청원지 공함(公函) 300매 값 포함
2환 50전	월보 수입 문부지(文簿紙) 500매 인쇄금 조
47환 75전	규칙 1,000부 인쇄비 조
40환	15호 월보 인쇄금 완납 조
92전 5리	미국 각처, 정주(定州)·삼화(三和) 각 책방에 월보 송부 시 우편비 조

---

17 모다호(车茶糊) : 미상이다.

6환	학교 기(旗) 1개 값
5환	학교 나팔 1쌍 값
1환 50전	엽서 100매 값
1환 30전	건원절(乾元節) 날 제등(提燈)에 사용한 양초 값
1환 60전	학교용 깃대 1개, 방울 값 포함
33전	수상야학교(水商夜學校)에서 사용한 옥양목 기(旗) 1개 값
1환 55전	건원절 경축 시 체조교사 점심 값, 하인 지급금 포함
10환	3종우편 인가비 조
5환	5리 우표 1,000매 값
3환 90전	석탄 3섬 값, 품삯 포함
9환 66전 5리	기호학회(畿湖學會) 간친회 시 비용 조
10환	평양 학무회(學務會) 시 기부물품 값
19환 80전	평양 학무회 시 회장 왕래 차비 조
47전	학교용 백묵 2갑 값
30환	16호 월보 인쇄비 중 선급 조

합계 536환 72전 5리 제외하고

잔액 19환 7전 회계원 임치.

부칙

법령적요(法令摘要)

― 칙령

○ **칙령 제9호** : 농상공부 소관 국유미간지사무국(國有未墾地事務局) 관제

제1조 국유미간지사무국은 농상공부대신의 관리에 속하여 국유미간지

이용에 관한 일체 사무를 맡는다.

제2조 국유미간지사무국에 다음의 관련원(關聯員)을 둔다.

사무관	전임 1인	주임(奏任)
기사	전임 1인	주임
기수	전임 2인	판임(判任)
서기	전임 2인	판임

제3조 사무관은 농상공부대신의 명을 받아서 사무를 맡는다.

제4조 기사는 상관의 명을 받아서 기술에 관한 사무를 맡는다.

제5조 기수는 상관의 지휘를 받아서 기술에 종사한다.

제6조 서기는 상관의 지휘를 받아서 회계, 통역 및 서무에 종사한다.

〔부칙〕

제7조 본령은 반포일로부터 시행한다.

　　　융희 원년 8월 22일

○ **칙령 제13호** : 군부 소관 관청·관제 및 조규(條規)를 폐지하는 건

광무 4년 칙령 제34호 육군감옥관 관제와 칙령 제58호 치중병대(輜重兵隊) 설치 건과 동 5년 칙령 제2호 육군법원 처무(處務) 규칙과 칙령 제3호 육군감옥 규제(規制)와 동 8년 9월 조칙 육군연성학교(陸軍硏成學校) 관제와 육군유년학교(陸軍幼年學校) 관제와 육군 군대검열 조례와 육군법원 관제와 동 9년 칙령 제26호 군기창(軍器廠) 관제와 칙령 제29호 헌병 조례와 칙령 제48호 육군위생원 관제와 동 10년 칙령 제57호 위수(衛戍) 조례와 칙령 제58호 경성위수사령부(京城衛戍司令部) 조례와 동 11년 칙령 제18호 육군 각 병과 참위(叅尉) 견습에 관한 건과 칙령 제30호 헌병경찰 상여 규칙은 모두 폐지한다.

　　　융희 원년 8월 26일

○ 칙령 제14호 : 군부 관제

제1조 군부대신은 육군 군정(軍政) 및 교육을 관리하고 군인·군속(軍屬)을 통독(統督)하며 관할 여러 부서를 감독한다.

제2조 용병의 사무에 관하여 군부대신은 황제 폐하께 직접 예속되어 유악(帷幄)[18]의 기밀 계책 회의에 참여한다.

제3조 군부대신은 장교와 동 상당관(相當官) 및 주임 군속의 임면(任免), 진급, 보직에 관하여는 주재(奏裁)를 거치며 하사, 판임 군속에 있어서는 이를 전권으로 결정한다.

제4조 군부대신은 육군부장, 차관은 참장(參將)으로 임명한다.

제5조 차관은 대신을 보좌하며 부서 사무를 정리하고 각국(各局)의 사무를 감독한다.

제6조 국장은 대신의 명을 받아 그 주무를 맡아서 처리하고 국 내 각 과(各課)의 사무를 감독한다.

제7조 군부에 부관 3인을 두되 영관(領官) 및 위관(尉官)으로 이를 임명하고 대신의 명을 받아 대신관방(大臣官房)의 사무를 맡는다.

제8조 대신관방에서는 다음의 사무를 맡는다.

1. 비밀에 속한 사항
2. 대신의 관인(官印) 및 부인(部印)의 관리에 관한 사항
3. 공문서류 및 성안문서(成案文書)의 접수·발송과 공문서류의 편찬·보존에 관한 사항
4. 인쇄 및 번역에 관한 사항
5. 보고 및 통계에 관한 사항
6. 장충단(獎忠壇)에 관한 사항
7. 도서 보관에 관한 사항

---

18 유악(帷幄) : 작전 계획을 짜는 곳을 뜻한다.

  8. 부내(部內)의 풍기에 관한 사항

  9. 부내의 모든 급여 및 용도(用度)에 관한 사항

  10.의식, 예식, 복장 및 기장(紀章)에 관한 사항

  11.모병(募兵) 및 해병(解兵)에 관한 사항

제9조 군부에 다음의 2국을 둔다.

  군무국(軍務局)

  경리국(經理局)

제10조 군무국장은 육군 참장(叅將) 혹은 정령(正領)으로 임명하고 다음
  의 6과를 둔다.

  1. 인사은상과(人事恩賞課)

  2. 교육과(敎育課)

  3. 병기과(兵器課)

  4. 마정과(馬政課)

  5. 위생과(衛生課)

  6. 군법과(軍法課)

제11조 인사은상과장은 영관(領官)으로 임명하고 과원 2인을 두되 참령
  (叅領) 혹은 정위(正尉)로 임명한다.

제12조 인사은상과는 다음의 사무를 맡는다.

  1. 장교 및 동 상당관 하사와 문관의 임면, 진퇴, 보직, 명과(命
    課), 증봉(增俸), 증급(增給)에 관한 사항

  2. 장교 및 동 상당관의 군적, 문관 명부, 정년 명부 및 고과(考
    科)에 관한 사항

  3. 퇴직장교 및 동 상당관의 인사 및 명부에 관한 사항

  4. 서품, 수훈, 기장, 포상 상여에 관한 사항

  5. 은봉(恩俸)에 관한 사항

  6. 기타 군인·군속(軍屬) 일체의 인사에 관한 사항

제13조 교육과장은 영관으로 임명하고 과원 2인을 두되 참령 혹은 정위
　　　　로 임명한다.

제14조 교육과는 다음의 사무를 맡는다. (미완)

광무 10년 12월 1일 창간		
회원 주의		
회비 송부	회계원	한성 중부(中部) 교동(校洞) 29통 2호 서북학회관 내 박경선(朴景善) 최세환(崔世煥)
	수취인	서북학회
원고 송부	편집인	한성 중부 교동 29통 2호 서북학회관 내 김달하(金達河)
	조건	용지 : 편의에 따라 기한 : 매월 10일 내
주필		박은식(朴殷植)
편집 겸 발행인		김달하(金達河)
인쇄소		보성사(普成社)
발행소		한성 중부 교동 29통 2호 서북학회
발매소		황성 중서(中署) 포병(布屛) 밑 광학서포(廣學書舖) 김상만(金相萬) 평안남도 평양성 내 종로(鐘路) 대동서관(大同書觀) 평안북도 의주(義州) 남문 밖 한서대약방(韓西大藥房) 황해도 재령읍 제중원(濟衆院)
정가		1책 : 금 10전(우편비용 1전) 6책 : 금 55전(우편비용 6전) 12책 : 금 1환(우편비용 12전)
광고료		반 페이지 : 금 5환 한 페이지 : 금 10환
회원 주의		

1. 본회의 월보를 구독하거나 본보에 광고를 게재하고자 하시는 분들은 서우학회 서무실로 신청하십시오.
1. 본보 대금과 광고료는 서우학회 회계실로 송부하십시오.
1. 선금이 다할 때에는 봉투 겉면 위에 날인으로 증명함.
1. 본보를 구독하고자 하시는 여러분은 주소와 통호(統戶)를 소상히 기재하여 서우학회 서무실로 보내주십시오.
1. 논설, 사조 등을 본보에 기재하고자 하시는 여러분은 서우학회 회관 내 월보 편집실로 보내주십시오.

○ 광고

본인이 실업을 힘써 도모하기 위하여 화양(和洋) 잡화상점을 설립하고 상호는 융창호(隆昌號)라 칭하며 외국 상품을 직수입합니다. 학교 및 신사용품의 각색 모자, 양복 제구(諸具), 붓과 벼루, 우산, 구두, 가방, 장갑, 민충정공 기념 필통 및 잔과 이외에도 갖가지 물품을 빠짐없이 구비하여 염가(廉價) 방매(放賣)하오며 각 학교 일반 학원(學員)에게는 동정을 표하기 위하여 원 정가표 내에서 할인하여 응할 터이오니 여러분께서는 계속 들러주십시오.

한성 중서(中屠) 사동(寺洞) 14통 8호

잡화상 한경렬(韓景烈) 알림

광무 10년 12월 1일 | 메이지 39년 12월 1일 | 제3종 우편물 인가

융희 2년 5월 1일 발행
(매월 1일 1회 발행)

서북학회월보

제17호

발행소 서북학회

○ **특별광고**

본회 월보의 발행이 지금 제17호인데 그 대금 수합이 연체되지 않아야 계속 발행할 수 있습니다. 그런데 지금까지 1년 남짓한 기간 동안 대금 수합이 극히 보잘것없어 경비가 대단히 궁핍합니다. 원근(遠近) 간에 구독하시는 분들께서는 이런 정황을 헤아리시어 즉각 계산해 보내주실 것을 천만 절실히 바랍니다.

서북학회월보 제17호

서북 여러 도(道)의 역사론

　동양 반도의 2천 년 전 역사를 소고(溯考)하건대, 단군은 중국의 당요 (唐堯)와 나란히 서시고, 기자는 주(周)나라 무왕(武王)과 동시에 건국하 시고, 북방의 숙신씨(肅愼氏)의 입국(立國)도 주나라가 이루어질 무렵에 있었으니, 이로써 보면 서북 여러 도의 개황(開荒)은 2천 년 전에 있었 다. 동남은 무수한 소국의 명칭이 모두 삼한 이후로 발현하였는데, 곧 지나(支那)의 서한(西漢) 시대였다. 신라가 건국함에 군장(君長)을 칭하 여 이사금(尼斯今)이라 하였으니, 이때에 문자가 있지 않았다는 것을 증 거한다고 할 수 있다. 이로써 보면 삼한 이전 단군·기자 2천 년간에 동남의 여러 방면이 혼돈하고 미개하여 민족의 부락도 희소했음을 알 수 있다.

　삼국시대에 이르러 고구려의 범위가 북으로 발해와 요좌(遼左)[1]와 장 백산을 근거로 하고 남으로 청주와 죽령을 경계로 하였으니, 동양 반도 의 가장 큰 나라였으므로 능히 지나의 강대함에 저항하여 완전한 독립 의 형세를 점유하였다. 신라가 지나와 교통하고 백제가 일본과 친선함 은 고구려의 압제를 두려워하여 외국의 성원을 빌리고자 함이었다. 우 리나라 종족이 타국을 의뢰하는 성질은 여기서 기인한 것이다. 마침내 신라가 지나의 병력을 빌려 의각(猗角)[2]을 만들고 군량을 보내서 드디어

1　요좌(遼左) : 중국 랴오허강(遼河)의 왼쪽이라는 뜻으로 우리나라를 가리켜 이르는 말이다.
2　의각(猗角) : 뿔처럼 생긴 방어구를 뜻한다.

고구려 8백 년 사직을 하루아침에 황폐하게 하고 자국의 태평을 향유하였으나, 이때부터 발해·요좌 등지가 타국의 판적(版籍)에 몰수되었으니 동양 반도의 약점은 이에서 시작되었다. 만약 지금까지 고구려 전체의 발해·요좌 등지가 여전히 우리에게 속해 있었으면 독립의 형세가 영구히 완전했을 것이니, 어찌 우리 종족이 노예 성질을 양성함에 이르렀으리오.

그러나 고구려의 옛 영토는 없어졌을지라도 그 민족의 굳세고 용감한 기풍은 여전히 존재하였던바, 국가에서 상무(尙武) 교육으로 지도 배양하였으면 족히 자강의 형세를 잃지 않았을 텐데 본조(本朝) 5백 년에 숭문억무(崇文抑武)의 정치로 편향하여 동남의 문아(文雅)를 장려하고 서북의 무강(武强)을 배척하여 연월(燕越)[3]로 대우함에 굳세고 용감한 성질이 다 없어져버렸으니, 이것이 나라를 쇠약하게 한 일대 원인이다. 상로(商路)로 말하면 서도(西道)는 연경(燕京)의 수레와 덩저우(登州)·라이저우(萊州)의 배가 교통하고 북도(北道)는 지린(吉林)과 블라디보스토크와 밀접하니 인민의 자유 상업을 방임하였으면 민산(民産)의 풍성함을 충분히 이루었을 텐데, 조정이 엄밀히 금하여 두만강이나 압록강을 헤엄쳐 건너는 자가 있으면 범월(犯越)의 죄인이라 칭하고 사형에 처하였으니 이와 같은 속박 아래에서 인민의 영업이 어떻게 발달하겠는가. 이는 나라를 빈곤하게 한 최대의 학정(虐政)이다.

이에 더해 수백 년 이래 대소 관리가 우리 서북인을 노예로 대우하고 희생으로 간주하여 인민 가운데 옷을 아끼고 음식을 절제하며 힘써 농사짓고 장사하여 재산이 조금 있는 자가 있으면, 불효, 부제(不悌), 간

---

3 연월(燕越) : 중국 춘추시대의 연(燕)나라와 월(越)나라를 말한다. 연나라는 황하의 북쪽인 지금의 베이징 근처에 위치해 있었고, 월나라는 정반대의 남쪽에 위치하여 두 나라의 거리가 매우 멀었다. 지역적으로 멀리 떨어져 있거나 주장하는 바의 격차가 매우 큰 것을 비유한다.

음 등의 죄목을 씌워서 뇌옥에 가두고 곤장을 몹시 치며, 향포(鄕逋),
이포(吏逋), 과포(科逋)[4] 등의 일로 전 가족을 체포하여 가산을 약탈하
여, 수십 년 쉼 없이 일해 성립한 자본과 수십 명이 고생하여 부모 봉양
을 위해 마련한 살림 밑천[調度]이 하루아침에 탐학 관리의 주머니를
채우고 항양(桁楊)[5] 아래 유혈이 낭자하며 감옥 안에서 생명이 다하니,
원통한 마음이 하늘에 사무치고 한스러운 눈물이 땅을 적신다. 이런 까
닭에 일반 인민이 논밭 가는 소 한 쌍을 일신에 화를 입히는 물건으로
여기고 메마른 밭 열 이랑을 일가에 재앙을 주는 재물로 이르니, 민산
(民産)이 어떻게 증식하겠는가! 이는 나라를 잔멸하게 한 극심한 모적
(蟊賊)이다.

  오호라, 우리의 기왕의 역사를 되돌아보면 자다가 놀라서 비명을 지
를 것이요, 마음이 섬뜩하고 뼈마디가 서늘해질 것이다. 그러나 오늘날
에 이르러서는 전국 동포가 모두 같은 배에 타고 같은 방에 갇힌 것과
같으니, 과거의 묵은 감정은 다 풀고 동일한 애국사상으로 서로 친목하
며 서로 부조하여 일대 단체력으로 교육 및 공익 등의 사업에 관하여
협심 권면하며 힘을 합쳐 함께 나아가 전국 문명에 선도자의 광휘를
현양함이 우리 서북 인사의 책임이라 할 것이다. 힘쓰고 힘쓸지어다.

---

4 향포(鄕逋), 이포(吏逋), 과포(科逋) : 포흠(逋欠)의 종류를 말한다. 포흠이란 관가의
   물건을 빌려서 없애거나 숨기고서 돌려주지 않는 것, 혹은 조세를 납부하지 않거나
   조세 미납으로 인한 결손액 등을 말한다. 관원의 포흠을 관포(官逋), 이서(吏胥)의
   포흠을 이포(吏逋)라고 했다. 향포와 과포는 각각 향교와 과거와 관련된 포흠을 뜻하
   는 것으로 보인다.
5 항양(桁楊) : 죄인의 목에 씌우던 칼과 그 발에 채우던 차꼬를 아울러 이르는 말이다.

본교의 측량과(測量科)

겸곡생(謙谷生)

본교 내에 측량과를 특설하고 학원(學員)을 모집함은 이미 각 신문에 게시한 바이고, 그 학업이 필요한 이유 또한 이미 장황하게 설명하였은즉 무릇 국내 인사라면 응당 다 알고 있으리라 생각된다. 대저 우리가 현시대에 문명 경쟁이 비상히 극렬한 때를 만나 학문이 없고는 생존할 수 없다 함은 신문사의 필설과 사회의 연론(演論)이 또한 이미 격렬하고 통절하게 정녕코 반복해서 머리가 다 빠지고 입술이 바짝 마를 지경인데, 이를 깨닫지 못하는 것은 어째서인가.

현시대는 지구상 인물의 출생이 날로 번식을 더하여 각기 그 생존을 위하여 경쟁이 있는데, 지식과 세력이 우등한 자는 생존을 할 수 있고 지식과 세력이 열약한 자는 멸망을 면치 못함은 당연한 형세다. 그러므로 야만의 민족이 문명한 민족을 대하여 저항할 수 없어 추방을 당하고 유린을 당하여 자연히 도태 사멸하는 지경에 이르렀다.

이로써 세계열강이 각기 자국의 인민을 이식하여 도처의 황지(荒地)를 개척하게 하는데, 대포와 거함으로 선봉을 삼아 우매하고 열약한 민족의 소유지를 점탈하고 수만 리의 바다를 넘어 수만금의 금액을 들여서 식민 정책을 실행한다. 이 시대를 당하여 우리 민족의 지식과 노력이 다른 민족보다 못하면 토지도 우리의 소유가 아니요, 가옥도 우리의 소유가 아니요, 물산도 우리의 소유가 아니요, 생명도 우리의 소유가 아니다. 저 아메리카의 홍인종으로 볼지라도 예전에는 수백만이었던 인종이 오늘날에 이르러서는 남은 자가 만여 명에 불과하니, 수년이 지나면 필시 진멸할 것이다. 그러니 하늘이 택하고 사물이 경쟁하는 이치가 어찌 분명하지 않겠는가.

현재 우리 한국의 정황으로 보건대 강성한 민족이 겨우 냇물 하나를 사이에 두고 있어서 윤선(輪船)과 철로로 날마다 건너오는 자가 날로 증가하여 개간과 식산의 경영에 있는 힘을 다한다. 오호라, 이 도원향 (桃源鄉) 속에서 여전히 예스러워서 시절을 알지 못하는 민족이 어찌 생존할 수 있겠는가.

그렇다면 지식과 세력은 어디에서 생기는가, 하면 학문에서 비롯한다. 세간의 일체 학문이 모두 우리의 지식을 증장하며 세력을 발달하게 하는 원소요, 우리의 생활을 지도하는 방침이다. 지금 본교에서 특설한 측량학과로 논해보건대 그 시급한 필요가 과연 어떠한가.

현재 정부가 산림법을 실시하기로 관보와 각 신문에 게시하였는데, 아아, 우리 국민은 산림법이 무엇인지 아는가 모르는가.

대개 산림법이라는 것은 측량법으로 산림 구역의 면적을 재어 국유·민유를 구별하는 것이다. 그런데 민유의 산림이라도 측량법으로 재정 (裁定)하여 농상공부에 청원·증명한 계약서가 없는 것은 국유지로 부속된다. 만일 국유지가 되는 날이면 타국인이 개척 점유해도 감히 민유라며 구실을 대지 못할 것이니, 수십 대에 걸쳐 지켜오던 선산과 수백 년 동안 보살피던 송추(松楸)가 사라질 뿐 아니라 조상의 백골 또한 전과 같이 안녕을 얻지 못할 것이다. 이 지경에 이르러서 비록 하늘을 우러러 부르짖고 땅에 기대어 통곡해도 무슨 이익이 있으리오. 이러한 까닭에 본교 내에 측량과를 특설하여 일반 국민에게 산림 보유와 관련된 학업을 수여하고자 하는 것이다. 목이 마른 자가 우물을 파는 듯하여 비록 군색하기는 하나, 소 잃고 외양간을 고친다고 해서 늦기만 한 것은 아닐 것이다. 바라건대 전심으로 종사하여 후회를 남기지 말아야 할지어다.

잉어 양식법 (속)

전년도의 어아(魚兒)가 어소(魚巢)를 떠나기를 기다려 바로 그 절반을 치어 방양지(放養池)에 옮기고 나머지 절반은 예년과 같이 부화지(孵化池)에 두어 계란 노른자, 작은 벌레, 조수(鳥獸)류의 혈액 등을 준다. 6일을 경과하여 그 전후로 방양지에 옮긴 것과 비교하면, 방양지에 옮긴 것은 대부분 2배의 크기로 성장하고 자못 건강함을 보이는데, 부화지에 놔둔 것들은 겨우 먹이를 구하는 정도라 여전히 미약함을 보인다.

부화한 즈음에는 극히 미세한 작은 벌레, 계란 등의 먹이는 자유롭게 먹지 못하나, 작은 벌레가 아직 생기지 않은 더러운 물에는 사람 눈에 띄지 않으나 한편으로 미세한 동물이 생김으로써 아무리 연약한 어아라도 마음대로 이를 먹을 수 있게 된다. 또 이 미세한 동물이 시일을 경과하여 생장할 때는 잉어 새끼도 또한 이와 함께 성장함으로써 마침내 이를 다 먹는 데에 이른다.

이미 작은 벌레가 발생하는 못에는 이에 따라서 해충 또한 많이 발생하므로, 미세한 어아를 이 가운데 풀어놓을 경우 해충으로 인하여 죽는 일이 적지 않다.[6] 그러나 작은 벌레와 해충이 모두 아직 사람 눈에 띄기 전에 어아를 풀어놓으면, 모두 어아의 먹이가 되어서 해충의 발생도 적어진다. 친어(親魚) 단 한 마리라도 잘 교합하여 부화시킨다면 약 8·9만의 어아를 쉽게 얻을 수 있다.

부화한 물고기를 치어 방양지로 옮기는 경우 부화지 배수구의 마개를 빼고 그 아래에서 통으로 받되 통 속에는 눈이 성긴 한랭사(寒冷紗)로 만든 절구 모양의 주머니를 끼워 물이 그 가운데 떨어지게 한다. 그러면

6　적지 않다 : 원문은 "不多ᄒ니라"이지만 문맥상으로 볼 때 "不少ᄒ니라"의 오기인 듯하다.

물은 가득 차고 어아는 그 가운데 모일 것이다. 이때 주발에 걸러진 것을 물과 함께 다른 통에 옮겨 담아 치어 방양지로 운반한다.

치어 방양지에 근접한 곳이라면 통을 걸쳐놓아 물을 흘러가게 해도 된다.

치어 방양지에 옮겨서 약 20일간을 경과하면 다시 당세어(當歲魚) 사양지에 옮기거나 혹은 이를 매각할 수 있다.

○ 먹이

치어에는 작은 벌레-코무시[7]-를 최상의 먹이로 친다. 근래에는 작은 홍충(紅蟲)-지렁이에 속하는 것인데 털과 같이 미세한 것-, 말린 번데기 가루, 보릿가루, 쌀겨 등도 쓴다.

어아가 1촌 이상 될 무렵은 새로운 번데기를 얻을 시기가 된 것으로, 이를 부숴서 주되 늘 먹는 먹이로 한다. 만약 번데기가 부족할 때는 쌀과 보리를 으깨서 여기에 약간의 소금을 더해 푹 쪄서 준다. 또 된장, 깻묵, 말린 정어리 등을 잘 부숴서 투여해도 된다.

많은 수의 잉어를 기르는 데 있어서는 항상 사용하는 일정한 먹이가 없으면 그 목적을 이룰 수가 없다. 그런데 해변에서는 조개류와 기타 각종 먹이가 풍부하나 바다가 먼 지방에서는 누에의 번데기 외에는 적당한 먹이가 없다. 그리하여 번데기를 얻기 어려운 지방에서는 다수의 물고기를 기르기 어렵다 하나, 근년에는 도처에 양잠가(養蠶家)가 있고 제사가(製絲家)가 있어서 이를 공급받는 데에 거의 문제가 없기에 이르렀다-일본을 말하는 것이다-. 2년 이상의 물고기인 경우 매년 5월 15일부터 6월 15일까지 푹 찐 보리를 매일 조금씩 주고 이후 10월 말경에 이르기

---

7 코무시 : 원문에는 '쑤무시'로 되어 있다. '小蟲'의 일본어 발음인 '코무시'의 오기로 추정된다.

까지 성장 정도에 따라서 번데기를 적당히 투여한다. 그러나 11월 1일
부터 점차 줄여서 15일이 되면 완전히 중단해야 한다. 4년 이상의 물고
기인 경우 4월 중순부터 이를 주는 것이 좋다.

보리는 전날부터 물에 담갔다가 불을 멀리하며 천천히 말리면 그 분
량이 4배가 된다.

그 보리를 주는 목적은 성장하게 하는 데 있지 않고 오직 수척해지는
것을 예방하는 데 있을 뿐이다.

친어의 먹이는 10월 중순이 되면 이를 중단하고 결코 11월 중순까지
주지 말아야 한다. 이듬해 봄이 되면 지방이 차서 산란에 해롭기 때문
이다.

당세어·2세어인 경우 약 10칸(貫)-62근 반-에 대하여 매일 누에 번데
기 2되를, 3세 이상의 물고기인 경우 1되 5홉을 기준으로 주면 된다.

치어에는 번데기를 잘 찧어서 쌀겨 또는 된장, 깻묵을 섞어서 이를
주며, 2세어인 경우 번데기를 반쯤 부숴서, 3세어인 경우 전체 그대로
투여한다. 먹이는 가급적 여러 장소에서 주는 것이 좋다고 한다. 이는
한쪽에서만 먹이를 주면 물고기가 그곳에만 모여서 떠나지 않으므로
사양지가 큰 곳이라도 그 효용이 오히려 작은 사양지와 다름없게 되기
때문이다.

먹이는 가격 별로도 한층 여러 가지가 있으나 가격이 저렴하고 다량
을 쉽게 얻을 수 있는 것은 없으므로 전부 생략하고 여기에 게시하지
않겠다.

○ 사양(飼養)하는 마릿수 및 성장의 정도

어아를 치어 방양지로부터 당세어 사양지에 옮길 때는 1평당 1백 마
리의 비율로 풀어놓고 매월 1회씩 못 가운데를 휘저어서 성장이 더딘
것은 골라내며-이때 해충을 포획하여 없앤다- 9월 말이 되면 1평당 20마리 전

후로 있게 한다.

성장이 더딘 어아도 작은 벌레가 발생하는 못이나 비료 기운이 있는 논에 옮기면, 다른 커다란 어아를 뒤따라서 이와 동등하게 성장한다.

어아를 논에 풀어 놓을 때는 1평당 4마리가 적당하다. 그러나 가을철 물을 뺄 무렵이 되면 대개 1평당 1마리 반쯤의 비율로 줄여야 한다. 단, 척박한 논에는 풀어놓지 말아야 하는데, 이는 성장의 정도가 자못 낮기 때문이다.

2세어는 사양지 1평당 10마리를 풀어놓고, 3세어는 1평당 7·8마리 에서 10마리 사이로 풀어놓아 먹이를 주면서 이를 판매한다. 그러나 4세까지 길러서 두는 것은 조금도 이익이 되지 않는다. 당세어[8]는 10월 말이 되면 20몬메(匁)에서 30몬메-1몬메는 우리나라 1돈쭝(錢重)에 상당함-에 이 르고, 2세어는 70몬메에서 400몬메에 이르며, 또 3세어는 150몬메에 서 550몬메에 이른다.

400몬메 이상 500몬메 이하의 물고기는 평균 1년에 180몬메가량씩 증가하고, 500몬메 이상 600몬메 정도의 물고기는 평균 1년에 130몬메 가량씩 증가하여 점차 중량이 더해감에 따라 성장의 정도가 줄어든다.

매월 성장의 정도를 시험하니 그 성적이 다음과 같다. 2세어 10칸 (貫)-195마리-을 6월 15일, 면적 18평의 못에 풀어놓은 경우다.

조사 월일	중량	매월 증가 중량
7월 15일	13칸 300몬메	3칸 300몬메
8월 15일	17칸 100몬메	3칸 800몬메
9월 15일	22칸	4칸 900몬메
10월 15일	27칸 600몬메	5칸 600몬메
11월 15일	29칸 200몬메[9]	1칸 600몬메

8　당세어 : 원문에는 '當七歲魚'로 되어 있다. 문맥상 七이 잘못 삽입된 것으로 판단되어 이와 같이 번역하였다.

위의 성적에 의하면 6월 15일에 10칸을 풀어놓은 것이 11월 15일이 되니 29칸 200몬메가 되었다. 그러나 그 중간조사 등을 하지 않고 사양하면 반드시 30칸 이상에 이르는 것이 의심할 바 없다. 이는 조사할 때마다 그 물고기를 다소 손상시키는 일이 있으므로 그 성장상에 영향을 미치기 때문이다.

○ **해로운 적**

짐승류에서는 수달, 두더지, 시궁쥐가 해로운 적이 된다는 것은 사람들이 다 알고 있는 바이다. 그러나 보통 쥐도 시궁쥐보다 못하지 않아서 자유롭게 헤엄쳐서 겨울철 어아가 모여 있는 등의 때에 쉽게 이를 포식한다.

후미진 땅에서는 살쾡이 또한 교묘하게 못의 물고기를 약탈해 간다고 한다.

조류에서는 물총새, 해오라기류이고, 그 외에도 물새는 대개 해로운 적임을 알아야 한다.

이러한 조수(鳥獸)의 포획 방법은 여러 가지가 있으나 총살하는 것이 가장 편하다 한다. 그러나 그중 살찐 해오라기와 같은 것은 야간에 내습하므로 총살하는 것이 곤란하다. 이와 같은 것은 낚시에 먹이를 달아서 그것이 오는 요소에 던져두어서 낚아채 잡는 계책을 쓰면 된다.

곤충류에서는 집게벌레-여러 종이 있음-, 노린재, 거머리, 기타 여러 가지 해로운 적이 있으나 도처에 각기 명칭이 달라서 일반적으로 통용되기는 어려우므로 여기서는 설명을 생략한다. 잉어 양식자는 마땅히 실지에서 경험하고 적당한 방법을 써서 그 구제와 박멸에 힘써야 한다.

---

9 200몬메 : 원문에는 '300몬메(三百匁)'로 되어 있으나, 표에서 제시한 매월 증가량과 본문에서 언급한 11월 15일의 중량에 따라 바로잡아 번역하였다.

치어 방양지와 물가에 붙어사는 작은 동물은 모두 해충임을 알아야 한다.

곤충류보다 더 두려운 것은 망둑어류(鯋糞)이다. 곧 모래무지(石秘魚)-모로고[10]- 등이 서식하는 못에 치어를 풀어놓으면, 흡사 치어가 작은 벌레를 먹는 것처럼 이것들을 먹는다.

○ 어류 질병

어류 질병에는 여러 가지가 있으나 그중 잉어를 가장 많이 죽게 하는 것은 이관병(泥冠病)이다. 그런데 여기에는 두 종류가 있으니, 하나는 외부로부터 생기는 것이고, 하나는 내부로부터 생기는 것이다. 무엇이든지 간에 어체(魚體)가 진흙과 같은 것을 띠게 됨으로 인하여 이관(泥冠)이란 이름이 생겼다. 겉보기에는 이 두 종류의 질병이 조금도 구별이 없는 것 같으나 실제로는 완전히 상이한 바가 있다.

외부로부터 생기는 것은 대개 겨울철에 봄날처럼 아직 온난하기 전에 물고기를 소홀히 관리하는 데서 기인한다. 모든 물고기 비늘에는 미끄러운 점액이 덮여 있는데, 이를 거칠게 취급하여 관이나 통 등에 신체가 마찰될 때는 바로 그 부분의 점액을 잃어버린다. 특히 기후가 추울 때는 물고기가 힘이 없어 못 바닥에서 조용히 쉼으로써 점액이 없는 부분에 자연히 물때가 부착하므로, 이곳이 부패하여 마침내 죽음에 이르는 일이 있다. 그러므로 이 병으로 죽는 것은 대개 5월 이전에 일어난다. 그러니 기르려고 하는 물고기는 추운 기후에서 취급하지 말아야 한다.

이 외부로부터 생기는 이관병이 이어져 5월 이후에까지 이르는 경우 혹 쾌유하는 일이 있다.

---

10 모로고 : 일본어로 모래무지를 스나모구리(砂潛リ)라 하는데, 모구리를 '모로고'로 적은 것으로 추정된다.

내부로부터 발생하는 것은 기후가 한랭할 무렵에 먹이를 주는 데에서 기인한다. 3월 중순부터 말린 번데기와 같은 것을 주면 5월 상순에 이르러 반드시 이 병이 발생하지 않는 경우가 없으니, 엷은 회색을 띠고 비늘에 광택이 없는 것으로 이미 이 병에 걸렸다는 것을 알 수 있다. 그리하여 몸의 각 부분이 썩어 문드러져 마침내 죽음에 이른다.

못 속에 이 병에 걸린 물고기가 있다는 것을 알았을 때는 바로 못의 물을 빼고 물고기를 다 잡아서 일일이 검사한 후 병이 없는 것만 골라서 별도의 못에 옮겨둔다. 어류 질병이 생긴 못이 마르면, 인분을 덮어서 하루 동안 일광에 쪼인다. 또 물을 붓고 이전에 검사하여 따로 두었던 물고기를 취하여 다시 1마리씩 재검한 후 여기에 풀어놓는다. 이와 같이 하고 먹이를 5・6일간 중단하여 주면 병근(病根)을 단절할 수 있다.

이 병든 물고기를 깨끗한 물에 풀어놓으면, 병세가 날로 심해져 점점 더 만연해진다. 이미 한번 이 병에 걸린 이상은 결코 쾌유하는 일이 없다. 단, 이 병은 2세어에 많고 3세어에는 드물며 4세어 이상에서는 전혀 없다.

2세・3세어에게 찬 기후에서 말린 번데기를 주면 전술한 바와 같이 이관병에 걸린다. 단, 연수가 지난 친어는 이 병에 걸리는 일이 없다. 그러나 교미 때가 되면 수컷은 조금 다갈색을 띤 정액을 내뿜고, 암컷은 일견 별다른 바가 없다 하나 그 낳은 알은 모두 부패하여 부화하는 일이 없다.

또 일종의 안구가 돌출하는 병이 있으니, 이는 물이 충분히 교환되지 않는 못에서 다량의 먹이를 주는 데서 기인한다. 이 역시 불치의 병이니, 당세어에 많고 2세어에는 대개 적다.

어체에 선충류-지렁이와 같이 가늘고 긴 것-가 생기는 것이 있는데, 이는 물의 교환이 불충분한 곳에 다수의 물고기를 넣는 것이 원인이다. 이 벌레는 최초에는 비늘 사이에 생겨서 혈액을 흡수하나 점차 살가죽을 먹어 들어가 마침내 물고기를 죽게 한다. 그러나 물고기가 아직 파리하고 수척하기 전에 물이 잘 교대되는 못에 옮기면 자연히 이 벌레가 끊어진다. 대개 이 벌레가 들어박힌 부분은 비늘이 자색을 띠고 조금 부풀어 오름을 알 수 있다. 그 부풀어 오른 부분을 손가락 끝으로 누르면 벌레는 비늘 밖으로 나오므로 쉽게 빼낼 수 있다.

물고기가 입을 자유롭게 여닫지 못하는 것은 아가미에 고장이 난 난치병을 지닌 것임을 알아야 한다. 이 병은 항상 물고기를 잡을 때 망사에 물고기가 걸려 긁힌 상처로부터 기인하는 것이다.

어류 질병에 아직도 여러 가지가 있으나 중요한 것은 전술한 것 외에 없으므로 다른 것은 여기에서 생략한다.

열렬하구나, 농업 동포의 피여!

『해조신문(海朝新聞)』에 다음과 같은 기사가 났다. "함흥군(咸興郡) 고역리(古驛里)의 농부 21명이 모여서 상의하기를 '우리들이 1년 365일 동안 잠시도 쉬지 못하고 밤낮으로 근로하나 산업의 증식과 농법의 개량이 아직 없음은 어째서인가. 저 서양 각국의 사람을 보면 모두 안녕·쾌락한 행복을 누리고 방명(芳名)을 세계에 전하고 있다. 저들도 사지백체(四肢百體)에 이목구비는 우리와 일반이요 행동거지도 조금도 다름이 없거늘, 저들은 세계에 우등 인물이 되고 우리는 세계상 가장 가련한 나라의 가장 가련한 인민이 된 가운데 고향 멀리 후미진 곳에 묻혀 오늘도 이와 같고 내일도 이와 같을 뿐인 것은 어째서인가. 이는 학문을 일삼지 않아서 지식이 미개하기 때문이다. 우리도 가련하지 않은 나라에서 유복한 인민이 되고자 하면 마땅히 학문을 일삼아서 지식을 구해야 하는데, 지금 농업을 떠나면 부모를 공양하고 처자를 먹여 살릴 수 없을 테니 어떻게 하면 되겠는가. 어쩔 수 없이 주경야독(晝耕夜讀)으로 생활도 유지하고 학리도 연구해야 할 것이다. 아무쪼록 심지(心志)를 독실히하여 기어코 목적을 이루자.' 하고 각기 손가락을 잘라서 일심 동맹하고 이에 교사를 초빙하여 야학을 부지런히 하고 있다."

본 기자가 이 소식을 접하여 읽음에 뜨거운 피가 끓어오르는 것을 금할 수가 없었다. 이에 이 사실을 들어 전국 동포에게 널리 알린다. 열렬하구나, 우리 동포의 피여. 유학계에는 학생 21명의 지혈(指血)이 솟구치고 농업가에는 농부 21명의 지혈이 발현하니, 이 피가 한번 뿌려짐에 우리 대한 동포 형제의 일맥 관통하는 피가 어찌 끓어오르지 않으리오. 대저 이 피는 어디에서 나왔는가. 학문상의 열심에서 난 것이요, 애국적 사상에서 비롯된 것이다. 우리 대한 2천만 동포가 모두 이 피의 정신으로 일치 분발하고 일체 단합하면, 선명히 터져 나오는 혈색이 하늘 가장 높은 곳까지 이르고 사해를 두루 비춰 동양 반도에 새로운 제국이 돌연 특출나게 일어나서 독립 국기(國旗)가 광명 찬란해질 것이다. 우리는 이에 축원으로 피를 닦기를 그치지 않노라.

위생부

위생의 절차
청은생(靑隱生)

무릇 위생의 술법에는 절차가 있으니, 때를 따라서 알맞게 해야 하며 요구되는 것부터 반드시 먼저 해야 한다. 첫째는 음식이다. 음식은 달게 하지 말고 다섯 가지 맛을 균형 있게 하며 때와 양을 일정하게 하는 것이 위생하는 절차다. 둘째는 거처다. 거처는 사치스럽게 말고 사시(四時)를 좇아 차고 뜨겁고 따뜻하고 습한 것을 적당히 하는 것이 위생하는 절차다. 셋째는 의복이다. 의복은 화려하게 하지 말고 삼절(三節)[11]을 좇아 춥고 덥고 바람 불고 찬 것을 예방하는 것이 위생하는 절차다. 넷째는 공기다. 이른 아침에 일어나 신선한 공기를 교환하고 많이 마시면 가슴이 개운하고 깨끗해져서 기혈(氣血)이 막힐 염려가 없어지는 것이 위생하는 절차다. 다섯째는 햇빛이다. 낮의 여가에 산보하여 햇빛을 많이 받고 많이 얻으면 혈질(血質)이 더 붉어져 살이 창백해질 해로움이 없는 것이 위생하는 절차다. 여섯째는 운동이다. 사람이 몸과 뼈를 가만히 두면 못쓰게 되고 움직이면 강해지니, 그러므로 각종 체조에 종사하여 신체가 건강하고 정신이 상쾌해져 능히 판단하고 결정할 수 있는 민첩한 마음도 생기고 능히 용단할 수 있는 활기도 증가하는 것이 위생하는 절차다. 그리하여 음식·거처·의복 세 가지의 절차가 알맞아서 지나치거나 모자라는 폐가 없으면 내부와 표면이 자연스럽게 조리될 것이고, 공기·햇빛·운동 세 가지의 절차가 균일하여 나태하는 폐가 없으면 사지백체가 자연히 건강해질 것이다. 우리가 이 세상에 태어나 오복(五福)의 수(首)를 얻고 육극(六極)[12]의 해로움을 면하면 일하고 움직이는 데 막힘이 없을 것이다. 동포, 동포여, 급히 먼저 주의해야 할 요긴한 것이 위생의 절차이다!

11　삼절(三節) : 비슷한 옷을 입는 봄·가을을 하나로 보고 계절상의 변화를 삼절(三節)로 표현한 것으로 보인다.

12　오복(五福)의……육극(六極) : 오복은 수(壽), 부(富), 강녕(康寧), 유호덕(攸好德), 고종명(考終命)의 다섯 가지 복을 말한다. '오복의 수'란 그중 첫 번째 복인 장수를 뜻한다. 육극(六極)은 매우 불길하게 여기는 여섯 가지 일, 곧 변사(變死), 요사(夭死), 질(疾), 우(憂), 빈(貧), 악(惡), 약(弱)을 뜻한다.

국가의 개념 (속)

국가의 성립은 실로 인류 생존상의 필요로 말미암아 일어난 것이다. 요컨대 국가는 최고의 통치기관이 되어 공안을 유지하며 공익을 증진하는 것을 목적으로 삼으니, 법률이라는 것은 그 의사를 표시하는 것이요, 정부라는 것은 그 의사를 실행하기 위하여 설립된 것이요, 조세라는 것은 국가를 유지하기 위하여 강제징수하는 것이다. 국민이 있으면 국가가 있음을 미리 알 수 있다. 국민이 이상의 몇 가지 사항으로 국가의 소명을 좇아서 모두 알맞게 되면 국가가 또한 국민을 위하여 존재하게 되니, 국리(國利)와 민복(民福)을 주안으로 삼는 것밖에는 다른 뜻이 없다. 이런 후에야 개인 각자의 발달을 꾀할 수 있고, 그 발의(發意)와 행위의 구속은 불필요해질 것이다.

안녕·질서는 국가의 가장 불가결한 것이다. 이 두 가지가 없으면 국민의 복리를 결코 바랄 수 없다. 그러므로 이 두 가지를 침해하는 행위가 있으면 가히 그 사람이 어떤 사람이며 그 나라가 어떤 나라인지를 불문하고 일률적으로 엄금해야 한다. 비록 진보와 개량이 국가에 불가결한 바이더라도 급격하고 광포한 개혁과 혁명은 안녕·질서에 무해할 수 없으므로 대수롭지 않게 그것을 인정할 수는 없다. 더욱이 혁명의 일은 걸핏하면 파괴와 퇴보로 이어져 결국 조금도 유익한 바가 없으므로, 평화적 수단을 통해 마땅히 질서 개량을 위주로 하며 과격한 수단을 극력 배척하지 않으면 안 된다.

인문이 미개한 시기에 있어 치자(治者)의 직무는 단순히 내외의 분쟁과 위해를 방어함에 있으니, 오늘날의 사법 사무와 군사에 불과할 뿐이다. 완전한 국체를 갖출 때까지 국무의 범위 또한 점점 확충해야 하는

데, 오직 그 수량만 증가하는 것이 아니라 그 종류 또한 많아진다. 예컨대 사법 사무와 같은 것은 소송으로 들어오는 것이 수백 가지 사안으로서 천만 건이니 곧 수량이 증가한 것이고, 사법과 군사 외에도 경찰 사무를 시작하니 그 종류가 증가한 것이다. 대개 경찰 사무는 처음에는 자치로 일임하다가 통일할 필요가 있으면 마침내 국가가 직접 맡는다. 기타 외국과의 교섭도 훨씬 빈번해지니 외교가 또한 국가의 중요한 사무이다. 이상 4종은 직접 공안에 관계된 것으로 비단 국가의 중요한 사무가 될 뿐 아니라 대부분 국가의 고유한 것이라 이를 수 있는 것이다. 그러므로 어떤 국가인지를 막론하고 모두 이 사무를 직접 맡으니, 어떤 학자가 이 4종의 당연한 국무를 인정하지 않으리오.

사회 진화가 따르는 바는 그 조직이 심히 복잡하여 이른바 분업의 필요에 기초하니, 이는 국가의 편에 있어 계책과 이익이 되고 각종의 공익 사무 또한 이에서 발생한다. 예컨대 교육에 점차 토목, 교통, 통신, 식민 사무와 같은 것이 생겨나는 것이다. 인민의 경영력이 진보하고 기업심이 발흥하여 이기심과 사업상의 경쟁이 격렬해지니 이른바 감독·교정에 속한 자는 사무의 필요를 느껴서 점점 국무의 범위를 확장한다. 이는 모두 인류사회의 발달상 부득이하게 생겨난 것이니, 가히 편향되고 비좁은 공리(空理)로 억지로 가타부타할 것이 아니라 오직 그 이익과 폐해를 비교하여 해로움이 적고 이로움이 많은 것을 채택해야 할 것이다. 대상이 무엇인지를 막론하고 요컨대 있는 힘을 다하여 폐해를 피하고 완전한 이익을 도모함밖에 없다.

세상은 국가만능주의와 간섭주의를 칭찬하되 혹 대치하여 개인주의와 자유방임주의를 주장하기도 한다. 그래서 일설에 이르기를 "국가의 만능은 그 권위가 무한한데 각 사람은 무능하여 이기심에 내몰리므로 각 사람의 이해는 돌아볼 만한 것이 없다. 진실로 국가가 필요함을 인정한다면 비록 각 사람의 일상의 작은 일이라도 간섭하지 않을 수가 없다."

하고, 일설에 이르기를 "국가의 업무를 믿을 수만은 없으니 이를 단정하면 반드시 지완(遲緩)에 빠지고 낭비에 치우치며 또 쉽게 부패할 것이니 마땅히 자연에 방임하여 각 사람의 의지에 맡기고 억제와 간섭을 힘써 피해야 한다."고 한다. 두 설이 서로를 용납하지 않음은 얼음과 숯과 비슷하다. 지금 허심탄회하고 공평하게 이 두 설의 가부를 판정할진대, 각기 극단을 달려 모두 크게 그릇된 바가 있다. 그 이유는 이미 말한 바와 같이 국가라는 것은 국민의 공안과 공익을 보전하고 증진하기 위하여 존재하고, 국민이라는 것은 국가의 통치 아래에 있어야 완전한 생존을 시작할 수 있기 때문이다. 국가는 국민과 더불어 이로움과 해로움, 평안과 근심이 서로 연결되어 결국 잠시도 떨어질 수 없다. 그러므로 그 일단에 편향한 설은 근본부터 이미 크게 그릇된 것이다. 만약 그것을 실제에 적용하면 국가와 국민에 필시 해로울 것이다. 마땅히 이 두 설을 병용하고 조화하여, 국가가 있은 후에 국민이 있고 국민이 있은 후에 국가가 있음을 미리 알아야 할 것이다. 국가라는 것은 국민 전반의 영원한 이해 여하를 돌아보고, 국민이라는 것은 국가를 위하여 의무를 다하고 권리를 신뢰하여 상호 반목 충돌이 없도록 해야 한다. 이 목적에 도달하고자 할진대, 먼저 다음의 세 가지를 표준으로 삼아 국무의 범위를 정하고, 그 밖의 것은 편안하게 각 사람이 경영을 맡고 각 사람이 능력을 다하여 마음껏 건전히 발달해야 할 것이다.

    1. 국가가 아니면 해서는 안 될 사무

      : 외교, 군비, 재판, 경찰, 징세, 전매가 그것이다.

    2. 국가가 아니면 할 수 없는 사무

      : 교육상·토목상의 대사업과 이익을 주로 해서는 안 되는 교통, 통신, 식민 사업 등이 그것이다.

    3. 국가가 아니면 기꺼이 할 수 없는 사무

      : 위생, 구빈, 임정(林政), 기타 영업상의 제한·감독 등이 그것

이다.

이상의 세 가지를 표준으로 삼으면, 국무의 범위가 나라의 상황과 시세와 민업(民業)의 발달 여하로 말미암아 신축(伸縮)·광협(廣狹)의 차이가 생김은 더 말할 필요도 없거니와, 미개국에 있어서는 불필요한 사무가 되겠으나 개명국에 있어서는 가히 국무 범위에 편입할 것이 있을 것이다. 요컨대 앞에서 말한 세 가지로 인한 득실을 판별하여 마땅한 바를 얻어야 할 뿐이겠다.

우리의 해외 유학 동포를 생각하다

우강생(于岡生)

대저 황금은 용광로에 들어가서 좋은 그릇이 되고, 남아는 고난을 통과하여 훌륭한 인재가 된다. 그러므로 노고의 대가는 행복이요, 위험의 종극은 안락이다. 그러나 지사가 아니면 노고를 꺼리지 않을 수가 없고, 영웅이 아니면 위험을 두려워하지 않을 수가 없다. 워싱턴이 미합중국을 독립하게 하고 비스마르크가 프로이센을 강성하게 한 공적이 모두 이 노고와 위험을 꺼리지 않고 두려워하지 않은 결과이다.

오호라, 현재 우리 한국의 완고하고 어리석은 자제는 이웃 건물에 학교가 서로 잇닿았는데도 고생하는 것을 오히려 꺼려서 입학을 원하지 않으며, 자기 집에 먹고 자는 것이 갖춰져 편안해도 한가로이 지내는 것을 꾀하여 세월을 허송하는데, 하물며 만 리 외국에 모험하고 용진할 자가 어찌 쉬우리오.

오직 우리 해외에서 유학하시는 동포 제군은 문명을 들여와 국력을 회복할 목적으로 용감하고 굳센 기력을 분발하며 활발한 정신을 맹렬히 힘써서 친척과 이별하고 분묘를 버린 채 해외 만 리로 먼 길을 떠났다. 집의 땅을 팔고 임금을 저축하여 아득히 떨어진 타지에서의 학비를 대며 혹 동쪽으로 일본에 유학하며, 혹 서쪽으로 아메리카에 건너가 노고를 견디고 위험을 무릅쓰며 열심 열력으로 학문을 연구한다. 재학 중의 천신만고한 상태를 상상하건대, 춘화추엽(春花秋葉)에 고국 생각이 간절하고, 피비린내 나는 바람과 처량한 서리에 이역에서의 근심이 많아질 테며, 습속이 서로 다르니 먹고 자는 것이 맞지 않고, 풍경이 비록 좋아도 산하가 차이 날 것이며, 또 혹 지갑이 비어 노동하며 학비를 벌고 풍토가 맞지 않아 곤비함이 몸에 달라붙을 것이니, 그 고난과 위험을 이루 다 말하기 어려울 것이다. 오로지 우리 제군은 백 번 꺾여도 굽히지 않고 만 번 눌려도 좌절하지 않아서 고유한 목적을 기어코 달성하며 처음의 입지를 결단코 실행하여, 민족의 문명과 야만을 자기 소임으로 삼고 조국 존망에 정신을 기울여 용맹한 힘이 날로 더하고 견고한 뜻은 점점 굳세져 장족활보(長足闊步)로 급급히 진취하리니, 장하다, 제군이여, 위대하다, 제군이여.

현재 국세(國勢)에 큰 종기가 나서 대명(大命)이 위급하니, 진실로 제군이 아니면 누가 고칠 수 있으리오. 국가를 태산에 두는 것도 제군이요, 국가를 비참한 지경에 빠지게 하는 것도 제군이다. 이 때문에 국내 동포가 제군의 소식을 한번 들으면 서로 경축하며 기뻐하여 계속해서 서로 말하기를 "우리를 물불 가운데서 건지는 것도 오직 우리 해외 동포요, 우리를 문명의 지경에 오르게 하는 것 또한 우리 해외 동포다."라 하며 제군이 환국하는 때를 날마다 기대하는 것이다.

오호라, 시세의 급함이 이미 저와 같고 전국의 바람이 또한 이와 같으니, 제군은 장차 이 책무를 어떻게 기꺼이 부담할 것이며, 어떻게 이 마음에 보답할 것인가. 제군의 훌륭한 계책은 우리의 말을 기다릴 필요가 없겠으나, 동정(同情)의 소감을 주체할 수 없어 기왕을 하례하고 장래를 축원한다.

오직 우리 제군은 노고 때문에 처음의 뜻을 꺾지 말며 위험 때문에 중도에 그치지 말고 물러남 없이 나아가기만 하여, 시작만큼 좋은 끝맺음으로 동포를 앞으로의 멸망에서 구하고 이미 추락한 국권을 만회하여, 영웅 지사의 목적을 이루며 전국 동포의 간절한 바람을 위로해야 할 것이다. 오호라, 오로지 우리 해외 유학 동포여.

이혼법 제정의 필요
동초생(東初生)

대저 혼인이라 함은 남녀가 함께 즐거운 생활을 영위하기 위하여 이룬 생존 결합으로, 그 목적상 반드시 부부의 화합을 기도하지 않을 수 없다. 이 문제를 연구하려면 결혼의 방법 여하를 먼저 논해야 한다. 대개 백 년의 가약을 체결하는 인륜의 대사를 중매자의 말만 듣고 사람의 아비 된 자나 어미 된 자가 아들과 딸의 의사 여하는 돌아보지 않고 연령이 10세를 조금 넘기면 중대한 계약을 경솔히 성립시키니 어찌 통탄하지 않으리오. 연령이 10세 된 자녀는 혈기가 장성하지 못할 뿐 아니라 지식과 정신이 모두 불완전한 어린 상태에서 이성(異姓)과의 결합을 이루니, 비록 부부가 화목하고 즐겁게 생활할지라도 성사(盛事)는 아니다. 어째서인가. 아들딸을 낳는 상황이 되면 혈기가 미성숙한 음양이 서로 합하여 완전하지 못한 아이를 낳을 것이니 그 폐해가 어찌 중대하지 않으리오. 이와 같이 부모가 강제적으로 자녀의 혼인을 맺음은 당연히 깊이 삼가야 할 바이다.

혼인은 부부가 해로하며 백 년 가약을 맺는 것이다. 하루라도 서로 화합하지 못하는 경우에는 백 년의 가연(佳緣)이 변하여 백 년의 악연이 될 것이다. 옛말에 이른바 "집안이 화목하면 모든 일이 잘 이루어진다." 하였는데, 이와 같이 불화하면 일이 이루어지길 어찌 바라리오. 극에 달하면 간통·난륜(亂倫)의 폐풍이 속출하는 데 이를 것이다. 그러므로 한번 체결한 혼인이라도 해제의 방법을 주지 않으면 사회에 미치는 영향이 적지 않을 것이다. 현재 세계 각국이 이혼법을 제정한 것은 실로 부득이한 데서 나온 것이라 말하지 않을 수 없다. 대략 이혼이란 것은 혼인 해제의 한 방법이다. 이른바 혼인의 해제는 부부관계를 종료하는 의미요, 이혼은 곧 생존자 사이에서 혼인의 해제이다. 그러므로 이를 허락함은 혼인의 본체를 위태롭게 한다는 점에서 정녕 해악이 될지라도, 이혼보다 한층 더 큰 해악, 곧 이혼 금지로 생기는 해악을 피하는 간단한 방법이 되는 것이기도 하다.

　이혼은 부부의 협의 또는 법률에 정한 원인에 기초한 혼인의 해제를 말하므로 협의상 이혼과 재판상 이혼으로 구별할 수 있다.

　이혼에 관한 법제는 자유 이혼, 이혼 금지, 제한 이혼의 세 종류로 나누어 논한다. 이른바 자유 이혼이란 것은 당사자의 의사를 따라서 자유롭게 혼인의 해제를 허락하는 것을 말한다. 그런데 고대에 자유이혼주의는 배우자의 한쪽, 곧 남편이 아내를 버리는 뜻으로만 사용하여 아내의 의사에 반하더라도 남편이 강제적으로 아내와 헤어지는 일을 허락했다. 우리나라에서 이혼이라는 말은 이런 뜻으로 사용함이 상례로 정해져 있었다. 이른바 칠거지악(七去之惡)이 있으면 버린다 함이 이것이다. 일본에서도 이 뜻으로 사용하다가 메이지유신 이래로 아내가 이혼청구의 소송을 제기할 일을 법률상 분명히 인정하는 데 이르렀다. 인문이 아직 개명한 수준에 미달한 사회에서는 자유 이혼의 주의는 절대적으로 불허해야 하니, 그 취지는 어디에 있는가. 이를 깊이 연구하면 혼인은 부녀가 남자의 속박을 받게 되는 결합이라 하여 남편은 자유롭게 그 아내와 이별할 수 있지만, 이와 같이 자유 이별을 허락하면 혼인의 신성을 지킬 수 없을 것이다. 이 때문에 이른바 이혼 금지의 법제가 생기게 되었다. 그러나 이혼을 금지해야 한다는 주의는 종교상으로 논하든지 혹은 도덕상으로 논하든지, 자식의 이익에 기초하기도 하며 사회의 이익에 근거를 둔 것이기도 하여 이론상으로는 정당할 듯하나, 만약 절대적으로 이혼을 금지할 경우 폐가 전혀 없다고 말할 수 없다.[13] 무엇으로부터 그 폐해를 알 수 있는가. 이에 대해 답을 내놓아보면, 대개 혼인은 생존 결합이라 여기에 해제의 길을 주지 않으면 세상의 악연에 빠진 자를 구제할 길이 없다. 자기 양심에 어긋남에도 불구하고 도리어 인내하며 지내게 되면 생존 결합의 목적을 도저히 이루지 못하여 헤아릴 수 없는 해악이 생겨날 테니, 어찌 그렇게 하리오. 프랑스와 같은 나라도 한번 이혼 금지의 법률을 시행하였다가 수년 전에 이를 폐지하였다.

이혼 금지의 법제를 엄정하게 수행하면 윤리·공도(公道)를 배반하게 되기 쉬우므로 이른바 별거의 제도를 인정하는 경우가 있다. 별거라 함은 곧 혼인을 해제하는 것이 아니라 오직 혼인으로 인하여 생기는 공동생활의 의무를 면하는 것을 말한다. 즉 한편으로는 이혼으로부터 생기는 폐풍을 교정하며, 한편으로는 종교가를 만족하게 하는 것과 같다. 그러나 이로 말미암아 이혼 금지로부터 생기는 폐풍을 제거할 수가 없으므로 오늘날 이 제도를 인정하지 않는 경우도 있고, 혹은 재판상의 이혼과 아울러서 이 제도를 보존하는 경우도 있어서 일정하지 않다.

이른바 제한 이혼이란 것은 혼인을 해제할 수 있으나 법률상에 그 원인을 미리 먼저 정해서, 그 원인이 있는 경우가 아니면 이혼을 불허하는 것이다. 생각건대 자유 이혼은 혼인 본체에 위배되며 부부의 관계를

---

13 이혼을⋯⋯말할 수 없다 : 이 문장에 두 번 등장하는 '이혼'은 원문에 '혼인(婚姻)'으로 되어 있다. 문맥상 '이혼(離婚)'의 오기로 판단하여 바로잡아 번역하였다. 다음 단락 6째 줄에 나오는 '이혼' 역시 이와 같은 경우다.

가볍게 하여 자손의 행복을 상해하며 사회의 풍기를 문란하게 한다. 또 이혼 금지는 인성에 반하는 것이라. 정의상(情誼上) 원수와 같은 자인데도 오히려 부부의 관계를 계속하게 하면 이로 말미암아 생기는 폐해를 이루 다 말할 수 없으리니 어찌 두렵지 않으리오. 이 양극단의 해악을 교정하기 위하여 법률상 해제의 원인이 존재하는 경우에만 한하여 혼인의 해제를 허락하는 것이 바로 이 제한주의이다. 오늘날 여러 나라가 법제상 이 주의를 채용하는 경우가 많으나, 혹은 협의상 이혼과 재판상의 이혼을 병용하는 경우도 있으며, 혹은 단순히 재판상 이혼만 허락하는 경우도 있어서 일정하지 않다.

이혼은 혼인 해제의 한 원인이다. 그러나 혼인은 이혼만으로 인하여 해제되는 것은 아니요, 부부 중 한쪽의 사망으로 인하여 자연히 혼인이 해제되는 일이 있다. 당사자의 의사로 인한 것이 아니고 자연스런 사실, 곧 인격의 소멸로 인하여 혼인이 해제되는 것은 오직 사실상으로 부부의 관계를 소멸시킴에 이르고, 혼인으로부터 생기는 친족상 관계 또는 상속법상의 권리·의무를 소멸시키는 것은 아니다.

또 이혼을 혼인의 취소와 혼동하지 않는 것이 필요하다. 혼인을 해제하여 장래의 부부관계와 기타 혼인으로 인하여 생기는 일체 친족상 또는 친족상의 관계를 소멸하게 하는 점은 동일하나, 두 가지 사이에는 다음의 주요한 차이가 있다.

(1) 혼인 취소의 원인은 혼인 당시에 존재하나, 이혼은 혼인 성립 이후에 생기는 원인에 인한다.

(2) 이혼 청구를 할 수 있는 것은 오직 부부뿐이다. 이와 반대로 혼인의 취소는 당사자 이외라도 이를 청구할 수 있다.

(3) 이혼은 부부 한쪽이 사망한 후에는 이를 청구할 수 없다. 반면 혼인 취소는 법률이 특별히 금하는 경우 외에는 부부 중 한쪽이 사망한 후라도 이를 청구하는 일이 무방하다.

국민의 의무

산운생(山雲生)

대개 국가의 본질은 인민이 집합체로 형성한다는 것이요, 국가의 목적은 인민을 보호하기 위하여 존립한다는 것이다. 그런즉 국가가 완전해야 인민도 완전할 것이니, 그 국가를 완전하게 하는 원인은 인민이 국가에 대한 의무를 다하는 것이다.

비유컨대 여기에 한 집이 있으니 집은 가족이 형성한 집합체이다. 그 집이 없으면 그 가족은 반드시 살 곳을 잃고 떠도는 신세가 될 것이니, 그러므로 가족은 자기 집을 융성하게 할 생각을 지니며 자기 집에 이익이 되는 사업에 힘쓴다. 그 자손과 그 형제가 질서정연히 그 직무를 지켜서 밭 갈고 베 짜고 나무하고 밥 짓는 책임을 각기 다하며, 남녀노소가 그 일을 각기 행해서 약한 집을 강하게 하며 가난한 집을 부유하게 하고, 그 집에 영화가 있으면 춤추고 노래하며, 그 집에 치욕이 있으면 분해하며 보복할 것을 생각할 테니, 이것이 가족의 천연적 의무이다. 이와 같이 그 가족이 그 의무를 다해야 우미(優美)한 집을 이룰 수 있으리니, 만약 이와 반대로 의무를 다하지 못하면 그 집은 패멸함을 면치 못할 것이다. 한 나라도 역시 그러하니, 대저 국가는 인민의 큰 집이요 인민은 국가의 가족이다. 그런즉 나라에 대한 국민의 의무는 마치 가족이 집을 대하는 것과 다름없다. 어째서인가.

국민은 나라가 있어야 완전한 생활을 할 수 있다. 만약 나라가 없으면 인민은 반드시 다른 민족에게 내쫓김을 당하여 생존할 수 없을 것이요, 사회에 서서 인류 동등의 자격을 얻지 못할 것이다. 그런즉 국민은 마땅히 그 나라가 자립·독립하여 세계에 웅비할 능력이 있기를 희망할 것이니, 이 목적을 이루는 주동력은 곧 국민이 의무를 이행함에 있다.

이와 같이 부담한 의무가 심대하고 의무를 이행할 필요가 심중하니,

국민의 자격이 이미 있는데 어찌 국민의 의무를 다하지 않으리오.

무릇 국민 된 자는 애국적 정신을 분발하여 부지런히 복무하며 나라를 이롭게 하는 사업을 진행하여 고무하고 힘을 다해야 한다. 자제를 교육하여 국민을 양성하며, 실업을 발달시켜 국력을 부강하게 하며, 나라의 영화는 나의 영화요 나라의 부끄러움은 나의 부끄러움이요 나라의 안락은 나의 안락이요 나라의 위험은 나의 위험이라 생각하여 나랏일에 나아가는 것을 사삿일보다 급하게 여기며, 국가를 자기 집보다 심히 더 사랑하여 국가가 무사할 때에는 그 직무를 다하여 진보를 기도하고, 국가가 위급할 때에는 그 몸을 바쳐서 희생을 감수해야 한다. 이와 같이 한 후에야 그 의무를 이행하였다고 말할 수 있다. 실로 이렇게 할 수 있으면 그 나라가 존재할 수 있으려니와, 만약 그렇지 않아서 국민 된 자가 그 집이 있는 것만 알고 그 나라가 있음을 알지 못하여 의무를 태만하게 하면 그 나라가 망할 것이고 그 나라가 망하면 자기도 따라 망하리니, 어찌 깊이 살피고 주의할 바가 아니리오. 그러므로 프랑스가 베트남을 멸하였으나 실은 베트남 국민이 베트남을 멸한 것이고, 빌헬름이 독일을 강하게 하였으나 실은 독일 국민이 독일을 강하게 한 것이다. 만약에 그때 베트남 국민이 의무를 다하였으면 어찌 오늘날 비참한 베트남이 되었겠으며, 독일 국민이 의무를 다하지 못했으면 어찌 오늘날 강대한 독일이 있으리오.

혹은 국민이 그 의무를 다하고자 하는데 정부의 지도가 좋지 않으면 어찌하오, 하나 이는 결코 그렇지 않다. 가령 정부의 지도가 좋지 않을지라도 국민은 그 의무를 다하지 않으면 안 되니, 어찌 정부의 지도만 앉아서 기다리고 자기의 천직을 내버리리오.

아아, 나랏일이 나의 일이니 내가 나의 일을 하지 않으면 누가 하며, 국가가 나의 집이니 내가 나의 집을 사랑하지 않으면 누가 사랑하리오. 나의 일을 내가 스스로 하며, 나의 집을 내가 스스로 사랑하여 약한 나

라를 강하게 하며 강한 나라를 더욱 강하게 하는 것이 국민의 당연한
의무이다.

실업론

회원 이승교(李承喬)

농(農)은 천하의 본(本)이고 상(商)은 천하의 이(利)고 공(工)은 천하
의 익(益)이다. 그 본(本)이 견고하면 천하가 안녕하고 그 이(利)가 거대
하면 천하가 부유하고 그 익(益)이 많으면 천하가 강성하니, 천하를 이
루는 것이 이 세 가지의 발달에서 벗어나지 않는다. 그렇다면 이 세 가
지를 일러 실업이라 일컫는 것 또한 마땅하지 않은가. 대개 우리나라에
사민(四民)이 있다고 하니 사농공상이 이것이다. 어떻게 사(士)가 되고,
어떻게 농(農)이 되고, 어떻게 공(工)이 되고, 어떻게 상(商)이 되는가.
이제 그 개략을 진술하고자 한다.

그 사(士)의 경우 붕당의 문호가 많아서 논설이 적지 않다. 성현(聖賢)
의 책을 읽고 성현의 도를 말하여 고인(古人)을 반드시 들먹이지만 시무
(時務)를 굳이 알려고 하지 않는 것을 일러 사문(斯文)이라 한다. 그 예
(禮)·양(讓)·신(信)·독(篤)이 모범이 되지 않는 것은 아니지만, 뜻을
높일수록 더 도도해지고 명예를 탐할수록 더 굳어져서 조정의 부름에
응하지 않으니, 의용(儀容)이 남다르기는 하나 그 덕망에 걸맞지 않는
다. 국가에 일이 없어도 이와 같고 일이 있어도 이와 같다가, 어떻게
각관(閣官)의 연함(筵銜)[14]이 당도하면 그제야 비로소 먼지를 털어 의관
을 정제하고 상소 한둘에 공경, 겸손, 사양을 뒤섞어 올릴 따름인가.
필경 사업을 행할 수 있을 리가 없으니, 성현의 서책과 상반되지 않을

---

14 연함(筵銜) : 왕세자들의 교육을 담당하던 서연관(書筵官)의 직함이다.

수 없고 성현의 도리와 상반되지 않을 수 없다. 공자께서는 공산씨(公山
氏)를 만나려 하셨고[15] 맹자께서는 제(齊)·양(梁)의 군주를 만나려 하셨
거늘[16], 조국의 강토에서 출생하고 조국의 강토에서 생장하며 조국의
강토에서 죽는데도 제 몸이 있는 줄만 알지 조국이 있는 줄 모른다. 그
러니 어떻게 제대로 된 사(士)가 될 수 있겠는가.

　등불을 밝혀 밤에도 단잠을 쫓고서 소리 내어 글을 읽고 추위와 더위
를 이겨내면서 문장의 정수를 깊이 음미한 이를 거벽(巨擘)이라 한다.
그 고난의 감수가 가상하지 않은 것은 아니지만, 글재주 경쟁에서 으뜸
을 다투고 황방(黃榜)[17]을 고대한들 세상 사람에게 무슨 수요가 있겠으
며 후학의 개도에 무슨 쓸모가 있겠는가. 허랑(虛浪)함에 가까우니 역시
소광(疎狂)하다고 하겠다. 경제에 타산이 없어서 집안 형편이 가난하고
촌학구 신세에 기대어서 한갓 속수(束脩)[18]나 허비한다. 그러니 어떻게
제대로 된 사(士)가 될 수 있겠는가.

　홀로 경서를 지니고서 어려서부터 늙을 때까지 끊임없이 강독하는
것을 일러 실학(實學)이라 한다. 그 근면과 노고가 훌륭하지 않은 것은
아니지만, 여항의 고난과 시국의 형편을 아둔하여 깨닫지 못한 나머지,
설령 홍지(紅紙)[19]를 외람되이 얻어도 며칠 동안 헛된 영예를 스스로 영
예로 여길 뿐 유사(有司)의 일을 맡기면 쩔쩔매고 곁눈질하며 어쩔 줄
몰라 하다가 결국 견뎌내지 못한다. 그러니 어떻게 제대로 된 사(士)가

---

15 공자께서는……하셨고 : 공산불요(公山弗擾)가 반란을 일으키고 공자를 부르자 공자가
　　부름에 응하여 가려고 했던 일을 가리킨다. 『논어』「양화(陽貨)」에 해당 고사가 나온다.
16 맹자께서는……하셨거늘 : 맹자는 제(齊)·양(梁) 등 전국시대 여러 제후국을 방문하
　　여 유세하였다. 『맹자』에 나온다.
17 황방(黃榜) : 과거 급제자의 명단 게시문을 이른다.
18 속수(束脩) : 수(脩)는 육포(肉脯)인데, 속수(束脩)는 육포 열 조각을 말한다. 제자가
　　스승을 뵐 적에 드리는 약소한 예물이다.
19 홍지(紅紙) : 홍패(紅牌)를 달리 이르는 말이다. 홍패는 과거에 급제한 사람에게 그의
　　성적 등급과 성명을 붉은 종이에 적어서 내주는 합격증이다.

될 수 있겠는가.

청포(靑袍)를 나부끼며 교향(校鄕)에 어찌나 자취가 변화무쌍하고, 명함을 휘날리며 지방관의 거처에 어찌나 행방이 신출귀몰한지, 향교 유생의 천거에 술잔과 접시가 매개되지 않은 적이 없고, 임지(任地)의 매매에 도규(刀圭)[20]도 약이 되지 않음이 없다. 장의(掌議)와 재장(齋長)[21]이 교만하여 양반의 벌열을 과장함이 다른 여러 논의들보다 헛되고, 하물며 일자무식인 자마저 유가의 담장에서 주정 부리며 다툰다. 그러니 어떻게 제대로 된 사(士)가 될 수 있겠는가.

그 농(農)의 경우 부자는 너무 제멋대로 지내고 가난하고 외로운 이는 고난을 극도로 겪는다. 본래 좋은 밭과 넓은 집이 있어 다른 사람을 고용해 경작하고 수확하는 것을 일러 대농(大農)이라 한다. 그 항산(恒産)이 있어 의식(衣食)의 자족이 다행스럽지 않은 것은 아니지만, 그 경작과 수확을 고용인에게 전부 맡기고 그 전토를 밟지도 않으니 잡초는 무성하고 도랑은 보수되지 않아 비옥한 토지가 황무지로 변한다. 그러니 어떻게 제대로 된 농(農)이 될 수 있겠는가.

촌토(寸土)도 없어 다른 사람에게 빌려 농사를 짓고 추수할 때 그 반만 겨우 거두니 근검과 간난이 가련하지 않은 것은 아니지만, 마름과 차인꾼의 수탈이 일정하지 않아 이조차도 보전하기 어려우니 이듬해 또 어디를 경작할지 알 수 없고, 혹시라도 그 뜻을 거스를까 염려하여 어깨를 움츠리고 아첨하여 웃는 것이 여름에 밭에서 일하는 것보다 더 힘들다. 노예에서 벗어나지 못하여 죽음을 면하기도 부족하지 않을까

---

20 도규(刀圭) : 선가에서 약을 담는 작은 용기를 말한다. 선약, 또는 의술의 뜻으로 쓰인다.
21 장의(掌議)와 재장(齋長) : 성균관과 향교의 동재(東齋)와 서재(西齋)에 기숙하는 유생, 즉 재생(齋生)들의 재회(齋會)를 주재하는 대표자이다. 장의를 보좌하는 임원을 색장(色掌)이라고 하는데, 이 장의와 색장 등을 재임(齋任)이라고 한다.

두려운데, 어느 겨를에 토지를 개량할 논의가 있겠으며 편리한 농기구
의 소용이 있겠는가. 자유를 얻지 못함이 이보다 심할 수가 없다. 그러
니 어떻게 제대로 된 농(農)이 될 수 있겠는가.

나무 찍는 소리 쩡쩡 울려 불을 지펴 개간하고 그에 비로소 고구마,
귀리, 메밀을 파종할 뿐이다. 가실(家室)은 마치 토굴을 파고 토굴에서
지내는 것 같고 베옷도 없고 갖옷도 없으며 푸성귀나 씹어 먹으니 어떻
게 한 해를 보내겠는가. 더욱이 견문이 넓지 못하여 지식의 우매함이
상고시대의 민족과 같다. 그러니 어떻게 제대로 된 농(農)이 될 수 있겠
는가.

그 공(工)의 경우 좋은 궁장(弓匠)의 자식은 응용하여 좋은 키〔箕〕를
만들고 좋은 대장장이의 자식은 응용하여 좋은 갖옷을 만든다.[22] 옥석
(玉石)과 칠목(七木) 등 온갖 직공이 갖추어지지 않은 것이 아니지만 격
물치지(格物致知)에 주의한 적이 없다. 그러니 어떻게 제대로 된 공(工)
이 될 수 있겠는가.

그 상(商)의 경우 낮에 시장을 열어서 자신에게 있는 것과 없는 것을
서로 교환하려 하는 것이다. 하지만 거마(車馬)의 운송과 선박의 적재가
여전히 국경 내에 머물러 있고 외국과의 무역이 있다는 말을 들은 적이
없다. 그러니 어떻게 제대로 된 상(商)이 될 수 있겠는가.

앞서 논한 바와 같다면 사(士)가 사가 될 수 없고 농(農)이 농이 될
수 없고 공(工)이 공이 될 수 없고 상(商)이 상이 될 수 없다. 그런데
관습에 얽매인 것도 있고 말류(末流)에 덮인 것도 있어서 터무니없는
방식대로 해서 그런 것이지 선천적으로 열등한 것은 아니다. 사(士)에는
대를 이어 배출되는 진유(眞儒)와 의인(義人)이 있으니 이로써 도덕의

---

22 좋은 궁장……만든다 : 『예기』「학기(學記)」에 나오는 구문 '良冶之子 必學爲裘 良弓
之子 必學爲箕'을 인용한 것이다.

재혜(才慧)가 여러 나라의 인사들에 못지않고, 농(農)에는 호남(湖南)과 해서(海西)의 풍부한 물산이 있으니 이로써 곡물 수출이 여러 나라의 농산에 못지않고, 공(工)에는 영변(寧邊)과 진남(鎭南)의 제조가 있으니 이로써 기교의 정묘함이 여러 나라의 공업에 못지않고, 상(商)에는 개성(開城)과 의주(義州)의 활발한 판로가 있으니 이로써 결산의 이윤이 여러 나라 상업에 못지않다.

오호라, 우리나라여, 인걸이 많지 않은 것도 아니고 토양이 좋지 않은 것도 아니고 물산이 풍부하지 않은 것도 아니거늘, 어째서 유독 빈약함으로 배척을 받으면서 오늘의 이 지경을 목도하게 된 지사로 하여금 가만히 눈물을 금하지 못하게 하는가. 대저 사(士)는 국사(國士)라, 국가의 원기(元氣)가 되어 삼천리 강토와 2천만 생령을 도맡은 자이다. 국가가 흥성해도 사의 공로이고 국가가 멸망해도 사의 과오라 그 공과 과를 피할 수 있을 리가 만무하며 앞을 보고 뒤를 봐도 다시 논할 여지가 없다. 시대가 변천하여 우승열패하고 약육강식하니 터무니없는 설을 지어내는 것은 추호도 용납할 수 없다. 모든 분야의 혁신이 가장 시급한 사안이니 실지로 신학문을 강구해야 하고, 농·상·공업도 학리(學理)로 발달시켜야 한다.

열강이 오직 일념으로 강성함만 추구하거늘, 그 농(農)이라 하는 것도 학문이 여태 없고 그 상(商)이라 하는 것도 학문이 여태 없고 그 공(工)이라 하는 것도 학문이 여태 없고, 오직 사(士)는 학문에 종사하였으되 실지가 여태 없다. 실업이 있는 것은 학문이 없고 학문이 있는 것은 실지가 없으니, 설령 개발하고자 해도 어찌 그럴 수 있겠는가. 우리가 자강하지 않으면서 원망할 수는 없다. 그러니 시국을 구제할 자가 그 누구겠으며 후학을 개도할 자가 그 누구겠는가.

지금 해외에 다녀온 자가 신천지에서 유학하여 학문이 유신(維新)하니 이른바 이들이 우리를 보전할 것이라 하여 옷깃을 여미고 이들을

공경하고 우러러본다. 다만 역사로 살펴보면 그 중도에 그만두고 돌아
와서 출세의 지름길을 찾는 데만 분주하고 이와 같은 학문을 실천하지
않는 자가 어찌 없겠는가. 그러니 인재를 얻기 어려운 것이 문제이다.
실지교육을 시행해야 하고 실지교육을 시행하려면 실업교육이 급선무
이며 실업은 바로 농·상·공업이다. 의무를 장려하고 방침을 강구하
여 실업학교를 널리 세우고 실업 생도를 먼 외국에 유학시켜야 할 것이
다. 교육을 권면할지어다. 발달을 도모할지어다.

서북학회를 축하하다

회원 이기주(李基疇)

　천도(天道)와 인사(人事)에서 비(否)가 극에 이르면 태(泰)가 오고 박
(剝)이 다하면 복(復)이 오는 것은[23] 만고불변의 정해진 이치입니다. 생
각건대 우리 서북 지역은 신단(神檀)의 유적이자 선리(仙李)의 고장입니
다. 그러나 경성과 거리가 천 리나 되어 성은이 넉넉하지 못한 나머지
지역이 궁벽한 변방에 불과하고 인물이 비천한 종자를 면치 못한 지
이제 수백 년이 되었으니 가히 비(否)가 극에 이르고 박(剝)이 다했다고
하겠습니다. 어찌나 다행인지 천도가 순환하여 갔다가 돌아오지 않는
것이 없고 인사가 변천하여 궁(窮)하면 반드시 태(泰)로 돌아오는 법이
라 광무 10년에 서우학회(西友學會)를 창립하고 이어 한북학회(漢北學
會)를 조성하더니 융희 2년에 학회를 통합하여 서북학회(西北學會)라 명
명하였지요. 단 두 사람이 마음을 합쳐도 그 예리함이 쇠도 끊는데 하물

23　비(否)가……것은 : 『주역』에서 비괘(否卦)는 불운의 괘요, 태괘(泰卦)는 운수대통의
　　괘인데, 비괘의 바로 뒤가 태괘이다. 또한 박괘(剝卦)는 시운의 쇠퇴의 괘요, 복괘(復
　　卦)는 시운의 회복의 괘이다.

며 우리 두 학회의 용감하고 과감한 인사들이 일심으로 단결함에랴 말해 무엇하겠습니까. 장하도다, 서북학회여. 성하여라, 서북학회여. 실로 우리 대한 독립의 기초이자 문명의 근저입니다. 삼천리 강역에서 누가 능히 서북학회의 위대함에 앞서겠습니까. 저는 학식이 미천한 탓에 당세의 사업에 대한 계획이 전혀 없는 자이지만 실로 역시 사회의 한 분자이니, 군자들이 마음을 합쳐 협력하여 학교를 널리 세워 민지(民智)를 개발하고 사기(士氣)를 고동하는 영향에 대하여 끄트머리에 부칠 만분의 일을 우러러 청합니다. 이제 서북학회 합단(合團)의 취지를 읽어보니 과연 사람들을 백 배나 격동시킬 만하기에 칠실(漆室)의 기우(杞憂)[24]로 인하여 천만 번 기쁨을 스스로 이기지 못하여 동쪽 하늘을 바라보며 한마디 말로 우러러 축하합니다. 부디 우리 동지들이 이 진심을 헤아려 주기 바랍니다.

지력(智力)의 전장(戰場)

장우생(長吁生)

20세기 무형적(無形的) 전장이 공공연하게 크게 열리매 세계 전 국면이 이 전장에 들어가서 크게는 대륙과 대륙, 나라와 나라 사이에, 작게는 집과 집, 사람과 사람 사이에서 갑이 이기고 을이 패하고 병이 엎어지고 정이 일어나 풍진(風塵)이 진탕하고 적의 칼날이 격렬하니 실로 공전절후(空前絶後)한 대전장(大戰場)이로다. 그 전장의 상태는 어떠한

---

24 칠실(漆室)의 기우(杞憂) : 기우(杞憂)란 쓸데없는 걱정을 비유한 말이다. 옛 기나라 사람 중에 하늘이 무너질까 걱정한 자가 있었다는 데서 유래하였다. 칠실(漆室) 역시 쓸데없는 걱정을 비유한 말이다. 노(魯)나라 칠실이란 고을에 과년한 처녀가 자신의 시집 못 감을 걱정하지 않고 임금이 늙고 태자가 어린 것을 걱정하여 기둥에 기대어 울자, 이웃집 부인이 비웃으며 "이는 노나라 대부의 근심이지, 그대가 무슨 상관인가?" 하였다.

가. 육군 해군이 함포로 사격하는가. 아니다. 이는 병력 전장이다. 용맹한 장수, 힘센 장사가 단창(單槍)으로 분투하는가. 아니다. 이는 용력(勇力) 전장이다. 오늘날의 이른바 전장은 지술(智術)로 서로 싸우고 지능으로 서로 대적하여 지우자(智優者)는 승리하고 지열자(智劣者)는 패하니, 한(漢) 고조(高祖)가 이른바 지혜로 싸우는 것이지 힘으로 싸우는 것이 아니라 한 것이 곧 현재 상태를 그려낸 격언이다. 그러므로 오늘날 전장은 지력 전장이다. 지금의 세계가 이 전쟁을 시작하였는데, 긴 채찍을 앞에 차고 개선가를 시원스럽게 부르는 자는 누구인가. 바로 서양이다. 동양에서 이 전쟁을 시작하였는데, 붉은 기를 세우고 동아 맹단(盟壇)에 먼저 올라서 승전고를 울린 자는 누구인가. 바로 일본이다. 협소한 한반도에서 이 전쟁을 시작한 지 수백 년에 재빠르게 요새를 점령한 자는 누구인가. 바로 동남(東南)이다. 그런즉 승리를 얻은 자는 저와 같거니와, 패한 자는 누구인가. 곧 세계 중에는 동양이요, 동양 중에는 한국이요, 한국 중에는 서북이다. 오호라, 서북이여. 세계에서 가장 약한 동양, 동양에서 가장 약한 한국, 한국에서 가장 약한 서북이여. 단군・기자・고구려 문명의 기점지요, 태조 황제의 대업 발생지로다.

오호라, 유수는 날마다 흘러가고 영웅은 돌아오지 아니하니 수백 년 동안 요요무문(寥寥無聞)[25]하여 구주단(九疇壇) 아래의 가냘픈 버들가지는 무색하고 석다산(石多山) 가운데 저녁 안개는 공허하구나. 알 수 없구나, 같은 대륙, 같은 나라, 같은 사람인데 어찌하여 서양은 이기고 동양은 패하고, 일본은 이기고 한국은 패하고, 동남은 이기고 서북은 패하는가. 이는 전쟁 기구, 곧 지력이 같지 아니한 까닭이다. 만물이 극에 달하면 변하고 변하면 통하는 것은 본디부터 이치가 그러한 것이다. 서북이

---

25 요요무문(寥寥無聞) : 명예나 명성이 드날리지 않아서 남에게 알려지지 않은 것을 뜻한다.

서북 된 지 오래면 그 또한 커다란 변화와 통하여, 슬그머니 한번 울린 경세(警世)의 종에 어두운 가운데 있던 우리 형제가 눈 비비며 놀라 일어나서 끓어오르는 사나운 기력으로 크게 부르짖으니 전날의 용감한 기상이 아직 존재하고, 갑작스러운 판국에도 씩씩하게 나아가는 발걸음이 쾌활하도다. 그렇지만 과거 전장에서 대패한 이유를 회상하건대 서북인이 의용(義勇)은 넉넉하나 지력이 부족하여 타인에게 요험(要險)을 잃은 까닭이다. 만약 오늘날 새로운 전장에서도 혹 지력이 완전하지 못하면 재차 패배하여 만고에 비웃음을 당할 것이다. 오호라, 수백 년 전 전장에서 한번 패한 까닭으로 지금 가라앉아서 세력을 오래도록 잃었던 서북 인사여, 지금 만약 또 패하면 훗날의 서북이 다시 전날의 서북이 되어서 가장 겁 많고 가장 미약한 인류를 만들 것이다. 어찌 팔을 걷어 올리며 분발해서 일어날 바 아니리오. 생각할지어다, 서북 인사여. 앞의 수레는 뒤집혔지만 뒤의 수레는 경계할 수 있으니 시기를 잃지 말고 우리 전쟁의 기구, 곧 지력을 수련하여 오늘날 대전장에서 장족의 진보로 큰 승리를 거두어서 문명의 꽃을 우리의 머리에 먼저 꽂고, 우등의 상을 우리의 손으로 먼저 받아서 서북 강산에 광채를 새로 발해야 할 것이다.

그러면 이 지력은 어디에서 나오는가. 곧 정신적 교육에서 나온다. 우리는 급히 지력을 제조하는 군기창-학교-을 많이 세우고, 지력을 훈련하는 사관-곧 교사-을 많이 초빙하여 정예한 군기(軍器)-곧 지력-를 다수 제조하여 거대한 전쟁을 준비해야 한다. 그러나 우리가 말하는 지력은 간사함과 음흉함으로 시기하고 모함하는 소인적 지력이 아니라 장대한 계획, 웅대한 계략으로 앞다퉈서 승리하는 군자적 지력이요, 우리가 말하는 전장은 서로 알력(軋轢)하여 침해하고 쟁투하는 야만적 전장이 아니라 서로 겨루며 나아가서 우선 발달하는 문명적 전장이다. 그러니 우리 형제는 오직 군자적 지력을 길러서 문명적 전장으로 나아가야 할

것이다. 오호라, 서북 인사여. 이처럼 더할 나위 없이 신성한 지력을
확충하여 나의 지술이 저를 능가하고 나의 지능이 저를 압도하면 어디
를 가든지 적수가 없어서 백전백승할 것이니, 한국 전장에서 서북이 이
기고, 동양 전장에서 한국이 이기고, 세계 전장에서 동양이 이기는 것을
이제부터 도모할 수 있을 것이로다.

덕육(德育)의 필요

　대개 도덕은 체(體)요, 지능은 용(用)이다. 도덕은 내부의 주체로 선
량한 사상을 일으키고, 지능은 외계에 응용하여 내부에서 일어난 사상
을 실행하니, 만약 체가 없다면 어찌 완전한 용이 있으리오.[26]
　비유하건대 선한 장수가 용병(勇兵)을 이끌면 그 호령에 따라 하는
바가 모두 선할 것이요, 악한 장수가 용병을 이끌면 그 호령에 따라 하
는 바가 모두 악할 것이다. 개인도 이와 다르지 않다. 도덕이 있고 지능
이 있으면 그 지능을 사용하는 데가 반드시 도덕적 마음에서 나와서
하는 바가 모두 다 도덕적 행위요, 도덕은 없고 지능만 있으면 그 지능
을 사용하는 데가 반드시 사욕의 마음에서 나와서 하는 바가 모두 다
사욕의 행위일 것이다. 예를 들어 말하면, 여기에 검술이 능한 한 사람
이 있는데 그 사람이 도덕심이 있는 사람이면 이 검술을 어떨 때에 사용
할까. 반드시 도적이 이웃집에 들어가 그 주인을 해하고자 할 때 급히
도적을 쫓아내고 그 주인을 구하는 데 사용할 것이다. 그 사람이 도덕심
이 없는 사람이면 이 검술을 어떠한 데에 사용할까. 반드시 사람을 죽이
고 재산을 빼앗는 데 사용할 것이다. 그런즉 도덕이 없는 사람은 오히려

---

26 만약……있으리오 :이 문장의 원문은 '若完全호用이有호리오'이다. 문맥상 '체가 없다
　면'이라는 뜻의 문구가 빠진 것으로 판단해 해당 문구를 삽입하여 번역했다.

지능이 있음으로 인하여 폐해를 끼칠 것이다. 그러므로 도덕을 먼저 닦고 지능을 겸비하여 지능으로 하여금 항상 도덕의 명령에 복종하게 하여 그 지능을 충군·애국의 사상과 공평·자선의 사업에 응용하여 완전한 사람이 되어야 하니, 덕육의 필요함이 이와 같다.

현재 우리 한국의 교육 정도가 유치하여 어떤 종류의 교육이든지 완비·정미(精美)한 것이 거의 없으나 덕육이 더욱 심하니, 도덕의 교육이 없이 어찌 도덕의 인사가 있기를 희망하리오. 그리하여 현재 학생계에서 지능을 발달시키는 것에는 자못 예민하면서도 도덕심이 부족하여 학생의 본분을 어기기도 하고 학생의 자격을 잃기도 하여 학계 전체의 면목을 손상하는 자가 적지 않으니 어찌 개탄할 바가 아니겠는가.

아아, 교육가 제군이여. 산술, 지지(地誌), 역사, 국한문 등의 보통 과목과 법률, 정치, 의학, 상공업 등의 전문 과목을 수학하면 교육의 할 일을 다 마쳤다고 유쾌하게 일컬을 수 있겠는가. 우리가 도덕이 없으면 비상한 재지(才智)와 기능과 학문이 있어도 완전한 인도적 생활을 할 수 없을 것이니, 급히 도덕적 교육에 힘써 도덕적 인사를 양성해야 할지어다.

사조

여러 학생 벗을 일본 도쿄에 보내며 漢

난곡(蘭谷) 이승교(李承喬)

철로는 종횡무진 증기범선은 가벼운데	鐵路縱橫滊帆輕
동풍부(東風賦)는 문명을 각별히 말하네	東風賦別語文明
산 높아 북방 대륙에 원기 모이고	山高北陸鍾元氣
바다 넓어 앞 여정에 큰 소리 나네	海濶前程放大聲

종족에 영령 없으면 살아도 치욕이요   種族無靈生亦辱

국가에 보탬 있으면 죽어도 영광이라   邦家有補死猶榮

잔 들어 다시금 권하며 천천히 돌리니   停盃更勸遲遲返

학계에 그저 박사(博士)란 이름만 남았어라   學界惟存博士名

동지(同知)에게 위임하다 漢

회원 한교학(韓敎學)

지사의 무리에서 허명이나 함부로 탐하니   叨竊虛名志士林

노둔한 자신을 돌아봄에 부끄러움 깊어라   老頑自顧愧殊深

몸 앞서나 본래 명성 떨치려 하지 않았고   挺身原本非延譽

손 여미며 끝내 양심 어기지 않았어라   斂手終當不負心

난국에서 명맥의 부지는 오직 그대에게 달렸으니   傾局扶持惟子在

파국의 저지는 결국 누가 도맡겠나   亂階止哉竟誰任

남은 인생 거듭 내 좋은 대로 따르리니   殘年聊復從吾好

도처의 산수에서 옛 감회 찾으리라   隨處溪山覓舊唫

세상일에 느끼는 바 있어 漢

시름겨워 그윽한 회포 풀고자 해도 그러지 못해   悒悒幽懷撥不開

호탕하게 노래하고 길게 휘파람 불어도 남은   浩歌長嘯有餘哀
   슬픔이 있어라

작은 마음으로 겨우 마계(魔界)를 접하고   寸心纔進逢魔界

홀로 헛되이 무대에 오르니   隻手空敎上舞臺

휴일에 문 나선들 어디 가겠으며   暇日出門安所適

평시에 걸상 치운들 누가 오겠는가 常時解榻肯誰來
낙양성 내 봄날 좋으리니 洛陽城裏春將好
수레 자금 변통해 한번 다녀가야지 須辦車金一往回

아동고사

돈암선우협선생전(遯庵鮮于浹先生傳)

돈암(遯庵) 선우(鮮于) 선생의 이름은 협(浹)이요, 자는 중윤(仲潤)이니 기자(箕子)의 후예다. 선우씨 족보에 의하면 은(殷) 태사(太師)가 조선의 임금이 되고, 그 자손이 우(于)를 식읍(食邑)으로 받은 까닭에 두 글자의 성이 되었다. 선생이 어렸을 때부터 바르고 총명해서 언행을 반드시 삼가고 8세 때에 수백 리를 걸어 다닐 수 있었으니 그 강함도 이와 같았다. 일찍이 친족들에게 이르기를 "우리 가문은 성인의 후예라 반드시 효제충신(孝悌忠信)에 힘써야 욕되지 않음을 기대할 수 있을 것이다." 하니, 친족들이 모두 이르기를 "어린것이 무엇을 아느냐만 그 말이 이와 같으니 우리가 어찌 감히 스스로 단장하지 않을 수 있으리오."라 하였다.

12세 때 기자전(箕子殿) 재실(齋室)에서 독서하다가 홀연 몸을 꾸벅이며 조는 중 꿈에 기자께서 시를 주셨는데

상고 때 현을(玄鳦)의 자손이 上古玄鳦孫
좋지 않은 시절에 태어나 生而生不辰
쇠 녹여 굳은 불 일으키니 金銷固火起
큰 발자취로 해와 달이 새로워라 巨跡日月新
여기 와서 여우 같은 무리를 교화하니 來斯敎狐黨
누가 진인인가 何人作眞人

옛 신농씨 아니라면	昔微神農氏
소나 양 같은 이 어찌 길들이리	牛羊豈可馴
세상 거칠어 아는 이 없고	世荒人無識
은혜 잊어 덕을 저버려도	恩忘己德負
한 자 무덤은 성 밖에 남았고	尺墳殘城外
외로운 사당은 쓸쓸한 창을 대하는구나	孤祠對寒牖
이제 기러기 같은 항렬 대함에	今對羣鴈行
중니의 후손을 어찌 헤아릴 수 있으리	何數仲尼後

라고 하니 모두 14구였다. 선생으로 하여금 그 시를 다 읽게 하고 또 가르치시기를 "너는 이것을 가져다 방백(方伯)에게 주라."고 하셨다. 선생이 꿈에서 깨어나 기억나는 대로 한 권을 필사하여 방백에게 증정하니, 월사(月沙) 이정귀(李延龜) 공이 보고 크게 놀라 이르기를 "'한 자 무덤이 성 밖에 남았고 외로운 사당은 쓸쓸한 창을 대하는구나'는 진실로 신의 말이구나!"라고 했다. 이때서야 조정에 청하여 사당과 무덤을 손질했다.

　22세에 고향 선생인 김태좌(金台佐) 씨에게 사서(四書)를 배워서 거듭하여 익힌 지 3년 후에 『시경(詩經)』『서경(書經)』『주역(周易)』『춘추(春秋)』를 배우고 『서전(書傳)』을 배우는 데 기삼백(朞三百)[27] 주해에 이르러 스승이 그것을 해석할 수 없어서 사양하거늘 선생이 은거하고 연구하여 수십 일 만에 밝히 깨달아서 알게 되었다. 부모의 상을 당함에 상제(喪祭)를 『주자가례(朱子家禮)』대로 똑같이 행하고, 스승의 상에도 그 부친상을 지내는 것과 같았다. 처 김씨가 이르기를 "공께서 이미 심

---

27 기삼백(朞三百) : 『서경』 「요전(堯典)」의 "기삼백육순유육일(朞三百六旬有六日)"에서 유래한 말로 1년의 날수를 가리킨다.

상(心喪)을 행하는데, 내가 무슨 마음으로 홀로 평소와 같을 수 있겠는가." 하고, 처 역시 3년 동안 고기를 먹지 않았다.

거처가 풍우를 막지 못하고 아내와 자식이 굶주림과 추위를 면치 못하는데도 어디서나 여유로웠다. 그 학문은 염락관민(濂洛關閩)[28]의 책에 따라 심성(心性)·이기(理氣)의 설을 구하고, 이로 말미암아 홍범(洪範)[29]의 깊은 뜻을 찾아서 거슬러 올라갔다. 이때에 대성하여 서북 지방의 유종(儒宗)이 되니 그에게 배우는 제자가 많았다. 일찍이 『논어』[30]의 "태산에 오르니 천하가 작다"라는 장을 읽다가 여유로움이 일어나 도보로 동쪽을 노닐고 금강산을 유람하고 남방 여러 곳으로 돌아다니며 산천을 두루 보고, 도산서원(陶山書院)에 이르러 퇴계 이선생의 유서(遺書)와 서원이 소장하고 있는 책들을 열독하고, 인동(仁同)에 이르러 여헌(旅軒) 장선생을 뵙고 여러 날을 머물다 돌아왔다. 다시 사서(四書)를 익히며 이르기를 "여기에 도가 있으니 어찌 다른 것을 구할 필요가 있으리오." 하고는 마침내 여러 유생과 함께 용악산(龍岳山)에 들어가서 강독하고 가르친 것이 40년이었다. 조금도 게을리하지 않고 깊이 생각하고 힘써 연구했는데, 깨닫지 못하면 그만두지 않아 굶주림과 목마름도 완전히 잊었고, 깨달으면 그것을 글로 남겼다. 밤이면 베개에 기대 풋잠에 들고 이미 깨어보면 이불을 쓰고 앉아 있었는데, 간혹 아침이 될 때까지 그러하였다. 조정에서 여러 번 벼슬을 내려도 나가지 않다가 인조(仁祖)

---

28 염락관민(濂洛關閩) : 염계(濂溪)의 주돈이(周敦頤), 낙양(洛陽)의 정호(程顥)와 그 아우 정이(程頤), 관중(關中)의 장재(張載), 민중(閩中)의 주희(朱熹)가 제창한 유교, 곧 송학(宋學)을 뜻한다.

29 홍범(洪範) : 『서경』「주서(周書)」의 편명으로서 중국 하(夏)나라 우(禹)임금이 홍수를 다스릴 때 하늘로부터 받은 낙서(洛書)를 보고 만들었다고 하는 홍범구주(洪範九疇)를 일컫는다.

30 『논어』 : 원문에는 "孟子"로 되어 있으나, 그다음 구절인 "登泰山小天下章"은 『맹자』가 아니라 『논어』에 나오는 것이라 바로잡아 번역하였다.

말년에 성균관 사업(司業)이 되었다.

인조가 승하하여 궐 앞에서 부곡(赴哭)할 때에 신독재(愼獨齋) 김선생이 부름을 받고 서울로 갔다. 예물을 바치며 나아가 알현하며 김선생이 조용한 말로 그 명민함을 자주 칭찬하였다. 효종대왕(孝宗大王)이 사방에서 현사(賢士)를 불러들일 때 다시 사업(司業)으로 선생을 부르시고 본도(本道)로 하여금 예를 다해 보내게 하셨다. 선생이 사양하려고 치심궁리(治心窮理)의 요체를 들어 상소로 진술하니 임금이 답하시기를 "치심궁리의 요체가 이보다 클 수 없으니 내가 마땅히 마음에 품고 잊지 않으리라." 하셨다.

선생이 죽자 노소귀천을 막론하고 급히 달려와서 통곡하는 이가 길에 이어졌다. 문인(門人)이 그 묘에 적기를 '돈암선생'이라 하였다. 부고를 조정에서 들으니 임금이 부의를 명하여 보내시고, 후에 연신(筵臣)[31]이 아뢰기를 "선우협은 학업이 매우 두텁고 식견 또한 높아서 관서의 선비들이 조금이라도 알고 좇아가려는 것은 모두 이 사람의 힘입니다."라 하니, 사헌집의(司憲執義)를 명하여 하사하셨다. 후에 평양(平壤) 및 태천(泰川) 인사가 사당을 세워 제사 지냈다.

백두산 고적(古蹟)

『동국문헌비고(東國文獻備考)』에 이르길 "백두산이 무산부(茂山府) 350리에 있으니 횡으로는 천 리요, 높이는 2백 리다. 위에 못이 있으니 주위가 80리인데 남쪽으로 흘러 압록강이 되고, 북쪽으로 흘러 혼동강(混同江)이 되고, 동쪽으로 흘러 아야고하(阿也苦河)가 된다."고 하였다.

---

31 연신(筵臣) : 경연(經筵)이나 서연(書筵) 등에서 경전 등을 강론하는 신하를 말하거나 혹은 경연 등에 참석하는 신하를 총칭하기도 한다.

『해좌지도(海左地圖)』[32]에 이르길 "백두산이 머리는 서북에서 일어나 대황(大荒)으로 직하하였는데 여기에 이르러 우뚝 솟았으니 그 높이는 몇천만 길[仞]인지는 알 수 없다. 산꼭대기에 못이 있는데 사람 뺨처럼 생긴 구멍으로 주위는 2·30리다. 물빛이 검푸르러서 측량할 수 없고, 4월에 빙설이 쌓여서 바라보면 망망한 은빛 바다다. 산 모양이 멀리서 바라보면 흰 항아리를 엎어놓은 것과 같고, 산꼭대기에 오르면 사방이 조금 볼록하고 가운데 웅덩이가 머리를 쳐든 항아리 같아서 입구는 위를 향하고, 안팎에는 붉은 벽이 사면 측립(側立)하여 단식(丹埴)으로 풀칠한 것과 같고, 그 북쪽은 경계를 이루어서 수 척의 물이 넘쳐나 폭포를 이루니 곧 흑룡강의 수원이다. 산등성이를 따라서 3·4리 내려가면 압록강의 수원이 시작된다."고 하였다.

청나라 선비 오조건(吳兆騫)의 「장백산부(長白山賦)」에 이르길 "혼동강의 본원이요 압록강의 근원이라, 산속에 신지(神池)가 그 사이에 자리 잡았네."라 하고, 또 "여러 물줄기가 흩어지고 네 갈래로 치달려서 송화강의 굽이로 나와 오룡강 밖으로 흐르네."라 하고, 또 "『산해경(山海經)』의 기이한 기록을 통틀어 이 산처럼 신령하고 장대한 것이 없네."라 하였다.

『팔역지(八域誌)』에 이르길 "곤륜산(崑崙山)의 한 줄기가 큰 사막의 남동으로 뻗어서 의무염산(醫巫閭山)이 되고, 여기서부터 크게 끊어져서 요동(遼東)의 들판을 이루고, 들판을 지나 솟아나 백두산이 되었으니, 『산해경』에서는 이른바 불함산(不咸山)이라고 한다."라 하였다.

---

32 『해좌지도(海左地圖)』: 『해좌전도(海左全圖)』를 이른다. 19세기 중반에 만든 한국 전국의 지도로 사방의 여백에 각 지역의 연혁과 역사적 사실을 기입하였다.

성조(聖祖) 발상(發祥) 고적(古蹟)

목조(穆祖)가 원나라의 벼슬자리에 나아가 남경(南京) 오천호소(五千戶所)[33]의 다루가치[達魯花赤]가 되셨으니-다루가치는 몽골의 군현을 감독하고 다스리는 관명이니 중국어의 장인관(掌印官)-, 남경의 고성(古城)은 종성(鍾城) 두만강에 있다. 목조의 옛터는 경원부(慶源府) 용당(龍堂)에 나와 있으니, 사방이 모두 산이요 둘레는 3리쯤이요, 강가를 따라 한쪽에 돌자갈밭이 성을 이루고, 터 뒤편의 가파른 봉우리 하나가 돌자갈밭이 다다른 머리이다. 봉우리 정상에 노송 한 그루가 있는데, 전해오는 이야기에 의하면 성조(聖祖)가 손수 심은 것이라 한다. 태조가 이지란(李之蘭)과 함께 활쏘기 시합을 할 때 일찍이 여기에다 활을 걸어 놓았다고 한다.

목조가 알동(斡東) 땅에 거하실 때 동북 사람의 마음이 모두 돌아오니 왕업의 흥기가 이로부터 시작되었다. 알동은 경흥(慶興) 무이보(撫夷堡)[34] 두만강변에 있으니 큰 벌판이 끝이 없고 기이한 봉우리가 가파르게 솟았다. 그 가운데 여덟 개의 못이 서로 연결되어서 오색 연꽃이 만발한데, 세 번째 못인 금당촌(金塘村)이 곧 목조의 옛터다. 처음에 효공왕후가 함께 와서 같이 사셨을 때 익조(翼祖)가 따라가셨고 동림(東林)에서 여기에 이르셔서 전후 20년간 북쪽에 거주하셨다. 덕릉(德陵)·안릉(安陵)[35]이 처음에 알동 땅에 있었으니, 지금의 지점이 그곳이라고 한다. 목조가 알동에 계실 때 천호소들에 이르시면 저들이 우마를 잡아서 여러 날 향연을 베풀었다. 천호들이 알동에 이르면 목조 또한 그와 같이

---

33 천호소(千戶所) : 고려 후기부터 조선 전기에 걸쳐 존속했던 무반 관직인 천호(千戶)가 파견되어 군무를 보는 군영(軍營)이다.

34 무이보(撫夷堡) : 조선 시대에 육진(六鎭)에 속한 29진보 가운데 하나로서 세종 때 둔 북방의 주요 방어지다. 경흥진 북쪽 35리에 위치한다.

35 덕릉(德陵)·안릉(安陵) : 덕릉은 조선조 태조의 고조부인 목조(穆祖)의 능이고, 안릉은 고조모 효공왕후의 능이다.

하셨으니, 천호소들은 곧 경원(慶源)의 두만강 동편 원관성(爰關城) 등의 땅이다.

익조(翼祖)가 오천호(五千戶)를 이어받으시고 위엄과 덕망이 점점 높아지시니 천호들의 하수인이 모두 따르고 싶어 했다. 천호들이 시기·모해하여 북쪽 땅에서 사냥을 약속하고 기일이 지나도 오지 않았다. 익조가 친히 원관성에 가실 때 길에 한 노파가 머리에는 항아리를 이고 손에 주발을 들고 지나가거늘 익조가 목이 말라서 마실 것을 구하셨다. 노파가 주발을 닦아 물을 담아 드리며 이르기를 "이 땅의 사람이 실은 출병을 요청받아서 모처(某處)로 간 것입니다. 공은 어진 사람이라 감히 고하지 않을 수가 없습니다."라 하였다. 익조가 급히 달려 돌아오시어 집안사람들에게 명령하여 배를 타고 두만강을 따라 내려가 적도(赤島)[36]에서 만나기로 약속하시고, 홀로 손비(孫妃)와 함께 말을 몰아 고개에 올라 알동을 멀리서 바라보니 적의 기병이 들을 덮으며 달려오고 있었다. 적도 건너편 기슭에는 배가 없었는데 선봉이 거의 이르렀을 때 물이 갑자기 줄어들어 건너실 수 있었다.

익조의 옛터가 경흥부 적도 가운데 있다. 섬의 둘레는 40리요, 암석이 모두 붉으므로 이름을 적도라 한다. 섬의 남쪽 언덕이 조금 넓고 트였는데 굴을 팠던 자리가 열세 곳이 있고, 섬 동쪽 20리에 서수라보(西水羅堡)[37]가 있다. 전해오는 이야기에 의하면, 익조가 섬에 들어왔을 때 저들을 데리고 물가로 가서 백마를 타고 달리셨기에 이렇게 명명하였다 한다. 정조(正祖) 정미년에 명하여 적도의 역사 어린 터에 비석을 세우셨다. 임금이 지은 비명에 이르기를 "하잘것없는 그 고장이 우리에게는 만년 기반이다."라 하였도다.

---

36 적도(赤島) : 경흥부(慶興府) 동쪽 60여 리에 있는 붉은 섬이다.
37 서수라보(西水羅堡) : 조선 시대에 육진(六鎭)에 속한 29진보 가운데 하나로서 세종 때 둔 북방의 주요 방어지다. 경흥진 남쪽 60리에 위치한다.

  도조(度祖)가 천호를 이어받으셔서 북쪽 지방에 계시며 망덕산(望德山) 아래에 거하셨으니, 옛터는 곧 경흥의 두만강 서쪽 봉우리다. 도조가 꿈에 백룡이 나와 도움을 구하기에 다음날 활에 화살을 챙겨 못가에 가셨다. 과연 두 용이 서로 싸우는데 운무가 자욱하여 주객을 분별할 수 없어 결국 쏘지 못하고 돌아오셨다. 그 밤에 백룡이 또 꿈에 나타나 이르기를 "하얀 것은 나요, 검은 것은 상대니라."라고 했다. 깨어나서 다시 그곳으로 가서 화살 하나를 쏴서 흑룡을 맞추셨다. 선혈이 홍건하여 못의 물이 모두 붉게 되므로 적지(赤池)라 하고 또 사룡연(射龍淵)이라고도 하였다. 망덕산 10리쯤에 있으니 둘레는 10여 리요 북으로 두만강과 이어진다. 못 남쪽 5리쯤에 굴신포(屈伸浦)가 있으니 화살을 맞은 용이 몸을 굽혔다 펴서 달아났으므로 이름한 것이다. 후에 백룡이 와서 사례하며 이르기를 "공의 큰 경사가 앞으로 자손에 있을 것이다."라고 하였다.

  환조(桓祖)가 쌍성 천호(雙城千戶)로 고려에 돌아오셔서 동북의 옛 강토를 수복하시고, 삭방도[38] 병마사(朔方道兵馬使)의 벼슬에 올라서 굳게 지키시니 왕조의 터전이 이에 날로 넓어졌다.

  태조(太祖)가 친병(親兵) 2천 인을 대신 거느리시고 신축년의 홍건적과 임인년의 오랑캐 나하추[納哈出]와 계묘년의 가짜 왕 탑천목(塔帖木)의 난을 평정하셨다. 태조가 제군사(諸軍事)가 되셨을 때 덕릉을 적지평(赤地坪)의 원봉(圓峯) 위로 옮기시고, 안릉은 덕릉 북쪽 4리쯤으로 옮기셨다. 즉위하신 후 봉릉(封陵), 입비(立碑)하셨다. 태종(太宗) 경인년에 야인(野人)의 난으로 인하여 두 능을 함흥부로 옮기셨다.

---

38 삭방도 : 고려 시대에 둔 십도(十道)의 하나로 지금의 강원도 북부 지방 7주(州) 62현(縣)을 관할하였다.

회보

융희 2년 4월 4일 오후 3시에 통상회를 열고 부회장 강윤희(姜玧熙) 씨가 자리에 올랐다. 서기가 이름을 점검하니 출석원이 42인이었다. 서기가 전회 회록을 낭독하니 약간의 착오처가 있으므로 개정하여 바로 받아들였다. 회계원이 비용 명세서를 보고하였다. 부총무 김주병(金湺炳) 씨의 사면 청원과 서기 박봉헌(朴鳳憲) 씨의 사면 청원과 평의원 이인재(李麟在) 씨의 사면 청원을 접수하고 체임하기로 가결되었다. 본 학교 분과 및 재정 연구위원들의 보고를 공포하였다. 본교 경비는 교장 이종호(李鍾浩) 씨가 담임하고, 일반회원은 교육비로 매달 5전 이상씩 납부하기로 가결되었다. 안악(安岳) 봉삼학교(奉三學校) 연합 운동회 공함(公函)을 공포함에 총대(總代)는 김명준(金明濬) 씨로 제의·가결되었고, 평양지회 보명서(報明書)를 공포함에 총대는 이동휘(李東暉) 씨로 제의·가결되었고, 한남학교(漢南學校) 공함을 공포함에 총대는 정운복(鄭雲復) 씨로 제의·가결되었다. 박천(博川) 박명학교(博明學校)의 교사 청구 공함을 공포함에 본회 총무와 학감·교감 제씨에게 위임하기로 제의·가결되었다. 평의원 김명준 씨가 의안(議案)하기를 "산림측량법안이 이미 반포되었으니 측량과를 속히 설립하자." 함에 가결되었고, 그 과 설립위원은 김명준, 이갑(李甲) 2명이 피선되었다. 김희선(金義善) 씨가 특청하기를 "본교 강당 수리위원을 선정하자." 함에 이의가 없었다. 김명준 씨가 제의하기를 "위원 7인을 선정하자." 함에 가결되었고, 위원은 김주병, 김희선, 이갑, 장봉주(張鳳周), 오상규(吳相奎), 류동설(柳東說), 전면조(全冕朝) 제씨가 피선되었다. 김기동(金基東) 씨가 특청하기를 "본회 사무가 크고 번거로운 점이 조금 있으니 부총무 및 평의원

을 선정하자." 함에 이의가 없었다. 부총무는 김윤오(金允五) 씨로, 평의
원은 조정윤(趙鼎允), 김주병 2명이 피선되었다. 신입회원 장낙신(張樂
臣) 등의 청원을 공포하였다. "매회에 일반회원이 시간을 지키지 않고
늦거나 오지 않아서 개회를 할 수 없는 경우가 생기므로 상당한 벌칙을
시행하자." 함에 제의·가결되었다. 시간이 다함에 이갑 씨의 특청으로
폐회하였다.

  융희 2년 4월 11일 오후 7시에 제2회 특별총회를 본 회관에서 열고
부회장 강윤희 씨가 자리에 올랐다. 서기가 이름을 점검하니 출석원이
52인이었다. 임시서기 1인을 회장이 임명할 것을 김명준 씨가 특청함에
이의가 없어 한경렬(韓景烈) 씨가 피선되었다. 서기가 전회 회록를 낭독
함에 약간의 착오처가 있으므로 개정하여 바로 받아들였다. 석재방매위
원(石材放賣委員)의 보고를 공포하였다. 부령군(富寧郡) 지교(支校) 청원
서를 공포함에, 보고 서식이 갖춰지지 않았으므로 위원을 선정하여 조
사한 후 허가하자 하여 재청·가결되었다. 위원은 장봉주(張鳳周), 김기
동(金基東), 이승교(李承喬) 3명이 피선되었다. 박천군(博川郡) 지회 청
원서를 공포함에 류동설 씨가 특청하기를 "그 사건은 잠시 보류하자."
함에 이의가 없었다. 안악군(安岳郡) 연합 운동회의 청빈(請賓) 공함을
공포함에 김명준 씨가 특청하기를 "총대(總代)로 일종의 성의를 표하는
것은 그만두고 약간의 상품과 답함(答函)은 총무에게 위임하자." 함에
이의가 없었다. 김계식(金啓植), 백병장(白炳璋) 제씨의 입회청원서를
공포·접수하고 입회 청원과 제반 서식은 본 규칙 하나를 따라 접수하
되 만약 불완전한 경우에는 일체 퇴거하기로 제의·가결되었다. 본교
교감 김기동, 학감 이달원(李達元)이 사면한 대신에 본 교장 이종호 씨
보고를 따라서 신임 교감 한광호(韓光鎬), 학감 한경렬 2명을 공포하였
다. 평의원 김윤호, 허헌(許憲) 2명의 사면 청원을 접수하기로 제의·가
결되었다. 본 회관 및 교사(校舍) 수리위원 김윤오 씨가 수리 등의 작업

은 그만두고 새롭게 건축하자는 의견을 제출하여 회중에 물으니 의견 일치로 가결되었다. 본 교장 이종호 씨 등 5명의 건축비 의연액을 공포하고, 정운복, 김명준 2명이 일반회원은 힘껏 의연할 것을 일장 설명하였다. 건축위원 3인만 선정하기로 제의·가결되어 위원은 김필순(金弼淳), 현승규(玄昇奎), 김명준 3명이 피선되었다.

의연금 수입액은 한일은행(韓一銀行)에 규칙을 따라 저축해 두고 해당 의연금 영수증은 본회의 인장, 총무와 회계의 성명 인장을 날인한 후 신뢰하기로 제의·가결되었다. 시간이 다함에 폐회하였다.

본회 회관 및 학교 건축금 청연서(請捐書)

사람이 이 세상에 태어나 몸이 있으면 집이 있으니 내 몸을 사랑하듯 내 집을 사랑하는 것은 본디부터 인정에 따른 것이다. 집이라는 것은 나의 한 몸만 거주하는 것이 아니다. 나의 부모와 형제와 처자 일족이 한데 모여서 거주하는 것을 자기 집이라 이르고, 나의 임금과 신하와 민족이 통합하여 거주하는 것을 국가라 이르고, 동포와 동족과 동업과 동지의 무리가 단합하여 거주하는 것을 사회라 이름한다. 이 세 개 처소에 내 몸이 관계됨을 논하건대, 만약 국가가 불완전하면 내 집이 불완전할 것이요, 사회가 불완전해도 내 집이 불완전할 것이다. 그러니 편안, 근심, 영화, 치욕의 관계가 다르지 않을뿐더러, 대소의 차이로 논하면 국가와 사회가 자기 집보다 훨씬 중대한 것이 아닌가. 무릇 우리 서북학회가 한성 중앙에서 굴기하여 전국 문명계에 맨 먼저 등정의 깃발을 세웠으니, 이는 곧 우리 서북 인사가 공동 거주하는 일대 가옥이다. 이 집이 완미(完美)해야 우리도 완미할 것이요 이 집이 영광스러워야 우리도 영광스러울뿐더러, 더욱이 청년자제가 장수유식(藏修遊息,)[39]하는 곳이 밝고 산뜻하지 못하면 정신과 체력을 배양하는 데 결점이 있을 것이다. 본 회관과 학교를 창립할 때 사세와 재력이 미치지 못해 한 개의 낡은 가옥을 구입한 터라 어쩔 수 없이 중수(重修)의 노역이 있어야 하는데, 본회 회원들이 충분히 논의함에 이를 약간 수리하고 임시로 보수하는 것으로는 착수하여 감당할 수 없다는 판단을 내렸다. 비록 비용이 상당히 크고 경영[經紀]이 곤란할지라도 우리 서북 전체의 힘으로 문명정신의 새로운 건축을 할 수 없으면, 어찌 본회에 열성이 있다 하며 발전할 바람이 있다 하리오. 이러한 까닭에 3층 서양식의 대가옥을 신축하기로 모두가 동의하여 공사를 개시하오니, 이 집의 밝음과 선명함은 곧 우리 서북 여러 도의 밝음과 선명함이요, 마땅히 사랑할 바 이는 곧 나의 집이다. 무릇 우리 회원은 일치한 동정으로 제힘에 맞게 연조(捐助)하여 이를 신속히 준공하게 해서 일반회원 및 학생이 여러 달 정처 없이 떠도는 일이 없게 하시기를 간절히 바라는 바이다.

대한학회(大韓學會)에서 온 답신 [漢]

삼가 답합니다. 귀 학회의 총대표인 박병철(朴炳哲) 씨께서 저희 회관에 오시어 귀 학회가 성립된 연유를 상세히 진술하시니 완전한 희망이 확실히 있었습니다. 그러니 이 어찌 단지 저희 학회의 환영 축하에 그칠 뿐이겠습니까. 실로 전국 각 사회가 동감하고 찬성할 일입니다. 대개 천하의 형세에서 고립(孤立)하면 위태로워지고 군립(群立)하면 강해지니, 마음이 둘로 나뉜 경우 패하고 덕을 함께하는 경우 이기는 것은 실로 불변의 이치입니다. 하물며 지금의 시대가 진화와 생존경쟁이 예사롭지 않게 극렬함에랴 말해 무엇하겠습니까. 참으로 우리 민족 단체가

---

39 장수유식(藏修遊息) : 공부할 때는 물론 쉴 때도 학문 닦는 것을 항상 마음에 두는 것을 뜻한다.

완전해지지 않으면 적자생존을 결코 얻을 수 없을 것입니다. 아아, 우리 한국이 오늘날 이토록 지극히 비참한 지경에 빠진 것은, 그 원인을 궁구해보면 대개 역시 단서가 많지만 가장 큰 원인은 바로 사회가 분열되고 인심이 와해된 나머지 한 집안의 반목과 내부의 변란이 마침 충분히 이민족의 유린을 초래할 만하였을 뿐이었기 때문입니다. 그러니 어찌 이루 다 탄식하지 않을 수 있겠습니까. 우리가 과거를 뉘우치고 후일을 대비하려고 온종일 강구하는 바는 오직 단합의 방법이고, 하늘을 가리켜 해에 맹세하면서 분발해 기도하는 바는 오직 단합의 목적에 있습니다. 그런데 오래된 악습을 고치기 어렵고 묵은 질환을 치료하기 어려우니 어쩌겠는가 여기면서 각종 사회에서 변할 기색이 끝내 없다면, 평소의 남모르던 근심과 크나큰 탄식 또한 어찌 되겠습니까. 이전에 유학계가 부상(扶桑)의 영역에 대한학회의 표식을 세웠는데 그 고상한 의상(意想)과 굉장한 역량이 충분히 기왕의 퇴폐한 풍속을 단속하여 장래에 좋은 효과를 거둘 수 있었으니, 과연 어찌 옳지 않겠습니까. 바라건대 우리 첨형(僉兄)과 대인(大人)들께서 더더욱 용맹을 떨쳐서 일제히 전진해 명백하고 순수하게 그 빛을 날로 새롭게 하여, 우리 희망을 위흡(慰洽)하고 우리 목표를 수립하여 우리 동포에게 은혜를 베풀어주시기를 천만 크게 축원합니다.

회원 소식

박몽일(朴夢日), 김익삼(金益三), 김기준(金基俊), 이승근(李昇根), 김희벽(金熙璧), 백병장(白炳璋) 제씨는 보광학교(普光學校)를 우등 졸업하였고, 심도례(沈導澧) 씨는 북서(北署) 경부(警部)로, 오석유(吳錫裕) 씨는 내부경찰국(內部警察局) 주사(主事)로 부임했다.

학계 소식

서북 학생 중 보광학교 우등 졸업생 성명은 다음과 같다.

김형순(金瀅榉), 유문준(兪文濬), 이유필(李裕弼), 고일청(高一淸), 김희록(金熙錄), 이종승(李鍾乘), 법어학교 졸업생 주재풍(朱宰豊) 제씨이다.

본 회원 김하염(金河琰), 허헌(許憲), 김기주(金基柱), 길승익(吉昇翼) 네 명이 유학의 큰 뜻을 품고 일본으로 건너갔다.

회계원 보고 제17호

19원 7전	회계원 임치 조(條)
85원 33전	월보 대금 수입 조, 우편비용 포함
50원	총무원 처(處) 인출 조
64원 25전	청기와 2,930정(丁) 매각 대금 조
합계 218원 65전	

○ 제17회 신입회원 입회금 수납 보고

정좌진(丁佐鎭) 왕수협(王壽協) 최영주(崔永周) 박전채(朴典采)

박응초(朴應初) 이태화(李泰和) 김기준(金基俊) 조정윤(趙鼎允)

정수택(鄭洙澤) 이기주(李基疇) 이 섭(李 涉) 신용철(申容澈)

장세명(張世明) 이희적(李熙迪) 안정모(安廷模) 이창화(李昌樺)

이창모(李昌模) 이여삼(李汝森) 허종일(許宗一) 김정록(金鼎錄)

원석창(元錫昌) 최인준(崔寅俊) 명대익(明大翼) 박제현(朴濟賢)

유예균(劉禮均) 최종환(崔宗煥) 박성규(朴聖奎) 황정헌(黃正憲)

안승복(安承馥) 이종협(李鍾協) 석창호(昔昌鎬) 장봉서(張鳳瑞)
최봉오(崔鳳梧) 구극소(具克昭) 김준희(金濬禧) 장예근(張豫根)
이신봉(李信鳳) 장용례(張用禮) 곽봉조(郭鳳祚) 백병장(白炳璋)
장악신(張樂臣) 장진태(張鎭泰) 장인원(張寅源) 전재일(全在一)
김기준(金基濬) 장도빈(張道斌) 유태일(劉太一)
각 1원씩
합계 47원

○ 제17회 월연금 수납 보고

김용제(金庸濟) 1원 20전   원년 10월부터 2년 9월까지 12개월 조(條)
김윤오(金允五) 1원   2월부터 11월까지 10개월 조
김응섭(金應變) 20전   11년 3월 조
김응섭(金應變) 1원 30전   11년 4월부터 2년 4월까지 13개월 조
김상필(金尙弼) 20전   11년 3월 조
김상필(金尙弼) 1원 30전   11년 4월부터 2년 4월까지 13개월 조
심창건(沈昌健) 20전   11년 3월 조
심창건(沈昌健) 1원 30전   11년 4월부터 2년 4월까지 13개월 조
이정현(李正鉉) 60전   11년 1월부터 3월까지 3개월 조
김학천(金學天) 70전   원년 9월부터 2년 3월까지 7개월 조
박내숭(朴來崇) 1원 20전   11년 4월부터 2년 3월까지 12개월 조
김정서(金鼎瑞) 40전   11년 2월부터 3월까지 2개월 조
김정서(金鼎瑞) 60전   11년 4월부터 9월까지 6개월 조
한상면(韓相冕) 2원   원년 12월부터 3년 7월까지 20개월 조
최호범(崔豪範) 1원   원년 12월부터 2년 9월까지 10개월 조
최세환(崔世煥) 1원   2월부터 11월까지 10개월 조
박봉헌(朴鳳憲) 30전   1월부터 3월까지 3개월 조

한광호(韓光鎬) 60전	11년 1월부터 3월까지 3개월 조
한광호(韓光鎬) 1원 20전	11년 4월부터 2년 3월까지 12개월 조
송지찬(宋之贊) 1원	원년 9월부터 2년 6월까지 10개월 조
신석하(申錫夏) 60전	원년 10월부터 2년 3월까지 6개월 조
강화석(姜華錫) 30전	1월부터 3월까지 3개월 조
이충건(李忠健) 1원 30전	4월부터 3년 4월까지 13개월 조

합계 19원 50전

○ 제17회[40] 기부금 수납 보고

한상면(韓相冕) 30원	학교 의연(義捐) 조
오석유(吳錫裕) 1원	학교 의연 조
김석태(金錫泰) 30원	학교 의연 조
박상응(朴相應) 8원	월보 경비 의연 조

합계 69원

이상 4건 총합 354원 15전 이내

○ 제17회 사용비 보고 : 3월 15일부터 4월 15일까지

2원 89전 5리	양지봉투(洋紙封套), 먹, 성냥, 연다(年茶)[41] 값 포함
116원	학교 교사 10인 3월 월급 조
1원 52전	3전 우표 50매 값, 1전 표 1장 포함
3원 85전	회원명부용 장지(壯紙) 2묶음 값
30전	백묵 2갑 값
45전	도끼 1자루 값

---

40 제17회 : 기부금 수납 보고와 사용비 보고 항목이 원문에는 '第十六回'로 되어 있다.
    바로잡아 번역하였다.
41 연다(年茶) : 미상이다.

1원 87전 5리	수상야학교(水商夜學校) 설립 광고료 조
1원 50전	수상학원(水商學員) 모집 광고료 조
3원	서북합동사(西北合同事) 『매일신문(每日新聞)』 광고료 조
90원	각 사무원 3월 월급 조
8원	하인 3월 월급 조
2원 50전	안악(安岳) 삼봉학교(三奉學校) 운동회 시 기부물품 값 조
37원	16호 월보 인쇄비 완납 조
12전	미국 각처 월보 송부 시 우편비 조
2원	학교 고용인 3월 월급 조
80원	학도 모자표 값 완납 조
26전	유단(油丹) 4장 값

합계 351원 27전 제외하고

잔액 2원 88전 회계원 임치.

부칙

법령적요(法令摘要)

○ 칙령 제14호 (속)

1. 군기 · 풍기에 관한 사항
2. 학교 및 군대의 교육 사무에 관한 사항
3. 연습에 관한 사항
4. 검열에 관한 사항

　　5. 군대의 내무 및 근무에 관한 사항

　　6. 무관학교에 관한 사항

　　7. 연병장 및 사격장에 관한 사항

제15조 병기과장은 포병과(砲兵科) 영관(領官)으로 임명하고 과원 1인
　　을 두되 정위(正尉)로 임명한다.

제16조 병기과는 다음의 사무를 맡는다.

　　1. 병기, 탄약기, 그 재료·장구(裝具)의 수리, 제작, 구매, 교환,
　　　저장 및 보존과 함께 검사, 손질에 관한 사항

제17조 마정과장(馬政課長)은 기병과(騎兵科) 영관으로 임명하고 과원
　　1인을 두되 정위로 임명한다.

제18조 마정과는 다음의 사무를 맡는다.

　　1. 군마의 개량, 사육, 위생, 보충에 관한 사항

　　2. 군마의 지급, 교환 및 조교(調敎)에 관한 사항

제19조 위생과장은 군의관으로 임명하고 과원 1인을 두되 1·2등 군의
　　로 임명한다.

제20조 위생과는 다음의 사무를 맡는다.

　　1. 위생부원의 교육, 위생, 재료에 관한 사항

　　2. 의식주, 급수, 배수 등의 위생에 관한 사항

　　3. 방역 및 치병(治病)에 관한 사항

　　4. 의학 연구와 함께 상병병(傷病兵)에 대한 관립병원과의 연계
　　　사항

　　5. 위생부원 보충 및 그 군적에 관한 사항

　　6. 신체검사 및 은봉(恩俸) 진단에 관한 사항

　　7. 적십자사 및 기타 일체 위생에 관한 사항

제21조 군법과장은 영관으로 임명하고 이사 1인, 녹사(錄事) 2인을 둔다.

제22조 군법과는 다음의 사무를 맡는다.

　　1. 군사 사법에 관한 사항

　　2. 특사(特赦) 및 죄인 인도에 관한 사항

제23조 군법과는 육군 치죄법(治罪法)에 따라 군법회의의 사무에 복종
　　한다.

제24조 경리국장은 사계감(司計監) 혹은 1등 사계(司計)로 임명하고 다
　　음의 두 과를 둔다.

　　제1과

　　제2과

제25조 각 과장은 사계로 임명하고 각 과에 과원 1인을 두되 1·2등
　　군사(軍司)로 임명하고 다음의 사무를 각 과에서 분장하게 한다.

　　1. 군부 총 예산·결산 및 제반 회계에 관한 사항

　　2. 제반 급여 및 회계 규정의 심사에 관한 사항

　　3. 봉급, 제반 여비 지급의 규정 및 제반 회계 문부(文簿) 검사에
　　　관한 사항

　　4. 경리부 사관과 하사의 교육, 보충 및 군적에 관한 사항

　　5. 피복, 양말(糧秣)의 일체 경리 및 그 검사에 관한 사항

　　6. 피복, 장구(裝具), 양말, 마필(馬匹)에 관한 급여 규정에 관한
　　　사항

　　7. 피복, 장구, 양말, 금궤, 군용 행리(行李) 및 마장(馬裝)에 관
　　　한 사항

　　8. 육군 용지 및 모든 건축물과 함께 관유(官有) 재산에 관한 사항

　　9. 금전 및 물품에 관한 출납 관리에 관한 사항

제26조 각 국의 각 과장은 국장의 명을 받아서 그 과원을 지휘하고 각
　　과원은 과장의 명을 받아서 과무(課務)에 종사한다.

제27조 군부 번역관 2인을 두어 부내(部內) 번역 및 통역에 종사하게
　　한다.

제28조 군부에 서기랑(書記郞) 15인을 두어 각 국, 각 과에 분속(分屬)하
　　　고 서무에 종사하게 한다.

제29조 군부 직원은 정원 외에 군부에 더해서 15인 이내를 두되 참장(叅
　　　將), 영·위관(領尉官) 및 동 상당관(相當官)으로 임명한다.

〔부칙〕

제30조 본 관제는 반포일로부터 시행한다.

제31조 종전 군부 관제는 아울러 폐지한다.

　　　융희 원년 8월 26일

광무 10년 12월 1일 창간		
회원 주의		
회비 송부	회계원	한성 중부(中部) 교동(校洞) 29통 2호 서북학회관 내 박경선(朴景善) 최세환(崔世煥)
	수취인	서북학회
원고 송부	편집인	한성 중부 교동 29통 2호 서북학회관 내 김달하(金達河)
	조건	용지 : 편의에 따라 기한 : 매월 10일 내
주필	박은식(朴殷植)	
편집 겸 발행인	김달하(金達河)	
인쇄소	보성사(普成社)	
발행소	한성 중부 교동 29통 2호 서북학회	
발매소	황성 중서(中署) 포병(布屛) 밑 광학서포(廣學書舖) 김상만(金相萬) 평안남도 평양성 내 종로(鐘路) 대동서관(大同書觀) 평안북도 의주(義州) 남문 밖 한서대약방(韓西大藥房) 황해도 재령읍 제중원(濟衆院)	
정가	1책 : 금 10전(우편비용　1전) 6책 : 금 55전(우편비용　6전) 12책 : 금　1환(우편비용 12전)	
광고료	반 페이지 : 금　5환 한 페이지 : 금 10환	
회원 주의		

1. 본회의 월보를 구독하거나 본보에 광고를 게재하고자 하시는 분들은 서우학회 서무실로 신청하십시오.
1. 본보 대금과 광고료는 서우학회 회계실로 송부하십시오.
1. 선금이 다할 때에는 봉투 겉면 위에 날인으로 증명함.
1. 본보를 구독하고자 하시는 여러분은 주소와 통호(統戶)를 소상히 기재하여 서우학회 서무실로 보내주십시오.
1. 논설, 사조 등을 본보에 기재하고자 하시는 여러분은 서우학회 회관 내 월보 편집실로 보내주십시오.

역자소개

손성준 孫成俊

성균관대학교 동아시아학술원 연구교수. 동아시아 비교문학 전공. 근대 동아시아의 번역과 지식의 변용에 대해 연구해왔으며, 최근에는 한국 근대문학사와 번역의 연관성에 주목하고 있다. 주요 논저로는 『투르게네프, 동아시아를 횡단하다』(2017), 『번역과 횡단－한국 번역문학의 형성과 주체』(2017), 『근대문학의 역학들－번역 주체 · 동아시아 · 식민지 제도』(2019) 등이 있다.

신지연 申智妍

한국근현대문학을 전공했다. 현재 동덕여대에서 강의하고 있다. 주요 저서로 『글쓰기라는 거울－근대적 글쓰기의 형성과 재현성』(2007), 『증상으로서의 내재율』(2014), 『완역 조양보』(공역, 2019), 『완역 태극학보』(공역, 2020) 등이 있다.

유석환 柳石桓

전남대학교 국어국문학과 BK교육연구단 학술연구교수. 근대문학 전공. 주요 논저로 「문학 범주 형성의 제도사적 이해를 위한 시론」(2015), 「식민지시기 문학시장 변동 양상의 분석을 위한 기초연구」(2016), 「식민지시기 책시장 분석을 위한 기초연구」(2017), 「근대 지식문화의 형성에 대한 예비적 고찰」(2021) 등이 있다.

임상석 林相錫

부산대학교 점필재연구소 교수. 주요 논저로 『식민지 한자권과 한국의 문자 교체: 국한문 독본과 총독부 조선어급 한문독본 비교 연구』(2018), 『한국 고전번역사의 전개와 지평』(공저, 2017), 『완역 태극학보』(공역, 2020) 등이 있다.

┌─── 연구진 ───┐

연구책임자　강명관
공동연구원　손성준
　　　　　　유석환
　　　　　　임상석
전임연구원　권정원
　　　　　　신재식
　　　　　　신지연
　　　　　　최진호
연구보조원　서미나
　　　　　　이강석
　　　　　　장미나

대한제국기번역총서

완역 서우 3

2021년 7월 20일 초판 1쇄 펴냄

역　자 손성준·신지연·유석환·임상석
발행인 김흥국
발행처 보고사

책임편집 황효은
표지디자인 손정자

등록 1990년 12월 13일 제6-0429호
주소 경기도 파주시 회동길 337-15 보고사
전화 031-955-9797(대표), 02-922-5120~1(편집), 02-922-2246(영업)
팩스 02-922-6990
메일 kanapub3@naver.com / bogosabooks@naver.com
http://www.bogosabooks.co.kr

ISBN 979-11-6587-203-8　94910
　　　979-11-6587-200-7　(세트)
ⓒ 손성준·신지연·유석환·임상석, 2021

정가 32,000원
사전 동의 없는 무단 전재 및 복제를 금합니다.
잘못 만들어진 책은 바꾸어 드립니다.

이 저서는 2017년 대한민국 교육부와 한국학중앙연구원(한국학진흥사업단)의
한국학 분야 토대연구지원사업의 지원을 받아 수행된 연구임(AKS-2017-KFR-1230013)